JN438751

인문 · 경영 · 공학의 융합 공간

공항의 재발견

REDISCOVERY OF AIRPORT

Cengage

Rediscovery of Airport

Lee Seong Man
Ra Mi Jin

© 2023 Cengage Learning Korea Ltd.

ALL RIGHTS RESERVED. No part of this work covered by the copyright herein may be reproduced, transmitted, stored or used in any form or by any means graphic, electronic, or mechanical, including but not limited to photocopying, recording, scanning, digitalizing, taping, Web distribution, information networks, or information storage and retrieval systems, without the prior written permission of the publisher.

For permission to use material from this text or product, email to
asia.infokorea@cengage.com

ISBN-13: 978-89-6218-538-6

Cengage Learning Korea Ltd.
14F YTN Newsquare 76 Sangamsan-ro
Mapo-gu Seoul 03926 Korea
Tel: (82) 2 330 7000
Fax: (82) 2 330 7001

Cengage Learning is a leading provider of customized learning solutions with office locations around the globe, including Singapore, the United Kingdom, Australia, Mexico, Brazil, and Japan.
Locate your local office at: **www.cengage.com**

Cengage Learning products are represented in Canada by Nelson Education, Ltd.

To learn more about Cengage Learning Solutions, visit **www.cengageasia.com**

Every effort has been made to trace all sources and copyright holders of news articles, figures and information in this book before publication, but if any have been inadvertently overlooked, the publisher will ensure that full credit is given at the earliest opportunity.

photo credit
cover © Getty Images Bank

Printed in Korea
Print Number: 01 Print Year: 2023

REDISCOVERY

OF AIRPORT

인문 · 경영 · 공학의 융합 공간

공항의 재발견

이성만 · 라미진 지음

Cengage

Australia • Brazil • Canada • Mexico • Singapore • United Kingdom • United States

인문 · 경영 · 공학의 융합 공간

공항의 재발견

REDISCOVERY OF AIRPORT

초판 1쇄 인쇄	2023년 2월 23일
초판 1쇄 발행	2023년 2월 28일
지은이	이성만, 라미진
발행인	송성헌
출판기획	김민정
발행처	센게이지러닝코리아(주)
등록번호	제313-2007-000074호(2007.3.19)
주소	서울시 마포구 상암산로 76 YTN 뉴스퀘어 14층
전화	02)330-7000
이메일	asia.infokorea@cengage.com
홈페이지	www.cengage.co.kr
ISBN-13	978-89-6218-538-6

값 27,000원

머 | 리 | 말

21세기 4차 산업혁명의 시대는 이른바 신기술이 주도하는 혁명의 시대를 말하는 것이다. 이 시대가 도래하면 일자리의 혁신적인 구조 변화가 발생할 것으로 예측된다. 일설에 의하면, 사무직과 관리직은 500만 여 개의 일자리가 사라지는 반면 경영, 마케팅 등의 분야에서 50만 여 개의 새로운 일자리가 탄생한다는 것이다. '공항'은 항공교통과 지상교통을 연결하는 플랫폼의 기능을 한다는 점에서 공항의 역할과 기능은 한층 더 확대되면서 새로운 양상의 인재 수급도 이뤄질 것으로 전망된다. 이는 공항 경영의 상업화와 공항 구조의 첨단화로 인문과 경영과 공학의 만남, 곧 학문 간 융합에 기초할 때 사회적 수요 중심의 맞춤형 인재 양성도 배가될 수 있음을 시사한다.

공항은 만남과 헤어짐이, 그리고 떠남과 돌아옴이 교차하는 공간이다. 여행객의 '문화 읽기'는 바로 공항에서 시작되는 것이다. 공항은 떠남과 만남이라는, 광의의 항공운송을 위한 교차 공간으로서 4차 산업혁명의 시대적 상황을 고려할 때 공항에 대한 다각적인 시각과 가치 평가가 요구된다. 이러한 시대적인 요구에 부응할 수 있는 새로운 접근법은 시의적인 일자리 창출을 위해서도 반드시 선행되어야 할 학문적인 작업이다. 공항은 비행장과 항공운송을 위한 부대시설로서의 공공시설과 보안시설, 환승 공간, 그리고 공익과 이윤 추구를 겨냥한 기관들이 유기적인 관련을 맺고 운영되는 플랫폼이기 때문이다.

오늘날의 공항은 기존의 경영학적 접근만으로는 설명하거나 해결할 수 없는 복잡한 양상을 보인다. 공항은 국가적인 첨단과학의 전시 공간인가 하면, 첨단 경영기법의 실행 공간이기도 하고, 언어와 문화가 다른 사람들의 '놀이 공간'이기도 하다는 점에서 인문과 경영 그리고 공학을 아우르는 융합적인 관점에서 접근할 때 오늘날의 공항의 구조와 기능은 최적으로 기술되고 설명될 수 있을 것이다. 그래서 본서는 현재의 융합적인 항공경영 플랫폼이 21세기형 실천적 인재 양성 전공으로 새롭게 방향이 설정될 수 있는 토대를 공항의 의미와 기능을 중심으로 제시하고, 시대적인 직업 창출의 가능성을 제시할 수 있는 주제들을 학부과정의 젊은 학생들을 대상으로 학습자 친화적으로 다루고 있다.

공항은 운항, 여객 및 화물 등의 운송기지라는 고유의 순기능을 수행한다. 또한 사회 간접자본 시설로서 물류운송으로 항공산업을 발전시키면서 국가 경제 발전을 촉진시키는 경제적 기능, 국가 간, 지역 간 교류를 통한 이해 증진과 글로벌 통합이라는 사회 · 문화적 기능, 공항의 건설과 운영에 필요한 첨단과학기술(토목, 건축, 기계, 전기, 통신, 전자, 환경 등과 항공관제, 공항운영시스템 등)을 발전시키는 과학기술 선도적 기능도 있다. 다른 한편으로 공항을 건설하고 운영함에 따라 항공기 소음, 수질 및 대기 오염, 환경 파괴, 삶의 터전 상실 등과 같은 역기능도 발생한다. 따라서 공항의 이러한 복잡한 구조와 기능을 자연과 인간에 최적화된 공간으로 탈바꿈시키려는 다각적인 노력이 필요하다.

이에 본서는 전공 간, 교수자 간의 창의적인 융합 분야로서 항공경영학의 새로운 지식 창출을 겨냥한 주제들(교통, 역사, 경영, 범주, 건축, 관제, 설계, 환경, 도시, 마케팅, 상업, 문화, 재무, 보안 등)을 다룬다. 그동안 공항산업(공항의 경영과 운영 등)에 관한 서적이 많이 출간됐지만, 공항 관리에 중요한 모든 측면들이 서로 어떻게 연결되는지는 여전히 목적 지향적으로 기술되고 있음을 부인할 수 없다. 그래서 본서는 현대 공항운영자들이 직면하고 있는 주요 경영 이슈들을 포괄적으로 이해할 수 있도록 노력했다. 최근의 발전과 동향에 대한 검토사항들에도 주목하고 승객의 경험, 보안 및 기술 혁신 등과 같은 특정한 발전 동향에도 관심 있게 접근했다. 그동안 큰 주목을 받지 못한 Self-connection, Beacon Technology, 기후변화 등의 주제, 변신 중인 공항과 항공사의 관계와 외부 환경을 고려한 공항의 민영화, 경쟁과 규제 등의 주제도 간과하지 않았다.

본서는 이론보다는 실제에 초점을 맞추고 있다. 새롭게 연구되거나 보도된 사례들을 제시하기도 했는데, 이는 새로운 주제를 다루면서 신흥 경제국(이머징 마켓)으로의 경제력 이동과 그에 상응하는 교통량 증가 그리고 보다 성숙된 시장이 직면한 또 다른 도전들을 반영하려는 시도이기도 하다. 또한 공항이 직면하고 있는 주요 경영 난제들을 광범위하게 개관하려고 노력했다. 그런 점에서 본서는 독자들이 공항 섹터에서 일하고 싶거나 이미 일하고 있는 사람들뿐 아니라 공항에 관심을 가진 사람들의 니즈를 충족시키려는 공항산업의 주요 업무들에 대한 폭넓은 통찰력을 얻을 수 있는 밑알이 되기를 희망한다.

연자봉 연구실에서

저자 일동

차 ı 례

CHAPTER

03 공항의 역사

CHAPTER

04 공항의 범주

CHAPTER 05

공항의 설계

CHAPTER 06

공항의 보안

CHAPTER 07

공항의 관제

CHAPTER 08 공항과 환경

CHAPTER 09 공항의 경영

CHAPTER

10 공항의 마케팅

CHAPTER

11 공항의 재무

CHAPTER 12 공항과 상업

CHAPTER
13 공항과 도시

CHAPTER
14 공항과 건축

CHAPTER

15 공항의 문화

CHAPTER

01

공항 입문

1. 범위와 방법

먼저 본서의 독자들에게 상식적인 문답을 하고 싶다. '여러분은 항공에 관련된 다음의 사실들을 알고 있는가?'

- 매년 30억여 명의 여객이 항공기를 이용한다. 매일 800만 명이 이용하는 셈이다(IATA). 이는 뉴욕 시민 모두가 매일 이륙하는 것과 같은 수치이다.
- 매시간 460,000여 명이 하늘을 날고 있는 셈이다.
- 400명의 승객을 태우는 보잉 747-400이라고 가정하면, 시간당 14,000톤의 항공유(등유)를 소비하는 1,100대의 만석 점보기가 하늘을 나는 셈이다.
- 매년 4조 5천억km를 항행하는 셈이다. 이는 적도를 1억 바퀴 돌거나 지구에서 달까지 1,200만 번 정도 여행을 하는 셈이다.
- 약 200,000명의 조종사들이 16,000여 대의 비행기를 운항하는 셈이다.
- 통계적으로는 30분마다 여객기가 런던에서 뉴욕으로 출발하는 셈이다. 1년에 약 200만 명이 세계에서 가장 붐비는 구간을 각 방향으로 여행하는 셈이다.
- CIA에 따르면, 전 세계에는 현재 약 49,000대의 비행기가 존재한다.

공항의 현주소를 읽을 수 있는 사실들이다. 이렇게 복잡한 공항을 효과적으로 운영한다는 것은 일련의 복잡한 도전들을 관리한다는 뜻이다. 이에 여기서는 공항에 관한 이론과 다양한 사례들을 통해 독자가 이 흥미진진한 연구 분야를 새로운 관점에서 조망할 수 있도록 안내할 것이다.

1.1 공항, 공간의 철학

흔히 21세기를 세계 문화의 바다에 빠진 여행의 시대라고들 한다. 여행은 '이동'과 '체험'이라는 두 가지 요소를 충족시켜야 한다. 오늘날 이동에 최적화된 교통수단은 당연히 '항공'이다. 그러니 항공 산업은 '여행 산업의 출발점'이라 할 만하다. 이런 항공운송의 핵심 인프라가 바로 공항이다. 그렇다면 공항은 어떤 의미가 있고 어떤 기능을 하는 것일까?

과거의 공항은 여객과 화물이 통과되고 처리되는 교통시설에 불과했다. 그러나 현재의 공항은 통과 및 환승 여객의 유치와 처리를 위한 거대 공간, 여객터미널 투자와 첨단시스템 확충을 통한 신규 항공수요 창출, 그리고 국가 경제성장 동력의 초석 역할을 하는 플랫폼으로 발전했다. 또한 '공항복합도시(Aerotropolis)'라는 개념으로 발돋움하여 도시의 의미와 기능을 재창조하고 있다. 이제 공항은 첨단과학의 최대 수혜공간으로서 기본적인 의식주를 넘어 쇼핑, 레저, 공연, 예술 등을 포괄하는 전방위적 문화 공간으로 탈바꿈했다.

공항은 그 국가의 얼굴이자 관문이다. 사회 · 문화적, 경제적 아이콘을 가장 먼저 읽을 수 있는 공간이기 때문이다. 이를테면 우리의 인천국제공항은 국가의 브랜드라고 할 수 있다. 그러니 이곳은 동북아시아의 허브공항으로 자리매김함에 따라 국가의 홍보와 산업 전반에 암묵적인 영향과 비전을 제시해주는 공간으로 변신했다. 2005년부터 국제공항협회(ACI)에서 선정한 공항서비스부분(Airport Service Quality, ASQ)에서 5년 연속 세계 1위에, 이후에도 꾸준히 상위권을 점하는 성과를 거두며, 1,800개가 넘는 전 세계 국제공항 중 세계 최고의 공항이라는 명성을 이어가고 있다. 이는 경쟁력 있는 첨단시설, 시스템, 공항 고객의 수준 등을 이해하고, 그에 따른 서비스 만족도를 높이려는 노력과 고민의 결과에서 비롯된 것이라고 할 수 있다.

오늘날 자유무역(FTA)이라는 거센 국제 조류에서 화물 교역량과 여객 이동량은 날로 증가하고 있다. 이에 1990년대 초에 이미 항공협정의 각종 제한들을 철폐하여 항공산업에 기초한 시장 기능에 맡기자는 오픈 스카이(Open Skies), 곧 항공자유화 협정이라는 시의적인 트렌드에 항공운송산업의 비중과 중요성은 한층 고조되고 있다. 여기에 높아지는 관광객의 여행문화와 여가문화의 수준을 고려할 때, 각국의 공항은 지속가능한 성장모델로 계속 발전할 방법을 모색할 필요가 있다. 또한 공항은 신규 항공수요 창출과 고객, 항공사의 니즈를 충족시키기 위해 적극적인 마케팅과 홍보도 수행해야 한다.

공항의 이러한 철학과 전략은 예컨대 한국공항공사(KAC)가 제시한 2025년 비전에서도 읽을 수 있다.[1] '새로운 고객가치로 미래를 선도하는 공항그룹'이란 슬로건 아래 4대 전략방향(1. 공항 경쟁력 강화, 2. 미래 공항 선도, 3. 지속 성장 동력 확보, 4. 청렴 기반 경영 시스템 구축)과 관련해 15대 전략과제에 근거한 공항의 미래를 세

1 출처 : KOTI 항공정책 Brief-115호.

가지(본원적 기능의 고도화, 연관 비즈니스의 융합, 운영 참여범위의 확대)로 요약하고 있다.

1.2 21세기와 공항의 역할

공항의 일차적인 역할은 항공운송 기지로서 기능하는 것이다. 공항은 항공기가 안전하게 이착륙하고, 여객과 화물이 원활하게 이동하며, 항공기의 정비, 급유 등 항공기에 대한 지상조업을 할 수 있는 기본적인 기능을 갖추어야 한다. 초기의 공항은 이러한 기본적인 기능만으로도 공항의 역할을 온전히 수행할 수 있었다. 그러나 항공기가 대형화, 고속화되고 항공운송 시스템이 허브 앤 스포크(Hub & Spoke)화됨에 따라 환승 및 통과 여객의 증가는 공항의 기능과 역할을 다양화했다.

이를테면 공항의 항행지원시설의 첨단화는 첨단과학기술의 진보와 무관하지 않다. 특히 인공위성과 첨단전자 및 데이터 통신기술에 기초하여 항공 분야의 통신(Communication), 항행(Navigation), 감시(Surveillance), 항공교통관리(Air Traffic Management)를 가능케 한 21세기 차세대 위성항행시스템(CNS/ATM)의 개발은 공항을 첨단과학의 전초기지로 변모케 했다. 또한 산업구조가 고도화됨에 따라 고부가가치 상품과 용적 대비 고가상품의 운송수요 증가로 그 지역의 물류 중심지로서 산업과 경제 발전의 중추적인 역할을 수행하고 있다. 게다가 이용객의 소득이 증대되고 생활수준이 향상되면서 여행 목적이 다양해지고 이용객들의 서비스 욕구도 대중적이고 공통적인 것에서 개별적이고 차별적인 것으로 바뀌면서 공항은 거대한 종합서비스센터의 역할도 수행하게 됐다.

항공운송 시스템의 허브 앤 스포크화 전략은 단순한 항공운송 기지로서의 기능을 넘어 인접 대도시와 중소도시들을 연결하는 핵심 플랫폼의 기능도 추구한다. 공항 자체의 고유 기능 외에 국제 업무, 정보통신의 거점 기능도 담당하는 것이다.

세계의 국제공항들은 이용객의 다양한 욕구를 충족시키고 공항시설 확장에 필요한 재원을 확보하기 위해 상가와 면세점, 레크리에이션 시설, 박물관, 호텔, 컨벤션센터 등을 구축하여 비항공 수익의 증대를 꾀하고 있다. 또한 공항의 이러한 기능과 역할은 국가 경제의 경쟁력과 직결되고 있어서 각국은 이러한 기능을 충족시킬 수 있는 허브공항의 개발과 선점에 주력하고 있다.

2. 공항, 국가의 이미지

2.1 공항과 관련된 용어들

공항의 영어식 표현 'Airport'에 Port가 들어간 이유는 무엇일까? Port는 '문(門)'을 뜻하는 라틴어 Porta에서 왔다. 최초의 Port는 바다로 열린 문을 의미했기 때문에 사실상 Seaport(港口)였다. 20세기에 항공기가 발명되면서 1920년 무렵 미국에서 처음으로 'Airport'[공중으로 난 항구, 즉 공항(空港)]라는 명칭을 쓰기 시작했다.

항공 역사의 초창기에는 해운에서 쓰던 여러 용어나 제도가 항공업계로 많이 도입됐다. Captain은 선장만이 아니라 기장도 되고, Crew는 항공과 해운 모두에서 승무원이고, Boarding은 탑승뿐 아니라 승선도 되고, Pilot은 수로 안내인도 되고 비행기 조종사도 된다. 공항 터미널과 비행기를 연결하는 Bridge는 탑승교도 되지만 선교(船橋)도 된다.

비행장을 일컫는 말로 Airfield, Aerodrome, Airdrome 같은 단어들도 자주 쓰이는데, 이 단어들은 모두 활주로가 있어서 비행기가 이착륙할 수 있는 곳을 가리킨다. 활주로에 터미널까지 갖추고 일정한 기준을 충족시켰다면 Airport로 공인된다.

항공기가 발명된 지 10년 만에 제1차 세계대전이 발발했고, 전쟁 참전국들의 비행기는 폭격기나 전투기로 변신했다. 이러한 군용 항공기들은 공군기지를 기반으로 활약했다.

현재 세계에서 가장 바쁜 공항은 미국 조지아 주의 애틀랜타에 있는 하츠필드-잭슨 애틀랜타 국제공항(ATL)[2]이다. 수송하는 승객과 항공기의 수에서 1위이다. 런던의 히스로 국제공항(LHR)은 국제선 승객 수에서, 홍콩의 첵랍콕 국제공항(HKG)은 운송 화물 부문에서 가장 바쁜 공항이다.

Porta(문)에서 출발한 Airport라는 단어는 세 면이 바다에 인접하고 북쪽도 막혀버린 한국에서 명실상부한 관문의 역할을 톡톡히 하는 셈이다.

---

2 Hartsfield-Jackson Atlanta International Airport, IATA : ATL, ICAO : KATL. 미국의 애틀랜타 시에 위치한 국제공항으로 여객 수와 운항 편수 모두에서 세계 1위의 국제공항이다. 델타 항공, 사우스웨스트 항공이 이 공항을 허브로 사용한다. 호주와 남극을 제외한 세계 모든 대륙에 취항 중이다.

2.2 공항, 현대 건축의 상징

'Aerodrome(비행장)'은 항공기의 이착륙에 사용되는 구역을 말하며 이착륙 활주용 시설과 정비 · 점검용 시설 건물들도 포함한다. 비행장은 용도나 특성에 따라 다양하게 구분된다. 설치된 장소에 따라서는 육상 비행장, 수상 비행장, 헬리포트 등으로, 사용 목적에 따라서는 군용 비행장과 민간 비행장으로 나뉜다. 비행장의 기능을 고려하면, 정규 비행장, 대체 비행장, 보조 비행장, 훈련 비행장 등으로 세분된다. 이들 중 민간 비행장은 국제민간 항공기구(ICAO)가 활주로의 길이와 너비에 따라 A~G등급을 매긴다. 이러한 비행장 중 민간 항공용으로 여객과 화물을 취급하는 일체의 시설을 갖춘 비행장을 공항(Airport)이라고 한다. 공항은 현재 사용 중인 민간 항공기가 최소한의 계기비행으로 이착륙이 가능해야 한다. 국제공항은 이 기능 외에 출입국관리 업무(C.I.Q., 즉 세관, 법무, 검역) 시설과 기능도 갖추어야 한다.

한국은 현재 전국에 15개의 공항이 있다. 인천, 김포, 제주 등의 국제공항을 제외하면, 지방의 대다수 군소공항들이 공군과 민간의 이착륙 활주로 시설을 함께 사용하는 혼용 비행장으로 운영되고 있다.

초창기에는 활주로라고 해봐야 잔디밭에 행거, 간단한 터미널만 만들어놓고도 공항이라고 우길 수 있었다. 그러나 항공기가 무겁고 거대해지고 여객과 화물의 운송량이 늘면서 공항이라고 불리는 곳들은 아스팔트나 콘크리트로 포장된 긴 활주로와 제대로 된 화물 처리시설, 넉넉한 터미널 공간이란 조건을 갖추어야 했다. 한마디로, 일정 규모 이하의 공항은 공항이라고 하지 않고 비행장이라고 부른다.

이용객의 입장에서 보면, 공항은 규모가 작아도 고객 친화적인 곳부터 크고 아름답기는 하지만 뭔가 잘못되어 얼른 빠져나가고 싶은 곳까지 천차만별이다. 영국의 컨설팅 기업 스카이트랙스(SkyTrax)는 매년 전 세계의 공항과 항공사 랭킹을 발표한다. 공항 랭킹 1~4위는 대체로 싱가포르, 홍콩, 인천, 두바이 등 네 곳이 순서만 바꿔 차지한다.

건축공학의 관점에서 보면, 공항은 마천루와 더불어 그 시대 최고의 기술력과 기능성, 심미성을 보여주는 현대 사회의 상징 중 하나이다. 대규모 인력과 비행기 수용을 감당해야 하고, 외국인이 방문한 국가를 처음으로 만나는 장소이기 때문이다. 과거에 궁전, 성당, 사찰 같은 종교시설이 담당했던 역할을 지금은 공항이 대신하는 것으로 보아야 할 것이다.

다층 규모의 거대한 공항 터미널은 어느 나라에 있든지 출발 층은 위층에 있고 도착 층은 지상 층에 있다. 차량을 가지고 출발 층으로 접근하면 고가도로를 타고 올라가게 되고 그 아래에 도착 층 하차장이 있는 구조이다. 이처럼 출입구가 고가도로로 나뉘지 않더라도 공항 터미널이 다층 구조로 되어 있다면, 출발 게이트가 위층에 있어서 위층으로 가서 출발 수속을 밟게 된다.

2.3 공항의 다양한 모습

이처럼 그 나라의 이미지를 품은 공항은 첨단과학의 상징이기도 하지만, 위험천만한 곳이기도 하다. 텔레비전 방송의 히스토리 채널은 세계에서 가장 위험한 10대 공항을 서열화한 적이 있다. 가장 위험한 공항으로는 네팔의 두클라에 위치한 텐징-힐러리 공항(Tenzing-Hillary Airport)을 들었다. 이 공항은 유명한 에베레스트 산으로 가는 길목에 위치해 고도가 약 3,000m나 된다. 기본적으로 활주로가 가파르게 경사진데다가, 활주로 입지 특성상 착륙 직전에 카이탁 선회[3]를 해야 한다. 착륙 시의 오버런으로 히말라야 산맥을 깎아 만든 절벽과 충돌할 가능성도 배제할 수 없다. 또 이륙 시 오버런으로 거의 600m나 되는 깎아지른 낭떠러지 밑으로 추락할 수 있다. 산속에 위치해 아침나절 잠깐을 제외하면 구름 때문에 이착륙하는 것이 불가하다.

비행장이나 군용 활주로를 제외하면, 상업 공항 중 규모가 가장 작은 곳으로는 후안초 E. 이라우스퀸(Juancho E. Yrausquin) 공항을 꼽는다. 카리브해의 네덜란드령 사바(Saba)라는 작은 섬에 있어서 간단히 '사바 공항'이라고도 한다. 문제는 활주로의 길이가 불과 400m도 되지 않을 만큼 짧다는 사실이다. 물론 활주로가 이보다 더 짧은 공항도 있지만, 이 공항이 문제시되는 것은 활주로가 단지 1본만 있는 '상업 공항'이라는 점 때문이다. 반대로, 가장 크고 복잡하고 정신없이 바쁜 공항은 미국 조지아 주의 애틀랜타 국제공항이다. 5본의 활주로가 있으며 24시간 운영하는 이 공항은 2015년에 연간 이용객 수 1억 명을 돌파했고, 연간 항공편 수가 97만 편에 이른다. 현재는 베이징 서우두 국제공항이나 중국의 그 외 공항들에 1위 자리를 위협받고 있다.

대서양 카리브해에 있는 생바르텔레미(Saint-Barthélemy) 섬의 구스타프 3세 공

3 카이덕(Kaitak)이란 원래 홍콘이 태풍 이름이자 옛 공항의 이름이며, 카이탁 선회는 비행기의 급선회를 뜻한다.

Eleanor Scriven / Shutterstock.com

ORLANDO SIERRA / AFP / Getty Images

Sean Pavone / Shutterstock.com

1. 구스타프 3세 공항
2. 톤콘틴 공항
3. 프린세스 줄리아나 공항

항(Gustaf Ⅲ Airport)도 또 다른 의미로 유명하다. 엄청나게 가파른 착륙 각도에, 사바 공항만큼은 아니지만 극도로 짧은 활주로(650m), 활주로 끝이 해변과 바다에 맞닿았다는 최악의 3박자로, 이 공항에 착륙하는 것은 묘기나 곡예에 가까울 정도이다.

그런데 정작 착륙 각도 때문에 대형 사고가 빈번한 공항은 따로 있다. 바로 온두라스의 수도 테구시갈파의 톤콘틴 국제공항(Toncontin Airport, 1948년 개항, IATA : TGU, ICAO : MHTG)으로, 평균 해발고도 1,004m의 고지대에 있다. 자국의 수도에 위치한 허브공항이지만, 활주로 앞에 언덕이 있고 홍콩의 카이탁 선회까지 겹쳐 있다. 옛 카이탁 공항이 오른쪽으로 180도 회전해서 착륙했다면, 이곳은 왼쪽으로 180도 회전해서 착륙해야 한다. 착륙 시 지면과의 높이가 10m도 안 되는 높이로 활주로에 접근해야 한다. 180도로 좌회전하는데, 이때 너무 늦게 돌면 오른쪽에 있는 산에 부딪히게 된다. 고도를 낮추지 못해서 오른쪽에 있는 산보다 더 높게 돌면 착륙 각도가 매우 가팔라져 복항해야 한다. 매우 낮게 접근해야 하는 탓에 비행기가 착륙할 때 활주로 바로 앞 도로에는 빨간 신호등을 켜서 차량의 통행을 막는다.

프린세스 줄리아나 국제공항(Princess Juliana International Airport)도 대서양에 있다. 규모가 꽤 큰 공항이라서 대형 점보 여객기들이 꾸준히 이착륙하는 곳인데, 해변 백사장과 활주로 끝부분이 거의 맞닿을 만큼 가까이 있다. 철조망 하나를 사이에 두고 이쪽에서는 일광욕을 하고 저쪽에서는 여객기가 발진해서 이륙을 한다. 그래서 이곳에서는 일광욕을 즐기는 바로 머리 위로 여객기가 착륙하며 지나가는 진기한 광경을 볼 수 있다. 또 이곳 사진을 보면 이착륙 비행기에서 내뿜는 제트 엔진의 강력한 배기가스에 사람이 휘청거리는 모습도 볼 수 있다. 이와 유사한 특징은 그리스의 스키아토스 섬에 있는 스키아토스 공항(Skiathos Airport)에서도 발견된다. 프린세스 줄리아나 국제공항 여객기가 보잉 747급이라면, 이 공항에서는 주로 보잉 737 정도의 여객기가 뜨고 내린다.

영국 웨스트요크셔에 위치한 리즈 브래드포드 국제공항(Leeds Bradford Airport)은 활주로 밑으로 도로가 지나간다. 활주로 증축을 계획할 당시 인근 도로인 '빅토리아 애비뉴(A658)'가 문제가 됐다. 그래서 활주로가 다소 고지대에 위치한 점에 착안하여 활주로 밑으로 터널을 뚫은 것이다. 이와 유사한 구조의 공항으로는 암스테르담 스히폴 공항, 시드니 국제공항, 도쿄 국제공항 등이 있다. 다른 한편으로 독일의 라이프치히-할레 공항(Leipzig-Halle Airport)은 고속도로 위를 지나가는 활주로로 유명하지만, 엄밀히 말하면 활주로가 아닌 유도로다. 심지어 도로와 활주로가 교차하는 공항도 있다. 지브롤터 공항(Gibraltar Airport)과 필리핀 노던 사마르 주에 위치한 카타르만 공항(Catarman Airport)이 그렇다.

Anna Gowthorpe - PA Images / Getty Images

Markus Mainka / Shutterstock.com

Markus Mainka / Shutterstock.com

1. 리즈 브래드포드 공항
2. 라이프치히-할레 공항
3. 지브롤터 공항

티베트의 참도 밤다 공항(Qamdo Bamda Airport)은 두 가지 점에서 기록적이다. 하나는 가장 높은 곳에 있다는 점이다. 활주로의 고도는 무려 해발 4,334m에 달한다. 승객들이 비행기에서 내리자마자 고산병을 겪는 관계로, 착륙 전에 별도의 고산병에 대해 안내 방송을 한다. 다른 하나는 활주로가 가장 길다는 점이다. 활주로가 하나뿐이지만 그 길이는 무려 5,500m에 달한다. 이는 높은 고도에서는 공기가 희박해서 엔진이 충분한 추력을 내지 못하는데다 날개가 이륙에 필요한 충분한 양력을 만들어내려면 낮은 고도에서보다 더 빠른 속도로, 결과적으로 더 멀리 활주해야 하기 때문이다. 도시에서 이 공항까지 가려면 굽이치는 산길을 두 시간 반 넘게 달려야 한다.

해발 675m에 위치한 중국의 허츠 공항(Hechi Airport, 河池机場)은 2014년 8월에 개항했는데, 산꼭대기를 깎고 평평하게 만들어 공항을 건설했다. 허츠 시 인근 지역은 대부분 기암괴석 절벽과 산으로 뒤덮여 공항을 지을 만한 부지가 없었기 때문이다. 이 공항이 개항하면서 인근 광저우, 충칭, 하이난 일대의 교통에 숨통이 트였다고 한다.

스코틀랜드의 웨스트레이 공항(Westray Airport)과 파파 웨스트레이 공항(Papa Westray Airport)은 세계에서 상업 항로가 가장 짧은 사례에 속한다. 이 두 공항은 여름철에 로건에어(LoganAir) 항공사에서 10명만 탈 수 있는 프롭 여객기를 운항하는데, 택싱에서 비행까지 모든 시간을 합쳐도 고작 2분에 불과하다. 두 공항 간의 직선거리는 2.8km에 불과하다.

반대로 세계에서 가장 긴 상업 항로는 에미리트 항공의 두바이–오클랜드 노선으로, 노선 길이가 총 14,203km나 된다. 물론 중간 경유까지 포함하면 대한항공은 인천국제공항에서 브라질 상파울루의 과룰류스 국제공항(São Paulo Guarulhos International Airport)까지 보잉 777–200ER을 투입하고 있는데, 이 초장거리 항공기로도 LA에 한번 들렀다가 가는 데 순수 비행시간만 24시간에 이른다.

스코틀랜드의 바라 공항(Barra Airport)은 별도의 활주로 없이 해변 백사장을 활주로로 이용하는 유일한 공항이다. 백사장이 쉽게 부서지지 않는 규질 모래로 이루어져 단단해진 관계로 항공기의 이착륙이 가능한 것이다. 야간에는 아무런 이정표도 없는 그 해변을 어떻게 찾을까? 공항의 자동차들이 모여 헤드라이트를 켜서 접근등을 대신한다.

스코틀랜드의 바라 공항과 대조적으로, 남극의 맥머도 기지 근처에 위치한 비행장 '페가서스 필드(Pegasus Field)'는 얼음을 활주로로 이용한다. 어떻게 미끌미끌한 얼음이 활주로로 이용되는지 궁금하겠지만, 단거리 이착륙이 가능한 미 공군 대형 수송기인 C–17조차 아무런 문제 없이 잘 뜨고 잘 내릴 수 있다.

그 밖에 지금은 폐쇄된 홍콩의 카이탁 국제공항, 활주로가 교량 형태로 만들어진 마데이라 섬의 크리스티아누 호날두 공항('마데이라 공항', '푼샬 공항'이라고도 함) 등도 위험한 공항으로 유명하다. 이들은 부탄의 파로 국제공항처럼 착륙을 위해 S자 커브를 그리며 골짜기 사이로 하강해야 하는데, 착륙 10초 전에야 활주로가 보인다.

Colin Harnish / Shutterstock.com

1. 바라 공항　2. 크리스티아누 호날누 공항　3. 파로 국세공항

공항에 얽힌 세계 기록

지금도 영업 중인 세계 최고(最古)의 상업 공항은?

독일 함부르크 공항(Flughafen Hamburg), 1911년 개항. 상업 공항을 제외하면 1909년 8월 개항한 미국 메릴랜드의 칼리지 파크(College Park) 공항. 이곳은 라이트 형제의 비행을 지원했던 유서 깊은 곳으로, 현재는 민간 비행훈련장으로만 활용된다.

세계 최대 규모의 면세점이 있는 상업 공항은?

- 아랍 에미리트의 두바이 국제공항, 면세구역만 60,000m^2 이상이다.
- 현재(2021년) 세계에서 가장 큰 공항은 이스탄불 신공항이다.

세계에서 가장 이용량이 많은 항로는?

- 연간 승객 수 기준(2018년) : 서울(김포)–제주 노선으로, 연간 승객 수 14,100,000명. 2위는 도쿄(하네다)–삿포로 노선으로, 동년 기준 연간 승객 수 9,700,000명. 국제선만 보면 홍콩–타이베이 노선이 6,480,000명으로 압도적 1위이며, 전체 노선 기준으로는 8위이다.
- 연간 항공편 기준(2018년 3월~2019년 2월) : 서울(김포)–제주 노선이 연간 79,460편으로 1위. 2위는 시드니–멜버른의 54,102편. 국제선만 보면 쿠알라룸푸르–싱가포르 노선이 연간 30,537편으로 1위이다.
- 좌석 공급량 기준(2016년) : 서울(김포)–제주 노선으로, 연간 약 6.56백만 석. 2위는 도쿄(하네다)–삿포로 노선으로, 연간 약 6.2백만 석. 국제선만 보면 홍콩–타이베이 노선이 연간 약 4.2백만 석으로 1위이며, 전체 노선 중에서는 5위. 10위 안에 드는 국제선은 이 노선뿐이다.

출처 : https://namu.wiki/w/%EA%B3%B5%ED%95%AD

2.4 공항 명칭 : 지시어의 의미

공항 명칭은 인천국제공항, 도쿄국제공항처럼 도시명이나 장소명을 따라 짓는 것이 일반적이지만 그렇지 않은 곳도 많다. 예컨대 미국 뉴욕의 JFK 공항이나 워싱턴의 레이건 공항처럼, 공항 명칭에 유명인의 이름을 사용하기도 한다. 다음 도표에서 보듯이, 정치인, 항공인, 예술가 등의 이름도 선호된다.

공항 명칭	유명인 사례
John F. Kennedy International Airport	존 F. 케네디(대통령) – 미국 뉴욕 시
Washington Dulles International Airport	존 F. 덜레스(국무장관) – 미국 버지니아 주 덜레스
John Wayne Airport	존 웨인(영화배우) – 미국 캘리포니아 주 오렌지 카운티
Aeropuerto Internacional Jorge Chávez	호르헤 차베스(항공인) – 페루 리마
Fiumicino - Leonardo da Vinci International Airport	레오나르도 다 빈치(예술가) – 이탈리아 로마
Sydney Kingsford Smith Airport	킹스포드(항공인) – 호주 시드니
Lotnisko Chopina w Warszawie	쇼팽(음악인) – 폴란드 바르샤바
Mswati III Airport	음스와티 3세(군주) – 스와질란드
Letiště Václava Havla Praha	바츨라프 하벨(대통령) – 체코 프라하
Aéroport de Paris-Charles-de-Gaulle	샤를 드 골(대통령) – 프랑스 파리

2.5 공항과 도시

1 공항이 2개 이상인 도시

다음은 미국 공항에서 보게 되는 어느 항공사 탑승수속 카운터 장면이다.

"손님, 어디까지 여행하십니까?"
"서울 갑니다."

이 승객은 한국의 어느 공항으로 가는 것일까? 승객이 말한 서울은 인천공항을 의미했을 것이다. 그런데 승객이 한국에 대해 잘 모른다면, 곧 도착할 공항의 이름이 인천이라는 사실을 알았을까? 아마 십중팔구는 몰랐을 것이다. 그냥 한국의 서울이란 도시 혹은 서울이란 공항으로만 알고 있었을 확률이 높다.

항공 교통이 발달한 대도시에는 공항이 적어도 한두 곳 있다. 워싱턴만 해도 볼티모어 공항(Baltimore Washington), 레이건 공항(Ronald Reagan), 덜레스 공항(Washington Dulles), 이렇게 세 곳의 공항이 운영되고 있다. 뉴욕에도 공항이 세 곳 있다. 애초에는 공항 하나로 시작했지만, 세월이 흘러 항공 교통량이 늘면서 공항이 그 주변에 자연스럽게 증설된 것이다.

우리나라의 인천공항도 마찬가지이다. 건국 이래 서울의 관문 역할을 하던 김포공항이 늘어나는 국제선 항공 교통량을 감당하기 어려워 신축한 것이 인천공항이다. 인천공항 건설 당시, 영종도에 새로 건설하는 공항 이름을 두고 설왕설래했다. 공항 이름을 정해야 할 텐데 소속 도시 이름인 '인천'을 따서 인천공항으로 할 것이냐, 새로운 이름인 세종공항으로 할 것이냐 논쟁이 벌어진 것이다. 결국에는 세종공항이라는 명칭보다는 인천이라는 도시 이름을 이용한 인천공항으로 명명하기에 이르렀다. 그런데 흥미로운 것은 그냥 인천국제공항이라고 하지 않고, 서울인천국제공항이라고 부른다는 사실이다. 분명 인천국제공항의 소속 도시가 인천광역시임에도 말이다.

앞에서 언급했듯이, 공항 이름을 지을 때 대개는 소속 도시 이름이나 특정 인물, 아니면 기념할 만한 것을 이용한다. 예컨대 일본 오사카 지역에는 공항이 세 곳이나 있는데, 오사카(OSA)에 있는 이타미 공항(ITM), 지역 이름을 이용한 간사이(KIX), 고베에 있는 고베 공항(UKB) 등이다. 이처럼 오사카에 있는 공항들은 지역 이름을 공항 명칭으로 사용했다. 반면에 뉴욕(NYC)의 존 F. 케네디 공항(JFK)이나 워싱턴의 레이건 공항(DCA)은 유명인의 이름을 공항 명칭에 사용했다.

한 도시(지역)에 공항이 두 곳 이상 있다면, 그 도시는 이미 대부분 유명세를 타보았을 것이다. 그러니 추가 건설된 공항도 태생 도시의 항공 교통량을 분산한다는 면에서 애초 도시의 일부로 보는 것이다. 이런 이유로 IATA에서도 공항의 소속 도시를 분류할 때 추가 공항을 파생시킨 도시에 소속되는 것으로 인정한다.

따라서 인천공항도 처음부터 항공 교통량을 서울에서 분산한 것이어서 서울을 대표하는 공항이 된 것이다. 물론 공항 이름은 다른 나라의 사례처럼 지역 이름인 인천을 사용해 지었다. 일본 도쿄 나리타 공항(NRT)도 도쿄 시가 아닌 지바 현(나리타 시)에 있는 것과 같다.

만약 애초에 인천 지역의 항공 교통량 분산을 목적으로 건설됐다면, 서울이라는 명칭에 구애받지 않고 아예 인천공항이란 이름처럼 인천을 대표했을 것이다. 서울이라는 도시를 나타내는 IATA 도시 코드는 'SEL'로, 서울을 대표하는 김포공항은 인천공항 때문에 기존에 사용하던 'SEL'에서 'GMP'로 바뀌었고, 인천공항에는 'ICN'이라는 코드가 부여됐다. 그래서 인천공항을 표시할 때 '서울인천국제공항'이란 명칭을 사용하기도 한다. 그렇지만 인천공항이 서울을 대표하는 것으로 널리 알려졌다면 굳이 '서울'이란 도시명을 붙일 필요는 없을 것이다. 인천공항이라는 이름 자체가 나름의 이름값을 하기 때문이다.

에피소드도 있다. 워싱턴에는 공항이 3개나 있다. 그래서 이곳으로 여행하는 외국인, 특히 미국인들은 도시 이름보다는 공항 이름을 얘기하는 경우가 많다. 공항의 발권 카운터에서 승객이 미국 덜레스 공항(IAD, Dulles)으로 간다고 말했는데, 카운터 직원은 이를 텍사스의 댈러스 공항(DFW, Dallas Forth Worth)으로 알아들었다. 당시 워싱턴 덜레스라는 명칭에 익숙하지 않고 워싱턴만 알고 있었던 직원은 댈러스인 줄 알았던 것이다. 탑승권도 수하물도 워싱턴 덜레스가 아닌 댈러스 공항으로 보내 버린 사건은 직원들에게 두고두고 회자되는 유명한 일화이다.

2 공항, 도시 코드 이야기

우리는 누구나 이름이 있다. 사람만이 아니다. 세상에 존재하는 사물에는 나름의 명칭이 존재한다. 사람도 이름이 있고, 도시도 이름이 있다. '인천', '김해', '런던', '쿠알라룸푸르' 등이 그렇다. 그런데 항공 분야에서는 도시의 이런 고유 이름에 또 다른 이름을 하나씩 부여한다. 다름 아닌 코드(Code)라는 것인데, 항공 분야에서는 도시

의 고유명보다 이 코드를 더 빈번하게 사용한다.

이 코드는 국제민간 항공운송을 주관하는 IATA(International Air Transport Association)에서 전 세계 대다수 국가의 도시들을 코드화한 것이다. 예컨대, 카타르의 도하는 IATA 도시 코드로 'DOH'를 사용한다. 도하의 영문 철자와 비슷해서 코드만 보고도 도시명을 짐작할 수 있는 경우도 있지만, 제주의 'CJU', 베이징의 'PEK'처럼 코드만 보고는 유추하기 힘든 경우도 없지 않다.

IATA 코드는 항공기가 운항하는 도시, 즉 공항이 있는 도시를 중심으로 도시 코드와 공항 코드를 각각 구분해서 정한다. 한 도시에 공항이 한 개뿐이라면 대개는 도시 코드와 공항 코드가 같다. 그러나 한 도시에 공항이 여러 개 있다면 도시 코드와 공항 코드는 따로 구분한다. 뉴욕처럼 한 도시에 여러 개의 공항이 운영되는 경우라면, 공항마다 공항 코드를 따로 부여해서 사용하는 것이다.

그렇다면 일반 여객이 항공여행을 할 때 이 코드를 알아야 할까? 알수록 그만큼 유익하다. 일반 여객이 공항 코드를 마주하는 경우는 출·도착 도시와 함께 공항 코드가 기재된 항공권(Boarding Pass)이다. 이 경우에는 도시와 공항의 이름이 병기되어 어려움이 없지만, 공항에서 수하물을 부치는 경우라면 문제가 달라진다.

항공여행 시 수하물은 기내에 직접 들고 들어가는 휴대 수하물(Cabin/Carry-on Baggage)과 화물칸으로 부치는 위탁 수하물(Checked Baggage)로 나뉜다. 휴대 수하물은 본인이 잘 간수하면 그만이지만, 위탁 수하물은 말 그대로 위탁하는 것이기 때문에 주의를 요한다. 항공사는 고객에게서 접수한 수하물을 해당 항공기에 탑재하기 위해 수하물표(Tag)를 붙이는데, 이때 공항 코드가 명기되는 것이다. 항공여행 시 자기 목적지의 공항 코드를 미리 알고 있다면 항공권이나 수하물표를 읽을 때나 각종 관련 서류를 작성할 때 유용하다.

CHAPTER

02

공항과 교통

1. 공항, 교통망의 결정체

공항은 세계로 향하는 통로이자 지역의 관문이다. 그러니 그 이미지는 중요할 수밖에 없다. 국가마다 경쟁적으로 신공항을 건설하고 있는 오늘날, 공항은 단순한 교통시설 이상의 의미가 있다. 공항은 글로벌 비즈니스 공간이자 쇼핑센터이기도 하고, 전시장, 공연장, 나아가 이벤트장이기도 하다. 그런데 이와 같은 다양한 기능에 공통적으로 중요한 한 가지 사실이 있다. 이런 기능적 시설이 공항을 통해 떠나는 사람, 곧 출영객을 위한 것이라는 점이다.

이렇게 보면, 어떤 공항은 지나치게 극단적인 것일 수도 있다. 일본 오사카의 간사이 공항을 예로 들어보자. 출국하면서 경험하는 이 공항의 시설은 나무랄 게 없는 일류급이다. 그러나 도착하는 사람들은 좁고 답답한 세관 구역을 통과하면서 끝없이 펼쳐지는 회색빛 바닥, 벽면, 천장 때문에 결코 유쾌하지는 않을 것이다. '이것이 과연 그렇게 유명하다는 그 공항인가?' 하는 생각을 떨쳐버리기 어려울 정도이다.

문제는 대다수 공항들이 말로는 지역이나 나라의 관문임을 주장하면서도, 이렇게 떠나는 승객 친화적인 시설을 갖추고 있다는 것이다. 게다가 정작 도착하는 승객은 육체적으로나 정신적으로 빨리 공항을 벗어나고픈 마음에, 유감스럽게도 지역이나 나라의 관문으로서의 이미지 같은 것에 신경 쓸 경황이 없다는 사실에도 문제가 없는 것은 아니다.

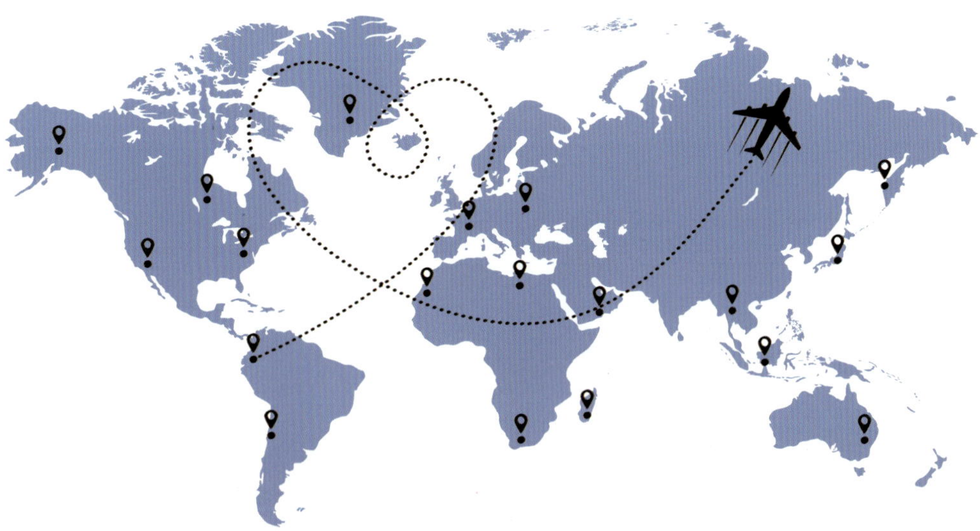

1.1 관문의 이미지는 공항을 둘러싼 환경이 만들어낸 결정체

그래서 공항 자체의 이미지 못지않게 공항에서 도시로 진입하는 과정 이미지도 중요하다. 뉴욕의 자유의 여신상 이야기도 이런 맥락에서 나온 것이다. 몸과 마음이 지친 상태에서 공항을 빠져나온 승객은 자동차에 몸을 싣고 나서야 비로소 주변 환경이 눈에 들어온다. 도로 표지판, 가로등, 이런 것들은 어디를 가든 모습이 비슷하지만, 그래도 저마다 각양각색이어서 미세한 차이점을 발견하는 것도 여행의 즐거움이다. 바로 이때가 중요하다. 여행객은 이때부터 적극적인 관찰자가 되는 것이다.

우리나라는 대도시 주변에 그린벨트가 있고, 특히 서울은 김포공항과 인천공항도 한강을 끼고 진입하게 되어 있어서 도시의 이미지 형성에 매우 유리한 조건을 갖고 있다. 지방의 작은 공항들도 이런 장점을 충분히 살릴 수 있다. 예컨대 양양공항이라면, 시내로 이어지는 길의 한적한 송림만큼 독보적인 이미지는 없을 것이다. 비행기라는 좁은 공간에 갇혀 있던 사람들에게 탁 트인 강변이나 줄지어 늘어선 가로수의 풍경은 축복이나 다름없다. 간사이 공항은, 건물이야 명물이지만 너저분한 교외 주거단지를 지루하게 통과하여 오사카 시내로 진입하는 구조 면에서 서울과는 비교가 되지 않는다.

공항은 하늘로 열린 문이자 땅으로 들어서는 문이기도 하다. 여행으로 여러 나라를 돌아다니면서 참으로 많은 '하늘로 열린 문'과 '땅으로 들어서는 문'을 만난다. 공항은 낯선 여행자에게 여러 가지 선입견을 갖게 한다. 여행자들은 새로운 땅으로 들어서는 거대한 문을 처음으로 대하면서 자신에게 펼쳐질 새로운 문화 체험을 기대하며 즐거운 상상을 할 것이다.

1.2 최고의 시설과 서비스 공간, 싱가포르 창이 공항

싱가포르 창이 공항은 창이 지역 북동쪽으로 16km 떨어진 곳에 위치하며, 제트스타 아시아 항공, 스쿠트 항공, 실크에어 항공, 싱가포르 항공, 타이거 항공의 거점 역할을 한다. 총 100여 개 항공사들이 이 공항에서 운영되며, 창이 공항(SIN)에서 출발하여 아시아, 오세아니아, 중동, 유럽, 아프리카, 북아메리카와 남아메리카 80개 국가의 300여 개 목적지로 직항 운행을 한다.

창이 공항은 2010년대부터 각종 평가에서 거의 언제나 세계 최고의 공항으로 꼽

DerekTeo / Shutterstock.com

Sorbis / Shutterstock.com

힌다. 일본 도쿄의 도쿄국제공항, 한국의 인천국제공항, 아랍 에미리트의 두바이 국제공항 등이 각축을 벌이는 가운데, 사실상 창이 공항은 세계 최고의 공항으로 자리 잡았다.

이 공항의 특징 중 하나는 자연 친화적인 시설이다. 공항 안에 정원, 야자수 등이 조성되었고, 비단잉어가 헤엄치는 연못도 있다. 심지어 공항 안에 나비들이 날아다니는 온실까지 있으며 엄청난 식물들로 가득한 화단이 있다. 시설이나 규모 면에서도 인천국제공항에 전혀 꿀리지 않는다. 식당가나 면세점 규모도 상당히 큰 편이다. 특이하게도 출·입국장이 따로 분리되지 않는다. 즉 입국 시에도 면세점 이용이 가능하다는 이야기이다. 말 그대로 공항의 진면목을 단번에 느낄 수 있는 곳이다. 그래서 싱가포르 관광 명소 중 하나로 창이 공항을 꼽는 사람이 많다.

1 공항에서 즐기는 엔터테인먼트

창이 공항은 환승 승객이 편안한 의자에서 쉬면서 최신 블록버스터를 관람할 수 있도록 무료 극장도 갖추고 있다. 게임 애호가라면 공항 주변에 있는 게임 스테이션으로 가서 콘솔로 게임을 즐길 수 있다. 게임을 원하지 않는다면, 맥주를 마시며 스포츠 행사를 보면서 친구를 사귈 수도 있다. 공항의 안전한 키즈 플레이 구역은 부모가 책이나 잡지를 읽는 동안 아이들이 맘껏 뛰놀 수 있는 환경을 제공한다.

2 추억 만들기

환승 비행기를 기다리는 것은 여행에서 매우 지루한 과정 중 하나일 것이다. 그러나 창이 공항은 이륙 전 몇 시간이나 더 머물고 싶어지는 곳이다. 이 공항에는 마법의 정원, 소셜 트리 등 쇼핑과 엔터테인먼트를 아우른 다양한 설치물뿐 아니라 멋진 기념사진을 찍을 수 있는 장소도 많이 있기 때문이다. 여행을 기념할 장신구를 구입하고 싶다면, 보석류, 스카프, 기념품, 초콜릿, 난초 등을 비롯하여 싱가포르 특산물을 판매하는 상점들을 방문할 수 있다.

3 스트레스 해소하기

휴가 또는 출장 여행이라면 비행기 탑승은 예사롭지 않은 스트레스를 동반할 수 있다. 그러나 창이 공항이라면 다르다. 몇 시간 동안 기분 좋게 스파를 즐기거나, 환승 구역에 있는 무료 마사지 의자에 앉아 쉬거나, 수많은 물고기떼가 발의 각질을 먹어 치우는 물고기 스파에서 이색적인 체험도 할 수 있다. 조용한 명상을 선호한다면 나비정원, 해바라기 정원을 둘러보거나 자연 산책길을 걸을 수도 있다. 공항에는 몸을 누이고 잠깐 눈을 붙일 수 있는 편안한 수면 공간도 마련되어 있다.

4 싱가포르 현지 음식 즐기기

환승 승객도 공항에서 독특한 싱가포르 요리를 맛볼 기회가 있다. 다민족 국가에 걸맞게, 중국, 인도, 말레이시아 음식을 터미널 어디에서든 볼 수 있다. 푸드 코트에서 레스토랑까지 예산에 맞는 다양한 가격대의 메뉴가 있다. 로티 프라타, 따뜻한 락사, 딤섬 또는 인도 채식 요리까지 완전히 새로운 요리를 맛보고 커피 한 잔으로 깔끔하게 마무리하는 것도 좋다. 피자와 파스타부터 샌드위치와 버거까지 서양 요리도 있어서 다양한 입맛에 맞게 맛있는 음식을 즐길 수 있다.

1.3 허브공항의 의미와 기능

여행의 출발지이자 한 나라의 관문이기도 한 공항은 이처럼 여행자들에게 특별한 의미가 있는 공간이다. 게다가 그 공항이 수많은 여행자들로 북적이는 허브공항이라면 여러 나라에서 온 다양한 여행자들이 만나고 헤어지는 접점의 역할을 하는 곳이기도 하다.

허브공항, 무엇일까? 몇 가지 의미가 있다. 하나는 특정 항공사가 거점공항으로 이용하는 공항이라는 뜻이다. 우리나라에서는 아시아나항공과 대한항공이 인천공항을 허브공항으로 이용한다. 중국의 경우, 중국국제항공은 베이징 공항을, 중국동방항공은 상하이 공항을, 중국남방항공은 광저우 공항을 허브공항으로 이용한다.

다른 하나는 특정 지역의 중심이 되는 공항이란 뜻이다. 항공 노선은 해당 공항을 중심으로 세계 각지로 펴져 있어서 마치 바퀴살처럼 보이기도 한다. 한국의 인천공항이나 영국의 런던 히스로 공항, 독일의 프랑크푸르트 공항, 아랍 에미리트의 두바이 공항 등이 허브공항이다.

한국의 인천공항도 동북아시아의 허브공항(또는 거점공항)으로서 수많은 항공 노선이 취항하고 있다. 그렇다면 인천공항은 허브공항으로서 어떤 장점이 있을까? 우선 환승의 편리함을 꼽을 수 있다. 일본에서 출발하여 유럽으로 가는 경우를 생각해 보자. 출발지가 도쿄가 아닌 타 도시라면 일본-유럽 간 직항 노선을 이용하고 싶어도, 대부분의 경우 우선 도쿄로 이동한 후 거기서 다시 유럽으로 가는 직항 항공편을 이용해야 한다. 그런데 도쿄의 경우 일반적으로 국내선은 하네다 공항, 국제선은 나리타 공항에서 탑승하게 되어 있어서 국내선에서 국제선으로 환승 시 하네다 공항에서 나리타 공항으로 이동해야 하는 불편함이 있다. 정리하면, 히로시마에서 파리로 여행하기 위해 도쿄에서 환승하려면 '히로시마 → 도쿄(하네다 공항) → 이동 → 도쿄(나리타 공항) → 파리'의 과정을 거쳐야 한다.

그런데 일본에서 출발하여 인천공항에서 환승하는 경우라면 공항 간에 번거로운 이동 절차 없이 인천공항에서 바로 유럽으로 갈 수 있다. 즉, '히로시마 → 인천(환승) → 파리'의 과정을 거친다. 공항에서 공항으로 이동할 필요가 없는 셈이다.

우리의 주변국인 일본, 중국 등에서 출발하여 인천공항에서 환승한 후 미국이나 유럽 등으로 가는 경유 항공편 노선과 스톱오버(중간 기착지)를 적절히 활용하면 직항편보다 더 저렴한 가격으로 대한항공이나 아시아나항공 편을 이용할 수도 있다. 인천공항이 대한항공과 아시아나항공의 허브공항인 것을 이용하는 것이다. 예컨대 대한항공의 서울-런던 직항편보다 대한항공의 도쿄-서울-런던 경유편이 훨씬 더 저렴하다. 이런 사실을 활용해서 서울-도쿄 편도 항공권을 따로 예약한다면 서울-도쿄-서울-런던-서울-도쿄의 여정이 되기 때문에 결과적으로 매우 저렴한 가격으로 도쿄와 런던 여행을 모두 즐기는 셈이 된다.

1.4 허브공항의 유형[1]

1 카고 허브(Cargo Hub)

허브공항은 항공운송 허브 또는 항공운송 인터체인지의 기능을 하는 곳인데, 항공 여객 외에도 항공화물이 교환되는 허브 공간이 '카고 허브'이다. 카고 허브는 지리적 이점을 화물 및 물류 운영에 전략적으로 활용하는 경우가 많다. 예컨대 유럽, 중동, 중앙아시아, 북유럽과 동유럽 등에서 비행기로 5~6시간 정도 소요되는 거리에 위치한 터키, 두바이, 도하 등의 공항들이 대표적이다. 당연히 전략적인 지리적 위치 때문에 이들 지역에 대한 국내외 기업들의 투자가 지속적으로 증가할 수 있다. 페덱스 익스프레스(FedEx Express)의 메인 카고 허브가 있는 미국 테네시 주의 멤피스도 미국의 지리적 위치를 활용한 대표적 사례에 해당한다. 참고로 멤피스의 카고 허브는 미국의 항공화물 산업 규제 완화가 있기 전인 1973년에 설립됐다. 한국의 인천국제공항도 세계 3위의 물류 허브공항이다.

2 포커스 시티(Focus City)

대다수 항공사들은 노선에 허브 앤 스포크 모델을 사용하는데, 이는 항공사들이 특정 도시를 중심점(Hub)으로 또는 기점(Home Base)으로 삼아 다양한 노선을 운영한다는 뜻이다. 항공사들의 모든 노선에는 그들이 운영하는 모든 노선의 기착지 중 하나로 포커스 시티(거점 도시)가 있다. 따라서 어떤 두 도시를 선택하든 항공여정의 한쪽 기착지나 양쪽 기착지 아니면 스톱오버(중간 기착지)로 허브 도시를 거치게 된다. 예컨대 노스캐롤라이나 주의 주도인 롤리(RDU)에 거주하면서 라스베이거스(LAS)행 항공편을 찾고 있다면 두 도시 중 어느 도시도 항공사의 허브가 아니어서 직항편이 없기 때문에 허브 도시를 거쳐야 한다. 그래서 현재 아메리칸 항공과 통합된 US Airways를 이용한다면 라스베이거스는 이 항공사의 '포커스 시티'가 되는 것이다. 말하자면 포커스 시티는 '미니 허브'인 셈이다.

허브로 지정된 공항은 공항 내에 항공사가 있지 않더라도 항공사의 거점이 되어 메인 허브처럼 운영된다. 이런 공항에서는 허브가 전부는 아니더라도 자전거의 바퀴살처럼 대다수 항공편이 도착하여 근거리 지점으로 퍼져 나간다. US Airways가

1 참고 : https://en.wikipedia.org/wiki/Airline_hub

라스베이거스(LAS)를 포커스 시티로 두는 것과 같다. 이 항공사에는 또 다른 포커스 시티로 수도 워싱턴의 내셔널 공항(DCA)이 있다. 유나이티드 항공은 도쿄 나리타 공항(NRT)을 포커스 시티로 하여 싱가포르(SIN), 홍콩(HKG), 방콕(BKK) 등으로 운항한다.

3 포트리스 허브(Fortress Hub)

포트리스 허브는 한 항공사가 공항의 전체 게이트 중 70% 이상을 사용하는 공항을 말한다. 경쟁 관계에 있는 항공사도 이런 공항에서 비행이 허용되지만, 허브 항공사가 자원 독점권을 보유하므로 반경쟁적 상황이 될 수 있다. 이를테면 핵심 항공사가 케이터링 계약자, 수하물 처리 계약자와 계약을 협상하므로 공항 내의 메이저 고용주인 셈이다. 거의 모든 에어사이드 게이트를 점유한 사례로는 애틀랜타 공항, 디트로이트 공항, 미니애폴리스-세인트폴 공항의 델타 항공 허브, 샬럿 더글러스 공항, 댈러스-포트워스 공항, 필라델피아 공항의 아메리칸 에어라인 허브, 덴버 공항, 휴스턴-인터콘티넨털 공항, 뉴어크 공항의 유나이티드 항공 허브 등이 있다.

국적 항공사들도 역사적으로 자국의 메인 국제공항에서 비슷한 우위를 누리고 있다. 인천국제공항 제2 터미널의 대한항공, 프랑크푸르트 공항의 루프트한자, 토론토 피어슨 공항의 에어 캐나다, 로마 피우미치노(레오나르도 다 빈치) 공항의 알리탈리아, 암스테르담 스히폴 공항의 KLM, 수카르노-하타 국제공항의 가루다 인도네시아, 런던 히스로 공항의 영국 항공, 베이징 서우두 공항의 에어 차이나 항공 등이 그런 사례들이다.

4 일차 허브와 이차 허브

일차 허브는 한 항공사의 메인 허브공항이다. 그러나 항공사는 일차 허브에서 용량 제약이 있을 정도로 확장 운영을 한다면 이차 허브를 개설할 수 있다. 이스탄불-사비하 괵첸 공항의 터키 항공 허브, 런던-개트윅 공항의 영국 항공 허브, 뭄바이 공항의 에어인디아 허브, 뮌헨 공항의 루프트한자 허브 등이 그런 허브의 사례들이다. 다수의 허브공항을 운영함으로써 항공사들은 지리적 범위를 넓힐 수 있다. 다시 말해 이런 항공사들은 서로 다른 허브에 더 많은 여행 일정을 제공함으로써 스포크 시장(Spoke & Spoke Markets)의 서비스를 개선할 수 있다.

5 릴리버 허브(Reliever Hub)

릴리버 허브공항은 1차 상업 공항이 장기 또는 일시적으로 추가 용량을 필요로 할 때 해당 지역에 구호나 추가 용량을 제공하기 위해 건설되거나 지정된 공항을 말한다. 예컨대 수십 년 전에 혼잡해진 항공사 허브공항에서 항공 교통량을 끌어내기 위해 설립된 시카고 오헤어(Chicago O'Hare, ORD), 미드웨이(Midway, MDW) 등의 공항이 대표적이다. 또한 릴리버 공항은 항공기 운항이 아닌 일반 항공 활동을 다른 시설로 재배치하여 용량을 분산할 수 있다.

상용 서비스 공항은 용량이 적고 속도가 느린 항공기를 없앰으로써 더 큰 항공기로 더 많은 항공편을 운항하며 더 많은 승객을 처리할 수 있어서 시설 추가 비용을 최소화하면서 효율성을 높일 수 있다. 또한 항공기를 더 넓은 지역으로 분산시켜 일반적으로 전체 지역사회의 항공 교통을 개선하는 장점이 있다. 반면에 릴리버 공항은 자격요건이 까다롭다. 예컨대 미국에서는 공항이 FAA 지정 릴리버 공항 자격을 갖추려면 기반 항공기가 100대 이상이거나 연간 순회 운항을 25,000회 해야 한다.

이 모델의 대표적인 사례로는 델타 항공이 존 F. 케네디(JFK) 허브공항의 용량과 슬롯 제한 때문에 라과디아 공항을 뉴욕의 국내 허브로 이용하는 경우가 있다. 다수의 지역 항공편은 라과디아 공항에서 운행되는 반면, 대부분의 국제 항공편은 JFK 공항에 남아 있다.

6 시저 허브(Scissor Hub)

시저 허브는 한 목적지로 가는 다수의 항공편이 모두 동시에 착륙하여 승객을 하기시키고 여객 환승 후 각 항공기가 다음 최종 목적지로 계속 이동하는 등의 유사한 과정을 반복하는 데 사용되는 공항을 말한다.

에어 인디아는 런던 히스로 공항에서 이와 유사한 시저 허브공항을 운영하는데, 델리, 아마다바드, 뭄바이에서 온 승객들이 계속해서 뉴어크로 가는 항공편을 이용할 수 있다. Jet Airways는 암스테르담 스히폴 공항에서 유사한 시저 허브를 운영하는데, 방갈로르, 뭄바이, 델리에서 토론토-피어슨으로 또는 그 반대로 승객을 수송한다. WestJet의 경우 여름 시즌 동안 오타와, 토론토, 올랜도에서 출발하여 더블린과 런던 개트윅으로 운행하는 항공편이 세인트존스 공항(YYT)을 시저 허브로 사용한다. 로스앤젤레스 국제공항에서 멜버른, 브리즈번으로 가는 또는 시드니에서 출

하늘의 자유?

구분	내용
제1자유 (영공통과)	일국의 항공사가 타국의 영토 위를 무착륙으로 비행할 수 있는 권리(fly-over right)
제2자유 (기술착륙)	운송 이외의 급유, 정비와 같은 기술적 목적을 위해 상대국에 착륙할 수 있는 자유(technical landing right)
제3자유 (정규노선 개설)	자국 영토 내에서 실은 여객과 화물을 상대국으로 운송할 수 있는 자유(set-down right) – 국제항공운수권 한국(자국) → 미국(상대국)
제4자유 (정규노선 개설)	상대국의 영토 내에서 여객과 화물을 탑승하고 자국으로 운송할 수 있는 자유(bring-back right) – 국제항공운수권 한국(자국) ← 미국(상대국)
제5자유 (목적지행 여객/화물 추가운송)	자국 항공사가 제3국을 경유하면서 상대국과 제3국 간에 여객이나 화물을 운송할 수 있는 권리(beyond right, intermediate right) 한국(자국) ⇄ 미국(상대국) ⇄ 브라질(제3국) 〈beyond right〉 한국(자국) ⇄ 일본(제3국) ⇄ 미국(상대국) 〈intermediate right〉
제6자유 (환승수송)	항공사가 자국을 경유하여 두 외국 사이에서 운송할 수 있는 권리(제3자유+제4자유의 결합) 태국(상대국) ⇄ 한국(자국) ⇄ 미국(제3국)
제7자유	일국의 항공사가 두 외국 간에 운송하는 서비스를 전적으로 외국에서 독립적으로 제공할 수 있는 권리 – 예: 한국의 항공사가 일본–대만 노선에서 직접 영업하는 경우
제8자유	자국에서 출발하여, 외국 내의 국내 지점 간을 운송할 수 있는 권리('consecutive' cabotage) – 카보타주(Cabotage, 국내 운송)
제9자유	자국에서 출발 없이, 외국 내의 국내 지점만을 운송할 수 있는 권리('stand alone' cabotage) – 카보타주(Cabotage, 국내 운송)

출처 : 국토교통부, http://www.molit.go.kr

발하는 콴타스 항공 승객은 뉴욕 존 F. 케네디 공항(JFK)으로 가는 항공편으로 환승하거나 그 반대의 경우도 마찬가지이다.

국제 시저 허브공항은 제3 하늘의 자유와 제4 하늘의 자유에 사용될 수 있고, 두 국가 간 양국 조약이 전제되는 경우 제5 하늘의 자유에도 사용될 수 있다.

7 야간 허브(Moonlight Hub)

과거를 돌이켜보면, 항공운송업자들은 허브공항에서 틈새(니치), 즉 시간대(Time-of-day) 운영을 유지해왔다. 가장 눈에 띄는 것은 아메리카웨스트항공이 경쟁 항공사들의 항공기 이용률을 크게 뛰어넘기 위해 라스베이거스의 매캐런 국제공항(IATA : LAS, ICAO : KLAS)을 일차 야간 허브공항으로 삼은 사례이다. 또 다른 사례로 대한항공의 라스베이거스-인천 노선도 있다.

항공사	편명	출발지	운항일	출 · 도착 시간	비행시간	기종
대한항공	라스베이거스행 KE005	서울(인천)	월수목금일	21:00 ~ 16:40	11시간 40분	보잉 777-300ER
	서울(인천)행 KE006	라스베이거스		23:50 ~ 04:35 [+2일]	12시간 45분	

상식 LCC와 FSC의 과거와 미래

기존 항공사보다 더 저렴한 운임을 제공하는 항공사를 뜻하는 LCC(Low Cost Carrier, 저비용 항공사)라는 말은 신생 항공사들이 경쟁적으로 사용했던 호칭이다. 그러나 최근에는 LCC도 FSC도 아닌 '한국형 LCC'로서 그 경계가 모호해지고 있는 추세이다.

2. 허브공항과 공간 네트워크

2.1 히스로 공항의 무인 소형 교통수단(PRT)

무인 자동으로 운행되는 3~6인승 무인 소형 교통수단인 PRT(Personal Rapid Transit, 개인고속 수송시스템)는 소수 인원을 수송하기 위한 택시 크기의 자동화

Steve Parsons - PA Images / Getty Images

1. PRT 2. GRT

된 궤도 교통수단인데, 지난 1960년대부터 개발에 착수했다. 참고로 유사한 형태의 GRT(Group Rapid Transit, 집단고속 수송시스템, '바이모달 트램')는 1975년 미국의 모건타운에 건설되어 현재까지 운영되고 있다. PRT는 2011년 아랍 에미리트의 수도 아부다비 인근에 건설 중인 탄소중립도시 마스다르에 1.5km 구간의 시범 노선이 건설되어 운영 중이다.

근래에 히스로 공항(IATA : LHR, ICAO : EGLL)에 건설되어 운행 중인 히스로 PRT는 1995년에 설립된 ULTRA(Urban Light Transit) PRT사에서 개발한 것으로, 무인 자동으로 운행되는 소형 교통수단이다. 시스템 개발비는 km당 300~500만 파운드(한화로 약 54~90억 원)가 소요됐다. 원천 기술은 1990년대에 영국의 브리스톨대학 우주공학과에서 개발한 것이다. 또한 영국 정부의 개발비 지원으로 2002년 영국 서부지방에 위치한 카디프에 시험 선로 1km가 완공되어 다양한 환경에서 시험 운행을 했다.

PRT 기술은 2005년 히스로 공항의 장기 주차장과 여객터미널 사이를 운행하는 새로운 교통수단으로 선정됐으며, 2007년 1월에 착공되어 2008년 9월에 시험 운영이 개시됐다. 2011년 4월부터 부분 운행을 시작하여 9월에는 장기 주차장행 기존 셔틀버스의 운행을 대체하는 새로운 교통수단으로 등장했다. 히스로 공항의 노선으로 선정된 이유는 무공해 친환경 교통수단인 기존의 셔틀버스와 비교한 결과 이용자 측면에서 60%의 시간 절감 효과, 관리자 측면에서 40%의 운행비용 절감 효과가 있는 것으로 평가됐기 때문이다.

1 노선 및 시스템

연간 항공여객이 세계 최대인 1억 8천만 명에 이르는 런던 도시권에는 히스로, 개트윅, 스탠스테드, 루톤, 시티 등의 5개 공항이 있는데, 이중 대표 공항인 히스로 공항에는 매일 20만 여객의 출 · 도착과 환승이 이루어진다. 히스로 공항 PRT는 5개 여객터미널 중 터미널 5와 장기 주차장 간 3.9km를 5분 만에 이동할 수 있도록 설계됐고, 2008년 10월에 완공됐다. 정원 4인승짜리 차량 21대가 매일 22시간 운행하는데, 에너지 수송 효율은 철도와 자동차에 비해 각각 50%, 70%의 절감 효과가 있는 것으로 밝혀졌다.

공항직원 등을 대상으로 한 시험 운행 기간을 거쳐 일반인에게 시범 서비스가 개시된 것은 2011년 5월이고, 완전한 서비스를 제공하기 시작한 것은 2011년 9월이다.

히스로 공항 PRT는 1시간에 576명을 수송할 수 있는 용량인데, Pod로 불리는 정원 4명의 캡슐형 차량이 전기 충전으로 폭 1.5m의 궤도에서 운행된다. 이용자는 여객터미널 5의 2층 또는 공항에서 3.9km 떨어진 장기 주차장의 두 개 승차장에서 탑승하여 차량 내의 터치스크린에 목적지를 지정하면 목적지까지 자동으로 이동하게 된다. 무인으로 운행되지만, 이용자들은 필요 시 차량 내부나 정차장에서 관제센터와 상시 연락이 가능하다.

2 개통과 운영

히스로 공항의 PRT는 2011년 4월 18일에 운영을 개시한 이래 높은 신뢰성과 편리한 서비스를 제공하여 이용객들에게 호평을 받았다. PRT 서비스 개장 이래 장기 주차장 이용객도 꾸준히 증가하고 있다. 평균 대기시간 10.3초, 즉시 이용률 84%로, 개통 전 셔틀버스가 20~30분 간격으로 운행되어 평균 대기시간이 10~15분이었던 점을 고려하면 장기 주차장과 여객터미널을 편리하게 연결하는 교통수단으로 평가받고 있다.[2]

2 참고 : PRT 노입에 따른 장단점. https://namu.wiki/w/PRT

2.2 인천공항철도

서울에서 서쪽으로 1시간 정도 떨어진 인천국제공항의 국제선 도착 터미널을 나서면, 곧장 여러 지역으로 가는 직행 시외버스(Inter-city Bus)가 대기하고 있다. 이 공항은 서울역까지 직통열차(Express Train)를 운행한다. 또한 모든 역에서 정차하는 인천공항철도(Airport Express, A'REX)도 운행한다.

1 인천공항철도의 기능

공항철도는 공항과 도심을 연결하는 공항연계철도로 건설됐다. 그러나 전 구간 개통 후 도시철도와 관광철도의 기능도 수행하며 인천 서부권의 주요 교통수단으로 자리매김했다. 공항연계철도 · 관광철도 · 도심급행철도의 세 가지 기능은 시기에 따라 서로 맞물려 작용하며 수송수요를 창출하는 독특한 구조를 형성했다.

공항연계철도의 기능

인천공항철도는 인천공항과 김포공항에서 서울 도심을 빠르게 연결하는 대표적인 운송수단이다. 서울역부터 인천공항역까지 논스톱(Non-stop)으로 운행하는 직통열차를 이용하면 소요시간은 43분에 불과하다. 서울역 도심 공항터미널 무료 이용, 열차 지정 좌석제, 객실 승무원 서비스 제공, 전동카트 서비스, 무료 와이파이 서비스, 인천공항 제1 터미널 역 고객 라운지 이용, 무료 생수 등의 혜택도 있다. 일반열차는 김포공항, 디지털미디어시티, 홍대입구, 공덕 등 공항철도 14개 역에 모두 정차하는 통근형 열차로, 56분 정도 소요된다.[3]

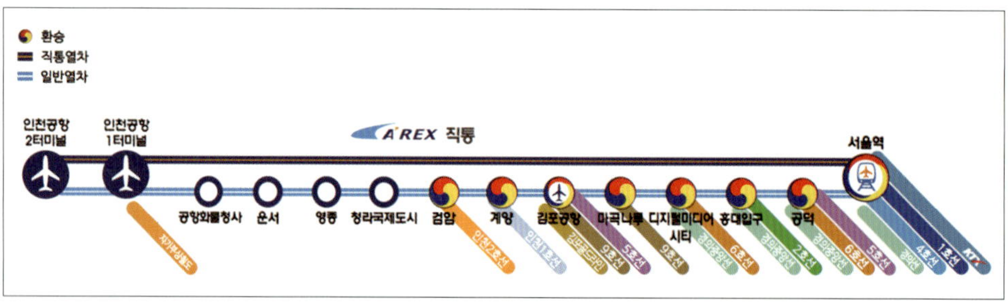

3 출처 : 공항철도. https://www.arex.or.kr

관광철도의 기능

여타의 교통수단과 달리, 공항철도의 노선 주변에는 볼거리와 즐길 거리가 다양하다. 젊음과 활력, 유행을 선도하는 홍대입구역, 영상 미디어와 엔터테인먼트의 메카로 떠오르는 디지털미디어시티역, 도심 속 복합 레저공간으로 발돋움하는 아라뱃길에 인접한 계양역과 검암역, 바다 및 섬 여행의 출발지로 각광받는 운서역 등 주변 관광자원을 활용하여 여가수요 증진을 극대화하고 있다.

도심급행철도의 기능

공항철도는 58km 구간에 11개 역이 있고, 역간 평균거리는 5.3km에 달한다. 수도권 전철의 경우, 역간 평균거리가 1km 내외임을 감안하면, 공항철도는 모든 열차가 급행열차인 셈이다. 최대 운행속도는 110km/h이고 역을 처음 출발하여 다음 역에 정차하기까지의 표준속도가 70km로, 수도권 전철에 비해 2배 이상 빠르다. 이로 인해 인천 서부권과 서울 도심을 가장 빠르게 연결하여 등하교하는 학생과 출퇴근하는 직장인들에게 사랑받고 있다.

2 빅데이터 분석 기반의 업무체계

공항철도의 3대 기능(공항연계, 도심통행, 여가 · 관광 통행)을 고려하면, 대내외 환경변화는 수송수요에 지대한 영향을 미친다. 이에 착안하여 환경변화에 능동적으로 대처하고자 빅데이터 기반의 영업 전략을 수립하고 있다.

수송통계, 항공통계, 관광통계, 소셜미디어 등을 통해 빅데이터를 수집하고, 공항철도에 영향을 미치는 데이터를 주요 사안별로 심층 분석하여 대응전략을 제시하고 있다. 대내외 환경이 호재로 작용한다면 적극적인 수요증대 전략을 시행하고, 악재로 작용한다면 수요감소를 만회할 전략 수립에 골몰할 것이다.

3 정보통신기술(ICT)을 활용한 고객맞춤형 온라인 정보 제공

기존의 언론홍보 매체(신문, 잡지, TV, 인쇄물)를 통해 공항철도를 알리는 데는 비용도 만만치 않게 들어간다. 국내외 여행객의 주요 해외여행 정보 수집원은 인터넷 기반의 온라인 서비스이기 때문에 비용투자 대비 효과가 다소 떨어질 수밖에 없다. '모바일 퍼스트(Mobile First)'를 넘어 '모바일 온리(Mobile Only)'로의 이동에서도 짐작할 수 있다. 모바일 온리는 신문, 잡지 등의 구독이 지면과 PC를 통한 인터넷 접속 환경에서 이동형, 즉 모바일 기기로 완전히 옮겨가는 시대를 말하는데, 이는 스마트폰을 중심으로 한 모바일이 인터넷 접속의 중심 기기로 완전히 자리 잡았다는 뜻이다. 공항철도는 PC 홈페이지, 모바일 홈페이지, 블로그를 국문, 영문, 일문, 중문 4개 언어로 운영하고, 고객이 필요로 하는 정보 발굴을 위해 인기 검색 콘텐츠를 주기적으로 분석하고, 홈페이지와 블로그, 다언어 SNS 등을 보완하고 있다.

4 이용자 중심의 서비스 디자인

근본적인 불만사항을 해소하는 것이다. 고객 감동은 공급자 측면에서 단순한 서비스 제공이나 친절한 고객 응대가 아니라 수요자 측면의 경험을 고려한 것이라는 생각에 기초한다. 즉, 고객에게 편리하고 스마트한 서비스 가치를 제공하는 것으로 변화해야 한다는 것이다. 이를 위해 고객의 소리 운영체계를 재구성하고, 전국 대표전화 신설, 콜센터 시스템 등을 구축하여 콜센터, 홈페이지, SNS 등 접수 채널을 다양화하고 있다. 또한 인적 서비스 측면에서는 역무직원의 역량 강화를 위한 서비스 인증제를 시행하고, 이를 뒷받침하는 CS 교육체계를 정비하고 있다. 시설 서비스 측면에서는 안내표지를 4개 언어로 표기하고 픽토그램을 병기하는 등 외국인 이용편의 증진을 위한 다국어 안내책자를 비치하고 있다.

2.3 사례 : 프라하 공항, 출 · 도착 대중교통

1 공항에서 도심으로

프라하 도심으로 가는 메트로나 기차 연결편이 없다. 공공버스와 공항직행버스가 공항에서 도심으로 가는 유일한 저비용 교통편이다. 도심이나 가장 가까운 메트로역으로 가는 가장 빠른 교통편은 119번과 100번 버스이다. 기차역으로 가는 연결편으로는 30분 단위로 운행하는 AE 버스(Airport Express Bus)를 이용하면 된다. 여름철에는 운행 간격이 더 짧다. 바츨라프 하펠 공항에서 프라하 도심 방향으로는 오전 6시 30분부터 오후 10시까지, 반대 방향으로는 오전 5시 30분부터 오후 9시까지 이 연결노선을 이용할 수 있다. 게다가 5시 30분에 공항으로 출발하는 아침 연결노선이 있는데, 대부분 저상버스로 운행되어 탑승이 용이하고 짐을 실을 공간도 충분하다.

© Šjů, Wikimedia Commons, CC BY-SA 3.0 <https://creativecommons.org/licenses/by-sa/3.0>, via Wikimedia Commons

노선 버스

- 119번 버스 : 1번 터미널 정류장(출구 D, E, F)과 2번 터미널 정류장(출구 C, D, E) → 벨레슬라빈역(Nádraží Veleslavín, 메트로 A 노선). 이동시간은 대략 20분. 오전 4시 15분부터 오후 11시 30분까지 5~20분마다 출발한다.
- 100번 버스 : 1번 터미널 정류장(출구 D, E, F)과 2번 터미널 정류장(출구 C, D, E) → 즐리친 구역(Zličín, 메트로 B 노선). 이동시간은 대략 20분. 이 버스는 도시의 서쪽으로 가는 경우에 적합하다.

티켓 판매

버스표는 버스를 타기 전에 구입해야 한다. 늦게 도착해서 키오스크가 전부 문을 닫았다면 운전기사에게 직접 구입하는 것이 가능하다. 이 경우 현금만 취급하며(큰 지폐는 사용 불가), 기본요금보다 조금 높은 요금(추가요금 포함)을 지불해야 한다. 프라하 교통요금 판매대는 1번 및 2번 터미널 도착 홀에 있고, 오전 7시부터 오후 10시까지 영업한다. 각 공항버스 정류장에는 동전으로 작동하는 자동판매기가 설치되어 있다.

버스나 기차에 승차하면 표를 즉시 유효화해야 한다. 트램이나 버스는 차량 입구 근처 기둥에 표 판독기가 있다. 메트로는 정류소 입구에 위치한 판독기를 사용한다.

기본요금은 성인 CZK[4] 32/어린이 CZK 16, 운전기사에게 구입하는 경우 성인

---

4 CZK는 체코의 화폐단위 코루나(Koruna)의 ISO 코드이다.

CZK 40/어린이 CZK 20이며, 모든 표는 모든 종류의 대중교통에서 90분간 유효하다. 대형 수하물, 예컨대 배낭이나 여행 가방이 있으면 추가로 반액 표(CZK 16)를 구입해야 한다. 비교적 오래 머물거나 자주(하루에 서너 번) 이용하는 경우에는 유효기간 내 무제한 사용 가능한 단기패스를 구매하는 것이 좋다[24시간 패스는 CZK 110, 3일 패스(72시간)는 CZK 310].

공항직행버스(AE)

중앙역으로 가는 경우라면, 공항직행버스를 이용하는 것이 편하다. 중앙역은 체코 공화국의 주요 도시와 마을 등 유럽의 다른 수도로 출발하는 기차 연결편을 위한 허브이다. AE 버스는 모든 SC 펜돌리노(Pendolino) 고속철도차량, 유로시티와 도시 간 기차의 출 · 도착에 연결되도록 시간을 맞춘다. 운전기사에게 표를 구입하면 60 CZK 요금이 부과되지만, 기차표와 함께 구입하면 32 CZK만 지불하면 된다. 중앙역에서 체코철도로 여행을 계속하는 경우, 이 요금에 홀레쇼비체에서 프라하 중앙역까지 가는 요금이 포함되어 있다.

2 도심에서 공항으로 : 공항직행버스

공항직행버스 노선은 매일 30분 간격으로 운행된다. 프라하 공항으로 가는 노선은 오전 5시 30분부터 오후 21시까지 이용 가능하다.

- 공항(버스정류장). 터미널 1 : 이 정류장은 공항 1번 터미널 체크인 홀 앞에 있는 도시 환승터미널에 있다. 1번 터미널은 국경자유통행지역(Schengen Zone) 이외의 국가로 가는 항공편용이다.
- 공항(버스정류장). 터미널 2 : 이 정류장도 공항 터미널 1의 체크인 홀 앞에 있는 도시 환승터미널에 있다. 2번 터미널은 국경자유통행지역(Schengen Zone) 내의 국가로 가는 항공편용이다.
- 프라하 중앙역[지하철 노선 C, 흘라브니 나드라지(Hlavní nádraží)역] : 승차 정류장은 환타 건물(구 역사 건물) 바로 앞의 빌소노바(Wilsonova) 거리(플로렌스 방향의 주요 간선도로)에 있다. 하차 정류장도 빌소노바 거리(박물관 방향의 주요 간선도로)에 있다. 이곳에서 발권 홀로 곧장 가는 엘리베이터 사용이 가능하다.

CHAPTER

03

공항의 역사

1. 공항의 탄생과 발전

초기의 비행기 이착륙장은 단순히 개방형 풀밭이었다. 비행기는 바람의 방향이 유리한 어떤 각도로든 접근할 수 있었다. 조금 개선된 것이 풀밭을 드래그한, 흙만 있는 들판이었으나 건조한 환경에서만 제대로 작동했다. 밤낮으로 전천후 착륙이 가능한 콘크리트 표면으로 대체된 것은 한참 후였다.

초기의 비행장은 엔터테인먼트용으로 만들어지기도 했다. 이 '에어로드롬(Aerodrome)'(영국, 캐나다, 오스트레일리아의 경우 '비행장')은 시설에 관계없이 항공기 운영에 사용된 땅이나 물의 지대를 가리킨다. 미국의 에어로드롬은 풀밭, 항공기 보관 및 정비용 격납고, 방문객 관람석으로 구성됐다.

'공항(Airport)'이란 용어가 처음 사용된 곳은 1919년 뉴저지 주 애틀랜틱시티의 베이더 필드(Bader Field)를 보도한 신문기사였는데, 당시 'Atlantic City Municipal Airport'로 불린 이 곳은 2006년 9월 30일에 영구히 폐쇄됐다.

'세계에서 가장 오래된 공항'이란 타이틀은 논쟁의 여지는 있지만, 1909년 윌버 라이트(Wilbur Wright)가 설립한 미국 메릴랜드 주 칼리지 파크 공항(College Park Airport)에 붙는다. 애리조나의 비즈비–더글러스 국제공항(Bisbee-Douglas

travelview / Shutterstock.com

'Airport'란 용어가 처음 사용된 공항은?

- '공항(Airport)'으로 불린 최초의 항공 시설은 뉴저지 주 애틀랜틱시티의 베이더 필드(Bader Field)였다.
- Bader Field는 1910년에 개장했고, 1911년에 승객 서비스를 제공할 수 있는 권한을 부여받았다. 수상 비행기와 육상 비행기용 시설을 모두 갖추고 있었다.
- '공항'이란 용어가 처음 알려진 것은 1919년 베이더 필드를 다룬 한 신문기사였다. 이 용어는 로버트 우드하우스(Robert Woodhouse)가 만들었는데, 그때에는 애틀랜틱시티와 뉴욕을 연결하는 수상 비행기 승객 서비스인 플라잉 리무진(Flying Rimusines)을 지칭했다.
- 베이더 필드에는 1941년에 민간 항공 순찰대가 창설됐다.
- 공항에서 예정됐던 상업용 항공사 서비스는 Allegheny Airlines(US Air의 전신, 현재는 US Airways)가 더 큰 애틀랜틱시티 국제공항으로 이전한 1990년에 종료됐다. 관제탑은 1990년대 말에 철거됐고, 이전 공항 소유지의 일부는 마이너리그 야구 경기장 건설에 사용됐다.

※ 앨러게니 항공(Allegheny Airlines) : 1937년 'All American Aviation'이란 이름으로 설립됐으나 1953년에 'Allegheny Airlines'으로 이름이 바뀌고, 1979년에는 'US Air'로, 다시 1997년에는 'US Airways'로 개명한 항공사이다. 2013년에 아메리칸 항공과 합병한 후 세계에서 가장 큰 항공사가 됐다.

International Airport)은 1943년 프랭클린 D. 루즈벨트 대통령이 미국 최초의 국제공항임을 선언한 곳이다. 워싱턴 주 밴쿠버의 피어슨 필드 공항(Pearson Field Airport, 'Pearson Park'로 알려짐)은 1905년에는 비행선 착륙장이, 1911년에는 비행기 착륙장이 있었는데, 지금도 운영 중이라서 태평양 북서부 지역에서 가장 오래된 비행장이다.

함부르크 공항은 1911년 1월에 개장한 이후 현재도 운영 중인 세계 최고(最古)의 상업 공항이다. 브레멘 공항은 1913년에 개항했는데, 1945년부터 1949년까지 미군용으로 사용되기도 했지만 지금도 사용 중인 공항이다.

세계 최초의 비행장 중 하나는 1910년과 1920년대 중반에 밀라노의 주변지구인 탈리에도에 들어선 탈리에도 공항(Taliedo Airport)[1]이다. 이 공항은 1910년에 개항하여 1920년대 중반에 공항으로 전환되면서 상업 공항으로 재탄생했다. 1930년대 당시 이 공항은 상업운송 붐을 충족시키기에는 매우 협소하여 폐쇄되고, 밀라노의 공항 중 하나인 리나테 공항(Linate Airport, IATA : LIN, ICAO : LIML)이 북쪽으로 몇 마일 떨어진 곳에 신축됐다. 1916년에는 로마 근처의 참피노 공항(Ciampino Airport, IATA : CIA, ICAO : LIRA)이 개항했다. 이 공항은 로마 피우미치노 공항(레오나르도 다 빈치 국제공항)과 경영 모체가 동일하다. 피우미치노 공항은 장거리, 참피노 공항은 다수 저비용 항공사(라이언에어, 위즈에어)의 주요 허브이다.

영국에서 가장 오래된 공항은 1910년에 개항한(정식 오픈은 1911년 6월 20일) 쇼어햄 공항(Shoreham Airport, Brighton City Airport, IATA : ESH, ICAO : EGKA)인데, 이 공항이 상업 공항을 목적으로 건설된 세계 최고(最古)의 공항이라는 주장도 있다. 이 비행장은 제2차 세계대전 중에는 군용으로 운용됐다. 현재는 상업용 조종사 훈련장으로 사용 중이며, 경비행기나 헬리콥터 전용 비행장으로 운용되고, 영화 촬영소로도 이용된다.

루마니아 부쿠레슈티의 아우렐 블라이쿠 공항(Aurel Vlaicu Airport, IATA : BBU, ICAO : LRBS)은 동유럽에서 가장 오래된 공항이다. 이 공항에는 비행장 내에 루마니아 최초의 비행학교가 개교했다(1912년). 1920년 이곳에 루마니아의 국영 항공사인 TAROM 항공의 전신이 설립됐다. 현재의 터미널 건물은 1952년에 개장한

1 옛 공항인 탈리에도 공항의 대체 공항이 1960년에 개항한 리나테 국제공항이다. 후자는 이탈리아 국내선과 유럽 내 중단거리 노선을 주로 취급하는 공항이다.

David Goddard / Getty Images

M.Moira / Shutterstock.com

1. 쇼어햄 공항 2. 아우렐 블라이쿠 공항

것이다. 공산국가 시절에는 TAROM 항공의 국내선 허브공항이었다. 이 공항은 오토페니 공항(Otopeni Airport)이 공군기지 시설을 확장 · 개선하여 개항한 1965년까지 부쿠레슈티의 유일한 공항이었다(TAROM 항공은 1968년 오토페니 공항을 국제선 허브공항으로 전환). 현재는 상업용 항공(전세 비행기와 민간 제트기)의 주요 거점이며, 저비용 항공사들[2]이 많이 이용한다.

---

2 중앙 유럽을 기반으로 운항하는 저비용 항공사 위즈항공(Wizz Air)의 허브공항. 그 밖에 블루항공(Blue Air), 마이에어(MyAir), 스카이유럽항공(SkyEurope), 저먼윙스항공(Germanwings) 등 여러 저비용 항공사들이 취항한다.

브레멘 공항(Bremen Airport, IATA : BRE, ICAO : EDDW)은 1913년에 개항했다. 이 공항은 게르마니아 항공(Germania Airline, 2019년 파산), 라이언에어(Ryanair) 같은 저비용 항공사의 기지로 운용 중인 세계에서 가장 오래된 5개 공항 중 하나이다. 브레멘의 초기 고객들은 유럽에서 가장 오래된 항공사인 KLM을 이용했다. KLM 공항은 1945년부터 1949년까지 미군이 군대 행정과 군사기지로 사용했으며 루프트한자가 이 공항에 정기 항공편을 투입한 때는 1950년이었다. 이후 독일 항공사들은 조종사 비행훈련센터를 설립했다. 이 공항은 이용 승객이 1989년에는 100만 명을, 2015년에는 254만 명을 넘어섰다.

또 다른 유럽 최초의 공항 중 하나가 1915년에 개항한, 리투아니아의 카우나스 알렉소타스 지구의 다리우스와 기레아스 공항(S. Dariaus ir S. Girėno Aerodromas, ICAO : EYKS, 간단히 '알렉소타스 공항')이다. 공항 명칭은 1993년 5월 6일에 리투아니아 조종사인 Steponas Darius와 Stasys Girėnas의 이름을 따서 정한 것이다. 그런데 이들은 1933년 뉴욕발 리투아니아행 직항 비행이 끝날 무렵 추락사고로 숨졌다. 이 공항은 1915년 독일군에 의해 카우나스 요새 점령 후 군용 공항으로 구상됐고, 민간 항공 취항은 1921년 독일 항공사에 의해 시작됐다. 처음에는 우편물과 승객을 위한 쾨니히스베르크-카우나스 노선이 몇몇 항공우편사들(Lloyd Luftdienst, Danziger Luftdienst, Danziger Luftpost)에 의해 투입됐다. 1925년 미국 정부 주관의 우편 비행기 운영에 관한 법안인 켈리 법안(Kelley Act)이 의회에서 통과되고, 그 이듬해인 1926년에는 항공상업법(Air Commerce Act)이 제정되어 미국 상무국 내 항공국이 창설되는 등 상업 항공이 급속히 발전하고 있었다. 알렉소타스 공항은 1931년에 첫 번째 여객청사가 건립됐지만, 제2차 세계대전 중에 파괴됐다. 새 터미널은 1970년대에 건축된 것이다.

암스테르담 스히폴 공항은 1916년 9월 16일에 군용 비행장으로 개설됐지만, 1920년 12월 17일부터 민항기만을 허용하여 1920년 1월에 운영을 시작한 호주 시드니 공항이 세계에서 가장 오래된 민항기 공항이라는 주장도 있다. 지금까지 상업 공항으로 운영되고 있다는 점에서 세계에서 가장 오래된 상업 공항 중 하나라고 할 수 있다.

미네소타 주의 미니애폴리스-세인트폴 국제공항(IATA : MSP, ICAO : KMSP)은 1920년 개항 이후 지금까지 상용 서비스를 지속하고 있다. 매년 3,500만 여 명의 승객에게 서비스를 제공하며, 최근에는 새 활주로(3,355m)를 개장했다. 이 공항은 초기 항공시대에 건설되어 현재도 운영 중인 가장 크고 번잡한 공항 중 하나이다.

타이의 돈므앙 국제공항(Don Mueang International Airport, IATA : DMK, ICAO : VTBD)은 1914년 3월 27일에 왕립 타이공군기지로 개항한 곳이다. 1924년부터 상업 비행을 시작하여 현재도 운영 중인, 아시아에서 가장 오래된 공항이다. 현재는 녹 에어(Nok Air), 타이 에어아시아(Thai AirAsia), 타이 라이언 에어(Thai Lion Air), 오리엔트 타이 항공(Orient Thai Airlines)의 메인 허브이다. 2015년에는 세계 최대 저비용 항공사 공항으로 뽑히기도 했다.

정규 착륙장은 제1차 세계대전 중에 비행기 운항이 증가하면서 건설됐다. 비행기는 착륙장을 특정한 방향에서 접근해야 했다. 이 때문에 개발된 것이 접근 및 착륙 활주로를 알려주는 보조 장치이다.

제1차 세계대전 이후, 일부 군용 비행장이 승객 운송을 취급하는 상업시설로 개발됐다. 가장 먼저 개발된 비행장이 남부 런던의 크로이든 공항(Croydon Airport)과 파리 근처의 르 부르제 공항(Le Bourget Airport)이다. 1922년에는 최초의 상설 공항과 상업 항공 전용 터미널이 당시 동프로이센의 쾨니히스베르크 근처에 건설됐다. 이 시기의 공항들은 포장된 '에이프런'(주기장, 비행장의 격납고나 터미널 앞의 포장된 구역. 승객의 승강이나 비행기의 급유 지역)을 사용했다. 그래서 비교적 무거운 비행기의 야간 이착륙도 가능했다.

시드니 공항(Sydney Airport, IATA : SYD, ICAO : YSSY)은 1920년 1월 20일에 킹스포드 스미스 공항(Kingsford Smith Airport)이란 이름으로 개항했는데, 현재까

지 운영 중인 민간 공항 중 세계에서 가장 오래된 곳 중 하나이다. 1920년대 중반에 시드니와 멜버른, 애들레이드행 국내선 운항을 시작했다. 여객 청사는 1940년대에 개장했다. 1953년에 현재의 사명으로 변경했고, 1970년 5월에 국제선 터미널을 완공했다.

1938년 6월, 미국 의회는 민간항공법(Civil Aeronautics Act)을 제정했다. 민간항공법은 민간항공처(CAA)가 관제탑의 항공교통관제사 자격증명제도도 운용하도록 했다. 시장의 혼란을 줄인다는 명분으로 신규 항공사의 진입을 제한했기 때문에 기존 항공사에만 유리한 경영환경을 만들어준 것이다. 이런 상황은 1979년 항공규제완화(Airline Deregulation Act) 정책이 나올 때까지 40년간 이어졌다.[3]

공항에서 처음 표시등이 사용된 때는 1920년대 후반이었다. 1930년대부터 접근용 표시등을 사용하기 시작했는데, 적절한 하강 방향과 각도를 표시했다. 이러한 표시등의 색상과 플래시 간격은 ICAO에 의해 표준화됐다. 1940년대에 슬로프라인 접근 시스템이 도입됐다. 이것은 글라이드슬로프(Glideslope, 활공각; 착륙 비행기의 높이 정보 제공)상의 항공기 위치를 나타내는 원통(Funnel)을 이루는 두 줄기 표시등으로 구성됐다. 추가 표시등은 잘못된 고도와 방향을 표시했다.

제2차 세계대전 이후 공항 설계는 더욱 정교해지기 시작했다. 승객용 건물은 터미널 주변에 활주로가 여러 개씩 배치되어 섬과 같이 한데 모여 있었다. 이런 방식은 시설 확장에 용이했으나 단점도 있었다. 이 때문에 승객들은 타고 갈 비행기까지 더 멀리 이동해야 했다. 착륙장은 콘크리트 표면에 홈(Grooves)이 도입되면서 개선됐다. 이 홈들은 착륙 항공기의 방향에 수직을 이루며 비행기의 바퀴 앞에 쌓일 수 있는 우기 조건에서 과잉수를 빼내는 역할을 했다.

1960년대에 제트기 교통량이 증가함에 따라 공항 건설에도 붐이 일어 활주로가 3km까지 연장됐다. 활주로는 철근 콘크리트를 사용하여 길이에 따라 이어지는 연속 슬래브를 생산하는 슬립 형태의 기계로 건설됐다. 현대적인 착륙장은 랜딩 기어가 닿는 힘을 지탱하도록 비행기가 착지하는 부분을 가장 두껍게 만든다. 활주로는 높이 변화를 보정하기 위해 측정 장치를 사용하여 최대한 매끄럽고 평탄하게 건설된다.

---

3 미국의 민간항공법 제정 과정을 정리하면 다음과 같다.
1925년 Kelly Act 제정(민간업자의 항공우편 취급에 대한 항공법), 1926년 상업항공법(Air Commerce Act) 제정, 1938년 민간항공법(Civil Aeronautics Act) 제정, 1958년 연방항공법(Federal Aviation Act) 제정, 1994년 연방항공법을 USC 49(United States of Code–Transportation)로 명명.

2. 세계 주요 공항의 역사

2.1 김포공항

비행기가 국내에 처음 선보인 때는 언제일까? 그때는 라이트 형제의 비행 후 10년이 지난 1913년이었다. 일본 해군중위 나라하라가 용산 연병장에서 떴다 내린 정도였지만, 아무튼 첫 비행은 성공했다. 이듬해 1914년 8월에는 다카사라는 일본 민간인이 미국의 커티스라는 복엽기로 용산에서 남대문까지 비행했다. 당시 일본군 연병장으로 사용되던 용산 기지가 우리나라 최초의 비행장인 셈이다.

1916년 가을, 당시 경기도 시흥군 내 지역의 섬인 여의도에 육군 간이비행 착륙장이 개설됐다. 이곳에서 우리나라 최초의 비행사인 안창남이 1922년 12월 모국방문 기념비행을 했다. 이 여의도 간이비행장은 1924년 정식비행장으로 승격되어 민간 항공기와 군용 항공기가 공동으로 이용하게 됐고, 광복 후 1948년부터는 민간 비행장으로 운영되기 시작했다. 이에 따라 국내 최초의 민간 항공사인 대한국민항공사(KNA)도 여의도 비행장에서 첫 취항을 했다.

시간이 흘러 1958년 1월, 공항의 기능을 김포로 이전하면서 여의도는 군전용 비행장으로 사용했다. 여의도 비행장은 개장 54년 만인 1971년에 폐쇄됐고, 그 후 '여의도광장'이라는 이름으로 행사나 대규모 집회 장소로 사용되다가 지금은 공원으로 조성됐다.

김포공항(IATA : GMP, ICAO : RKSS)은 1939년 당시 경기도 김포군 양서면 방

Sorbis / Shutterstock.com

화리에 일본군이 1317×16m 규모의 활주로 3본을 건설하면서 시작됐다. 일본군이 태평양전쟁이 발발하기 직전, 이곳에 비행장을 만들고 가미가제 특공대 훈련장으로 활용했다. 해방 후 김포공항의 관할권은 미군으로 넘어갔고, 미공군은 활주로를 포장하고 전쟁 중이던 1951년 2268×45m 규모의 활주로를 새로 건설하여 김포공항을 미국 제5공군 전용 활주로로 사용했다. 이듬해부터는 민간 항공기 운항이 허용됐고, 1954년부터는 우리나라도 활주로 일부를 사용할 수 있게 됐다. 그 후 1958년 1월 미군 측과 김포공항의 관리권을 3단계에 걸쳐 단계적으로 대한민국 정부에 이양한다는 협정을 체결하고, 활주로 공사를 마친 뒤 1958년 3월 대통령령으로 김포공항을 국제공항으로 지정했다.

김포공항이 면모를 갖추기 시작한 것은 대한항공이 항공공사를 인수한 후, 동시에 5대의 비행기를 정비할 수 있는 격납고를 1971년 1월에 준공하면서부터였다. 이후 1973년 4월에 현재 국내선 청사로 사용 중인 건물도 준공되어 하늘에서 내려다봤을 때 그나마 공항의 면모를 갖추었지만, 급증하고 있는 항공수요를 이 시설만으로 충당하기에는 역부족이었다. 특히 공항 확장의 결정적 계기는 점보기의 취항이었다. 기존 2,468m의 활주로를 3,200m로 확장하고 공항청사도 부분적으로 확장했으나 응급조치에 불과했다.

결국 여러 방안을 강구한 결과 새로운 국제선 청사(현재 국제선 1청사)를 1980년 8월에 개청하여 김포공항의 숨통을 트이게 했다. 1980년대를 지나며 폭증하는 항공수요와 86아시안게임, 88올림픽을 앞둔 시점에서 또 다른 청사 건립은 시급한 당면과제였다. 이를 위한 정부의 예산확보가 여의치 않아 대한항공이 청사 확장공사의 일부와 계류장 확장공사를 담당하여 완공 후 정부에 기부채납하는 방법으로 돌파했다. 하지만 김포공항이 한국의 관문으로 있던 기간은 그리 오래지 않았다. 인천국제공항으로 그 역할을 상당부분 넘겼기 때문이다. 현재 김포공항은 국내선 위주로 운항하고, 인천공항은 국제선 위주로 편성된다. 이유는 김포공항 근처의 소음으로 11시 이후에는 공항 이착륙이 금지되기 때문이다.

2.2 런던 히스로 공항(London Heathrow Airport)

IATA : LHR, ICAO : EGLL

영국을 대표하는 영국과 런던의 관문 공항이다. 서비스 지역인 런던에 공항이 한두

그는 누구인가?

글렌 H. 커티스(Glenn Hammond Curtiss, 1878~1930)

- 미국 항공업계의 선구자이다. 1908년 7월 4일에 자신이 설계하고 제작한 비행기 준벅(June Bug)을 타고 자신의 고향인 해몬즈포트까지 비행에 성공했다. 그는 동력 비행기로 하늘을 날아오른 두 번째 미국인이 됐지만, 당시 라이트 형제의 첫 비행과 시험 비행이 비공식이었기 때문에 그와 '준벅'이 공인된 미국의 최초 비행이 됐다.
- 미국 비행기 클럽에서 파일럿 라이선스를 받은 최초의 조종사이다.
- 현재의 커티스-라이트 코퍼레이션(Curtiss-Wright Corperation)의 주춧돌이 된 커티스 에어로플레인 모터사(Curtiss Aeroplane & Motor Company, 1916년)의 설립자이기도 하다. 이 회사는 1929년에 라이트 형제의 라이트사와 합병하여 커티스-라이트로 사명이 바뀌었지만, 대개는 커티스로 불린다. 제2차 세계대전 당시 미국에서 가장 큰 항공기 제작사였다. 현재는 항공기를 직접 설계 · 생산하지는 않고 방산 및 기계 산업 분야의 다양한 제품을 개발 · 생산하고 있다.

Historica Graphica Collection / Heritage Images / Getty Images

Kletr / Shutterstock.com

1. 준벅 복엽기 2. 커티스 JN-4 제니

개가 아니기 때문에 흔히 '런던 히스로'라고 부른다.

런던의 5개 공항(히스로, 개트윅, 스탠스테드, 루튼, 시티) 중 규모가 가장 크고, 5개 터미널로 이뤄진 국제선 탑승객 기준으로는 세계 최대의 공항이다. 영국 항공, Flybmi, 버진 애틀랜틱 항공, 유나이티드 항공의 허브공항이다. 런던의 공항 중 시내에서 그나마 가깝다는 것이 장점이다. 히스로 익스프레스를 이용하면 시내까지 15분, 런던 지하철 피카딜리 노선을 이용하면 시내까지 50분이 걸린다. 공항버스도 있다.

경유/환승 승객의 수가 세계 2위에 랭크될 정도로 굉장히 북적이는 공항이지만, 활주로는 딱 2본뿐이다. 관제사들에 대한 NGC 다큐멘터리에 따르면, 이 두 본의 활주로를 효율적으로 운영하기 위해 런던 상공을 뒤덮는 엄청나게 복잡한 항공기 접근/대기 루트를 만들어 운용하고 있다.

공항부지 자체는 김포국제공항보다도 작지만, 항공수요 처리량은 인천국제공항을 상회한다. 심지어 같은 활주로에서 불과 몇 분 차이로 비행기 두 대를 이륙시킨 뒤, 비행기가 상공에 뜨자마자 한 대는 좌회전, 한 대는 우회전시켜 충돌 없이 이륙을 마치게 하는 스킬까지 사용한다고 한다.

히스로 공항의 역사는 Fairey Aviation이 Great Western Aerodrome이라는 비행장을 운영하던 1930년대로 거슬러 올라간다. 당시의 주요 공항은 크로이든 공항이었다. 1944년 영국 정부(정확히는 왕립영국공군)가 현재의 공항부지(당시는 Heath

EQRoy / Shutterstock.com

Row라는 작은 마을)에 공군기지를 건설하면서 시작됐다. 제2차 세계대전이 끝나자 영국 정부는 이를 민항으로 전환했고, 개보수를 거쳐 1946년 5월 31일에 18개의 취항노선을 기반으로 개항했다.

1965년에 공항의 운영주체인 영국공항공단(British Airports Authority)이 출범했다. 1980년대에 마거릿 대처 총리가 공기업 민영화를 강력히 추진할 때 스페인 건설사인 페로비알(Ferrovial)이 영국공항공단의 최대 주주가 됐다.

히스로 공항에는 100여 개의 항공사가 운항한다. 모든 대륙과 세계의 거의 모든 지역으로 가는 항공편이 있다. 공항에서 가장 바쁜 노선은 뉴욕, 두바이, 더블린, 암스테르담, 파리 노선이다. 노선 목적지의 거의 15%가 미국에 있으며, 브라질, 이탈리아, 스페인이 그 뒤를 잇는다. 히스로는 120개 이상의 국가에 있는 380여 개의 공항과 연결된다. 2009년에는 승객의 약 40%가 유럽으로, 독일로는 약 7%, 북미로는 23%가 운항했다. 다른 장거리 목적지는 30% 정도 된다. 가장 많은 운항노선을 가진 British Airways와 Virgin Atlantic은 히스로 공항이 본거지이다. 영국 항공은 히스로 노선의 16% 미만을, Virgin Atlantic이 5% 미만을 운항 중이다.

2008년 3월 18일부터 런던 히스로 공항은 에어버스 A380이 운항하는 최초의 유럽 공항이었다. 또한 A380의 최초 고객 13명 중 10명은 런던에 도착한다고 발표했다. 따라서 이 공항은 A380의 가장 빈번한 취항지이기도 하다.

히스로 공항의 활주로는 길이가 3,902m와 3,660m인 두 개의 본으로 돼 있으며

Cycreation / Shutterstock.com

두 본 모두 동서 방향으로 평행을 이룬다. 현재의 2 활주로와 대각선을 이루는 옛날의 3 활주로는 부분적으로 재건됐으며, 현재는 유도로로 사용 중이다.

일반적으로 몇 가지 예외는 있지만, 동서 활주로 중 하나는 이륙용이고 다른 하나는 착륙용이다. 현지 주민들을 고려하여 서풍이 부는 이른 오후에 활주로들이 바뀐다. 즉, 아침에 이륙용이던 활주로가 오후부터는 착륙용 활주로로 사용되는 식이다. 그 역도 성립한다. 그러나 동풍이 불면 이런 변화는 일어나지 않는다. 히스로 공항에는 매년 500,000여 회 이착륙을 한다. 이는 활주로가 99% 수준으로 운영되고 있다는 뜻이다.

터미널 2, 3, 4, 5가 영업 중이며, 터미널 1은 2016년에 노후화 문제로 문을 닫았다. 터미널 2도 역시 노후화 문제로 2009년에 문을 닫았다가 터미널 5와 같은 새로운 형태로 재건축하여 2014년 6월 4일에 재개장했다. 아시아나항공을 포함한 스타얼라이언스는 터미널 2를, 대한항공을 포함한 스카이팀은 터미널 4를, 원월드는 터미널 3과 5를 이용한다.

아시아나항공은 2014년 10월부터 현재 히스로 터미널 1에서 터미널 2 D존 체크인 카운터로 이전했다. 참고로 터미널 2에서 게이트까지는 가깝지 않다. 게이트까지 걸어서 10분 이상 걸린다. 하지만 게이트를 수속 30분 전에 개방한다. 터미널 내 흡연구역은 터미널 4에만 있다.

터미널 5가 영국 항공 전용이고, 유럽 내 일부 국내선은 터미널 3에서 출발한다. 터미널 5는 B 게이트 건물과 C 게이트 건물로 구분된다. 인천–런던 노선의 영국 항공은 터미널 5를 이용한다.

3. 세계의 아름다운 공항

3.1 한국의 인천국제공항(Incheon International Airport)

IATA : ICN, ICAO : RKSI

2001년 3월 29일 개항과 동시에 김포국제공항의 당시 국제노선을 모두 이관받았다. 영종도와 용유도 사이의 바다를 메워서 만든 해상공항이어서 내륙공항인 김포국제공항과 달리 24시간 운항한다.

대한항공, 아시아나항공, 제주항공, 진에어, 이스타항공, 티웨이항공, 에어서울,

Jongcheol Park / EyeEm / Getty Images

폴라에어 카고(Polar Air Cargo)[4], 델타 항공(Delta Air Lines)[5]이 허브공항으로 사용한다.

터미널

- 터미널 1 : 아시아나항공을 포함한 스타얼라이언스 소속 항공사, 제주항공, 진에어 그리고 일부 외항사가 운항한다. 1~50번 게이트에 해당한다.
- 탑승동 : 에어서울, 이스타항공, 티웨이항공, 스카이팀 소속 외항사(중국동방항공, 중국남방항공, 베트남항공), 그 외 일부 외항사가 운항한다. 101~132번 게이트에 해당한다.

---

4 미국 퍼체스, 뉴욕에 베이스를 둔 화물 항공사로, 북아메리카, 아시아, 유럽, 중동으로 정기 카고편을 운항하며 테드 스티븐스 앵커리지 국제공항을 메인 베이스 공항으로 사용한다. 그 밖의 허브공항으로 로스앤젤레스 국제공항, 신시내티 노던켄터키 국제공항, 인천국제공항이 있다.

5 유나이티드 항공, 아메리칸 항공과 더불어 미국 3대 메이저 항공사 중 하나이다. 대한항공과 더불어 스카이팀 창립 회원이다. 대한항공 국제선 노선의 상당수가 이 회사의 코드셰어 번호를 가지며, 특히 대한항공의 미국 노선 항공편에는 반드시 이 항공사의 코드셰어 번호가 붙는다. 반대로 미국에서 대한항공 취항지 외의 도시를 갈 경우에는 높은 빈도로 이 항공사의 항공편을 타게 되고 짐도 연결된다. 2018년 5월, 대한항공과 업계 최고 수준의 협력을 뜻하는 조인트벤처를 체결했다.

- 터미널 2 : 처음에는 대한항공, 델타 항공, 에어프랑스, KLM 등 스카이팀 소속 4개 항공사들이 운항했지만, 2018년 10월 28일에 아에로멕시코, 알리탈리아, 중화항공, 가루다 인도네시아 항공, 샤먼항공, 체코항공, 아에로플로트 등 7개 항공사가 추가 배치됐다. 230~270번 게이트에 해당한다.

항공사별 운송량(2015)

순위	항공사	운항(편수)	승객(명)	운송점유율(%)
1	대한항공	92,267	16,802,028	27.06%
2	아시아나항공	64,336	11,967,962	19.28%
3	제주항공	26,882	4,568,056	7.36%
4	진에어	19,598	3,996,985	6.44%
5	티웨이항공	13,211	2,171,213	3.50%
6	이스타항공	12,443	2,017,833	3.25%
7	중국동방항공	10,971	1,453,834	2.34%
8	중국남방항공	11,053	1,399,393	2.25%
9	캐세이퍼시픽 항공	4,476	1,043,579	1.68%
10	에어서울	5,837	826,908	1.33%
11	타이항공	2,920	798,994	1.29%
12	필리핀항공	4,049	762,566	1.23%

미국의 펜트레스 건축(Fentress Architects)이 설계하고 디자인한 인천국제공항은 2001년 개항 이후 세계 최고의 공항 순위에서 상위권을 유지하고 있다. 미래의 우주 정거장을 방불케 하는 건축 실내에서는 찜질방, 아이스 스케이트 링크, 영화관, 쇼핑몰, 무료 샤워 등 다양한 시설들을 이용할 수 있다. 편리하고 효율적일 뿐 아니라 한국 문화를 홍보하기도 한다. 공항 내부의 한국문화 박물관에는 반만년 역사를 자랑하는 한국의 유물들이 전시되어 관광객들에게 우리의 전통 문화와 역사를 관람할 기회를 제공한다.

3.2 스페인의 바라하스 국제공항(Adolfo Suárez Madrid–Barajas Airport)

IATA : MAD, ICAO : LEMD

5개의 여객터미널과 4본의 활주로로 구성되어 있다. 남북으로 길이 3,690m의 활주로(18/36)와 동남–서북으로 길이 4,100m의 활주로(현 14R/32L)가 교차 설치되어 있다. 1998년 11월에는 기존 활주로의 북서쪽에 길이 4,350m의 활주로(18R/36L)가 개장됐다.

1999년 공항의 남쪽에 위치한 기존 여객터미널 남서쪽에 탑승동(Dock)이 개장되고, 이때부터 터미널 남부와 남쪽 탑승동을 제1 터미널(T1), 터미널 북부를 제2 터미널(T2), 북쪽 탑승동(Dock)을 제3 터미널(T3)로 불렀다. 2000년부터 제4 터미널(T4)과 그 위성 터미널(Satellite, T4S), 2본의 활주로(현 18L/36R, 14L/32R)를 건설하여 2004년 말에 완공하고, 2006년 2월 5일에 공식 개장했다. 동시에 기존의 18/36 활주로는 폐쇄했다.

Galina Savina / Shutterstock.com

EQRoy / Shutterstock.com

마드리드의 바하라스 국제공항에 도착하면 제일 먼저 천장부터 봐야 할 것이다. 물결 모양의 드높은 천장은 사람들을 압도한다. 빠르게 유럽의 주요 여행 중심지가 되고 있는 마드리드의 바라하스 국제공항은 승객 친화적이면서도 역동적이고 아름답다. 거대한 규모의 터미널 4는 유리로 되어 있어서, 대나무로 만든 천장 사이사이로 들어오는 빛이 조용하고 차분한 분위기를 조성한다. 대나무로 만든 천장을 강철빔이 지지하는데, 길게 늘어선 이 빔들은 점차 변해 가는 또 다른 색들로 채색되어 마치 무지개를 품은 듯 보인다.

가장 바쁜 대륙 간 노선(2018)

순위	도시	승객	항공사
1	Bogotá, 콜롬비아	883,716	Air Europa, Avianca, Iberia
2	Buenos Aires, 아르헨티나	866,449	Aerolíneas Argentinas, Air Europa, Iberia
3	New York(JFK), 미국	849,947	Air Europa, American Airlines, Delta Air Lines, Iberia, Norwegian Air Shuttle
4	Mexico City, 멕시코	782,073	Aeroméxico, Iberia
5	Miami, 미국	708,340	Air Europa, American Airlines, Iberia
6	Lima, 페루	663,374	Air Europa, Iberia, LATAM, Plus Ultra Líneas Aéreas
7	São Paulo, 브라질	644,113	Air China, Air Europa, Iberia, LATAM
8	Dubai, 아랍 에미리트	521,449	Emirates
9	Tel Aviv, 이스라엘	517,857	Air Europa, El Al, Iberia, Smartwings
10	Havana, 쿠바	514,532	Air Europa, Cubana de Aviación, Evelop Airlines, Iberia

3.3 중국의 베이징 수도 국제공항(北京首都國際机場)

IATA : PEK, ICAO : ZBAA

1958년 3월 2일에 개항했다. 2008년에 두바이 국제공항의 터미널 3에 이어 단일 터미널로는 세계에서 둘째로 큰 터미널 3을 개장했다. 터미널 3은 3-C(국내선용 홀), 3-D(북경 올림픽의 전세편 전용 홀), 3-E(국제선용 홀)의 세 부분으로 되어 있는데, 이들은 모노레일 열차로 서로 연결된다. 3-A, 3-B가 없는 것은 터미널 1과 2의 혼동을 피하기 위함이다.

터미널

- T1에서는 하이난 항공, 톈진 항공 등 기타 항공사들이 국내선을 운항한다.
- T2에서는 스카이팀 소속 항공사들이 주로 운항한다.
- T3-C에서는 주로 스타얼라이언스 소속 항공사들이 국내선을 운항한다.
- T3-E에서는 주로 스타얼라이언스 또는 원월드 소속 항공사들이 국제선을 운항한다. 3E 터미널(T3-E)로 가려면 3C 터미널(T3-C)에서 탑승수속을 받고 모노레일 열차를 이용해야 한다. 출국심사, 보안검색은 T3-E에 도착한 후 진행된다.

2008년 올림픽에 맞춰 개장한 터미널 3은 총길이 2.9km, 93만m² 면적으로, 세계 최대 건물 중 하나이다. 중국의 상징인 용을 테마로 지어졌는데, 위에서 내려다보면 지붕은 용의 비늘, 순환도로는 수염을 연상시킨다. 중국의 특색을 살린 두 가지 색상인 붉은색과 옅은 금색의 기둥으로 터미널 3의 지붕을 만들고 155개 채광창이 뚫려 있다. 또 전체가 색깔로 구분되어 승객들이 방향을 쉽게 찾을 수 있다.

Markus Mainka / Shutterstock.com

EQRoy / Shutterstock.com

3.4 우루과이 몬테비데오의 카라스코 국제공항 (Carrasco International Airport)

IATA : MVD, ICAO : SUMU

2003년부터 공항의 모든 업무는 민영 투자 그룹인 푸에르타 델 수르(Puerta Del Sur)가 맡고 있다. 우루과이의 국영 항공사인 프루나 항공 외에도 아르헨티나 항공, 아메리칸 항공, 란 항공, TACA 항공 등 여러 항공사들이 취항한다. 2018년에 승객 2,260,494명을 처리했다.

평균 해발고도는 32m로 여객기와 터미널 건물을 잇는 승강용 통로인 제트웨이가 유리로 되어 있어서 공간감과 현대적 느낌을 준다. 활주로는 2본, 아스팔트 길이는 각각 2,250m와 3,200m이다.

이 공항은 우루과이 태생 건축가 라파엘 비뇰리(Rafael Viñoly)가 건축했다. 2009년에 개장한 새 터미널은 1960년대의 존 F. 케네디 공항과 비슷하다. 에로 사리넨(Eero Saarinen)이 설계한 TWA 터미널 같으면서도, 스키드모어, 오윙스, 메릴(Skidmore, Owings & Merrill)이 디자인한 존 F. 케네디 공항의 도착홀과 유사하다. 우루과이 해변의 사구와 같은 지형을 본따 만곡한 365m 길이의 둥근 지붕은 마치 아이들이 상상하는 공항의 이미지처럼 심플하고 우아하다. 탁 트인 공항 내부는 마치 옛날 기차역과 같고, 꼭대기 층의 테라스는 활주로의 광범한 전망을 보여준다.

Aeroporto Carrasco / Latin Content / Getty Images

운항노선

항공사	목적지
아르헨티나 항공	부에노스아이레스(아에로파르크케), 부에노스아이레스(에세이사)
에어프랑스	부에노스아이레스(에세이사), 파리(샤를드골)
아메리칸 항공	마이애미
BQBLA 항공	부에노스아이레스(에세이사), 포르투알레그레, 리베라, 로자리오, 살토
코파 항공	파나마시티
GOL 항공	포르투알레그레, 리우데자네이루(갈레앙), 상파울루(과룰류스)
이베리아 항공	마드리드
LAN 항공	산티아고데칠레, 리마
SLA 항공	부에노스아이레스(아에로파르크케), 로자리오
아비앙카 페루	리마
TAM 항공	리우데자네이루(갈레앙), 상파울루(과룰료스)

3.5 미국의 덴버 국제공항(Denver International Airport)

IATA : DEN, ICAO : KDEN

미국 콜로라도 주 덴버에 위치한 공항으로, 면적만 따지면 미국 최대 공항이고, 세계에서는 셋째로 큰 공항이다. 이 공항은 기존의 스테이플턴 국제공항을 대체하기 위해 1993년에 착공했다. 개항 시기를 1994년으로 연기했다가 두 차례 연기 끝에 1995년에 개항했다.

미국의 저비용 항공사 중 하나인 프론티어 항공의 허브공항이자 유나이티드 항공의 두 번째 허브공항이다. 또 다른 저비용 항공사인 사우스웨스트 항공의 거점 도시 중 하나이기도 하다. 이 공항은 미국에서 아시아 대륙으로부터의 직항편이 없는 공항 중 하나였으나, 최근에 도쿄(나리타)에 취항한 가장 큰 공항이기도 하다.

흰 눈에 덮인 로키산맥을 연상케 하는 지붕이 독특하다. 특별히 테플론 코팅 기법으로 설계되어 거대한 천막촌 같기도 한 지붕은 겨울철 태양의 열기를 최대한 흡수하고, 실내도 별도의 조명 없이 훤하다. 석양이 질 무렵 독특한 디자인의 지붕들과 노을빛이 어우러져 마치 하나의 예술품 같다. 또한 공항 실내에는 회화, 공예, 공예품 등 흥미로운 예술 작품들이 가득해서 환승객들의 발걸음을 붙잡는다.

덴버에서 출발하는 가장 바쁜 국제노선(2017)

순위	공항	승객	항공사
1	Cancún, 멕시코	447,000	Frontier, Southwest, United
2	Vancouver, 캐나다	224,239	Air Canada, United
3	Toronto – Pearson, 캐나다	221,310	Air Canada, United
4	Frankfurt, 독일	214,983	Lufthansa

5	London – Heathrow, 영국	195,764	British Airways
6	Calgary, 캐나다	173,468	Frontier, United, WestJet
7	San José del Cabo, 멕시코	165,357	Frontier, Southwest, United
8	Puerto Vallarta, 멕시코	164,256	Frontier, Southwest, United
9	Munich, 독일	152,386	Lufthansa
10	Tokyo – Narita, 일본	138,975	United

3.6 스페인 빌바오의 손디카/빌바오 공항(Bilbao Airport)

IATA : BIO, ICAO : LEBB

산티아고 칼라트라바(Santiago Calatrava)의 야심작인 손디카 공항은 날아가는 새의 모습을 떠올리게 하여 'La Paloma' 혹은 '비둘기'라는 별칭이 붙었다. 철과 콘크리트 구조는 빌바오 주변의 녹색 언덕과 잘 어우러지고, 터미널 안의 많은 장식 및 조각

Ander Dylan / Shutterstock.com

품 등이 화려하고, 자연채광이 들어와서 콘크리트 리브는 리드미컬한 물결 패턴을 만든다. 마치 현대 가우디의 건축을 연상케 하는 이 건축물은 스페인, 바스크, 카탈루냐 전통의 현대 바로크 양식을 재연하고 있다.

빌바오 공항에서 출발하는 가장 바쁜 노선(2018)

순위	도시	승객	%	변동률(%)
1	Madrid, 스페인	811,463	14.84	▲ 9.09
2	Barcelona, 스페인	632,777	11.57	▼ 16.64
3	München, 독일	302.772	5.54	▲ 15.18
4	Seville, 스페인	261,253	4.78	▲ 42.88
5	Frankfurt, 독일	233,046	4.26	▼ 3.95
6	Amsterdam, 네덜란드	232,859	4.26	▲ 5.81
7	Paris – Charles de Gaulle, 프랑스	231,407	4.23	▲ 8.72
8	Palma de Mallorca, 스페인	226,278	4.14	▲ 24.21
9	Málaga, 스페인	219,215	4.01	▲ 22.22
10	London – Heathrow, 영국	167,155	3.06	▼ 2.76

3.7 모로코의 마라케시 메나라 공항(Marrakesh Menara Airport)

IATA : RAK, ICAO : GMMX

마라케시 메나라 공항은 어떻게 모더니즘과 전통 이슬람 건축 양식이 서로 융합하여 극적인 스타일을 창조해낼 수 있는지를 잘 보여준다. 영화 〈섹스 앤 더 시티 2〉에

KarSol / Shutterstock.com

서 일과 연애에 지친 주인공이 택한 아부다비로의 여행, 소울 메이트 4인방이 함께 떠난 환상적인 여행의 실제 촬영지가 바로 마라케시 메나라 공항이다.

카사블랑카를 소재로 한 건축가 팀 E2A가 디자인하고 2008년에 완성했다. 건물의 외형과 내형은 흰색 마름모꼴 콘크리트로 골격을 만들어서 어찌 보면 투박하고 강인한 인상을 줄 수 있지만, 건물 유리에 아라베스크 무늬가 새겨져 부드러운 느낌을 준다. 햇살이 비치면 공항 밖에는 멋진 아라베스크 그림자가 드리우고 공항 안에는 햇빛이 창문을 통해 들어오면서 아름다운 빛을 선사한다. 빛에 따라 일렁이는 아라베스크 무늬가 마치 수영장에 있는 듯한 착각을 일으킨다.

3.8 싱가포르 창이 국제공항(Singapore Changi Airport)

IATA : SIN, ICAO : WSSS

대한항공(터미널 4 이용)과 아시아나항공(터미널 3 이용), 싱가포르 항공[터미널 2(동남아 전용), 터미널 3(동북아, 유럽, 미주 등) 이용]이 인천-싱가포르 간 직항 항공편을 매일 운항 중이다. 싱가포르 항공은 아시아나항공 코드셰어를 합해 하루에 5편을 운항하는데, 그 5편도 성수기에는 매진된다. 그 밖에 자회사인 스쿠트 항공은 타이완의 타이베이를 경유하여 주 2회 싱가포르까지 운항한다.

시설은 자연 친화적이다. 공항 안에 화단이나 야자수 등이 조성되어 있고 비단잉어가 헤엄치는 연못도 있다. 심지어 공항 안에 나비들이 서식하는 온실까지 갖춰져 있다. 공항 실내에도 수많은 식물들이 식재되어 있다.

공항에 들어서면서부터 도시적이면서도 자연이 풍부한 싱가포르의 특색을 느낄 수 있다. 900여 개의 채광창은 자연광이 실내로 들어올 수 있게 해주는 한편, 위아래로 움직이는 패널로 날개 움직임에 따라 직사광선을 막아준다. 밤이 되면 인공조명으로 채광창이 빛난다. 5층 높이의 수직 정원, 녹색 벽, 약 1,000마리의 나비가 살고 있는 나비정원 등 공항 곳곳에 설치된 자연 조경은 공항에서 많은 시간을 보내는 승객들의 피로를 조금이나마 덜어준다.

특이한 곳은 주얼 창이 공항(Jewel Changi Airport)으로, 싱가포르 창이 공항과 연결되어 있는 쇼핑센터이다. 이 공항은 종합 엔터테인먼트 공간이지 항공기가 뜨고 내리는 공항이 아니며, 2019년 4월 17일에 정식 개장했다.

세계에서 가장 높은 40m나 되는 실내 인공폭포인 레인 보어텍스(Rain Vortex)가 인상적인 주얼 창이 공항은 각 터미널을 잇는 환승허브(터미널 1과는 직접 연결되고, 터미널 2, 3과는 보행교로 연결되어 각 터미널을 잇는 허브 역할을 함)로, 단순한 항공 편의시설을 넘어 아시아를 대표하는 '정원의 도시', '1인당 도시림 면적 $66m^2$'(Siemens Green City report 기준, WHO 권고 $9m^2$)를 자랑하는 싱가포르의 개성을 담아 약 2,500주의 교목과 100,000주의 관목을 포함하는 숲과 정원으로 이루어진 창의적인 공항의 모델을 제시했다.

유리와 철골에 의한 원환체 구조는 싱가포르의 자연 기후를 반영하고 급변하는 기후로 인한 폭염, 폭우 등의 기상 이변에 대비할 수 있도록 설계됐다. 주얼 창이 공항은 건축물이 환경에 미치는 영향과 에너지 효율 등을 종합 평가하여 지정하는 싱가포르 그린마크 플래티넘(Green Mark Platinum Status)을 획득했다. 건물 중심에 위치한 원형 창을 통해 실내 인공폭포로 최대 1분에 38톤의 유수를 채집하고 재사용하는 동시에 이를 통해 건물 온도를 자동으로 조절하도록 고안됐다.

주얼 창이 공항에는 정원, 관광 명소, 호텔, 항공 시설 및 300개 이상의 소매 및 식당 시설이 있다. 지상 10층과 지하 5층에 이르는 총 바닥 면적은 $135,700m^2$이다. 또한 5개 층에 걸친 실내 정원인 시세이도 포레스트 밸리(Forest Valley), 최상층에 있는 캐노피 파크에는 더 많은 정원과 레저 시설이 있다.

포레스트 밸리는 주얼 창이 공항의 핵심 공간으로, 지상부 5층에 이르는 높이의 다층 구조로 이루어진 테라스 정원과 휴식공간을 제공한다. 브라질, 중국, 말레이시

Tang Yan Song / Shutterstock.com

아, 미국, 오스트레일리아, 태국 등의 다양한 자생종, 외래종을 포함한 약 2,500주의 교목과 100,000주의 관목이 식재되었으며, 산책로를 통해 외곽의 복합문화 쇼핑몰과 연결된다. 포레스트 밸리는 싱가포르의 자연 요소를 적극적으로 공간에 도입하는 바이오필릭(Biophilic) 디자인을 잘 반영하며, 도심공항과 생태계, 공공 건축물과 이용자의 관계에 새로운 모델을 제시한다. 일부 휴식공간에는 싱가포르의 문화와 자연을 반영하는 세 국가의 자생종인 Agathis Borneensis(말레이시아, 인도네시아), Agathis Robusta(오스트레일리아), Terminalia(마다카스카르)를, 계단식 테라스 정원에는 인도네시아산 화산암을 배치하여 착생식물과 덩굴식물을 식재했다.

주얼 창이 공항의 최상층부에 위치한 약 400평의 캐노피 파크(Canopy Park)는 약 20m 길이의 유리 보행로, 지상에서 25m 상공에 위치한 250m에 이르는 워킹 넷(Walking-net), 자연 울타리와 거울로 이루어진 두 개의 미로정원, 안개를 활용한 어린이들의 놀이 공간(Foggy Bowls), 꽃잎정원, 실제 동물의 크기를 형상화한 토피어리 산책로, 전 세계의 아티스트들이 참여한 설치미술 작업 등 다양한 연령층을 수용할 수 있는 공간과 프로그램을 제공한다. 북측에 위치한 광장은 1,000명의 관람객을 수용한다.

Freedomz / Shutterstock.com

주얼 창이 공항은 여행객과 일반에게 24시간 공개하여 공항시설과 공용 공간을 결합한 새로운 시도를 했는데, 2019년 10월 가오픈 6개월 만에 이미 5천만 명의 방문객을 맞이했다.

CHAPTER

04

공항의 범주

1. 공항의 범주 구분

우리나라의 공항시설법[1]에 의하면, 공항은 공항시설을 갖춘 공용 비행장으로 건물, 시설만이 아니라 건물 및 시설과 함께 통행할 수 있는 권리를 포함하여, 항공기의 착륙 또는 이륙에 사용되거나 의도된 모든 토지 또는 물의 영역으로 정의된다. 여기에는 수상비행기지, 헬리콥터와 틸트로터(Tiltrotor)[2] 항공기의 수용시설 같은 특수 유형의 시설도 포함된다.

Santiparp Wattanaporn / Shutterstock.com

1.1 운영방식에 따른 공항의 분류

공항의 운영방식은 공항의 규모, 제공하는 서비스와 시설에 따라 상업 서비스 공항과 화물 서비스 공항으로 범주화될 수 있다.[3]

---

1 공항시설법[시행 2021. 1. 1.]. https://www.law.go.kr

2 헬리콥터로 대표되는 회전익 비행기의 수직 리프트 능력과 고정익 비행기의 속도 등을 접목한 비행기이다. 로터(Rotor)를 통해 양력을 발생시켜 부양한 후 로터 위치를 변경해 추력으로 이용하는, 로터를 양력과 추력 양쪽으로 사용하는 항공기로, Bell과 Boeing이 공동 개발한 V-22 Osprey가 대표적이다.

3 이러한 범주화는 미국 연방정부의 공항 개선 프로그램(Airport Improvement Program, AIP)을 통해 공항의 자금 지원 대상 여부를 결정하는 데 사용된다. AIP 지원을 받을 자격이 없는 민간 전용 공항이지만, 미국 내 공항의 20% 미만 공항이 이 프로그램에 참여하고 있다.

1 상업 서비스 공항(Commercial Service Airport)

예약된 승객 서비스를 제공하는 항공기를 운용하는 공공 소유의 공항이다. 이곳은 연간 최소 2,500명의 승객들을 처리한다. 상업 서비스 공항에는 다음의 두 가지 하위유형들이 있다.

- 비정기 공항 : 매년 10,000명 이하의 승객 탑승 수속
- 정기 공항 : 매년 10,000명 이상의 승객 탑승 수속

2 화물 서비스 공항(Cargo Service Airport)

연간 총 1억 파운드 수준의 화물만 실는 항공기를 운용하는 공항이다. 이 공항은 상업 서비스 공항과 화물 서비스 공항 둘 다 가능하다.

3 구원 공항[Reliever(Relief) Airport]

FAA(미국 연방항공청)가 메인 공항의 혼잡을 완화하고 여타 일반 항공 서비스를 제공하기 위해 지정한 상업용 서비스 공항, 즉 상업용 서비스 공항의 과밀 해소용 공항이다. 말하자면, 1차 상업용 공항이 수용 가능한 지역에 구호물자나 추가 용량을 제공하도록 건설되거나 지정된 공항이다. 이러한 공항은 공공 또는 개인 소유가 가능하다.

이 공항으로 지정되려면, 공항에는 100대 이상의 항공기 또는 25,000건의 연간 순회 운항이 있어야 한다. 이는 AIP[4]가 지원하는 여타 공항의 10%를 차지한다.

- 예 : 미국의 Palm Beach County Park Airport

---

4 AIP(Aeronautical Information Publication)는 국가별 항공정보와 관련된 자료들을 열람할 수 있도록 문서화한 것이다. 항공 종사자들에게 필요한 항공법, 제도, 규정 및 항공로에 관한 사항, 공항별 특이사항과 정보들을 고시하는 것이다. 이러한 AIP를 열람하는 서비스를 AIS(Aeronautical Information Services)라고 한다. 국가별로 AIRAC(항공정보관리절차) 주기에 맞춰서 발간하는데, 긴급한 수정이나 보충이 있다면 항공고시보(NOTAM)로 발행한 후 AIRAC 주기에 정보를 포함시킨다.

4 일반 항공 공항(General Aviation Airport)

위의 범주에 들지 못하는 나머지 공항들이 이에 속한다. AIP에 참가하려면 최소 10대의 항공기가 있거나, 매년 2,500명 미만의 예약 승객을 처리해야 한다. 대부분의 항공기가 소형이고, 개인 또는 기타 민간 주체가 운용한다. 상업용 항공사 운항이 거의 또는 전혀 없다는 뜻이다. AIP 지원 공항의 거의 대부분이 이 유형에 속한다.

자금조달 자격이 있는 나머지 비행장은 대부분 상업용 서비스 공항으로, 정기적인 상업용 항공기 운항에 더 의존한다. 이는 매년 10,000명 이상의 승객을 취급하는 1차 공항과 연간 2,500명에서 10,000명 사이의 승객을 취급하는 2차 공항으로 구분된다. 이러한 범주는 미국 AIP 자금 지원 공항의 15% 이상을 차지한다.

<table>
<tr><th colspan="2">공항 분류</th><th>허브 유형 :
연간 승객 탑승 비율</th><th>일반 명칭</th></tr>
<tr><td rowspan="5">상업 서비스 공항 :
공공 소유 공항은 연간 최소 2,500명 이상의 승객이 탑승하고, 정기 승객 서비스를 받는다.</td><td rowspan="4">정기 공항 :
연간 10,000명 이상의 승객 탑승</td><td>대형(Large) :
1% 또는 그 이상</td><td>대형 허브공항</td></tr>
<tr><td>중형(Medium) :
0.25~1% 이하</td><td>중형 허브공항</td></tr>
<tr><td>소형(Small) :
0.05~0.25% 이하</td><td>소형 허브공항</td></tr>
<tr><td>비허브공항 :
10,000명 이상, 그러나 0.05% 이하</td><td>비허브 정기공항</td></tr>
<tr><td>비정기 공항 : 연간 최소 2,500명의승객 탑승</td><td>비허브공항 :
2,500~10,000명 이하</td><td>비정기
상업 서비스 공항</td></tr>
<tr><td colspan="2">비정기 공항(상업 서비스 제외)</td><td>해당 없음</td><td>구원 공항
일반 항공 공항</td></tr>
</table>

1.2 규모에 따른 공항의 분류

1 대형 공항

대형 공항은 다음의 몇 가지 점에서 소형 공항과 다르다.

- 전체 운송량 : 공항의 크기가 운송량을 결정할 수 있다. 대형 공항은 대량 운송을 지원한다. 이러한 높은 운송량은 대형 공항을 오가는 상업용 운송업체(항공

사)에서 비롯한 것일 수 있다. 공항이 델타 항공 같은 정기 여객 서비스 또는 UPS[5] 같은 화물 운송업체의 허브로 사용되는 경우 더 많은 운송이 가능하다.

- 야간 운송량 : 화물 운송업체의 허브공항은 야간 운송량이 상당한 경우가 많다. 예컨대, 켄터키 주의 루이빌 국제공항(IATA : SDF, ICAO : KSDF)에 항공 화물 허브를 둔 UPS 항공은 밤새 운항하고, 패키지를 분류하여 아침 전에 재발송한다. 따라서 루이빌 국제공항은 다량의 야간 운송을 기대할 수 있다.
- 주간 운송량 : 주로 여객 운송 항공사를 운행하는 공항은 주간에 더 많은 운송량을 기대할 수 있다. 심야 항공편과 달리, 주간 항공편은 비즈니스맨과 관광객 등의 여행자들에게 더 인기 있다. 또한 항공사가 탑승객 유치를 위해 허브로 사용하는 공항은 환승 항공편이 늘어나서 운송량도 증가한다. 예컨대 유나이티드 항공은 시카고의 오헤어 국제공항을 베이스로 하고 있어서 샌프란시스코에서 인디애나폴리스로 가는 직항편이 없다. 따라서 샌프란시스코에서 오헤어로 가는 항공편은 오헤어에서 인디애나폴리스로 가는 항공편으로 환승객을 유치할 수 있다.
- 항공기 규모 : 대형 공항은 상업용 대형 항공기를 수용할 수 있다. 이 대형 항공기에는 활주로와 대형 램프 공간이 더 필요하다. 따라서 규모가 큰 대형 공항을 드나들어야 한다. 대형 항공기는 소형 항공기보다 소음 강도가 더 큰 경우가 많다.

2 소형 공항

공항 운영의 측면에서 소형 공항은 대형 공항에 비해 다음의 차이점들이 있다.

- 항공 운송 및 항공기 규모 : 소형 공항은 일반적으로 대형 제트기보다 더 작은 프로펠러 구동 항공기를 유치한다. 또한 이러한 공항은 일반적으로 대형 공항보다 작은 규모의 운송량을 지원한다.
- 공항 서비스 추가 : 일부 소형 공항에서는 운항 지원 사업자(Fixed Base

---

5 UPS(United Parcel Service)는 현대식 택배업을 최초로 시작한, 국제 화물 운송을 주로 취급하는 세계적인 기업이다. 미국 조지아 주 애틀랜타에 본사가 있고, 전 세계 200여 국가에 91,700대의 차량과 500여 대의 항공기 등으로 하루 1,480만 개 이상의 화물을 취급하며, 40만 명 이상의 직원을 두고 있다.

Operator, FBO)[6]를 이용한다. FBO는 공항에서 재산운영권을 위임받고 공항을 통과하는 항공기에 유지 보수(정비) 및 연료 등의 서비스를 제공하는 사업이다. 다수의 FBO는 지역사회에 비행 훈련을 제공하기도 한다. 이런 훈련 시설은 훈련 비행에 의한 교통량을 증가시키지만 이 트래픽은 상업용 트래픽과 다르다. 훈련용 항공기는 작고 단발 엔진 프로펠러 비행기로, 지정된 구역이나 터치 앤 고(Touch and Go) 착륙 형태[7]로 공항 근처에 머무는 경우가 흔하다.

- 항공기 유형 : 소형 공항은 소형 전세 항공기를 받을 가능성이 더 크다. 이런 소형 항공기는 고객을 상업용 항공사가 일반적으로 제공하지 않는 곳으로 안내한다. 소형 전세 항공기는 보통 하루에 단 몇 회의 출 · 도착만 담당한다. 그럼에도 이런 항공기는 점점 더 인기가 많아져서 대중화되고 있다. 소형 공항에서는 비행 목적과 활동이 다양하여 소음 수준도 상황에 따라 달라진다.

1.3 그 외 공항의 분류

1 지역 공항

지역 공항은 편의성을 높이고 지역 경제를 돕는 등 지역사회에 다양한 이익을 창출한다.

- 응급 지원 서비스 : 응급상황에서는 편리하고 촉각을 다투는 신속한 대응이 특히 중요하다. 예컨대 자연재해 발생 시 필요한 물품은 며칠이 아니라 몇 시간 안에 배달될 수 있어야 한다. 공항에서는 음식, 담요, 발전기, 백신, 비상인력을 신속하게 이송할 수 있다. 지역 공항은 위기 상황에서 공항을 오가는 데 걸

---

6 항공기가 도착해서 출발할 때까지 계류작업에서 하역, 청소, 정비 · 점검, 급유, 급수, 기내식 등을 담당하는 사람들과 차량들이 분주하게 움직인다. 게다가 출항 시에는 운항허가와 관련된 복잡한 행정절차가 뒤따른다. 이들 지상조업이나 행정업무를 대형 항공사들은 자체적으로 처리하지만 외국 항공사는 주로 지상조업사에 외주를 준다. 그러면 자가용 비행기는 누가 취급할까? 지상조업사나 대형 항공사에 의뢰할 수도 있지만 통상적으로 별도의 전문업체에 맡긴다. 이러한 전문업체가 FBO이다.

7 항공기가 착륙을 위해 활주로를 활주하다가 착륙을 재시도하기 위해 다시 이륙하는 행위이다. 복행과 비슷하지만 활주로에 완전히 접지한 후 재차 이륙한다는 차이점이 있다. 비행 교육 시 터치 앤 고를 하는 데에는 이유가 있다. 만약 'Full Stop Taxi Back'을 한다면 이륙에 필요한 적지 않은 절차들을 거쳐야 한다. 따라서 비행 교육 시 터치 앤 고는 가용 비행시간 내에서 최대한의 착륙 경험을 쌓는 방법이다.

리는 시간을 줄여준다.

- 관광 산업 : 추가 여행이 필요 없는 마을로 직행한다는 점에서 미래 관광객의 편리성이 높아진다. 더 많은 사람들이 그 지역을 더 쉽게 방문할 수 있을 것이다. 관광객들은 지역 호텔에 머물며 지역 식당에서 식사하고, 지역 상점에서 돈을 쓰고, 지역 명소를 방문한다. 이러한 구매행위로 발생하는 판매세는 지방과 군 관할 지역에 귀속된다.
- 지역 사업 운영 : 지역 입점 회사들은 전세 서비스를 이용할 수도 있고, 아니면 공항에서 자체 항공기를 편리하게 이용할 수도 있다. 게다가 지역사회에 공항이 들어서면 도시로 오가는 교통은 훨씬 더 수월해진다. 이러한 기업 친화적인 서비스들로 인해 지역 공항은 그 지역에 더 많은 사업을 유치하는 디딤돌 역할을 하고, 이를 통해 지역사회에 더 많은 일자리와 경제적 이익을 제공할 수 있다.
- 독특한 지역사회 서비스 : 대다수 지역 공항에는 지역사회에 비행 훈련을 제공하는 FBO가 있다. 한국의 울진이나 울산처럼 공항 근처에 사는 많은 주민들에게는 현지 FBO를 통해 조종사 면허를 취득할 수 있는 기회도 생긴다. 이를 통해 지역민들은 비행의 꿈을 실현할 수 있다.

2 공동 사용 공항

공동 사용 공항(Joint-use Airports)은 군용 항공기와 민간 항공기 모두에 사용되는 공항이다. 이런 공항은 일반적으로 민간 공항과 군용 항공 기지의 시설을 갖추고 있다. 그러므로 공동 사용 공항은 시설을 공유하여 한층 더 경제적으로 운영함으로써 정부와 민간단체에 이익을 줄 수 있다. 민간 공항에 군사용 기지가 들어서는 경우, 공항 운영자는 시설에 대한 차질 같은 세입자의 자산 보호에 대한 고유의 요구사항도 알아야 한다. 이러한 특별 요건은 공항의 모든 운영 계획에 포함되어야 한다.

그런 사례로는 미국의 에글린 공군기지(Eglin Air Force Base)의 활주로, ATC[8] 서비스를 활용한 노스웨스트 플로리다 지역 공항(Northwest Florida Regional Airport)

---

8 항공교통관제(Air Traffic Control)의 약자이다. 국제민간 항공기구(ICAO)에서는 항공 관련 업무를 항공교통관제 업무(Air Traffic Control Service), 비행정보 업무(Flight Information Service), 경보 업무(Alerting Service), 항공교통 정보조언 업무(Air Traffic Advisory Service)로 나눈다. ATC 업무의 핵심은 항공기 간 충돌 방지, 항공기 및 장애물 간 충돌 방지, 항공교통 흐름의 질서 유지 및 촉진, 운항에 필요한 조언 및 정보 제공, 수색구조에 필요한 정보 제공 및 협조 업무 등이다.

이 대표적이다. 미국 사우스캐롤라이나 주에서 가장 많이 이용되는 찰스턴 국제공항(Charleston International Airport, IATA : CHS, ICAO : KCHS)은 찰스턴 공군기지의 활주로와 서비스를 이용한다. 그러나 이들 공항은 모두 전용 여객터미널과 유도로를 운영한다. 찰스턴 국제공항은 일반 민간인을 대상으로 민간인 분야의 개인 고정 기지 사업자도 두고 있다. 또한 싱가포르 창이 공군기지는 싱가포르의 주요 국제공항인 싱가포르 창이 공항과 활주로 시설을 공유한다.

1.4 공항의 민영화 이슈

1 PPP[9]와 민영화 옵션, 대안은 무엇인가?

옵션의 범위는 완전한 정부 소유권, 기업화 형태, 하이브리드 모델(예 : 서비스/관리 계약), 더 많은 민간 참여(예 : 지분 매각, 양허 및 완전 매각)에 이르기까지 다양하다. 각각 나름의 장단점이 있어서 만능의 해결책은 아니다. 중요한 것은 평가 과정의 엄격성이다. 핵심 요소는 모든 이해 당사자들의 관심과 의견을 철저히 평가하고, 결정을 내리기 전에 수행된 세부적인 공식 비즈니스 사례들을 확보하는 일이다.

2 PPP나 민영화 프로그램이 가장 잘 전달되는 방법은?

경쟁력 있고 투명한 거래 과정은 금전에 대한 공공의 가치를 보장하기 위한 필수요건이다. 정부는 입찰가격이 균형 잡힌 기준에 따라 평가되고, 컨세션 계약의 핵심 조건이 항공사와 최종 소비자를 위한 공항의 효율성, 서비스 품질 및 적절한 투자를 보장하는지 확인해야 한다. 이를 달성하기 위한 핵심 요소는 결정을 내리기 전에 항공사 및 고객을 포함해 모든 이해 관계자의 이해와 의견을 철저히 평가하는 것이다.

9 민관협력사업(Public Private Partnerships)의 약자로, 민관협력사업에서 '민'은 민간, 즉 기업을, '관'은 정부기관을 의미한다. 즉 '민'과 '관'이 함께 협력하는 사업이라는 뜻이다. 20세기 1990년대 영국에서 시작된 이후 현재는 세계의 많은 나라들에서 채택되고 있다. 여기서 민간기업과 정부기관이 어떤 사업에서 협력하는지가 중요한데, 바로 인프라 건설이다. 인프라 건설을 두 가지로 나눌 수 있는데, 경제적 인프라 구축과 사회적 인프라 구축이다. 경제적 인프라는 흔히 도로, 항만, 철도, 상하수도, 터널 등을 말하고, 사회적 인프라는 학교, 병원, 도서관, 법원 등을 말한다.

3 개인 소유 공항 또는 운영 중인 공항을 최적으로 규제하는 방법은?

공항의 시장 지배력에 대한 평가와 적절한 규제 골자의 개발은 잠재적 소유권과 운영 모델의 평가와 병행할 필요가 있다. 시장 규제를 방지하고, 효율성을 확보하고, 서비스 품질을 보장하려면 경제적 규제가 필요하다. 경제적 규제가 제한적이거나 취약하다면 어떤 모델(민간 아니면 공공)이든 불리한 결과를 초래할 수 있다. 최상의 조건은 규제 당국이 중앙 집중화, 적절한 자금 지원, 독립성, 명확한 권한이 있어야 하고, 정부의 승인이 있어야 하며, 법으로 규정되어야 한다는 것이다. 규제 기능의 합목적성을 확인하려면 공항의 시장 지배력에 대한 정기적 평가가 필요하다.

4 유럽의 사례 : 공공 공항과 민간 공항

공항 운영 방식에 가장 큰 영향을 미치는 측면 중 하나는 소유권이다. 유명 공항들 중 한 곳을 분석해보면, 공항이 공적 소유냐 아니면 사적 소유냐에 따라 관리가 명확하게 달라진다는 사실을 알 수 있다.

유럽국제공항협회(Airports Council International Europe, 1990년 출범)는 2016년 봄에 500개의 유럽 공항을 분석하여 이 문제를 심층 연구한 보고서「유럽의 공항 소유권 2016(The Ownership of Europe's Airports 2016)」을 발표했다. 이 보고서에는 몇 가지 흥미로운 자료가 실렸다. 유럽 공항의 40%가 민간 파트너를 두고 있다는 점이다. 일반적으로 이런 공항들은 운송량이 매우 많다. 이는 유럽에서 비행기를 이용하는 승객 4명 중 3명이 민간 자본 출자가 있는 공항을 이용하기 때문이라는 결론을 이끌어낸다. 마찬가지로 공공 소유 공항(공기업 공항)의 80%가 민간기업과 같은 구조를 가지고 같은 기능을 한다.

많은 경우, 가장 적합한 해법은 민관(공공–민간) 협력(파트너십)이다. 공적 파트너는 공동체의 장기적 이익을 보장한다. 민간 투자자는 공항 운영이 효율적으로 수행되고 불필요한 기반시설(인프라) 건설에 공적 자금이 낭비되지 않도록 보장하는 역할을 한다.

2. 공항의 주요 부서

공항의 조직(Organizational Structure of an Airport)은 공항의 크기와 종류에 따라 천차만별이다. 공항 운영의 핵심은 조직의 구성이라고 할 수 있다. 공항의 조직은 조직을 직접 책임지는 개인의 능력과 성격보다는 환경의 변화와 기존 구조 자체와 더 깊은 관계가 있다. 즉, 공항은 조직에 의해 운영되고 체계적으로 관리되는 것이다.

다음 그림은 공항의 일반적인 조직 구조를 나타낸다.

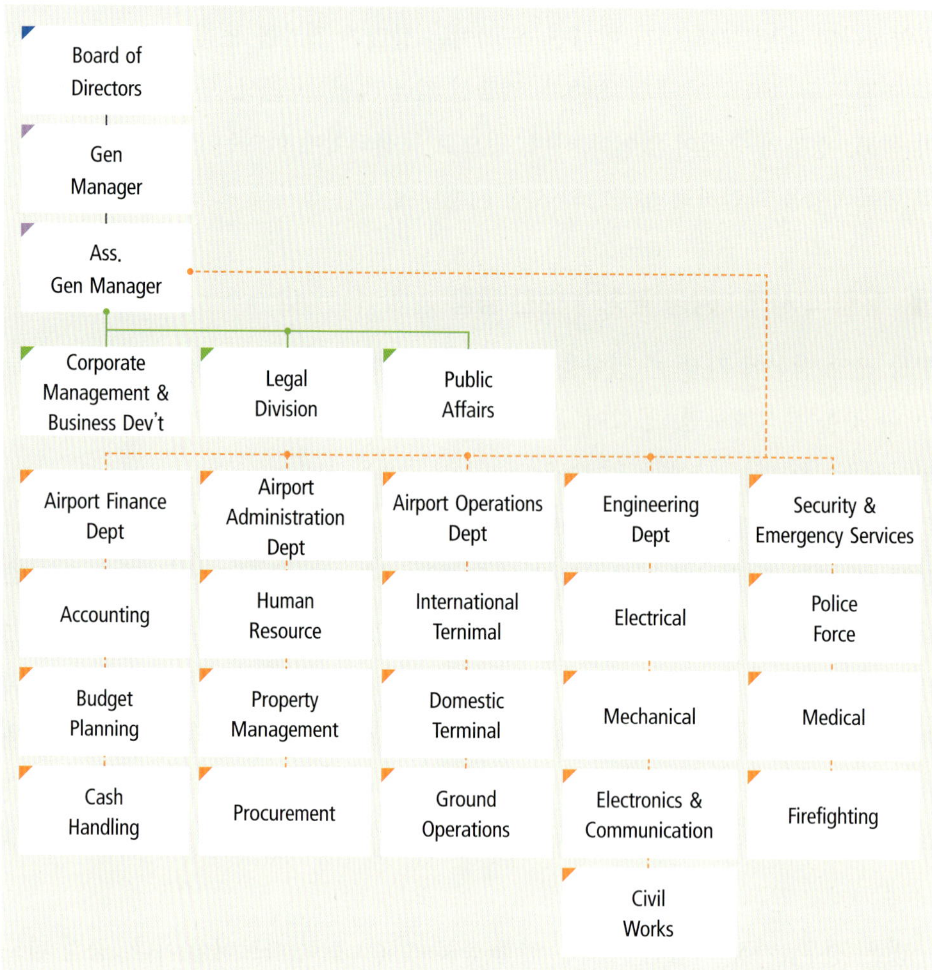

이 그림에서 보듯이, 공항의 조직은 여타 조직처럼 스태프 조직과 라인 조직으로 나뉜다. 스태프 조직은 특정 직능을 담당하는 전문가로 구성되는데, 전문적인 기능을 하면서 라인 부문에 대해 조언 권한을 가질 뿐, 지휘 및 명령권은 없다. 즉, 스태프 부문은 전문화에 부응하도록 라인 부문을 지원한다.

이와 대조적으로 라인 부문은 업무를 담당하며 포괄적 결정과 명령권을 가진다. 이 그림은 조직도의 기본 뼈대로, 왼쪽의 행정 장이 스태프 조직이고 오른쪽의 운영장이 라인 조직에 해당한다.

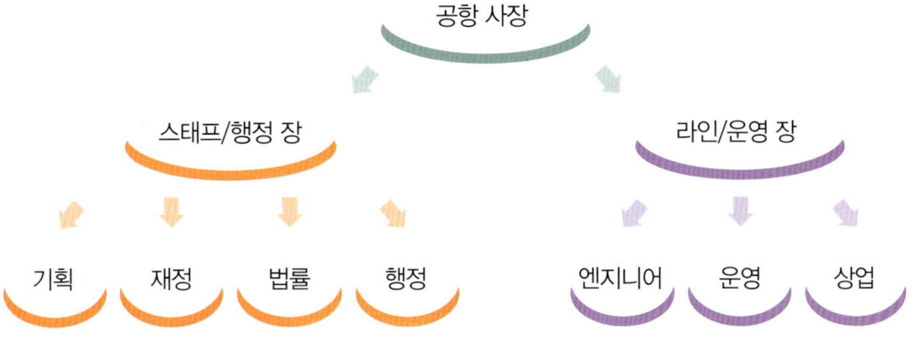

이런 조직 구조는 몇 가지 점에서 중요하다. 기획, 재정, 법률, 행정 등의 스태프 조직에서 공항에 대한 전문적인 지식과 활동이 가능해서 공항 운영을 원활하게 이끌 수 있다. 또한 엔지니어, 운영, 상업 등의 실무적 부분에 대해 조언하여 전체를 보면서 공항 운영을 질적으로 향상시킬 수 있다.

2.1 인천국제공항의 조직 구조

인천공항은 2018년과 2019년에 대대적으로 조직을 개편했다. 2018년에는 제1, 2 터미널 운영의 안정화, 조직 강화, 미래사업 추진을 위해, 2019년에는 부사장 직속의 공항안전실을 사장 직속 안전혁신처로 변경하는 등 안전과 혁신을 위해 조직을 개편한 것이다. 먼저 2018년도에는 제1, 2 터미널이 독립적으로 운영되는 점을 고려하여 조직 효율성, 경험 · 전문성, 공공성을 강화한 혁신 조직 설계에 초점을 맞췄다. 이는 사장의 역할을 분담하여 '본부장(상임이사) · 실장 → 처장 · 팀장' 체계로 재편하고 책임과 소통을 강조한 것이라고 할 수 있다. 특히 독립적으로 운영되는 제1, 2 터미널의 항공보안 강화를 위해 항공보안처로 지위를 격상시켰다. 또한 '메가포트로의 도약'과 '스마트공항 구현'을 기치로 '스마트공항팀(처)'을 별도로 신설한 것도 큰 특징이다.

2019년도에는 혁신성장을 위해 미래사업 추진실을 미래사업본부로 확대 · 개편하고 공항경제처와 물류처를 신설했다. 공항경제처 등 신설조직 두 곳은 공항경제권 구축 사업을 담당하며, 인천공항과 주변을 항공 · 관광 · 물류 등 스마트 융합경제권

인천국제공항의 조직 구조[10]

10 출처 : 인천국제공항공사. https://www.airport.kr/co/ko/index.do

으로 발전시키는 역할을 맡고 있다.

사장을 중심으로 사장 비서팀과 부사장, 본부장이 있고, 감사실이 따로 설치되었다. 하부조직으로는 스태프 부문인 기획조정실, 홍보실, 안전혁신처, 사회가치 추진실 등이 기획, 행정 등의 업무를 담당한다. 그 밖에 경영본부, 여객본부, 운영본부, 건설본부, 미래사업본부, 인프라본부 등은 공항의 효율적 운영을 담당한다.

이러한 구조는 인천국제공항을 효율적으로 건설 및 관리 · 운영하고, 세계적인 공항 전문기업으로 육성함으로써 원활한 항공운송과 국민경제 발전에 이바지한다는 공사의 사명과 직결된다. 즉, 공항의 주요 기능 및 역할과 관련된 인천국제공항 개발 및 관리 · 운영, 주변지역 개발, 부대사업 및 기타 국가 위탁사업, 공항 건설 및 관리 · 운영에 관한 연구조사, 기타 부대사업 등 공항의 건설, 운영 등과 관련한 컨설팅 사업, 해외공항 건설 및 관리 · 운영, 그 주변지역의 개발사업 등과 무관하지 않다. 따라서 인천국제공항의 조직 구조는 단순하면서도 복잡한 네트워크를 띠는데, 이는 한국의 독특한 지배구조를 반영한 결과라고 할 수 있다.

2.2 수완나품 공항의 조직 구조[11]

Suvarnabhumi Airport

Business Support Group
- Suvarnabhumi Airport Administration Department
- Planning and Budgeting Department
- Accounting and Finance Department
- Suvarnabhumin Airport Supply Department
- Medical Division

Operation Group 1
- Airside Operations Department
- Security Department
- Rescue and Fire Fighting Department

Operation Group 2
- Landside Operations Department
- Customer Services Department
- Special Affairs and Community Relations Department

Maintenance Group
- Electrical and Mechanical Department
- Airfield and Building Department
- Buggage Handling System Department

Commercial Operations Group
- Commercial Operations Department
- Transportation Management Department
- Air Cargo Management Department

Aerodrome Standards and Occupational Health Department

Service Quality Management Center

11 출처 : AOT(Airports of Thailand). https://www.airportthai.co.th/en

이 공항은 조직 측면에서 고객 친화적으로 구성되었다. 정상에 공항의 얼굴이라 할 수 있는 수장이 배치되고, 그 밑으로 각 기구 및 부서가 배치된 형태이다.

2.3 스히폴 공항의 조직 구조[12]

암스테르담 스히폴 공항은 암스테르담에서 직원이 둘째로 많은 공항이다. 이는 스히폴 공항이 여객 운송의 상업적 측면을 강조하기 때문이기도 하다.

사장은 인사(Human Resource, HR), 법무 등 지원조직을 직할로 편제하여 운영하고 있다(❶). 반면에 상업시설, 재무, 운영 등 핵심 사업 영역(❷)은 부사장이 직접

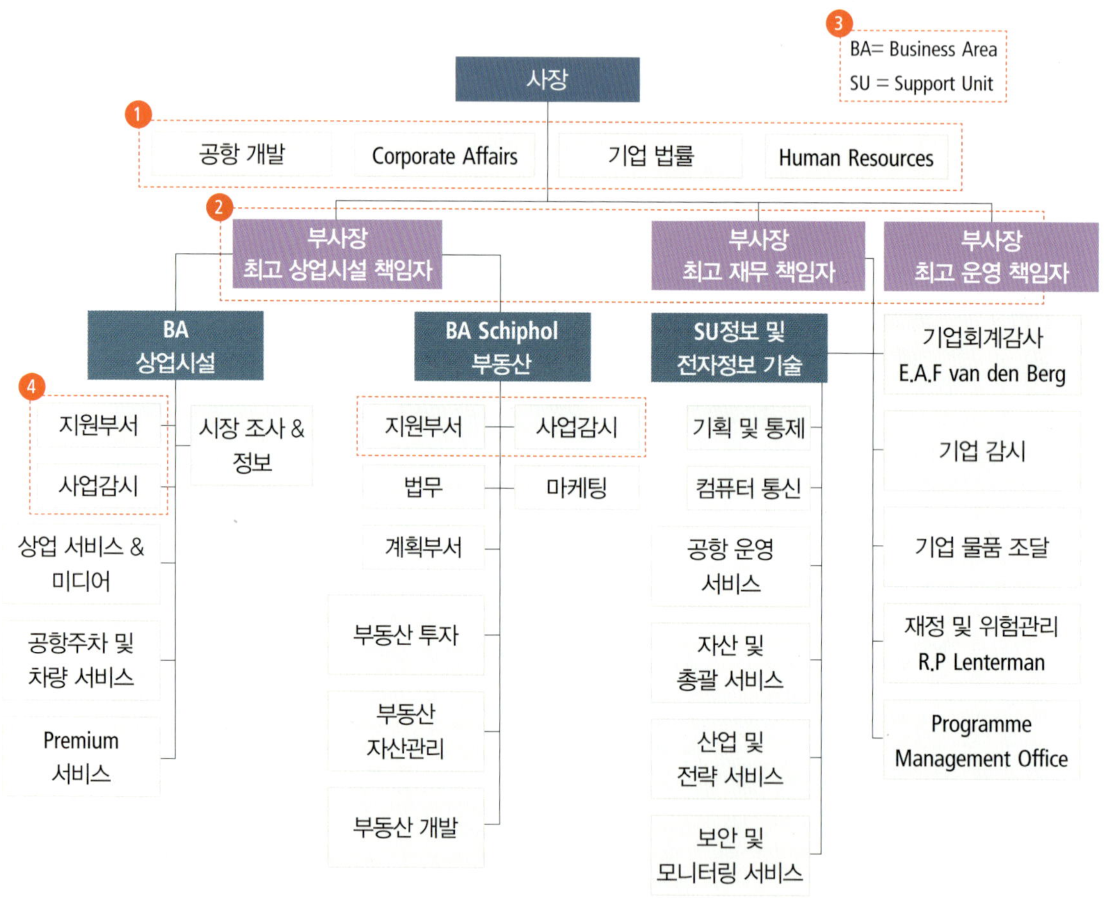

12 참고 : 김일영/김기웅(2011), 인천국제공항의 글로벌 경쟁력에 관한 연구 – 세계 주요공항과의 경쟁력 비교분석을 중심으로, 항공진흥 57, 41–67.

관할하는 구조이다. 또한 조직을 상업시설, 부동산 개발 등 Business Area(BA)와 정보통신, 재무 등 Support Unit(SU)의 두 영역(3)으로 구분하여 사업과 지원 기능을 분리한 점도 특이하다. 또한 주요 사업조직(4)에는 해당 비즈니스를 지원하고 감시하는 기능을 독립적으로 부여하여 사업부서별로 조직 운영의 독립성을 강화했다.

인천국제공항과 스히폴 공항 같은 세계적인 허브공항의 조직 구조에서 볼 수 있듯이, 기획 및 전략 기능은 독립부서 형태로 사장이나 부사장 등 최고 의사결정자 직속으로 편제되어 운영되고 있다. 즉, 기획 및 전략은 기업의 핵심 기능으로서 사장이나 부사장 등 최고 의사결정자의 직속 라인에 위치하며 독립부서로 편제되어 운영되고 있다.

또한 공통적으로 물류 기능의 효율화를 꾀하기 위해 자회사 형태의 독립조직을 운영하는 점도 독특하다. 스히폴 공항의 경우 지방정부와 함께 지분을 투자하여 SADC(Schiphol Area Development Company, 스히폴지역개발협의회)라는 자회사를 설립하여 물류 기능을 강화했다. 네덜란드는 영국과 프랑스, 독일 등 강대국의 틈바구니에서도 물류와 금융, 화훼 등을 특화하여 경제성장을 이끈 결과 세계 500대 기업 중 16개를 보유하며, 특히 물류 분야가 발달하여 '유럽의 관문'으로 불린다.

네덜란드 정부는 제2차 세계대전 이후 물류 부문을 국가 기간산업으로 육성하기로 하고 공항 · 항만 등 인프라 건설은 물론 다국적 기업들에 관세와 기업 운영과 관련한 각종 혜택을 제공하기 시작했다. 세계적인 화훼국가라는 네덜란드의 특성상 이를 신속하게 운반하기 위해 항공물류를 발달시킬 필요가 컸던 것도 사실이다. 그러나 지금 같은 대형 공항은 정부와 기업, 국민들의 끊임없는 노력이 뒷받침됐기에 이룩할 수 있었다. 즉, 정부의 전폭적 지원과 더불어 KLM과 필립스, 유니레버 등 세계적인 자국 기업들이 스히폴을 거점으로 이용했으며, 스히폴 지역 주민과 기업 관계자들이 SADC라는 민간단체를 조직하여 주변 지역을 개발하고 외국 기업을 유치한 덕분이다.

해외 주요 허브공항 대부분이 컨세션 사업을 핵심 비즈니스로 포지셔닝하고 있으며, 이와 관련된 마케팅 및 영업 기능을 강화하고, 전문성을 확보하기 위해 자회사 설립 또는 영업 전담조직을 설립 · 운영하고 있다. 이는 해외사업 등 수익원 다각화를 위한 각국 공항의 노력에도 불구하고 여전히 컨세션 및 리테일 사업이 주력 사업의 역할을 수행하고 있다는 뜻이기도 하다.

CHAPTER

05

공항의 설계

1. 공항의 기반시설

항공운송은 현대 기술의 가장 최근 모드로서 세계 여행을 크게 변화시켰다. 이동시간을 최소화하여 먼 곳까지 갈 수 있는 기회를 개선한 것이다. 이동수단의 장으로서 공항은 민간 항공기의 이착륙에 사용되는 공간이다. 그리고 국제공항에는 비행기의 이착륙 외에 출입국관리의 3대 업무[CIQ : 세관, 법무(출입국관리), 검역]를 위한 시설과 기능이 추가된다. 공항을 운영하기 위해서는 기본적으로 항공기를 안전하게 이착륙시키는 데 필요한 착륙대, 활주로, 유도로, 주기장, 격납고(정비, 수리, 점검을 위한 공간), 비행표지시설, 이착륙 보조 항법시설, 기상 및 관제시설, 급유시설, 소방시설, 구급시설 등의 시설 공간을 갖추어야 한다.

또한 공항의 제 기능을 발휘할 수 있도록 여객의 탑승 및 통과, 화물의 탑재, 도착, 통과 등을 취급하는 시설, 여객 안내시설(터미널, 표지판 등), 여객의 항공기 탑승시설, 항공사의 여객 및 화물 카운터, 화물 적재시설, 보세창고, CIQ 경비 보안시설, 여객과 환송객, 견학자 또는 공항 근무자를 위한 숙박시설, 식당, 은행, 우체국, 매점 및 버스, 택시 등의 교통수단을 위한 주차장 등 전형적인 기반시설을 갖추어야 한다.

이러한 다양한 공항 기반시설들 중에서 항공기의 이착륙에 직접 필요한 활주로(Runway), 유도로(Taxiway), 계류장(Apron), 진입로(Ramp), 항공기 주기장(Aircraft

© CellarDoor85 (Robert Aehnelt)., CC BY-SA 3.0
<https://creativecommons.org/licenses/by-sa/3.0>, via Wikimedia Commons

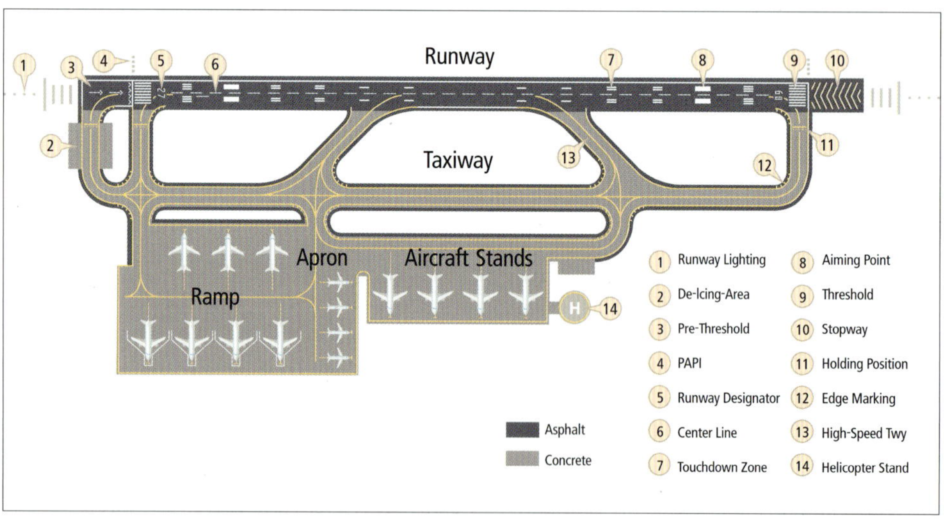

일반적인 공항의 구조

Stands), 착륙대, 보안검사대, 출입국검사대, 면세점, 탑승게이트, 관제탑 같은 공항의 핵심 시설 등을 포함한 구역을 에어사이드(Air Side, A/S)라고 하고, 항공사의 탑승수속 카운터나 수하물 보관소 등을 포함한 여객 및 화물 처리시설, 기타 부대시설, 주차장 등을 포함한 구역을 랜드사이드(Land Side, L/S)라고 한다.

항공 시스템의 구성요소

- 항공로
- 공항(AP)
- 항공사
- 항공기(AC)
- 일반 항공(GA) : 민간 항공의 두 범주 중 하나. 군용 및 정기 항공기 이외의 모든 항공편과 일반 화물 항공편(개인 및 상업)
- 항공 승객
- 운영 환경 공항 시스템 계획

운송 시스템

- 항로 공역 하위시스템 : 항공로[두 특정 지점 사이를 비행하는 동안 항공기(AC)가 사용할 수 있는 하늘의 지정 경로]
- 지상 접근 하위시스템 : 공항용 지상 서비스, 즉 공항 외부 접근로 제공

2. 공항의 구조

공항은 크게 두 구역으로 나뉜다. 국제공항의 경우, 출입국심사 지역을 중심으로 일반인의 접근이 제한된 지역이 에어사이드이고, 그 외 일반인도 자유롭게 이동할 수 있는 지역이 랜드사이드이다. 예컨대 인천국제공항 여객터미널을 보면, 3층 1~4번 출국장에서 공항 이용료를 내고 출국장으로 들어서는 라인을 기준으로 바깥쪽은 랜드사이드, 안쪽은 에어사이드이다. 달리 말하면, 에어사이드는 그 전부 또는 일부가 정부관리기관의 관할하에 있고 비여행자의 출입이 금지되는 제한구역이다. 입국장의 경우 세관검사를 마치고 터미널로 들어서는 출입문이 에어사이드와 랜드사이드의 경계선이 된다.

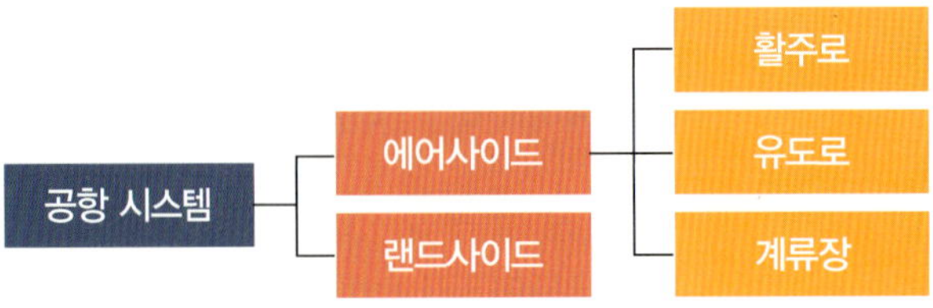

공항 시스템(AP System)

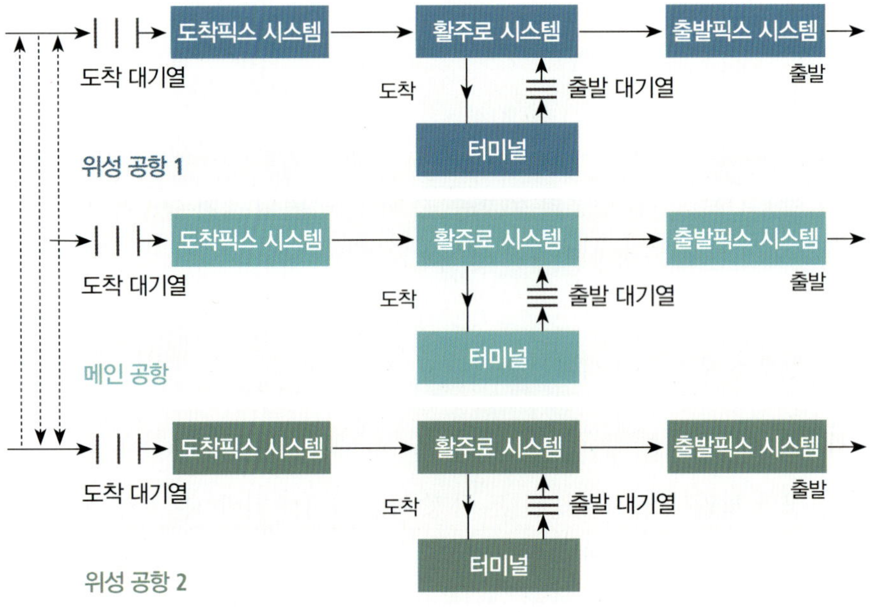

출 · 도착 공항 시스템[1]

항공사 탑승수속 카운터나 수하물 보관소 등은 랜드사이드에 속하고, 보안검색대, 출입국검색대, 면세점, 탑승게이트, 활주로나 유도로, 계류장, 관제탑 같은 공항의 핵심적인 시설은 모두 에어사이드에 있다.

공항터미널에는 커브사이드(Curbside)도 있다. 자동차나 버스를 이용하여 공항 여객터미널에 접근하게 되면 일반적으로 출발 층인 위층이나 도착 층인 아래층이 고가도로 형식으로 연결되는데, 이 도로는 일방통행식으로 여객터미널 입구를 따라

---

1 출처 : Multiairport Capacity Management : Genetic Algorithm With Receding Horizon. 254-263, Volume 8, Number 2, April 2007, Xiao-Bing Hu, Wen-Hua Chen, Ezequiel A. Di Paolo 자료 : Fig. 3. Arrival–departure scheme of a three-airport system, pp 256.

타원형의 곡선을 그리는 것이 보통이다. 이러한 타원형으로 된 승하차 지역이 커브사이드인데, 당연히 랜드사이드에 속한다. 즉 커브사이드는 여객터미널의 '차량 승하차 지역'이라는 뜻이다.

공항터미널의 주요 시설

구분	기능
에어사이드	활주로(Runway) : 출발 항공기가 이륙 속도로 가속하고, 도착 항공기가 출구 유도로 속도로 감속하기에 충분한 길이이다.
	유도로(Taxiway) : 활주로와 터미널을 연결하여 이착륙에 방해되지 않도록 항공기 이동이 가능하게 포장된 스트립이다.
	계류장(Apron) : 승객의 탑승과 화물의 하역, 항공기의 급유, 서비스, 유지 보수 및 주기, 그러한 목적에 필요한 항공기, 차량 및 보행자의 이동을 수용하기 위한 (ICAO에 의한) 기동 구역을 제외한 공항의 일부이다. 계류장을 이용하는 차량, 항공기, 사람을 'Apron Traffic'이라고 한다. 그래서 'Ramp'라고도 한다.
랜드사이드	공항터미널 : 승객이 지상 교통수단과 항공기 탑승 및 하차(하기) 시설 간에 환승하는 공항 건물이자 주차 시설이다.
커브사이드	랜드사이드 지상 접근로이다.

앞에서 말했듯이, 공항터미널에는 커브사이드 구역도 있다. 자동차나 버스를 이용하여 공항 여객터미널에 접근하면 일반적으로 출발 층인 위층이 일방통행 방식으로 여객터미널 입구를 따라 타원형의 고가도로로 연결되는데, 이처럼 타원형으로 된 승하차 지역이 커브사이드이다. 물론 위층뿐 아니라 도착 층(아래층)의 승하차 지역도 커브사이드이다. 참고로, 인천국제공항의 커브사이드는 길이가 600m 정도이다.

도착 층(1층 지상차도)

- 내측 5개 차선 : 버스 전용, 횡단보도 7개소 설치
- 외측 5개 차선 : 승용차, 택시, 렌터카, 횡단보도 3개소 설치

출발 층(3층 고가차도)

- 내측 3개 차선 : 버스 전용, 횡단보도 8개소 설치
- 외측 4개 차선 : 승용차, 택시, 렌터카용. 횡단보도는 미설치

Mike Ehrmann / Getty Images

미국 템파(Tempa) 공항

에어사이드에 속하는 활주로, 유도로, 계류장, 관제탑 같은 공항의 핵심적인 시설들 중 활주로나 관제탑은 누구나 들어보았겠지만, 계류장이나 유도로는 생소할 것이다.

계류장(Apron)은 자동차에 비유하면 주차장이나 정류장에 해당된다. 공항에 도착한 항공기가 여객이나 화물을 싣고 내리는 곳이자 간단한 정비나 급유가 이뤄지는 곳이기 때문이다. 유도로(Runway)는 착륙한 항공기가 계류장으로 이동하거나 계류장에 주기한 항공기가 이륙을 위해 활주로로 이동할 때 사용되는 길이다. 그래서 도착 항공기는 '활주로 → 유도로 → 계류장' 순으로 이동하며, 출발 항공기는 그 반대 순서로 이동하게 된다.

실제로 에어사이드 지역은 대부분 거대한 광장처럼 트여 있어서 어디가 어딘지 분간하기가 쉽지 않다. 그렇지만 자세히 들여다보면 바닥에 기능을 달리하는 구역을 구분하는 선이 그어져 있고 구역마다 다르게 포장되어 있다. 활주로, 유도로, 계류장은 항공기의 이동로로서 무거운 항공기의 하중을 견뎌야 하기 때문에 매우 단단해야 한다. 인천공항의 활주로, 유도로, 계류장은 일반 도로보다 10배 이상 강한 강성 콘크리트로 포장됐다.

이 외에도 에어사이드에는 화물터미널, 정비고, 급유시설, 지상조업 시설과 같은 수많은 시설들이 항공기의 안전한 이착륙을 위해 제 나름의 기능을 한다. 그래서 극단적 상황에서는 공항의 에어사이드만으로도 기본적인 이착륙 기능을 수행할 수 있다.

2.1 활주로(Runway)

활주로는 항공기가 활주(Taxiing)와 이착륙을 위해 육상 비행장에 설정된 직선 모양의 장방형 구역으로, 다음의 시설들로 구성된다.

1 활주로 시설

활주로 과주방지 시설(Arresting System)

활주로를 과주하는 항공기를 감속시키기 위한 시설이다.

활주로 시단(Runway Threshold)

항공기 착륙에 사용 가능한 활주로 부분의 기점이다.

활주로 보호구역(Runway Protection Zone, RPZ)

지상의 인명과 재산 보호를 위해 활주로 종단에 설치된 구역이다.

활주로 종단 안전구역(Runway End Safety Area, RESA)

활주로의 시단 앞쪽 착륙이나 종단을 지나친 항공기의 착륙을 위해 착륙대 종단 이후에 설정된 구역이다.

활주로 회전패드(Runway Turn Pad)

육상 비행장 활주로에서 항공기의 180° 회전이 가능하도록 활주로에 접하여 설정된 구역이다.

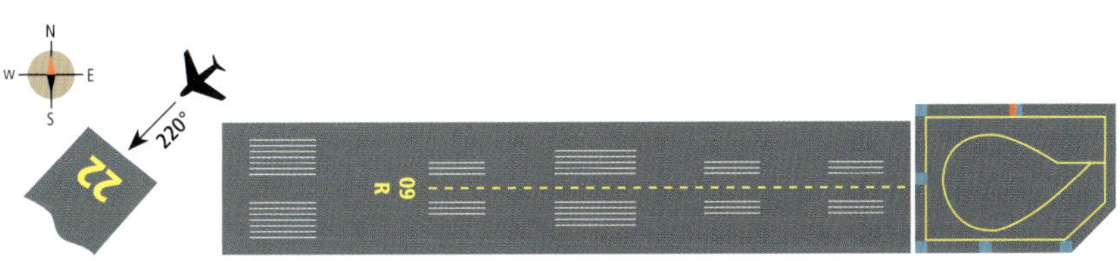

좌 : 22번 활주로의 방위, 중 : 활주로의 노면 표시, 우: 활주로 회전패드

Benjamin Mohr / EyeEm / Getty Images

Blom UK / Getty Images

활주로 종단 안전구역(RESA)

2 활주로의 수와 방향

비행장에서 활주로의 수는 가장 혼잡한 시간대의 한 시간 동안 수용해야 하는 항공기의 운항 횟수, 항공기 기종별 비율, 도착 및 출발 항공기의 비율 등을 만족시켜야 한다.

비행장에서 활주로의 수 및 방향은 비행장을 이용하고자 하는 항공기에 대해 측풍의 영향을 고려한 비행장 이용률이 95% 이상이 되어야 한다. 주 활주로는 되도록 주 풍향과 같은 방향으로 배치해야 하며, 모든 활주로의 이착륙 지역에는 원칙적으로 장애물이 없어야 한다. 95%의 이용률을 결정할 때 측풍 분력이 다음 표의 수치를 초과할 경우에는 항공기가 비행장 이착륙에 방해를 받는 것으로 간주한다.

최소 이륙거리	최대 측풍
1,500m 이상	37km/h(20knot)
1,200m 이상~1,500m 미만	24km/h(13knot)
1,200m 미만	19km/h(10knot)

비행장 이용률 계산에 사용될 기상관측 자료는 최소한 5년 이상의 신뢰성 있는 통계자료여야 하고, 관측은 적어도 1일 8회 같은 시간 간격으로 해야 하며, 다음 사항

을 고려해야 한다.

이용률 계산에 사용되는 바람 통계는 풍속과 풍향의 분포를 이용해 구할 수 있으며, 이때 얻은 결과의 정확도는 이런 범위 내의 자료 분포에 크게 좌우된다. 풍향과 풍속 분포에 대한 명확한 자료가 없을 경우에는 일정 비율로 분포하는 것으로 가정하며, 이때는 가장 바람직한 활주로 방향에 대해 이용률이 약간 낮게 산출된다.

위의 도표에 주어진 최대 측풍 분력은 정상적인 상황에 적용한다. 특정 비행장에서는 이 최대치를 감소시켜야 할 다음과 같은 몇 가지 요인이 있다.

- 돌풍의 발생빈도 및 성질
- 난기류(Turbulence)의 발생빈도 및 성질
- 보조 활주로의 이용 가능성
- 활주로의 폭
- 활주로의 노면상태(활주로상의 물, 눈, 진창눈, 얼음은 허용 측풍 분력을 감소시킨다.)
- 측풍 분력을 제한하는 것과 관련된 바람의 세기

3 활주로 구역

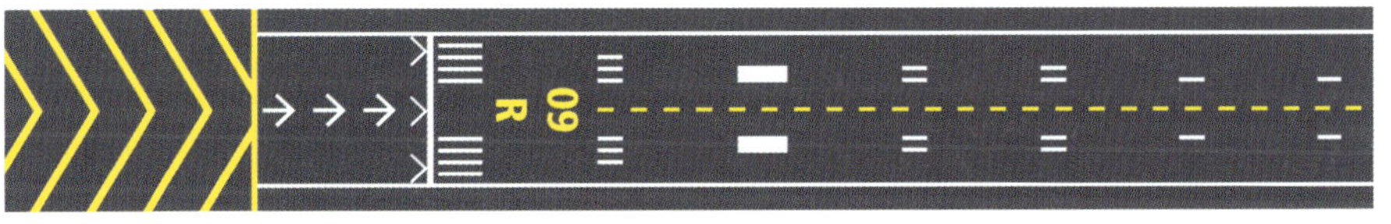

활주로 종단 안전구역(Runway End Safety Area, RESA)

접근 활주로의 시단 앞쪽에 착륙하거나 종단을 지나쳐버린 항공기가 손상되는 것을 줄이기 위해 활주로 중심선의 연장선에 대칭으로 착륙대 종단 이후에 설정된 구역이다. 깨끗하고 편편하게 포장되어야 하고, 항공기 주행을 방해하는 장애물이 없어야 한다.

활주로(Runway)

시단과 시단 사이 표면을 말하며, 숫자와 중앙선(흰색) 등으로 표시된다. 활주로는 통상적인 활주로 구간과 아래의 두 구간으로 나뉜다.

• 분사패드(Blast Pads) : 항공기 제트 분사에 의한 침식으로 가장자리가 노출됨으로써 착륙하는 항공기가 위험하지 않도록, 활주로 시단 이전에 최소 길이 30m 이상으로 보강 포장된 구간이다.

대형 항공기가 이착륙하는 활주로의 양쪽 끝에 표시된다. 착륙 시의 오버런(Overrun, 활주로 이탈)과 같은 비상상황에 대비하여 설치하는 여분의 공간이다. 통상적인 운행 시에는 이 구간으로 접근하는 것 자체가 금지된다. 또한 일부 대형 항공기가 내뿜는 제트 분사로부터 활주로를 지키려는 목적도 있다.

• 이설시단(Displaced Thresholds) : 이륙을 위한 추가 공간이 필요할 때 사용할 수 있지만, 이 지점을 목적으로 착륙하는 것은 금지된다. 다만 반대편에서 이륙을 시작하고, 감속을 위해 터치다운한 후 이설시단까지 활주하는 것은 허용된다. 활주 개시 위치 주변에 장애물 같은 것이 있어 기종에 따라 착륙이 불가한 경우를 대비하고, 소음 감소 등의 목적으로 만든다. 지속적인 터치다운으로 지반 침하가 발생한 경우에도 이 부분을 만들거나 연장하여 터치다운 존을 밀어버린다. 이 구간을 잘 활용하면, 장거리 운행을 위해 연료를 가득 채운 비행기의 활주거리를 넓혀주기 때문에 본래라면 뜨지 못했던 비행기도 뜰 수 있다. 세계에서 가장 긴 이설시단이 있는 활주로는 인디라 간디 국제공항의 11/29 활주로이다.

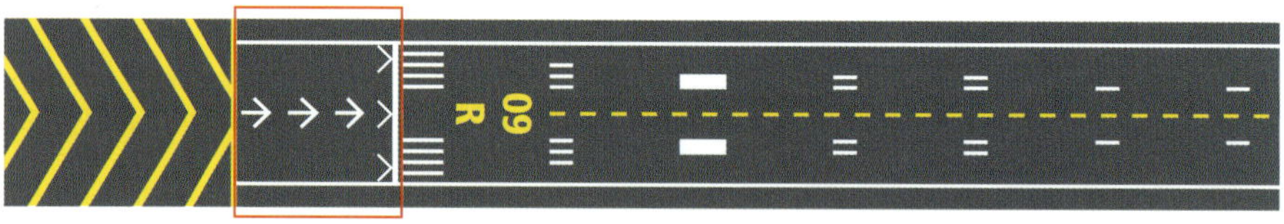

※ 노면 표시 : 대부분의 대형 활주로에는 노면 표시와 기호 표시가 있다. 대형 활주로에는 검은 상자에 흰 글씨로 잔여 거리를 천 피트 단위로 표시하는데, 가령 7,000피트(2,134m)는 7로 표시한다.

활주로 관련 기타 용어

- 시단(Threshold) : 이륙을 시작하는 지점으로, 선의 개수로 활주로의 폭을 나타낸다. 16개는 60m, 12개는 45m, 8개는 30m 폭의 활주로라는 뜻이다.
- 접지대(Touch Down Zone) : 착륙을 시작하는 지점이다.
- 고정거리표시(Fixed Distance Marks) : 고정거리선으로 활주로상에서 남은 거리를 나타낸다. 이 선은 활주로 중심으로부터 균등한 간격과 동일한 개수로 표시된다.
- 중앙선(Center Line)

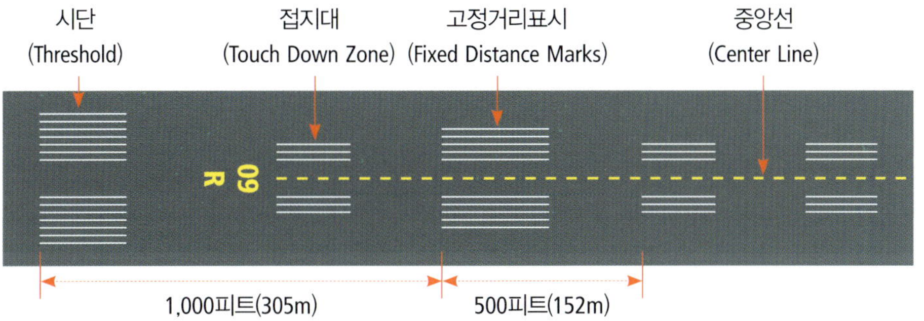

4 활주로 번호(Runway-numbering)

이착륙 시 조종사를 안내하는 번호이다.

방위

활주로는 01부터 36까지 번호가 붙는데, 이 번호는 활주로가 향하는 자기(磁氣) 방위를 10으로 나눈 수이다. 즉, 활주로 번호 09는 동쪽(90°), 18번은 남쪽(180°), 27번은 서쪽(270°), 36번은 북쪽(주로 0°보다는 360°를 더 많이 사용한다.)을 표시한다. 09번 활주로에서 이착륙할 때 비행기는 90°, 즉 동쪽을 향해야 한다.

활주로는 보통 양방향으로 사용되므로 각 활주로 끝에는 각각 다른 번호가 표기된다. 이를테면 33번 활주로는 다른 쪽 끝에서 15번 활주로로 쓰인다. 두 숫자의 차이는 항상 18(=180°)이다. 같은 방향으로 향하는 평행한 활주로가 둘 이상 있다면, 왼쪽, 중간, 오른쪽을 뜻하는 영문 약자를 붙여 표시하는데, 15L, 15C, 15R 등이다. 이를테면 활주로 33L은 반대편에서 15R이 된다.

평행한 활주로가 셋 이상 있는 로스앤젤레스, 디트로이트, 하츠필드-잭슨 애틀랜타, 덴버, 댈러스, 올랜도 등의 공항들은 혼동을 피하기 위해 실제로는 평행하다고 해도 10°를 약간 비틀어 표시한다. 예컨대 댈러스 공항은 평행한 활주로가 다섯 개 있는데, 각 활주로의 이름은 17L, 17C, 17R, 18L, 18R이지만 실제 방향은 모두 175.4°이다. 무선 통신 규정에 따라 각 활주로의 이름은 영문 철자로 나누어 'runway three six', 'runway zero four' 등으로 부른다.

규격

일반적인 항공 공항용 활주로의 최소 규격은 길이 245m(804ft), 폭 8m(26ft)이다. 현존하는 가장 큰 활주로는 길이 11,917m(39,098ft), 폭 274m(899ft)의 17/35 활주로로 우주왕복선 기지인 미국 캘리포니아 에드워드 공군기지에 있다.

2.2 유도로(Taxiway)

유도로(노란색으로 표시)는 항공기의 지상 주행 및 비행장의 각 지점을 이동할 수 있도록 설정된 항공기 이동로로, 터미널의 계류장과 연결된다.

유도로 시설

- 항공기 주기장 유도선(Aircraft Stand Taxilane) : 유도로로 지정된 계류장의 일부로, 항공기 주기장 진입과 출입만을 목적으로 설치된다.
- 계류장 유도로(Apron Taxiway) : 계류장에 위치하는 유도로 체계의 일부로, 항공기가 계류장을 횡단하는 유도 경로를 제공할 목적으로 설치된다.
- 고속탈출 유도로(Rapid Exit Taxiway) : 착륙 항공기가 다른 유도로로 좀 더 고속(40~58mph 또는 65~93km/h)으로 빠르게 활주로를 빠져나가도록 설계하여 활주로 점유시간을 최소화하도록 하는 활주로에 연결된 유도로이다. 이 유도로의 교차각은 25° 이상 45° 이하여야 하고, 이상적 각도는 30°이다.
- 유도로 교차점(Taxiway Intersection) : 둘 또는 그 이상의 유도로가 교차하는 부분이다.
- 유도로대(Taxiway Strip) : 유도로상에 주행하는 항공기를 보호하고 항공기가 유도로에서 벗어나는 경우 손상을 최소화할 목적으로 유도로를 포함하여 설정된 구역이다.

Aerovista Luchtfotografie / Shutterstock.com

유도로 특성

- 활주로와 터미널 건물과 격납고 사이 연결
- 대개 활주로와 평행
- 항공기의 저속 비행 허용
- 항공기가 최종 주행 유도로로 이동하는 동안 착륙 및 이륙 운영을 위한 활주로 확보

유도로 설계에 영향을 주는 요인

- 항공 교통량
- 활주로 구성
- 터미널 빌딩 및 기타 지상 시설물 위치

헷갈리는 항공 용어들

Runway와 Tarmac은 분할된 두 개의 구역인가?

그렇다. 기본적으로 항공기가 관여하는 공항 지역은 활주로(Runway), 유도로(Taxiway), 계류장(Apron)으로 구분된다(FAA 기준).

- 이동 영역. 공항의 활주로, 유도로 및 기타 지역을 뜻하며, 진입로(Ramp) 및 항공기 주기 구역을 제외하고 항공기의 지상유도, 선회유도(Hover Taxiing), 항공유도(Air Taxiing), 이륙(Take-off) 및 착륙(Landing)에 사용된다.
- 비이동 영역. ATC에 속하지 않은 유도로와 계류장 지역이다.

게이트는 활주로(Tarmac)의 일부인가?

그렇다. 게이트는 램프(Ramp, 진입로)의 일부이다.

주기 구역은 램프와 다른가?

주기 구역은 램프와 다를 수도 있지만, 항상 그런 것은 아니다. 예컨대 FBO에서는 대개 주기 구역과 진입로가 동일하다. 여객기의 주기 공간은 진입로상에 있지 않다.

유도로(Taxiway)는 계류장(Apron)의 일부인가?

아니다. 공항 설계에서 활주로와 유도로의 정의는 다음과 같다.

- 활주로(Runway, RW) : 항공기의 착륙 또는 이륙에 적합하거나 이를 위해 마련된 공항의 특정 직사각형 표면
- 유도로(Taxiway, TW) : 공항의 한 부분에서 다른 부분으로 항공기를 유도하기 위해 설정된 경로

계류장은 타맥(Tarmac)으로 만들었나?

타맥은 수많은 공항용 건축 자재를 공급하는 타맥회사(Tarmac Limited)의 상표이다. 대다수 계류장은 사실 콘크리트로 만들었다.

제빙 지역(De-icing Area)은 진입로(Ramp)의 일부인가?

그렇다. 제빙이 서비스의 하나이므로 계류장 및 진입로의 일부이다.

2.3 계류장(Airport Apron)

여객의 승강, 화물의 적하, 항공기의 급유, 계류, 기내식의 적재, 출발 전 점검 등을 하기 위해 출발 전 또는 착륙 후 활주로에서 유도되어 온 항공기가 정지하는 장소로, 격납고나 터미널 앞쪽 지면에 항구적으로 포장된 구역이다. Apron과 Ramp(미국에서 사용)는 뜻이 같지만, 공식 용어는 Apron이다.

계류장 시설

- 터미널 계류장 : 급유, 경정비, 승객 탑승과 화물 하역, 이와 유사한 작업을 수행하면서 항공기가 주기되는, 터미널 건물에 인접한 포장된 구역이다.
- Holding Apron : 유도로에 인접한 구역으로, 점검 도중 항공기가 이륙하기 전에 잠시 주기하는 곳이다.
- Parking Apron

Andrew Holt / Getty Images

3. 여객터미널 디자인

여객터미널은 공항 지역 중 출입, 이동이 자유로운 랜드사이드에 속하는 공간이다. 승객이 지상 교통수단을 이용하고, 항공기 탑승(탑승수속)과 하기(도착장)를 허용하는 시설 간에 환승하는 것도 가능하다.

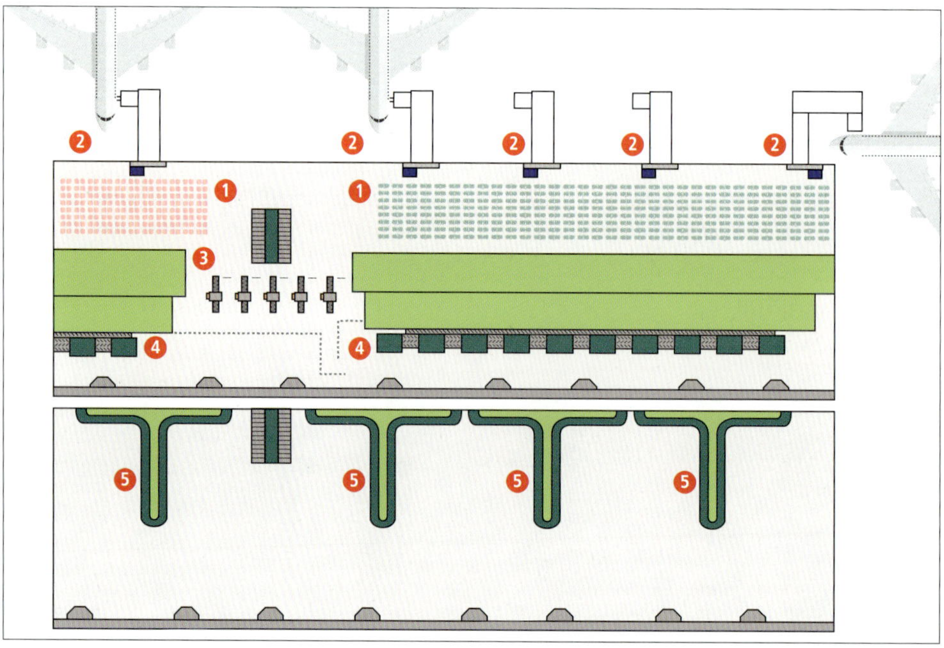

© Ohyeh at en.wikipedia, CC BY-SA 3.0 <https://creativecommons.org/licenses/by-sa/3.0>, via Wikimedia Commons

위의 그림은 출발 및 도착 레벨을 표시하는 터미널의 일반적인 디자인이다. 그림에서 ❶은 출발 라운지, ❷는 게이트와 제트 브리지, ❸은 보안 검사 게이트, ❹는 수하물 체크인, ❺는 수하물 보관함을 나타낸다.

여객기의 인기가 급상승함에 따라 많은 초기 터미널이 1930~1940년대에 건설되었는데, 당시 대중적이던 데코 양식을 반영했다. 1940년 이후의 사례들 중 하나가 휴스턴 시립공항터미널(Houston Municipal Airport Terminal)[2]이다. 초기 공항터미널은 활주로에 바로 연결되어 승객이 걷거나 버스를 타고 항공기로 이동했다. 이러한 디자인은 소규모 공항에서 여전히 일반적이며, 대규모 공항에도 메인 터미널에

2 현재는 미국 텍사스 주 휴스턴의 윌리엄 P. 호비 공항(William P. Hobby Airport, IATA : HOW, ICAO : KHOU)에 있는 박물관이다. 휴스턴에서 최초의 승객용 전용 터미널로 사용됐다.

서 항공기로 이동하는 '버스 게이트'가 있다.

여객터미널은 비행장과 더불어 공항의 두 가지 주된 구성요소이다. 전형적인 비행장은 이착륙을 위한 활주로와 2본(또는 1본)의 평행 유도로로 구성된다. 활주로는 향하는 방향(십진법으로 둥근 자기 방위각)에 따라 레이블이 지정된다. 따라서 09번 활주로를 사용하는 비행기는 동쪽(90도)을 향하고, 27번 활주로(270도)는 서쪽을 향하게 된다. 활주로와 유도로 사이의 연결로는 일반적으로 방금 착륙한 비행기의 활주로에서 빠르게 빠져나갈 수 있는 각도로 되어 있다. 최근의 비행장 디자인은 비행기의 크기에 따라 착륙 방향별로 세 가지 출구 옵션 중 두 가지를 제공한다. 소형 항공기는 대형 항공기보다 제동 거리가 더 짧기 때문에 활주로를 빠르게 빠져나가서 귀중한 이착륙 슬롯을 확보할 수 있다.

터미널 디자인은 다양하지만, 다음의 구성이 일반적이다.

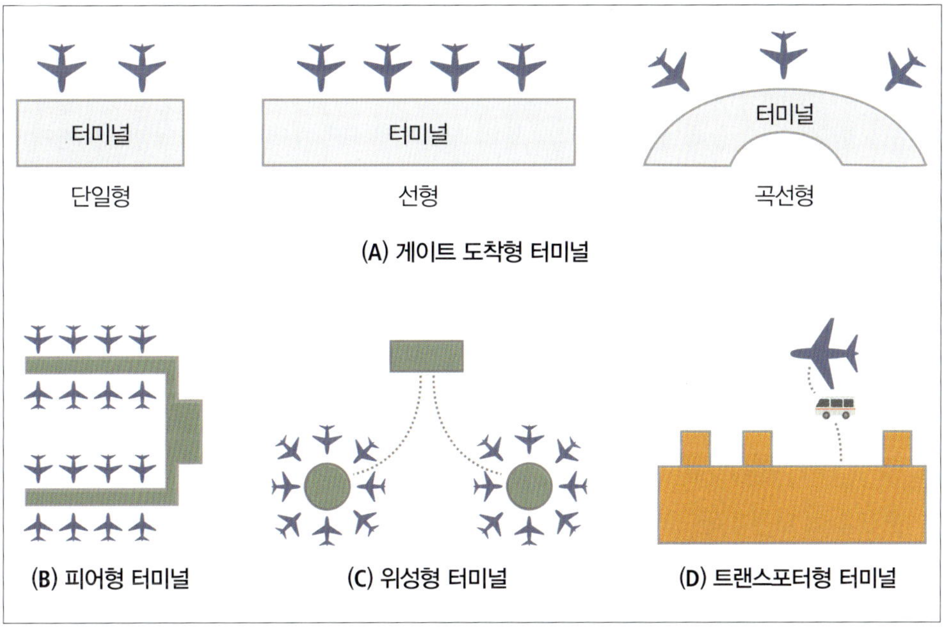

3.1 게이트 도착형 터미널

1 단일형(Simple)

최초의 중앙 집중식 시설은 단일 유닛 건물에 지정된 항공사에 필요한 모든 승객 처리 시설을 포함했기 때문에 최초의 '단일 유닛 터미널(Simple Unit Terminal)'이었다.

여러 항공사가 단일 커뮤니티에 서비스하기 시작하면서 공항터미널은 두 가지 방식으로 확장됐다. 소규모 커뮤니티에서는 두 개 이상의 항공사가 별도의 승객 및 수하물 처리 시설과 동일한 건물을 공유했는데, 이것이 '결합 유닛 터미널(Combined Unit Terminal)'이다. 더 큰 지역사회에서는 각 항공사에 별도의 건물이 건설되고 각 건물은 자체 단위 터미널로 기능했는데, 이것이 '다중 유닛 터미널(Multiple Unit Terminal)'이다.

2 선형(Linear)

폭증하는 여객의 요구와 항공기의 날개 길이를 충족하기 위해 공항이 확장됨에 따라, 단순 유닛 터미널은 기존의 차량 연석과 항공기 주기 사이의 짧은 거리를 유지하기 위해 직사각형이나 선형으로 바깥쪽으로 확장됐다. 경우에 따라서는 공항이 곡선형으로 확장되어 더 많은 항공기가 공항 입구부터 항공기 게이트까지 짧은 도보 거리를 유지하면서 터미널 건물에 '코인' 주기를 할 수 있게 됐다. 선형 터미널의 주요 단점 중 하나는 터미널 건물이 길어지면서 더 부각된다. 공항에서 항공기 변경이 필요한 여정의 승객에게는 시설, 특히 멀리 떨어진 게이트 사이의 도보 거리가 지나치게 길 수 있다.

3 곡선형(Curvilinear)

일부 공항들은 곡선형 터미널을 사용하는데, 한쪽에는 항공기가 주기하고 다른 한쪽에는 자동차가 주차하는 방식이다. 이 디자인은 승객 연결 시 긴 보행이 가능하지만, 탑승수속(체크인)과 항공기 간 이동 시간이 크게 단축되는 장점이 있다. 이 모델을 중심으로 디자인된 공항의 사례로는 샤를드골 공항(제2 터미널), 차트라 파티 시바지 국제공항(구 제2 터미널), 뭄바이 공항(구 제2 터미널), 댈러스-포트워스 국제공항, 인천국제공항, 자카르타 수카르노-하타 국제공항(제1, 2 터미널), 토론토 피어슨 국제공항, 캔자스 시티 공항, 나이로비의 조모 케냐타 국제공항, 리우데자네이루 갈레앙 국제공항, 삿포로 신치토세 공항 등이 있다.

3.2 피어형(Pier) 터미널

피어형 디자인은 양쪽에 항공기가 주기되는 작고 좁은 건물을 사용한다. 한쪽 끝은 발권(Ticketing)과 수하물 찾는 곳(Baggage Reclaim)으로 연결된다. 피어형은 높은 항공기 용량과 단순한 설계가 가능하지만, 체크인 카운터에서 게이트까지 장거리로 이어지는 경우가 많다[간사이 국제공항(IATA : KIX, ICAO : RJBB)이나 리스본 포르텔라 공항(IATA : LIS, ICAO : LPPT)의 제1 터미널은 최대 0.5마일 거리]. 대다수 대형 국제공항에는 피어형 여객터미널이 있다.

1 피어 핑거형(Pier Finger)

피어 핑거형 터미널은 1950년대에 단일 유닛 터미널 건물에 게이트 중앙홀이 추가되면서 발전한 것이다. 교각 또는 핑거로 알려진 탑승동은 기반시설이 적은 항공기 주기 공간의 수를 극대화할 수 있는 기회를 제공했다. 피어 핑거형 터미널은 분산형 시설로 알려진 최초의 시설로, 필요한 처리 중 일부가 공용 메인 터미널 영역에서 수행되고 기타 프로세스는 개별 중앙홀에서 수행된다.

3.3 위성형(Satellite) 터미널

이 여객터미널은 항공기가 전체 둘레에 주기할 수 있도록 다른 공항 건물과 분리된다. 위성형 터미널을 사용한 최초의 공항은 런던 개트윅 공항(IATA : LGW, ICAO : EGKK)이다. 위성 터미널을 메인 터미널에 연결하기 위해 지하 보행자 터널을 사용했다. 이것은 로스앤젤레스 국제공항(IATA : LAX, ICAO : KLAX)에 처음 설치됐지만, 이후 피어형 배치로 전환됐다.

메인 터미널과 위성 터미널을 연결하기 위해 자동 피플 무버[3]를 사용한 최초의 공항은 미국 플로리다 주 탬파에 위치한 탬파 국제공항(IATA : TPA, ICAO : KTPA)이다. 세계 최대의 위성 터미널은 상하이 푸둥 국제공항(IATA : PVG, ICAO : ZSPD)의 터미널 S1과 S2이다. 62만 2000m^{2}에 90개 게이트가 있는 이 터미널은 기존 지하철을 이용하는 대용량 피플 무버로 메인 터미널과 연결된다.

---

3 APM(Automated People Mover)은 이동보도 장치, 무정차 궤도 등과 같은 소규모(개인 또는 소집단) 교통을 처리하는 것에 특화된 시스템이다.

1 피어 위성형(Pier Satellite)/원격 위성형(Remote Satellite)

피어 핑거형 터미널과 유사하게, 피어 위성형 터미널은 원형 아트리움 또는 위성 지역 주변의 중앙홀 끝에 항공기가 주기되는 메인 유닛 터미널 건물에서 확장된 중앙홀로 형성된다. 위성 게이트는 일반적으로 일반 승객 수용 구역에 제공된다.

원격 위성형 개념은 지하통로 또는 자동 승객 이동 시스템(APM)을 구축해 메인 터미널 건물을 중앙홀과 연결하는 기능을 활용한 것이다. 원격 위성형 개념의 주요 장점은 메인 터미널 건물과 위성 사이에 항공기를 유도할 수 있는 충분한 공간을 확보하면서, 필요에 따라 하나 이상의 위성 시설을 건설 및 확장할 수 있다는 점이다.

피어 핑거형 디자인과 마찬가지로, 피어 위성형 및 원격 위성형 디자인 터미널의 확장으로 터미널 내 주요 지점 간 거리가 길고, 승객이 각 게이트, 수하물 찾는 곳 또는 기타 원하는 시설로 이동하는 과정이 복잡해지는 단점이 있다.

3.4 모바일 라운지 또는 트랜스포터형 터미널

모바일 라운지(Mobile Lounge) 또는 트랜스포터형(Transporter) 디자인에서 항공기는 메인 유닛 터미널 건물에서 떨어진 원격 주기 위치에 주기된다. 항공기와 터미널 건물 사이를 이동하기 위해, 승객은 지상 차량과 항공기 사이에서 비행장을 돌아다니는 이동식 라운지로 알려진 수송기에 탑승한다. 이론적으로는 추가 항공기를 수용하기 위한 확장 시 탑승동, 교각 또는 위성을 물리적으로 확장할 필요가 없고, 필요한 경우 이동식 라운지를 추가하기만 하면 된다는 장점이 있어서 촉진되고 있다.

그러나 실제로 모바일 라운지 개념은 전반적으로 승객의 호응을 얻지 못했다. 메인 터미널의 모바일 라운지 탑승 구역은 기내 반입 수하물을 소지한 승객들이 몰려 혼잡해지면서 지정된 모바일 라운지 탑승 시간을 놓치지 않으려고 일찍 도착하는 경우가 많았다. 더욱이 비교적 작은 이동식 라운지는 특히 1960년대 후반에 도입된 대형 광동체 항공기에 비교했을 때, 승객용 공간이 매우 협소했고, 이동 라운지에 있는 동안 승객들이 붐비면서 불편함을 호소하는 경우가 다반사였다. 또한 모바일 라운지는 지속적인 유지 관리가 필요하며, 시간이 지남에 따라 운영비용도 과도하게 증가하는 단점이 있다.

3.5 기타 독특한 유형의 터미널

독일 베를린 테겔 공항(IATA : TXL, ICAO : EDDT)의 A터미널에는 아주 독특한 디자인이 적용됐다. 안쪽 홀을 중심으로 육각형 링으로 구성된 외벽 중 5개가 에어사이드로 제트 브리지가 설치되고, 여섯째 외벽(입구 형성)은 안쪽 홀과 함께 랜드사이드이다. 항공기가 대부분의 구조물 주변에 주기할 수 있다는 점에서 겉보기에는 위성형 디자인과 유사하지만, 실제로는 위성형과 달리 체크인, 보안검사, 도착 등과 같은 시설들이 원격 건물에 의존하지 않는 독립형 터미널이다.

특히 도보 거리가 매우 짧고, 보안, 여권심사, 도착 또는 환승을 위한 중앙 구역이 없다는 점이 독특하다. 대신 개별 체크인 카운터는 운항하는 항공편 게이트(탑승구) 바로 앞에 있다. 체크인을 한 승객은 체크인 데스크 바로 옆에 있는 짧은 통로를 통해 에어사이드로 입장하여 (비셍겐 항공편용) 여권심사 부스를 통과한다(직원이 체크인 직원과 같은 구역에 있음). 그다음 뒤에 있는 게이트 대기실에서 끝나는 단일

Mario Hagen / Shutterstock.com

보안 레인을 통과한다. 쌍으로 된 게이트는 동일한 좌석 공간을 공유하며, 그곳에는 소형 면세 키오스크와 에어사이드 구역 유일의 상업적인 다과를 판매하는 곳들이 있다. 따라서 인접한 게이트 외에는 승객들이 터미널 에어사이드를 돌아다닐 수 없으며, 출발용 중앙 대기 라운지와 리테일 구역은 없다.

쌍으로 된 게이트를 제공하는 도착용 개별 룸들은 각각 싱글 수하물 컨베이어 벨트를 포함하며, 각 제트 브리지의 출입구가 두 구역의 경계에 위치하도록 동일한 층의 쌍으로 된 각 출발 게이트 사이에 번갈아 배치된다. 두세 개의 여권심사 부스가 도착 승객을 위해 제트 브리지 끝자락에 있으며(여객이 브리지와 비행기 자체에 줄을 서게 함), 승객은 출발하는 승객과 분리되지 않은 상태로 도착 구역을 떠나 동일한 랜드사이드 링–중앙홀(Landside Ring-concourse)로 이동하면 체크인 데스크 옆에 있게 된다. 이를 통해 도착 및 출발 승객은 모두 단기 주차 및 택시 픽업이 위치한 같은 층의 내부 홀로 곧장 이동할 수 있다. 차량은 터미널 건물 입구 아래의 지하도를 통해 출입할 수 있다.

제트 브리지를 이용하는 항공편과 개인 교통수단으로 도착하거나 출발하는 승객으로 인해 차량과 비행기 사이의 도보 거리가 수십 미터에 불과하고 대중교통 연결을 위한 도보 거리가 약간 더 길어진다. 이 디자인의 단점은 환승 항공편에 대한 조항이 없다는 것이며, 승객은 랜드사이드에서 환승하는 셈이다.

참고로 베를린 테겔 공항은 고립된 서베를린의 서방을 향한 창구 역할을 하다가 독일 통일 이후에는 수도의 관문까지 지난한 역사를 가진 공항 역할을 수행했다. 테겔 공항은 냉전시대의 1948년 옛 소련에 의해 봉쇄된 서베를린에 서방국가가 물자를 공수하는 거점으로 돌관공사(突貫工事)로 건설됐다. 주로 유럽 내 노선이 운행했다. 그러나 베를린 브란덴부르크 국제공항이 기공한 후 14년 만에 개항함에 따라 2020년 11월 8일에 파리행 마지막 비행기를 끝으로 폐쇄됐다. 폐쇄 후에는 A터미널과 관제탑만 남기고, 산업 및 연구단지로의 재개발이 예정되어 있다.

CHAPTER

06

공항의 보안

1. 공항의 안전

항공교통 수단은 육상교통, 해상교통 등의 다른 운송에 비해 월등히 안전한 수단임이 분명하다. 그러나 사고가 발생하면, 다른 교통수단에 비해 무수한 인명의 사상이나 엄청난 경제적 피해를 입는 등 큰 파장을 일으키는 특성이 있다. 그래서 항공운송산업이 지속적으로 발전하려면, 필연적으로 항공안전이 확실하게 보장돼야 한다. 이를 위해서는 무엇보다 항공안전의 위험요소를 사전에 식별하여 이를 제거하거나 경감하는 대책이 필요하다.

유엔(UN) 산하의 국제민간 항공기구(ICAO)는 국제민간 항공조약 부속서(ICAO Annexes)에서 채택한 표준 권고방식에 따라 항공기 항행의 안전대책을 구축하여 의무 또는 권고 사항으로 ICAO 체약국이 이행하도록 하고 있다. 그리고 각 체약국은 항공안전에 대한 정부의 규제나 지도 · 감독에 필요한 항공법령, 항공조직, 인력, 예산 등을 지원하고 있다. 또한 항공기 사고 발생 시 사고 조사를 통해 사고 원인을 규명하여 사고 재발 방지에 필요한 조치를 취한다.

Annex 1	Personnel Licensing
Annex 2	Rules of the Air
Annex 3	Meteorological Service for International Air Navigation
Annex 4	Aeronautical Charts
Annex 5	Units of Measurement to be Used in Air and Ground Operations
Annex 6	Operation of Aircraft
Annex 7	Aircraft Nationality and Registration Marks
Annex 8	Airworthiness of Aircraft
Annex 9	Facilitation
Annex 10	Aeronautical Telecommunications
Annex 11	Air Traffic Services
Annex 12	Search and Rescue
Annex 13	Aircraft Accident and Incident Investigation
Annex 14	Aerodromes
Annex 15	Aeronautical Information Services
Annex 16	Environmental Protection
Annex 17	Security : Safeguarding International Civil Aviation Against Acts of Unlawful Interference
Annex 18	The Safe Transport of Dangerous Goods by Air
Annex 19	Safety Management

Inspired By Maps / Shutterstock.com

ICAO Annexes, 항공보안은 Annex 17

일반적으로 '안전(Safety)'은 손상이나 손해의 위험이 적절한 수준으로 제한된 상태를 뜻한다. 이러한 안전이 달성 가능한 적절한 수준으로 유지되도록 관리하는 것이 안전관리(Safety Management)이다.

1.1 SMS의 정의

민간 항공 분야에서 항공안전의 중요성은 범세계적으로 강조되고 있다. 그래서 이를 체계적이고 효율적으로 관리할 수 있는 안전관리시스템(SMS, Safety Management Systems)의 구축이 활발히 논의됐다. ICAO는 〈부속서 19(SMS)〉를 추가하여 항공안전에 관한 사항을 효율적으로 관리하여 항공사고 축소를 위해 노력하고 있다. ICAO는 체약국들에게 각 분야별 안전관리시스템의 구축을 권고하고 있다. 우리나라도 항공사고의 예방과 축소를 위해 2013년 〈부속서 19〉의 내용을 국내 항공법에 반영했다.

선진국들은 항행안전시설의 설치 · 변경, 유지 · 관리를 모두 시행기관에서 수행한다. 하지만 우리나라는 항행안전시설 SMS 관련 조직구성 및 안전보고 시스템의 경우 인천국제공항을 제외하면 항행안전시설의 설치 · 변경, 유지 · 관리 등의 과정에 정부가 직접 참여하고 있다.

우리나라 국토교통부의 SMS 운영지침(국토교통부훈령 제916호)에 따르면, 공항의 '안전'은 "지속적인 위해요인(Hazard)의 발굴과 위험관리(Risk Management)를 통해 인명 피해나 재산 손실을 야기할 수 있는 위험이 수용 가능한 수준 이하로 유지되는 상태"를 말한다.

SMS는 국가와 분야에 따라 정의가 다르지만, 핵심은 대동소이하다. ICAO는 〈부속서 19〉에서 공항의 SMS를 "공항 운영자가 공항의 안전한 사용 안전성의 효율 확보를 위해 공항 안정책을 실행할 수 있는 조직 구조, 책임, 절차, 준비를 포함하는 공항의 안전관리에 관한 체계"로, 한국의 국토교통부 운영지침에서는 "항공 안전관리시스템을 운용하는 항공운송 사업자, 항공기정비업자, 항공교통관제기관, 공항 운영자 및 항행안전시설의 설치자 · 관리자['서비스 제공자(SP, Service Provider)']가 정부의 항공안전 프로그램에 따라 자체적으로 안전관리를 위해 갖추어야 하는 조직, 책임과 의무, 안전정책, 안전관리 절차 등을 포함하는 안전관리체계"로 정의한다. 이를 종합하면, SMS는 조직이 겨냥한 안전성과를 달성하고자 위험도를 낮추고 대처하는 일련의 프로세스를 문서화 · 체계화하여 지속적으로 개선할 수 있도록 하는 것이다.

1.2 SMS의 구성과 운영

과거에 태평양 횡단을 하려면 증기선으로 수개월이 걸리는 기나긴 여정을 거쳐야 했지만, 현재는 제트여객기로 11시간이면 인천공항을 이륙하여 미국 로스앤젤레스 공항에 도착하는 초고속 시대가 됐다. 이는 하늘을 나는 인간의 꿈이 1903년 12월 17일 미국 라이트 형제가 세계 최초로 유인동력 항공기의 비행에 성공한 후, 100여 년 만에 항공기 제조기술이 비약적으로 발전한 덕분이라고 할 수 있다. 항공기 제조 및 운송업계 종사자들은 항공기 사고의 방지와 예방을 위해 규정과 절차에 따른 예방과 안전 활동을 수행하는데, 그중 하나가 항공기 안전관리시스템(SMS)이다.

오늘날에는 항공기 인증체계를 세계 공통의 체계로 표준화하고자 세계 각국이 협력하고 있다. 현재 미국 연방항공청(FAA, Federal Aviation Administration)과 유럽 연합의 유럽항공안전청(EASA, European Aviation Safety Agency)이 지역을 대표하는 양대 항공인증기관이다.

항공기 안전성 인증에는 형식증명(Type Certification, TC), 제작증명(Production Certification, PC), 감항증명(Airworthiness Certification, AC)의 세 종류가 있다. 형식증명은 형식설계의 감항성 기술기준에 대한 적합성(Compliance)을 확인하는 단계이고, 제작증명은 복제 생산 항공기의 형식설계에 대한 합치성(Confirmity)을 확인하는 단계이다. 감항증명은 개별 항공기의 감항성(Airworthiness) 상태를 확인하는 단계인데, 항공기를 운용하려면 계속 감항성을 유지해야 한다. 특히 민항기는 국토교통부가 제정한 항공안전법에 따라 운용 중인 항공기 안전관리까지 수행한다.

항공기의 설계 · 제작 · 운용 단계에서 안전성이 확보된 설계를 적용하여 사고를 방지하려는 노력에도 불구하고 항공기 사고는 발생한다. 사고는 비행 중 기체나 엔진 고장, 기상 악화, 결빙, 낙뢰, 조류 충돌, 외부 유입 이물질(FOD)에 의한 오작동 등 수많은 원인으로 일어나고, 조종사의 판단 착오나 실수로 발생하기도 한다. 2009년 1월, 미국 뉴욕 허드슨 강에 불시착했지만 조종사의 기지로 154명 탑승자 전원을 구출한 항공기 추락사고가 있었다. 사고 원인은 엔진에 충돌한 새(조류 충돌)로 밝혀졌다. 조류 충돌이 원인이라서 사전 예방이 어려운 사고로 분류되지만, 평소 조종사의 위기대응 매뉴얼에 따른 훈련이 없었다면 큰 사고로 연결될 수 있는 아찔한 사고였다.

항공기 사고 통계자료에 의하면, 항공기 사고의 75%가 이착륙 시 발생한다. 이륙할 때 3분, 착륙할 때 8분의 시간대에 발생하여 이를 '마의 11분'이라고도 한다. 특히 이륙할 때보다 착륙할 때 사고가 더 많이 발생하는데, 그 이유는 속도를 줄이고 활주로에 낮은 고도로 접근해야 하기 때문이다. 최근 착륙 후 활주로에서 여객터미널로 이동하던 민항기가 계류장에 정박 중이던 민항기와 충돌하여 두 민항기들이 파손된 사고가 국내 매스컴에 보도됐다. 이와 같은 항공기 사고 발생 시 미국은 미연방교통안전위원회(NTSB) 주관 연방항공청(FAA) 및 관련 기관이 협력하여 사고 원인을 조사한다. 한국은 민항기의 경우 국토교통부 산하 항공 · 철도사고조사위원회가 사고 원인을 밝히고 재발 방지 대책을 수립하여 향후 사고 방지에 대응한다.

한국은 한국항공(주)이 개발 및 제작과정에서 발생하는 항공기 안전사고 방지에 우선순위를 두고 안전관리를 시행한다. 국제민간 항공기구(ICAO)의 민항기 안전관리시스템(SMS)에 근거하여 국토교통부의 항공안전법에 따라 자사의 항공 안전관리시스템을 구축하고 국토교통부의 승인을 받아 실무에 적용한다. 항공기 안전사고 예방 및 비행시험 중인 항공기의 비행안전 확보에 그 목적이 있다.

다음 그림은 이 안전관리시스템을 제시한 것인데, 이 시스템은 안전정책 및 목표(Safety Policy & Objectives), 안전위험관리(Safety Risk Management), 안전보증활동(Safety Promotion), 안전증진활동(Safety Assurance) 등 4개의 업무 영역으로 나뉘고, 총 12개의 세부 요소로 구성된다.

ICAO SMS 기본 구성(4영역, 12요소)

안전정책 및 목표	안전위험관리	안전보증	안전증진
가. 최고관리자의 책임과 권한 나. 안전에 관한 업무분장 다. 핵심 안전직원의 임명 라. 비상대응계획 조정 및 협의절차 마. SMS 문서관리절차	가. 위해요인 식별 나. 위험평가 및 경감절차	가. 안전성과 모니터링 및 측정절차 나. 변화관리절차 다. 지속적인 SMS 개선절차	가. 안전교육 및 훈련 나. 안전정보 소통 및 전파

항공 안전관리시스템 승인 및 운영지침 제19조

세계적으로 안전관리의 중요성을 깊이 인식하고, 이를 체계적으로 관리할 수 있는 안전관리시스템(SMS)을 수립 및 실행하도록 하는 움직임이 활발하다. ICAO는 〈부속서 11〉에서 정한 항공교통 업무(ATS) 안전관리 프로그램(SMP)의 적용을 권고하고 있으며, 각국의 ATS SMS는 ICAO 〈부속서 11〉 안전관리 요구사항에 근거하여 작성되고 있다.

ICAO는 〈부속서 11〉의 2.27항에 항공 교통업무 안전관리와 관련한 안전관리 요구사항을 제시하고, 국가 안전관리 프로그램의 목표 달성을 위한 조직인 프로세스와 활동 사항뿐만 아니라 SMS를 구축하기 위한 개념인 틀과 세분화된 지침을 제공하고 있다. 또한 〈부속서 11〉의 안전관리에 관한 보완절차로 〈ICAO Doc4444〉의 제2장(ATS Safety Management)에는 안전관리 목적, 안전관리 활동, 안전 수준 모니터링, 관제기관 안전 검토, 안전 평가 및 안전 강화책 등이 포함됐다.

ICAO는 안전관리 전략을 다음 그림처럼 단계별로 이행할 것을 제시한다. 현재 한국의 항공교통 업무 안전관리는 Reactive와 Proactive의 중간 단계인 안전관리 수준을 유지하고 있다.

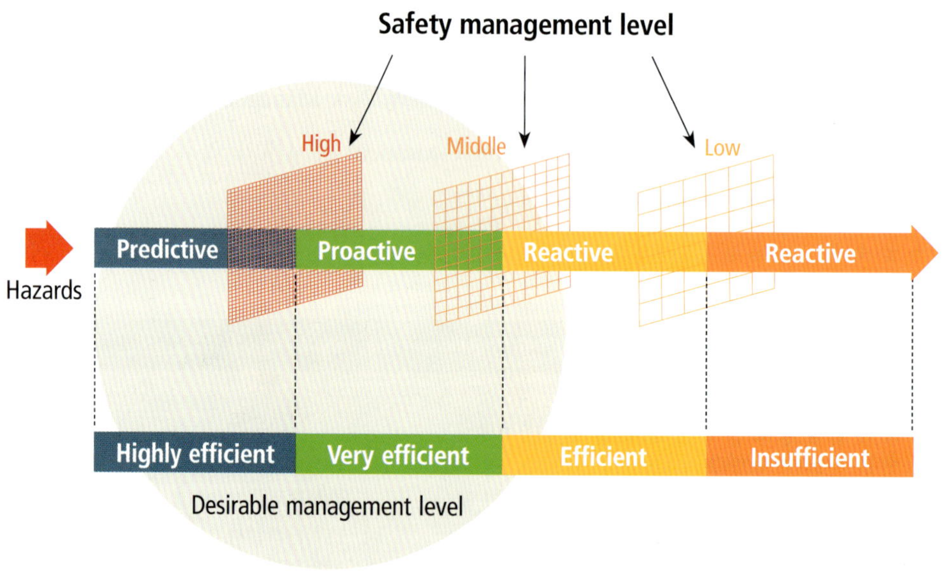

ICAO의 안전관리 단계별 전략[1]

1 참고 : 장재수(2009), 항공교통관제분야 안전관리시스템(SMS) 이행현황 및 향후 발전방향, 항공진흥 52호, 48쪽.

미국은 SMS를 법령(CFR, FAR)에 명시하지는 않았지만, 시스템 안전(System Safety)과 SMS의 NAS(National Airspace System) 도입을 안내하는 지침서 『시스템 안전 핸드북(SSH, System Safety Handbook)』과 『안전관리시스템 매뉴얼(Safety Management System Manual)』을 발간하고 있다. 또 영국은 SMS 관련 내용을 분야별 CAP(Civil Aviation Publication)에 명시했다. 필요에 따라 SMS의 구성요소만 명시하고 세부내용을 설명하며, 모든 분야의 SMS는 기준이 동일하다.

이처럼 미국과 각국은 SMS를 법령에 명시하지 않고 지침서(Guideline)를 제공한다. 반면에 캐나다와 호주는 법령에 SMS를 명시하고 그에 따른 지침서를 제공한다. 즉, 각국은 항행안전시설 SMS에 대한 개별 법령은 없고 대부분 ATS 분야의 법령에 포함하며, 〈부속서 11〉에 따른 안전관리 프로그램(SMP)만 명시하고 있다.

2. 공항의 보안, 공항은 첨단산업의 시험장

2.1 세계의 승객 보안검색 발전사

1 승객 보안검색의 시작

항공산업의 발전과 더불어 민간 항공에 대한 위험이 증폭됐고, 이에 따라 승객 및 휴대품 검색의 필요성이 절실하게 부상했다. 승객 검색의 필요성에 결정적 영향을 미친 사건은 1970년 9월 6일에 팔레스타인 해방기구(PLO) 산하 팔레스타인 인민해방전선(PFLP)이 일으킨 도슨 필드 납치(Dawson's Field Hijacking) 사건이다. 이 사

JUNG YEON-JE / AFP / Getty Images

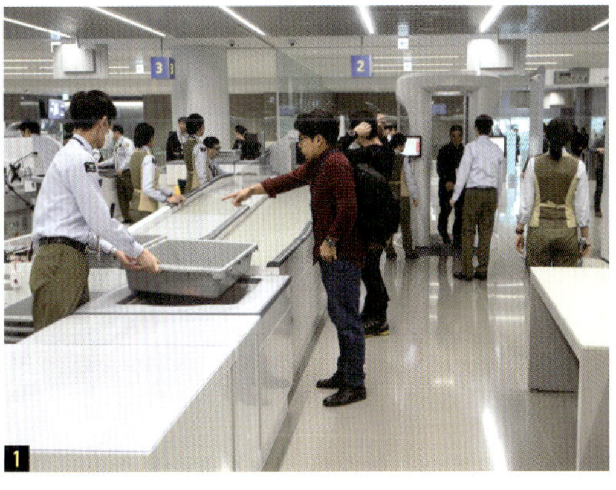

JUNG YEON-JE / AFP / Getty Images

1. 인천공항 보안검색대　2. 인천공항 제2 여객터미널 자동 출입국심사대

건을 계기로 전 세계에 승객 검색의 필요성이 제기되어 영국 등 일부 국가에서 검색을 시작하게 됐다. 당시에는 칼, 날카로운 물건이나 권총 등을 신체나 휴대물에 은닉하여 항공기를 납치하는 사건이 대부분이었으므로, 주로 금속탐지 기술이 설치, 운영됐다. 이후 ICAO에서 보안검색 개념을 도입하여 1975년부터 세계적으로 문형 금속탐지기, 휴대용 금속탐지기, X-ray 장비 등을 이용한 검색 시스템을 갖추게 됐다.

상식 공항 검역관과 항공보안 검색요원의 차이는?

공항 검역관은 해외에서 옮겨오는 질병이나 해충이 있는지를 확인하고, 항공보안 검색요원은 승객들의 수하물 내부와 신체 내부에 위험물질을 소지하고 있는지를 검사한다.

2 미국 9 · 11 테러사건

1970년 이후에 시작된 승객 검색은 주로 휴대용 물품에 은닉된 무기를 적발하기 위한 목적으로 수행됐다. 그러나 2001년에 발생한 9 · 11 사건 이후, 승객 선별 기법에 따라 수상한 승객을 집중적으로 검색하는 새로운 개념이 도입됐다. 처음에는 이스라엘이 1960년대 후반에 도입하여 사용하던 방법인데, 9 · 11 사건 이후 미국 의회에서 이스라엘 전문가를 초빙하여 미국 보안검색의 문제와 대책을 논의하고 여러 방안들 중 수상한 승객의 행동을 인지하는 방식을 도입하여 운영하기 시작했다. 또한 검색이 강화되면서 다양한 보안장비들이 도입되어 결과적으로 검색대 공간 문제가 발생했고, 이는 검색이 늦어지는 악순환을 초래했다.

3 신발 테러 미수 사건

2001년 12월 25일, 프랑스 파리를 출발하여 미국 마이애미로 항행하던 아메리칸 항공(AA)의 보잉 767기가 사건 직후 발진한 미 공군 F-15 전투기 2대의 유도로 보스턴 로건 국제공항(IATA : BOS, ICAO : KBOS)에 비상 착륙했다.

항공기 테러 기도에 사용된 '컴포지션4'는 28g만 터져도 항공기의 창문이나 동체 벽을 파괴할 수 있는 가공할 폭탄이다. 현지 공항 관계자는 보안검색대가 일정한 모양과 부피가 있는 금속성 폭발물은 충분히 적발해낼 수 있지만, 영국 국적의 범인

리처드 리드의 신발 뒤축에 숨겨진 플라스틱 폭약은 찾아내기가 어려웠다고 말했다. 이 사건을 계기로 미국 각 공항에서 모든 신발을 철저하게 검색하기 시작했고, 이는 공항이 극심하게 혼잡해지면서 승객 검색시간이 배로 늘어나는 결과를 초래했다.

4 영국 액체 폭발물 테러 기도 사건

2006년 8월 10일, 영국에서 액체 폭탄에 의한 초대형 동시 테러 미수 사건이 적발됐다. 19명의 테러 용의자들이 액체 폭발물을 휴대하고 영국발 미국행 비행기에 탑승하여 항공기 폭파를 기도한 사건이다. 이들이 계획한 여객기 동시다발 납치 및 테러 계획은 지난 9 · 11 사건을 능가하여 만약 성공했더라면 초대형 대량살상으로 비화됐을 것이다.

이 사건 직후 영국과 미국에서 비행기에 탑승하는 승객의 액체류 등의 반입을 전면 제한하게 됐고, 2006년 11월 23일부터 유럽에서 액체류 반입을 제한하게 됐다. 이후 2007년 3월에는 ICAO에서 액체류 반입 금지에 대한 제한을 권고했다. 이러한 권고를 계기로 대다수 국가에서 액체류 반입을 제한하고 있다. 이러한 제한은 공항 보안검색 절차에 막대한 영향을 미치면서 승객의 불편을 가중시켰다. 또한 공항 검색대의 구조가 일부 변경된 공항도 늘게 됐다.

5 노스웨스트 항공 폭파 테러 미수 사건

2001년 12월에 발생한 '신발 폭탄' 테러 기도와 유사한 사건이다. 2009년 12월 25일, 범인 우마르 파루크 압둘 무탈라브가 속옷에 고성능 물질인 '펜타에리트리올(PETN)'을 숨긴 채 289명의 승객이 탄 암스테르담발 디트로이트행 노스웨스트 253 항공기에 탑승해 공중 자살폭탄 테러를 시도했다. 그러나 폭발이 작은 불꽃만 일으킨 채 불발에 그쳐 큰 참사로 이어지지는 않았다. 나이지리아 국적의 우마르 압둘 무탈라브는 당시 뇌관이 없는 폭탄을 속옷 깊숙이 숨겨 검색대를 통과한 것이다. 사건 이후 테러 위협에 노출된 유럽과 미국의 주요 공항은 서둘러 전신 검색기를 도입하고 공항 검색을 강화했다.

6 보안검색대의 변경

이처럼 공항의 승객 보안검색대는 1970년대부터 설치되기 시작했으나 당시에는 문

승무원이 탑승권을 확인하는 이유

"QR 858편 탑승을 환영합니다.
승차권 확인을 부탁드립니다."

이 말은 승객이 설레는 마음으로 비행기에 탑승할 때 맨 먼저 듣게 되는 인사이자, 승무원이 승객을 반기며 모실 때 제일 처음 하는 요청이다. 단순히 좌석 번호를 확인하는 것일까? 아니다. 이 말에는 안전한 운항을 위한 다음과 같은 승무원의 노력이 들어 있다.

- 해당 편명을 재확인한다. 게이트나 출발 시간을 착각하는 승객을 방지하기 위함이다. 인사를 건네고 승객의 탑승권을 받아 드는 짧은 순간, 승무원은 재빨리 비행기의 편명, 날짜, 목적지, 좌석을 훑고 되돌려주는 것이다. 특히 도하나 두바이처럼 하루에도 십여 차례 비행기가 출발하는 곳은 각별한 주의를 기울이게 된다.
- 아픈 사람을 확인한다. 목적지에 따라 짧게는 1시간 남짓에서 길게는 16시간 동안 고객을 서비스하게 된다. 기내의 특수상황으로 생사를 가르는 위급 상황이 발생해도 의사를 바로 만나거나 5분 뒤 병원에 도착하는 것이 불가하다. 승객이 헛기침을 하더라도 허투루 보지 않고 증상이 어떠한지, 통증의 정도가 어떠한지 꼼꼼히 확인한 후, 지상에서 고객의 탑승 여부를 판단할 기회를 마련하는 것이다.
- 첫인상과 수상한 행동 여부도 확인한다. 문이 닫히는 순간부터 다시 열리는 순간까지 기내에는 승무원과 승객만 상존한다. 승객을 목적지까지 안전하게 모시는 것이 승무원의 일차 목적이므로, 테러범, 정신병력자, 잠재적 범죄자의 탑승을 사전에 방지하려는 것이다. 아울러 취객 점검도 한다. 기내에서 일반 고객에게 술을 제공할 때도 승무원 간 정보 제공이 수시로 이루어진다. 기내의 기압은 지상보다 20~30% 낮아서 평소보다 세 배 정도 빨리 술에 취하기 때문이다.

이처럼 탑승 순간은 중요하다. 그러니 방금 게이트에서 확인한 탑승권을 승무원이 다시 요구하더라도 기분 좋게 보여주자.

형탐지기와 구식 X-ray 등으로 검색하는 것이 고작이었다. 이후 1978년에 오늘날 사용되는 대다수 보안검색대의 기틀이 만들어졌다. 이러한 검색대 개념은 큰 변화 없이 1990년대까지 이어져왔으나, 2001년 9 · 11 사건이 발생하면서 검색대 변경의 필요성을 재인식하고 일부 국가는 전신 검색기 도입 등 보안검색 요건을 획기적으로 바꾸기 시작했다.

2.2 한국의 보안검색 발전사

1 인천국제공항 개항 이전

2001년 인천국제공항이 개항하기 이전에, 공항에서 출국 및 환승에 대한 보안검색은 국가기관인 경찰에서 담당했다.[2] 그러나 1969년 12월 11일, 대한항공 YS-11기 납북사건 이후 보안검색의 필요성을 인지하고, 한국 공항에서 처음으로 보안검색을 시작한 때는 1970년 1월 7일에 내무부 치안국 김포공항 외사 분실이 설치되면서부터이다. 2월 26일부터는 대한항공에 경찰관(당시 50명)이 탑승하기 시작하여 적극적으로 경찰이 항공보안에 관여하기 시작했다. 이후 1971년 7월 1일에는 공항 운영위원회(AOC) 소속 보안검색요원(7명)을 선발했다. 1980년에는 X-ray 판독기를 도입하여 1982년 9월 14일부터 X-ray 판독요원으로 전경을 배치하기 시작했다. 이처럼 경찰은 1970년대 초반부터 공항에서 보안검색 등 대테러 활동을 시작하여 오늘에 이르고 있다.

2 인천국제공항 개항 이후

1998년 8월 13일, 기획예산처는 비용절감 차원에서 국가 중요 시설 경비제도의 개선을 권고했다. 이후 경찰청, 건설교통부, 국가정보원 등 관계기관 회의를 거쳐 인천국제공항의 보안검색 주체를 국가기관인 경찰에서 민간기업인 주식회사 인천공항

2 당시의 항공법(1992. 7.1. 법률 제4435호)에 따르면 국제공항에서의 보안검색권은 경찰에게만 있었다. 항공법 제61조. ① 폭발성 또는 연소성이 높은 물건, 기타 타인에게 위해를 주거나 다른 물건을 손괴할 우려가 있는 물건으로서 교통부령이 정하는 것은 이를 항공기에 의하여 운송하여서는 아니 된다. ③ 누구든지 무기 또는 제1항의 규정에 의한 물건을 항공기 안에 가지고 들어가서는 아니 된다. ⑤ 비행장에 파견된 경찰관은 제1항 및 제3항의 규정에 의한 무기 또는 물건의 휴대 여부를 확인하기 위해 여객의 신체 또는 물건을 검색할 수 있다.

공사로 이관했다. 이를 위해 보안검색 시행자를 특수경비원으로 정하여 「경비업법」(2001. 7. 8. 법률 제6467호) 개정 후 특수경비원제도를 신설하고(경비업법 제2조 제1호, 제3호), 보안검색 주체를 명시하기 위해 구 「항공기운항안전법」(2002. 7. 27. 법률 제6644호)을 「항공안전 및 보안에 관한 법률」(2002. 11. 27. 법률 제6734호)로 개정했다(항공안전 및 보안에 관한 법률 제15조 제2항).

이에 따라 현재 공항 보안검색의 주체는 경찰에서 민간기업으로 변경됐다. 현재 출국 및 환승 시 대인 및 대물에 대한 보안검색 주체는 공항 운영자이고, 화물은 항공운송 사업자이다. 즉, 주체가 모두 민간기업에 이관된 것이다.

3. 보안검색의 개념과 종류 및 주체

3.1 보안검색의 개념

한국에서 '보안검색(Security Check)'은 법률적으로 "불법방해행위[3]에 사용될 수 있는 무기 또는 폭발물 등 위험성이 있는 물건들을 탐지 및 수행하기 위한 행위"라고 정의한다.

보안검색의 핵심은 기내 반입이 불가한 물품의 적발에 있다. 이러한 물품이 발견된 경우, ① 칼, 가위 등 테러와 연관이 없는 경우에는 운송 포기를 요구하거나 위탁수하물로 운송하고, ② 실탄, 폭발물 등 테러와 연관이 의심되는 경우에는 공항 내 관계기관 합동조사를 하여 처리한다.

보안검색의 유형은 세계적으로 각각 다른 방식으로 활용한다. 일반적으로는 ① 중앙집중 검색방식(Sterile Concourse), ② 지역 검색방식(Sterile Boarding Area), ③ 탑승구 검색방식(Departure Gate Screening)이 있다. 그중 인천국제공항은 중앙집중 검색방식을 채택하고 있다.

일반적으로 공항에서 출국 시 탑승자 및 휴대물품에 대해서만 보안검색이 적용되

---

3 항공안전 및 보안에 관한 법률 제2조 제7호. "불법방해행위라 함은 항공기 안전운항을 저해할 우려가 있거나 운항을 불가능하게 하는 행위로서 다음 각목의 행위를 말한다.
가. 항공기를 파괴하거나 손상하는 행위
나. 공항 및 항행안전시설의 손상, 파괴 또는 운영을 방해하는 행위
다. 항공기 운항 등과 관련된 허위정보 제공행위
라. 그 밖에 이 법에 의하여 처벌받는 행위"

는 것으로 알려져 있다. 그러나 사실은 출국 외에 입국과 환승 등 공항의 모든 출·입항 절차에서 탑승자 및 휴대물품[4]뿐 아니라 위탁수하물과 화물도 보안검색을 실시한다. 즉, 보안검색은 항공기를 이용하는 모든 대인, 대물에 대해 탑승 및 하기 시 실시하는 필수 절차인 것이다.

또한 공항 내부(랜드사이드) 및 활주로(에어사이드) 등의 공항시설은 보호구역으로 지정(항공안전 및 보안에 관한 법률 제12조)되어 있어서, 이를 출입하기 위해서는 출입허가가 필요하다. 또 출입허가가 있더라도 일부 시설의 출입에는 보안검색이 수반된다.

이처럼 보안검색은 공항의 핵심적인 대테러 활동 중 하나이다. 특히 항공기 납치, 파괴 등 항공기를 겨냥한 테러를 예방·대응하는 중요한 활동이다. 따라서 세계의 모든 공항에서는 이를 필수 절차로 인식하고 있다.

3.2 보안검색의 종류 및 주체

1 출국 및 환승

출국의 경우, 탑승자 및 휴대물품에 대한 보안검색은 인천국제공항에서는 4개의 출국장에서 실시한다. 탑승자는 문형 MD(Metal Detector, 금속탐지기), 휴대물품은 X-ray 판독기를 통과한다. 탑승자의 경우 문형 MD가 반응을 하면 반응하는 금속물질을 확인하기 위해 문형 MD 및 휴대용 MD로 재검색을 하고, 휴대물품은 X-ray 판독기 통과 시 의심스러운 경우 개봉검색을 한다. 이때 E.T.D(Explosive Trace Device, 폭발물탐지장비)를 활용하기도 한다.

출국 시 위탁수하물에 대한 보안검색은 발권 카운터에서 발권과 동시에 접수하여 X-ray 판독, C.T.X(Computer Tomography X-ray, 컴퓨터 엑스레이 단층촬영) 판독을 하고, E.T.D 검사 후 여객기 화물칸에 적재하게 된다. 화물은 화물터미널에서

4
- 기내에 갖고 타야 할 물품(위탁수하물 불가) : 리튬 배터리 사용품(컴퓨터, 태블릿PC, 휴대폰, 전기면도기, 보조배터리 등), 라이터 1개
- 위탁수하물로 부쳐야 할 물품(기내 반입 불가) : 100cc 이상 액체류, 칼(커터칼 및 날 포함), 면도거품, 공기가 없는 스포츠 용품. TSA[미국 국토안보부 산하 기관 '교통안전청(Transportation Security Administration)'] 규정상 비행기 기내에는 뾰족한 물질, 인화성 물질, 100ml 이상의 액체 또는 젤을 들고 들어갈 수 없다.
- 기내, 위탁 모두 불가 : LPG 사용 살충제, 기름이 들어 있는 지포라이터 등

위탁수하물과 유사한 방법으로 보안검색이 이루어진다.

환승의 경우, 환승객 및 휴대물품은 인천국제공항 2층 입국장에서 여객기 하기 후, 2층에서 항공권을 발권한 후 환승장 보안검색대에서 (출국 시 탑승자 및 휴대물품과 같은 방법으로) 보안검색을 마친 후 3층으로 이동하여 여객기를 탑승하게 된다.

한편, 한국에서 출국자와 그의 휴대물품 및 위탁수하물에 대한 보안검색의 주체는 '공항 운영자'이고, 출국화물에 대한 보안검색 주체는 '항공운송 사업자'이다. 또한 환승 승객 및 휴대물품의 보안검색 주체도 공항 운영자이다. 이러한 보안검색의 주체는 직접 보안검색을 실시하거나 경비업법에 의해 지방경찰청장의 허가를 받은 경비업체에 위탁하고 있다.

2 입국

입국의 경우, 2층에서 하기하여 검역(보건복지부) 및 입국심사(법무부 출입국관리사무소) 후 1층으로 이동하여 세관지역에서 관세청 주관하에 X-ray 판독기, 문형 MD 등으로 검사를 받는다. 한국에서 입국자 및 물품에 대한 보안검색의 주체는 국가기관인 관세청이다.

위의 내용을 정리하면, 보안검색의 주체는 나라마다 처한 환경에 따라 다르다. 보안검색의 주체가 국가인 나라로는 ① 중국, 러시아 등 사회주의 국가, ② 프랑스 등 대륙법계 국가, ③ 일본, 싱가포르 등 아시아 일부 국가, 테러의 우려가 있는 이스라엘 등이 있다. 미국도 9 · 11 테러 이후 출범한 국토안보부 산하 교통안전청(TSA, Transportation Security Administration) 감독하에 보안검색이 실시되고 있다. 반면 한국에서 출국 및 환승은 민간기업인 공항 운영자와 항공운송 사업자가, 입국은 국가기관인 관세청이 담당하고 있다.

4. 보안검색, 첨단기술의 시험장

4.1 ICAO가 제시한 첨단 보안검색대의 필요성

효율적인 보안검색대 연구가 제기된 배경에는 2009년 12월에 발발한 테러 미수 사건이 있다. 디트로이트행 미국 여객기 폭발물 폭파 미수 사건이 발생한 후 공항의

보안검색의 강화

교통안전청(TSA)의 설립

미국에서 국토안보부 설치와 더불어 전 지역의 교통시설 보안을 종합해 만든 것이다. TSA는 2017년 10월 26일부터 미국행 여객기 탑승객의 보안검색을 강화했다. 우선 공항 카운터에서 항공사 직원과 '인터뷰'를 해야 한다. "여행 목적이 무엇인가?", "며칠이나 머물 것인가?", "머무는 장소가 어디인가?" 등의 질문을 한다.

인터뷰(여객심사)에서 답변이 미심쩍은 자, 영어와 한국어를 모두 구사하지 못하는 자, 기타 TSA가 지정한 자 등을 정밀검색 대상으로 하여 좀 더 세밀하게 인터뷰를 실시한다. 만약 한국인 승객이 제3국에서 미국행 비행기를 타거나 환승할 경우에 영어 또는 현지어에 서툴다면 현지 공항에서 '정밀검사' 대상으로 분류되기도 한다.

탑승수속과 관련하여, 늦어도 출발 4시간 전에는 공항 카운터에 도착하여 탑승수속을 진행해야 한다. 그리고 늦어도 1시간 전까지는 보딩 게이트에 도착해야 한다. 최근 판매되는 주요 여행가방 브랜드들은 거의 모든 제품에 TSA락을 달아놓는다. 그 이유는 단순하다. TSA가 자사의 규격 열쇠로 자물쇠를 열게 하려는 것이다.

전신 스캐너의 등장

미국 교통안전청의 법에 따라 2010년 10월 미국의 공항에서 전신 스캐너를 사용할 것을 지시했다. 몸수색 절차를 강화해 승객이 스캐너 사용과 몸수색을 둘 다 거부하면 비행기 탑승을 하지 못하게 했다.

- '후방산란(Backscatter)' X선 투시기 : 일반 공항 검색대는 금속 물질만 탐지할 수 있다. 반면 이 장비는 인체에 무해한 저출력의 X선을 투사해 옷 속에 숨긴 액체 · 플라스틱 · 세라믹 등 다양한 비금속성 물체를 영상으로 보여준다. 검색기에는 탑승객 옷 속의 위험 가능성을 탐지할 수 있는 '목표물 자동 인식' 기능도 탑재됐다.
- 승객의 몸을 '냄새'로 검사하는 '엔트리스캔(EntryScan)' : 승객이 검사대에 들어가면 공기가 뿜어져 나온다. 이때 몸이나 옷에 묻은 미세 물질들이 공중에 떨어져 나오면 탐지장치가 자동으로 폭발물인지 마약인지를 탐지해낸다.

보안검색은 대폭 강화됐다. 그러나 검색 강화는 승객 불편뿐 아니라 공항과 항공기 운영에 막대한 차질을 야기했고 국제민간 항공기구(ICAO)는 이러한 불편에 대한 반성과 함께 새로운 검색방식의 필요성을 인식했다. 이에 2010년 10월에 개최된 제37차 ICAO 총회에서 정부의 요건과 민간 항공산업의 요건을 충족하는 미래 검색대 개념을 도입할 것을 제시했다. 이 개념의 공통 목표는 탐지력을 높여 승객 처리의 신속성과 효율성을 개선하면서 보안을 강화하는 것이다.

4.2 IATA에 따른 첨단 보안검색대의 도입과 결과

국제항공 운송협회(IATA)도 2009년에 노스웨스트 항공 테러 미수 사건 발생 후 이 사건에 대한 심각성을 인지하고, 승객에 대한 검색 문제를 개선하고자 전문가들과 협의하여 새로운 검색체계의 도입 필요성을 제시했다. 이러한 노력의 결과로 새로운 검색대 개념을 발표했는데, 이른바 'Checkpoint of the Future'라는 개념으로 보안검색대의 나아갈 방향을 제시했다. 이것은 통과형 흡입 탐지 시스템(Walk-through Sniffer)이라고도 불리는, 첨단장비를 이용한 효율화된 미래 검색 시스템 개념이다. 이 개념의 궁극적 목적은 승객 검색을 간단하고 신속하게 하면서 승객 불쾌감을 최소화하는 것이다. 즉 모든 승객을 수상한 승객으로 간주하여 100% 철저하게 검색하는 것은 항공의 기본 이점인 효율성을 크게 저해하여 정상적인 항공 운영을 방해할 수도 있다는 인식에서 출발한 것이다.

이 개념에 의한 검색에서는 승객을 세 부류로 나누고 각 승객에게 맞는 검색을 실시한다. 이러한 효율성을 위해 최첨단 장비를 이용하여 승객이 지나가면 자동으로 승객의 신체와 물품을 동시에 검색하는 것이다. 즉, 예약 승객에 대한 정보를 사전에 다양한 방법으로 수집한 후 승객이 생체인식 검색대에서 신원확인을 하면 해당 정보를 분석하여 적절한 검색대 라인으로 안내하여 정밀검색을 받게 한다.

승객을 구분하는 세 부류 중 첫째 부류는 Normal Passenger, 즉 일반 승객이다. 대부분의 승객은 일반 승객으로 분류되어 일반 검색대를 통과하게 된다. 이 경우 별도의 추가 검색 없이 정상적인 검색을 받는다.

둘째 부류는 Registered Passenger, 즉 등록 승객이다. 사전에 등록요청을 하고 정부에서 실시하는 일정한 신원조회를 면제받아서 특이사항이 없는 승객을 말한다. 이 승객은 지정된 등록 승객 라인으로 안내되어 해당 수준에 맞는 검색을 받는다.

셋째 부류는 High Risk Passenger, 즉 고위협 승객이다. 이 부류의 승객은 전신 검색기를 비롯해 최첨단 보안장비가 있는 특별 검색대를 통과해야 한다. 특이한 것은 승객 범주별로 검색장비를 다르게 두고 해당 승객의 위협 등급에 맞는 검색을 적용하여 검색 업무를 효율화한 것이다.

이러한 개념의 검색은 보안검색 시간을 획기적으로 감소시킬 뿐 아니라 과도한 신체검색에 대한 두려움도 줄일 수 있다. 아울러 이러한 개념을 실제 공항 보안검색 상황에 적용할 경우 상당량의 비용절감도 가능하다. 또한 승객이 신발이나 겉옷을 벗거나 허리띠를 풀 필요도 없다. 승객이 노트북 등 휴대물을 가방에서 불편하게 꺼낼 필요가 없어서 검색도 수월하고 보안검색으로 인한 승객의 스트레스도 크게 줄일 수 있다.

1 첨단기술의 집합체 스마트공항

유럽 네트워크 정보 보호원의 정의에 따르면, 스마트공항(Smart Airport)은 사물인터넷(IoT) 기술에 기반하여 승객처리 과정을 개선하고 새로운 기능을 제공하기 위해 내부 자산과 연결된 ICT 환경을 구축 및 최적화하며 자동화된 프로세스를 활용하는 공항을 뜻한다.

스마트공항을 구현하는 데 필요한 요소로는 저전력 블루투스를 통한 차세대 스마트폰 근거리 통신 기술을 뜻하는 비컨(Beacon)과 센서(Sensor), 모바일 기기 등의 기술, 자동 서비스를 이용한 안전한 탑승 경험 그리고 사이버 보안(Cyber Security)을 확장한 개념인 '사이버 레질리언스(Cyber Resilience, 사이버 탄력성)'를 들 수 있다. 이 두 개념의 차이는 다음 표와 같다.[5]

구분	사이버 보안	사이버 레질리언스
객체	프로젝트, IT 시스템	비즈니스 결과물 전달 보장
목적	실패를 허용하지 않음	상황 통제, 실패 극복
관점	외부 위협 보안	외부 위협 보안 + 내부 환경 고려
범위	일부 조직 중심	조직 간 네트워크

5 자세한 논의는 다음 논문 참고 : 김정덕/진철구(2016), 사이버 레질리언스 국제표준화 동향과 이슈, 정보보호학회지 제26권 제4호, 11-15.

미래에는 스마트패스나 터널형 종합 보안검색대 등 첨단기술을 이용한 보안절차 간소화와 빅데이터를 활용한 PPP(승객보호 프로그램), PVO(승객행동 감지 프로그램) 등을 통해 위험한 물건 외에 위험한 인물을 찾는 개념으로도 확대될 것이다. 또한 국가 간 혹은 기관 간 여객 데이터 정보 시스템을 공유하는 보안 데이터 공유로까지 확대될 것이다.

미국은 스마트 보안(Smart Security) WAVE2 단계에 이어 항공보안 고도화를 위한 원격 시스템 및 양방향 실시간 의사결정 시스템을 구축하고 있다. 한국에서는 인천국제공항 제2 터미널이 공항에 접목된 첨단 정보통신기술을 몸소 느낄 수 있는 스마트공항으로 탄생했다. 제1 터미널에 비해 대폭 증가한 셀프 체크인과 셀프 백드롭, 자동 출입국심사 기기로 탑승수속 시간이 현저하게 줄었다. 또 비금속물질까지 탐지 가능한 원형검색대를 설치했으며, 보안요원의 추가 탐색이 필요한 부분은 모니터상으로 확인하는 것이 가능해졌다.

지문과 손바닥 정맥을 탑승수속에 활용하는 이 서비스는 전용 게이트를 통해 수속을 신속하게 하고 기존에 육안으로 신분증을 확인하는 과정에서 발생하던 인적 오류를 사전에 방지한다. 또한 신분증을 지참해야 하는 번거로움과 신분증 분실로 항공편에 탑승하지 못하는 불편을 해소하며 스마트공항으로 진화하고 있다.

2 스마트공항의 부정적 측면

항공보안은 테러와 밀접한 관련이 있다. 세계는 몇 년 전부터 이슬람 수니파 극단주의 무장단체 IS(이슬람국가)와 테러전쟁을 벌이고 있다. IS는 과거 테러단체와 전혀 다르게 SNS로 조직원을 모으고 전 세계를 대상으로 테러를 자행한다. 또한 사람들이 많이 모이는 공항이나 지하철, 철도역 등 다중이용시설을 겨냥한다. 2016년 3월 벨기에 브뤼셀의 자벤탐 국제공항(BRU, Brussel Zaventam Airport, IATA : BRU, ICAO : EBBR)과 몰렌베이크 지하철 역(Molenbeek Station) 폭발 테러, 2016년 6월 이스탄불 아타튀르크 국제공항(Istanbul Atatürk Airport, IATA : ISL, ICAO : LTBA) 자살 폭탄 테러가 대표적이다.

스마트공항의 위협 요인은 ① 인적 요소 ② 악의적 의도 ③ 시스템 오작동 ④ 내부자에 의한 위협 ⑤ 자연재해와 사회문제로 나눌 수 있으며 사이버 테러에 대한 세 가지 공격 시나리오를 예측할 수 있다. 하나는 '공항 여객 셀프서비스 시스템 조작'이다. 이 경우 하드웨어를 물리적으로 조작하여 업무를 마비시키는 것이 가능하다. 다른 하나는 '수하물 처리시스템 네트워크 공격'으로 이 경우 악성 소프트웨어를 침투시켜 피해를 입힐 수 있다. 마지막으로는 '드론을 이용한 전파교란과 위장'에 의한 조작 정보 전달 가능성과 이로 인한 혼란이다.

따라서 IoT 기반 보안 위협에 대한 각 분야별 예방대책도 필요하다. 먼저 공항 운영자는 사이버 보안을 우선적으로 처리하고, 보안 최고책임자(CSO)를 통해 역할과 자원을 분배해야 하며, 최신 동향을 반영한 정책과 운영 · 소유주체에 적합한 사이버 보안 위험관리 정책을 추진할 필요가 있다.

5. 항공기 테러 사례

5.1 해외 사례

1 항공기 납치(Skyjacking, Hijacking)

최초의 항공기 납치사건은 1931년에 페루에서 일어났다. 1931년 3월 28일에 우편물 수송 항공기인 팬암 F7 Ford Trimotor기를 페루 혁명분자들이 납치하여 페루 리마 상공에서 그들의 행동강령을 살포한 후 외곽에 착륙시켰다. 이들은 약 10일간 대치 후 조종사를 석방하고 도주했다.

이후에도 지속적으로 발생하던 항공기 납치는 1968년과 1972년 사이에 그 수가 엄청나게 증가하여 1969년 한 해에만 85건이 발생했고, 최초 발생 연도인 1931년부터 현재까지 총 1,000여 건이 발생했다. 항공기 납치는 항공기 수요가 증가하고, 언론의 관심을 끌어 이목을 집중시키는 이점으로 인해 항공기 테러의 한 유형으로 자리 잡았다.

2 항공기 공중 폭파

최초의 항공기 공중 폭파 사건은 미국에서 발생했다. 1933년 10월 10일에 유나이티드 항공 소속의 보잉 747 항공기가 클리블랜드에서 시카고로 향하던 중 인디애나 주 체스턴 부근에서 공중 폭발 후 추락하여 10명이 사망했다. 이 항공기는 니트로글리세린을 이용한 시간장치를 부착한 폭발물에 의해 공중 폭발했다.

1969년 이후 국제사회의 항공기 및 공항 보안 강화조치에 의해 항공기 납치가 감소한 반면, 항공기 공중 폭파는 증가하기 시작했다. 최초로 발생한 1933년부터 2000년도까지 총 100건이 발생하고 1,034명이 사망했다.

항공기 공중 폭파는 항공기 납치가 어려워지자 그 대안으로 이용되기 시작하여 테러에 성공하면 누구의 소행인지 잘 모르고, 테러범이 직접 탑승하지 않고도 테러를 감행할 수 있다는 이점 때문에 발생 빈도가 높아지고 있다.

3 공항시설 및 이용객 공격

공항시설 및 이용객을 대상으로 한 테러는 1970년대 중반부터 발생하기 시작했다. 1972년 이스라엘 로드 공항에서 에어 프랑스편으로 입국하던 승객들에게 일본 적군파 3명이 자동소총과 수류탄으로 공격하여 28명이 사망하고 70여 명이 부상하는 사건이 발생했다. 이후 1980년부터 2000년까지 공항을 공격한 사건은 181건에 이른다.

5.2 국내 사례

1 항공기 납치(Skyjacking, Hijacking)

1958년 대한항공 DC-3쌍발 여객기(창랑호) 납북 사건

1958년 2월 16일에 국회의원 유봉순, 미 공군 중령 하워 등 승객 34명이 탑승한 대한항공(KNA) 소속 DC-3쌍발 여객기(창랑호)는 부산 수영 비행장에서 서울 여의도 공항으로 향하던 중, 12시 40분경 경기도 평택 상공에서 납치범 김택선 등 일당 3명이 칼빈총과 엽총을 발사하면서 조종사를 협박하여 14시경 평양 순안 비행장에 강제 착륙했다. 북한은 국제사회의 비난이 이어지자 동년 3월 6일에 승객 26명은 남한으로 송환했지만, 나머지 8명은 북한으로 귀순했다고 주장하며 돌려보내지 않았다. 당시 수영 비행장에는 탑승 전 무기 휴대에 대한 강제적인 제재조치가 없었다.

1969년 대한항공 YS-11기 납북 사건

1969년 12월 11일 12시 25분, 승객 47명을 포함해 총 51명이 탄 대한항공 YS-11 여객기(KE 826편)가 강릉을 출발해 서울로 향하던 중, 대관령 상공에서 북한의 고정간첩 조창희(42세)가 기장실로 침입해 권총으로 기장을 위협하여 13시 18분경 북한 원산 선덕 비행장에 여객기를 강제 착륙시켰다. 이후 북한은 39명을 판문점을 통해 돌려보냈으나, 나머지는 돌려보내지 않았다. 당시 승객 47명 중 주소 불명 5명, 주소 미기재자 18명 등 탑승객 명부 작성이 소홀하고 주민등록증 위 · 변조 여부도 확인하지 않았으며, 간첩이 권총을 숨긴 채 여객기에 탑승하는 등 보안검색도 부실했다. 이 사건은 우리나라에 보안검색이라는 개념이 도입되는 직접적인 계기가 됐다.

1971년 대한항공 F27기 납북 미수사건

1971년 1월 23일 13시 7분에 승객 60명을 포함해 총 65명이 탄 대한항공 F27 쌍발 여객기가 속초를 출발해 서울로 향하던 중, 13시 27분경 강원도 상공에서 미상의 폭발물을 휴대한 괴한에게 납치되어 북으로 가던 중 보안승무원이 범인을 사살하여 14시 18분경 속초 초도리 해변 모래사장에 불시착했다. 납치범을 사살하는 과정에서 기내에 네 차례의 폭발이 있었으나, 훈련조종사 전명세가 폭발물을 덮쳐 순직하고 항공기의 저공비행으로 겨우 공중 폭발은 모면했다. 당시 보안검색은 철저하지 못했고, 탑승 전 대기실과 계류장 출입이 자유로워 지금과 같은 보안검색 완료 후 소위 '보안무균상태(Security Sterile Area)'라는 개념이 부재했다. 이 사건을 계기로 국내선 항공기에 무장 보안승무원이 2명씩 탑승하기 시작했고, 공항에 금속탐지기 설치 및 검색요원 증원의 조치가 취해졌다.

2 항공기 공중 폭파

1987년 11월 29일에 승객과 승무원 115명을 태우고 아부다비를 출발한 대한항공 858기가 태국 방콕을 경유하여 서울로 향하던 중, 버마 영공에서 공중 폭발하여 전원이 사망하는 충격적인 사건이 발생했다. 한국은 그해 12월 15일에 바레인 당국으로부터 김현희의 신병을 인수받아 이 사건이 북한 공작원에 의한 계획적인 폭탄 테러임을 밝혀냈다.

3 공항시설 및 이용객 공격

1986년 아시안 게임이 개막하기 약 1주일 전인 9월 14일에 김포국제공항 국제선 제1청사 대합실에 있던 쓰레기통에서 폭발물이 폭발하여 민간인 5명이 사망하고, 30여 명이 중경상을 입는 폭탄 테러가 발생했다.

CHAPTER

07

공항의 관제

1. 항공교통 업무

우리나라 국토교통부에 의하면 항공교통 업무는 "항공기 간의 충돌 방지, 항공기 및 장애물 간 충돌 방지, 항공교통 흐름의 질서 유지 및 촉진, 운항에 필요한 조언 및 정보 제공, 수색구조에 필요한 정보 제공 및 협조 업무"로 정의된다.[1] 그 종류로는 항공교통관제 업무, 비행정보 업무, 경보 업무 등 세 가지를 들고 있다.

국제민간 항공기구(ICAO)는 항공교통 업무(Air Traffic Service)의 영역으로 항공교통관제 업무(Air Traffic Control Service), 비행정보 업무(Flight Information Service), 경보 업무(Alerting Service) 외에, 항공교통정보조언 업무(Air Traffic Advisory Service)를 추가하고 있다.

다음 도식은 국토교통부가 제시한 항공교통 업무를 요약한 것이다.

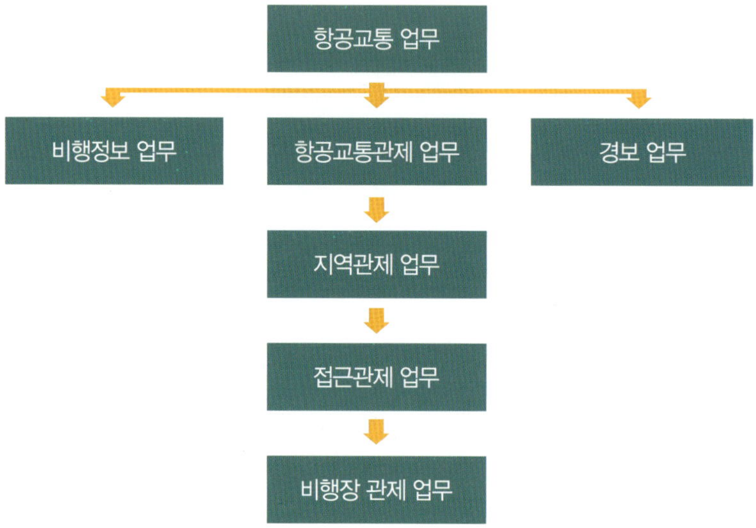

항공교통 업무의 주요 목적으로는 항공기 간의 충돌 방지, 기동 지역 안에서 항공기와 장애물 간의 충돌 방지, 항공교통 흐름의 질서 유지 및 촉진, 항공기의 안전하고 효율적인 운항을 위해 필요한 조언 및 정보의 제공, 수색 · 구조를 필요로 하는 항공기에 대한 관계기관에의 정보 제공 및 협조 등을 꼽는다.

---

1 참고 : 국토교통부, http://www.molit.go.kr

2. 항공교통관제 업무

항공교통관제(Air Traffic Control, ATC)는 비행 중인 항공기와 지속적인 교신으로 항공기의 이착륙 등을 통제하여 항공기 간의 충돌을 막고 안전한 비행을 유도하는 업무를 말한다. 항공교통관제의 주된 업무는 비행기들 간의 충돌을 예방하고, 하늘길의 교통을 원활히 하며, 조종사들에게 정보를 제공하는 것이다. 일부 국가(특히 미국, 브라질)에서는 항공교통관제가 보안 또는 국방의 역할을 수행하기도 한다.

두 비행기의 충돌을 막게 도와주는 행위를 '분리'라고 한다. 이것은 두 비행기가 측면, 대각, 옆면에서 충돌하는 것을 방지하는 행위이다. 근래의 신형 비행기들은 항공교통 관제탑의 지시와 명령을 더 쉽게 따르기 위해 충돌 방지 시스템 장치가 탑재된다. 항공교통 관제탑은 비행기들의 충돌을 막는 업무 외에 조종사들에게 날씨나 내비게이션 등의 정보를 제공하기도 한다.

대다수 나라에서 항공교통관제 서비스는 상공의 대부분에 걸쳐 제공되고, 누구나 이용할 수 있다. (항공교통) 관제사가 일부 또는 모든 항공기의 분리에 대한 명령을 내릴 경우의 상공을 '통제 상공'이라고 한다. 이는 (항공교통) 관제사의 제한을 받지 않는 비통제 상공과 상반되는 뜻이다.

비행기의 종류와 영공의 급에 따라, 항공교통 관제탑은 조종사들에게 따라야 할 지침을 내리거나 일부 국가에서 항공 조언으로 통용되는 항공편 정보를 제공하기도 한다. 그러나 어떤 경우든 조종사가 비행의 안전에 대한 최종 책임을 지며, 긴급상황에서는 항공교통 관제탑의 지시에서 이탈할 수도 있다.

2.1 항공교통관제의 역사

1920년에 항공교통관제를 도입한 세계 최초의 공항은 1920년부터 1960년까지 런던의 정식 국제공항이었던 크로이던 공항(Croydon Airport)[2]이다. 당시의 '비행장 관제탑'은 사방에 창문이 있는 4.6m 높이의 통나무 오두막이었다. 이곳은 1920년 2월 25일에 의뢰를 받고, 조종사에게 기본적인 운항, 날씨, 위치 정보를 제공했다.

미국에서는 항공교통관제가 3개 부서로 구성됐다. 최초의 항공우편 라디오 방송

2 1915년 12월에 베딩턴 비행장으로 개장되었다가 1959년에 폐쇄됐다.

항공교통관제 시설

항공교통관제 시설은 전국 공항, 레이더 사이트, 공지 통신장비 및 항공고정통신망 등과 외부 접속체계를 갖추어 우리나라 비행정보구역(FIR) 내 항공기의 항공교통관제 수행을 돕기 위한 시설로, 다음의 두 가지 시스템이 있다.

항공교통관제 시스템(ATC System)

항공교통관제 시스템은 레이더자료와 비행계획 자료를 연계 · 처리하여 관제사의 항공기 관제에 필요한 정보를 제공하는 시스템으로, RDP와 FDP로 구성된다.

- 레이더자료 처리장치(RDP, Radar Data Processor) : 레이더 사이트로부터 수신된 자료를 비행자료 처리장치와 연계시켜 항공기의 현재 위치 식별 및 관련 정보(편명, 고도, 속도 등)를 관제사 근무석의 모니터에 나타내는 시스템이다.
- 비행자료 처리장치(FDP, Flight Data Processor) : 전국 공항, 항공사 및 항공고정통신망 등으로부터 수집된 비행 관련 자료를 처리하여 해당 관련 부서에 비행정보를 제공하는 시스템이다.

항공교통관제 통신시스템(ATC Communication System)

관제사와 조종사, 인천 ACC와 인접국 ACC 및 국내 관제기관 간 음성통신을 통해 관제 정보를 교환하며, 응급상황에 대비해 주 시스템과 예비 시스템으로 구성된다.

- 음성통신 제어장치(Voice Communication Control System) : 조종사 · 관제사 간 공대지 통신, 인천 ACC와 외부 기관 간 지대지 통신, 내부 간 인터컴 통신이 가능한 통합 음성통신 시스템으로, 디지털 신호처리 방식에 의한 터치스크린 패널을 사용한다.
- 단거리 이동통신 시설(VHF/UHF Radio) : 무선교신을 하기 위한 총 94채널의 초단파(VHF)와 극초단파(UHF)를 관제사가 선별하여 사용할 수 있다. 7개 원격공지통신 사이트의 장비와 유선 및 위성을 통해 원격으로 연결한다.
- 지점 간 통신장비(Ground to Ground Communication Equipment) : 인접국 ACC, 접근 관제소, 관제탑, 중앙방공통제소(MCRC) 등 외부 기관과 비행정보를 교환할 수 있는 통신장비로, 직통선을 이용해 비행정보를 상호 교환한다.

출처 : KAC 항로시설본부. https://www.airport.co.kr/acc

국(AMRS)은 제1차 세계대전 이후인 1922년에 미국 우체국이 육군이 개발한 기술을 사용하여 정찰기의 움직임을 지휘하고 추적하기 시작하면서 만들어졌다. 시간이 지나면서 AMRS는 비행 서비스 구역으로 개조됐다. 오늘날의 비행 서비스 구역은 제어 지침을 발행하지 않지만, 조종사에게 다른 많은 비행 관련 정보 서비스를 제공한다. 이 구역은 비행 서비스가 전신 또는 전화 통신가능 영역이 있는 유일한 지역에서 ATC의 중계 제어 지시를 수행한다.

1930년에 클리블랜드의 홉킨스 국제공항(IATA : CLE, ICAO : KCLE)에서 항공기의 도착, 출발 및 표면 이동을 규제하는 최초의 공항 교통관제탑이 문을 열었다. 이 공항에는 최초로 활주로 등화시스템도 설치됐다. 접근/출발 제어 시설은 1950년대에 대형 공항 주변의 혼잡한 공역을 감시하고 제어하기 위해 레이더 채택 이후 만들어졌다. 1935년 뉴저지 주의 뉴어크 리버티 공항(IATA : EWR, ICAO : KEWR)에 최초의 항공로 교통관제센터가 문을 열었고, 1936년 시카고 오헤어 공항과 클리블랜드가 그 뒤를 이었다.

1956년에 그랜드 캐니언의 공중 충돌로 탑승자 128명 전원[3]이 사망한 이후, FAA는 1958년 미국 상공에서 항공 교통 책임을 맡게 됐고, 이후 다른 나라들도 이에 따랐다. 1960년에 영국, 프랑스, 독일, 베네룩스 국가들은 그들의 영공을 통합하기 위해 '유로컨트롤(Eurocontrol)'을 설립했다. 국가 간 관제사들을 결집하기 위해 최초이자 유일한 시도를 한 곳은 1972년 MUAC[4]이다. 2001년에 유럽연합은 효율성을 높이고 규모의 경제를 확보하기 위해 'Single European Sky'를 만들고자 했다.

2.2 항공교통관제 업무의 구분

1 구역별 관제 업무의 종류

비행장 관제 업무(Aerodrome Control Service)

비행장(공항)을 중심으로 일정 범위의 공역(관제권) 및 공항 지상이동 지역 내에서

---

3 유나이티드 항공 718편(DC-7 기종, 승객 53명과 승무원 5명 총 58명)과 트랜스월드 항공 002편(록히드 L-1049 기종, 승객 64명과 승무원 6명 총 70명). 당시는 관제사와 기장이 직접 연락을 주고받지 않았다.

4 MUAC(Maastricht Upper Area Control Center)는 벨기에, 독일, 룩셈부르크, 네덜란드 등 4개 국가를 대신하여 유로컨트롤에서 운영하는 국제 비영리 항공항법 서비스 제공업체이다.

관제탑의 관제사에 의해 제공되는 관제 업무이다. 공항 이동 지역의 감시 및 통제, 이착륙 및 관제권 통과 항공기에 대한 비행 허가 발부, 항공교통관제 허가의 중계(ATC Clearance Delivery) 등의 일을 한다. 비행장 관제 업무는 계류장 관제(Ramp Control), 비행자료 업무(Flight Data), 지상관제(Ground Control), 국지관제(Local Control) 등 4단계로 나뉜다.

계류장 관제 업무(Ramp Control)

비행장 관제 업무 중 지상 계류장 구역 내에서 이동하는 항공기에 제공되는 관제 업무이다. 통상적으로 비행장 관제 업무를 수행하는 관제탑에서 계류장 관제 업무를 함께 수행한다. 인천국제공항의 경우, 계류장 관제 업무를 관제탑의 비행장 관제 업무와 분리하여 인천국제공항공사에서 별도로 수행한다.

접근관제 업무(Approach Control Service, ACS)

접근관제공역 내에서 이륙이나 착륙으로 연결되는 관제비행을 하는 항공기에 제공되는 관제 업무이다. 항공기를 관할하고 있는 책임 구역까지 순서를 정해 유도하는 업무를 말한다.

지역관제 업무(Area Control Service, ACC)

항공로 또는 관할관제공역(Controlled Airspace)에서 운항하는 항공기에 접근관제 업무 및 비행장 관제 업무 외의 관제 업무를 제공하는 업무이다. 한국은 인천에 소재한 항공교통관제센터(ACC)에서 수행한다.[5]

관제 업무의 구분

5 참고 : 국토교통부 항공교통본부. http://www.molit.go.kr/atmo

2 시점별 관제 업무의 종류

비행 전(Pre-flight)

항공교통 업무는 ICAO에서 항공교통관제 업무, 비행정보 업무, 경보 업무, 항공교통정보조언 업무로 나누고 있다.

이륙(Takeoff)

조종사는 관제탑의 국지관제사(Local Controller)로부터 이륙허가를 받은 후 활주로를 이륙한다.

출발(Departure)

이륙 직후 조종사는 새로운 지시를 받기 위해 주파수를 변경해야 하며, 관제권을 벗어나 접근관제구역으로 비행하게 되는데, 접근관제구역의 관제기관인 접근관제소(Approach Control)와 교신을 하며, 접근관제소의 출발관제사로부터 출발공항을 벗어나서 배정받은 항공로로 진입하기 위한 지시를 받게 된다. 그리고 조종사는 고도와 항공로 허가(Routing Clearance)를 발부받고, 관제사는 항공기 타깃과 진로를 감시한다. 항공기의 관제를 인수받는 인수관제사(Receiving Controller)의 공역에 항공기가 진입하기 전에 관제권을 이양한다.

항공로(Enroute)

조종사는 지역관제소로부터 조정해야 할 무선주파수 외에 고도(Altitude)와 기수방향(Heading)을 유지하도록 지시를 받는다. 항공로 비행은 몇 분에서 몇 시간이 소요되기도 하며, 항공기가 목적지 공항에 가까워질 때 조종사는 무선주파수를 변경하고, 강하를 위한 기수방향과 고도변경 지시를 받게 된다.

강하(Descent)

기수방향/고도변경 지시를 받은 후, 항공기는 강하를 시작하고 공항을 향하게 된다.

접근(Approach)

조종사는 접근관제소로부터 목적지 공항까지 접근허가를 받고, 동일 공항에서 착륙을 준비하는 다른 항공기와 순서를 조정받게 된다.

착륙(Landing)

조종사는 관제탑으로부터 착륙허가를 발부받고 지정받은 활주로에 착륙하게 되며, 항공기는 유도로를 통해 계류장 지역에 배정받은 게이트까지 지상이동을 한다.

2.3 공역과 등급

공역(Airspace)은 항공기의 비행에 적합하도록 통제에 의한 안전조치가 이루어지는 공중에 설정되는 구역이다. 즉, 항공기의 안전하고 효율적인 비행과 항공기의 수색 또는 구조에 필요한 공간으로서, 항공기, 초경량 비행장치 등의 안전한 활동을 보장하기 위해 지표면이나 해수면으로부터 일정 높이의 특정 범위로 정해진 공간을 말하며, 모든 항공기의 비행은 이 공역 내에서 이루어진다. 공역은 크게 영공과 비행정보구역(FIR)으로 구분된다.

한국 항공법(제38조와 동법 시행규칙 제116의 2)에서는 비행안전을 확보하기 위해 비행정보구역을 A, B, C, D, E, G등급 공역으로 세분화하고, 각 공역 등급별로 비행 방식과 항공관제 업무 제공 범위 등을 지정하여 운영한다.

1 공역 구분(ATS Airspace Classifications)

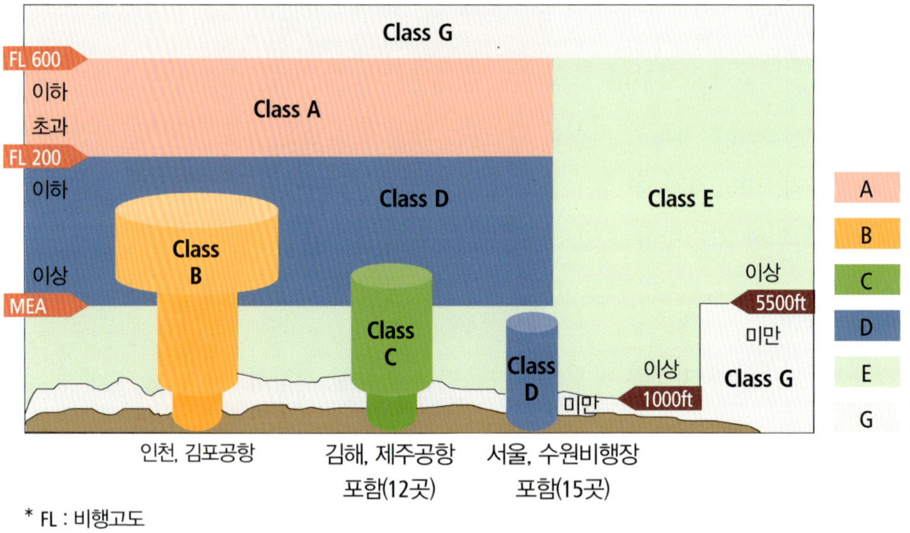

* FL : 비행고도
MEA : 최소항로고도

한국의 공역 구조[6]

---

6 참고 : 국토교통부 항공교통본부. http://www.molit.go.kr/atmo

제공하는 항공교통 업무에 따른 공역의 구분

구분		내용
관제공역	A등급 공역	모든 항공기가 계기비행을 해야 하는 공역
	B등급 공역	계기비행 및 시계비행을 하는 항공기가 비행 가능하고, 모든 항공기에 분리를 포함한 항공교통관제 업무가 제공되는 공역
	C등급 공역	모든 항공기에 항공교통관제 업무가 제공되나, 시계비행을 하는 항공기 간에는 비행정보 업무만 제공되는 공역
	D등급 공역	모든 항공기에 항공교통관제 업무가 제공되나, 계기비행을 하는 항공기와 시계비행을 하는 항공기 및 시계비행을 하는 항공기 간에는 비행정보 업무만 제공되는 공역
	E등급 공역	계기비행을 하는 항공기에 항공교통관제 업무가 제공되고, 시계비행을 하는 항공기에 비행정보 업무가 제공되는 공역
비관제공역	G등급 공역	모든 항공기에 비행정보 업무만 제공되는 공역

사용 목적에 따른 공역의 구분

구분		내용
관제공역	관제권	항공법 제2조 제19호에 따른 공역으로서 비행정보구역 내의 B, C 또는 D 등급 공역 중에서 시계 및 계기비행을 하는 항공기에 대해 항공교통관제 업무를 제공하는 공역
	관제구	항공법 제2조 제20호에 따른 공역(항공로 및 접근관제구역 포함)으로서 비행정보구역 내의 A, B, C, D 및 E 등급 공역에서 시계 및 계기비행을 하는 항공기에 대해 항공교통관제 업무를 제공하는 공역
비관제공역	조언구역	항공교통정보조언 업무가 제공되도록 지정된 비관제공역
	정보구역	비행정보 업무가 제공되도록 지정된 비관제공역
통제공역	비행금지구역	안전, 국방상 그 밖의 이유로 항공기의 비행을 금지하는 공역
	비행제한구역	항공사격 · 대공사격 등으로 인한 위험으로부터 항공기의 안전을 보호하거나 그 밖의 이유로 비행허가를 받지 아니한 항공기의 비행을 제한하는 공역
	초경량 비행장치 비행제한구역	초경량 비행장치의 비행 안전을 확보하기 위해 초경량 비행장치의 비행 활동에 대한 제한이 필요한 공역
주의공역	훈련구역	민간 항공기의 훈련 공역으로서 계기비행 항공기로부터 분리를 유지할 필요가 있는 공역
	군작전구역	군사작전을 위해 설정된 공역으로서 계기비행 항공기로부터 분리를 유지할 필요가 있는 공역
	위험구역	항공기 비행 시 항공기 또는 지상 시설물에 대한 위험이 예상되는 공역
	경계구역	대규모 조종사 훈련이나 비정상 형태의 항공 활동이 수행되는 공역

2 공역 등급의 사용 : 미국과 독일

각국의 항공 당국은 ICAO 분류를 자국의 영공 설계에 어떻게 사용할 것인지를 결정한다. 일부 국가는 ICAO 표준화 이전에 존재했던 영공 규칙과 항공교통 서비스에 맞게 규칙을 약간 수정했다.

다음 그림에서 보듯이, 미국의 영공 분할구조는 독일과 다르다. 일반적인 수직 구조는 G등급이 지상에 가깝고 그 위에 E등급이 있는 독일과 유사하다. 물론 해발고도(Mean Sea Level, MSL) 18,000피트부터 A등급과 비행고도(Flight Level, FL) 600부터 다시 E등급이 뒤따른다. 또한 공항 인근 구역에 D, C, B등급이 있다.

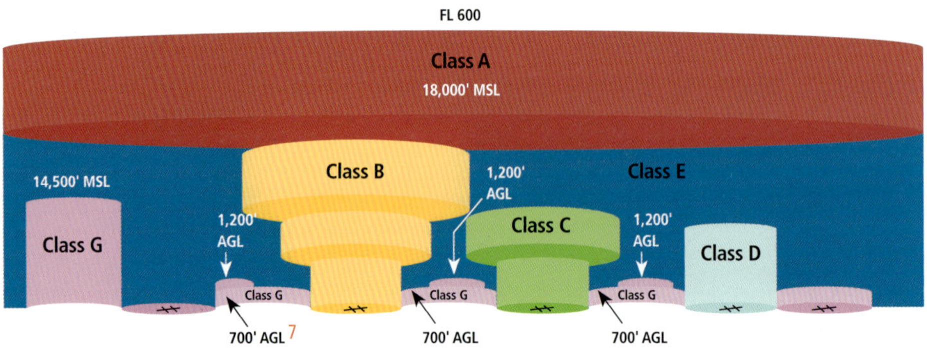

미국의 공역 구조[8]

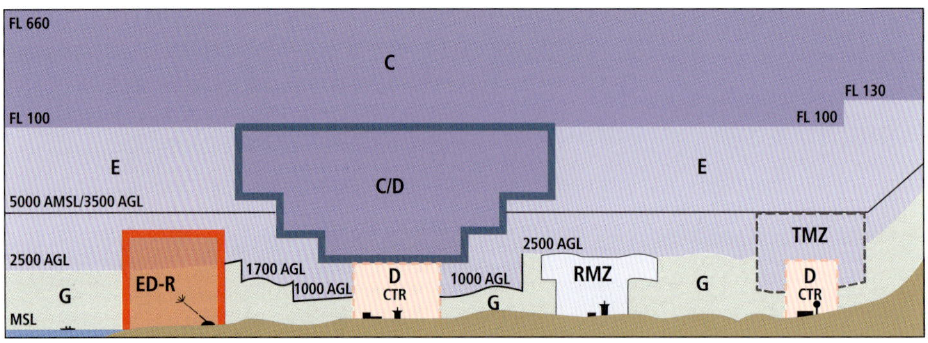

* ED-R : (Restricted) ED공역 제한(Depiction of Restnzted) CTR : 통제구역(Control Zone)
RMZ : 무선필수구역(Radio Mandatory Zone) TMZ : 트랜스폰더 필수구역(Transponder Mandatory Zone)

독일의 공역 구조[9]

7 AGL(Above Ground Level)은 지면 위의 고도 또는 해수면으로부터 측정되는 해면고도(MSL)와 달리 지표면으로부터 측정된 고도로, 절대고도와 의미가 같고 통상적으로 'AGL ㅇㅇ피트'로 표현된다.

8 참고 : https://www.pilotsofamerica.com/community/threads/class-g-and-e-airspace.82228/

9 참고 : © Philipp Fischer, CC BY-SA 3.0 <https://creativecommons.org/licenses/by-sa/3.0>, via Wikimedia Commons

A등급은 MSL 18,000피트와 FL 600 사이에 있으며, 계기비행 규칙(Instrument Flight Rules, IFR)[10]에만 사용할 수 있다. B등급은 약 30개의 대형 공항 주변에 있고 보통 지면에서 10,000피트까지 다양하며, 직경이 높을수록 더 많은 층들로 구성된다. 최상층은 일반적으로 직경이 30마일이다.

- 비행 면허는 필수 사항이다. 이 비행에 불필요한 경우에는 통과를 거부할 수 있다(예, B등급 구역에 있는 공항에 착륙). 이와 대조적으로, C와 D등급의 영공에서는 관제탑(Air Traffic Control, ATC)[11]과의 무선교신을 통해서만 접근할 수 있으며, 명시적인 진입 허가가 불필요하다.
- 스포츠 조종사 및 비행 학생(특수 면허만 해당)에게는 필요하지 않다. 즉, 최소한 자가용 조종사 자격증(Private Pilot License, PPL)이 필요하다.
- 전부가 아닌, 일부 B등급 공역에서는 시계비행(Special Visual Flight Rules, SVFR)이 금지된다.
- 관제탑은 시계비행에 대한 최소 시야각보다 3마일 앞서 시계비행 트래픽의 고도 및 경로를 제공하고, 조종사는 구름을 피해야 한다. 관제탑은 모든 항공기[IFR 및 VFR(Visual Flight Rules, 시계비행 규칙)]의 분리를 확약한다.

C등급은 대규모 공항 주변에 있는 구역이다. 일반적으로 직경 5마일, 높이 4,000피트, 직경 1,200피트에서 AGL 4,000피트까지 10마일인 이 코어를 둘러싼 링으로 구성된다. C등급(및 B등급에서는 VFR) 비행에도 개별 트랜스폰더[12] 코드가 할당된다. 즉, D등급 장비 외에 트랜스폰더가 더 필요하다. 최소 시야와 구름 간격은 영공

10 주변 가시거리가 넓은 상태에서 조종사가 직접 눈으로 주변 장애물을 인식하여 비행하는 시계비행 규칙(Visual Flight Rules, VFR)과 달리, 시야 환경이 충분하지 않은 날씨 상태에서 비행기에 탑재된 계기만을 이용하여 비행하도록 하는 방식이다. 전적으로 관제기관의 관제 업무를 제공받아 비행하므로 안전성 확보가 수월하여 모든 민간 항공기는 이 방식을 따르도록 규정하고 있다.

11 지상이동 혹은 비행 중인 항공기와 교신을 통해 항공기의 안전운항을 보장하고 이착륙을 통제하며 항공기 간의 충돌을 방지하는 등 안전한 비행을 유도하고 항공교통흐름을 유지하게 하는 항공교통관제 업무를 말한다. 항공교통관제의 기본 임무로는 비행기 이착륙 허가, 비행기 충돌 예방, 항로를 비행하는 비행기의 원활한 교통, 조종사에게 비행 관련 정보 제공 등이 있다.

12 트랜스폰더(Transponder)는 레이더 주파수에서 송신과 수신을 하는 것으로 대상 항공기의 트랜스폰더와 문의 및 답변 신호를 교환해 식별 정보를 획득하도록 되어 있다. 민간 분야에서 보조감시 레이더(SSR)와 군 분야 피아식별장치(IFF)는 점점 더 복잡해지고 있지만, 상호 호환성을 유지하고 있다. SSR은 더 많은 정보를 제공할 수 있고, 충돌 방지를 위해 항공기 간에 직접적으로 데이터를 교환할 수도 있다.

등급 E와 같다. ATC는 C등급에서 IFR–IFR 트래픽과 IFR–VFR 트래픽을 모두 분리한다.

D등급은 일반적으로 직경 5마일, 높이 2,500피트인 소규모 공항 주변지역이다. D등급에서는 (C, B, A등급에서처럼) ATC와 무선 연결이 필요하다. 즉, VFR을 위해 적어도 하나의 휴대용 무선 통신장치를 장착해야 한다. 최소 시야와 구름 간격은 영공 등급 E와 같다.

E등급은 독일에서 통제되는 영공과 같다. ATC와의 연락은 자발적이다. E등급의 VFR 트래픽은 최소 3마일 이상의 시야와 1,000피트 이상의 높이, 500피트 이하의 수평거리 및 2,000피트 이상의 구름에서 수평 거리를 유지해야 한다. MSL 1,000피트 이상이면 거리가 5마일의 시야와 1000피트–1000피트–1마일로 확대된다.

G등급과 E등급 사이의 경계는 매우 다양해서 관련 지도를 연구해야만 결정할 수 있다. E등급의 일반적인 시작 높이는 다음과 같다.

- 공식 계기비행이 가능한 공항 주변 지대의 땅
- IFR 비행 활주로 진입로에 필요한 AGL 700피트
- 항공로와 대도시 지역에 필요한 AGL 1,200피트
- 서부 주들의 일부 지역에서는 MSL 1,000피트에서 최대 12,000피트까지 개별적으로 매우 다양하다.
- 다른 규정에 의해 낮은 고도가 설정되어 있지 않다면 일반적으로 MSL 14,500피트

F등급은 미국에는 없다. 대신 공식 계기비행(IFR)[13]을 하는 공항에는 지상까지 이르는 영공 등급 E가 있다.

독일처럼 G등급은 VFR을 위한 통제가 없는 공역이지만 자체적인, 즉 항공교통관제의 지원이 없는 IFR 공역이기도 하다. 주간의 최소 VFR 시야는 MSL 10,000피트 아래 1마일(~1.6km)이며, 구름이 닿을 수 없다. 야간 및 MSL 10,000피트 이상에는

13 비행기의 조종석 앞과 옆에는 수십 개가 넘는 많은 계기나 스위치, 레버 등의 장치가 있다. 이들 계기는 비행기가 날고 있는 속도, 높이 및 상승 · 하강의 속도, 엔진의 회전수, 비행기 전후좌우의 기울기, 진행하고 있는 방위 등 비행기를 바르고 안전하게 비행시키기 위해 필요한 모든 정보를 제공한다. 특히 야간에 구름 속으로 들어갔을 때는 절대적으로 필요한 존재가 된다.

조종사 자격 면허(License)

- SPL(Student Pilot License) : 학생 조종사. 정식 조종사 면장이 없는 자에게 주어지는 비행실습 자격이다. 만 17세, 의료(신체) 3등급 충족, 항공무선통신증이 필요하다.
- PPL(Private Pilot License) : 자가용 조종사. 항공법상 40시간 비행시간 경력(단독비행 10시간 포함)을 채우면 시험에 응시할 수 있다. 출퇴근, 취미 등 자가 비행을 목적으로 교관 없이 혼자 비행기를 조종할 수는 있지만 시계비행만 가능하다.
- CPL(Commercial Pilot License) : 사업용 조종사(부조종사). 돈을 받고 비행하는 상업용 비행기를 조종할 수 있다. 비행시간 200시간 이상 되어야 응시 가능하다.
- ATPL(Airline Transport Pilot License) : 운송용 조종사(기장). 항공기 기장이 될 수 있는 면허로, 1500시간 비행시간을 갖추어야 응시할 수 있다.
- IR(Instrument Flight Rating) : 계기비행 증명. 계기비행, 즉 구름 속 비행, 안개 속 비행, 야간 비행 등 시정이 좋지 않은 기상 또는 조건에서 계기장비에만 의지하여 비행할 수 있는 자격으로, 자가용/사업용 조종사가 취득할 수 있다.

Type Rating(항공기 한정증명)

상업용 항공기 종류에 따라 요구되는 조종 자격으로, 항공기 유형(B737, A320, B777 등)의 항공기 한정증명을 각각 취득해야 해당 기종을 조종할 수 있다. 상업용 민간 항공기 대부분이 터보제트 항공기이기 때문에 이런 자격을 제트레이팅(Jet Rating)이라고도 한다. 즉, 조종사가 모든 일반적인 자격, 면허를 취득하고 가장 최후에 취득하는 자격이라 할 수 있다. 조종사가 항공사 사정에 따라 다른 기종을 조종해야 할 때는 기종 전환 심사를 통해 해당 항공기종 Type Rating을 취득해야 한다.

자가용 조종사	사업용 조종사	부조종사	운송용 조종사
종류/등급/형식 한정 계기비행 증명	종류/등급/형식 한정 계기비행 증명 조종교육 증명	종류/등급/형식 한정 (비행기만 해당)	종류/등급/형식 한정 계기비행 증명 조종교육 증명

조종사 자격 취득 3단계

참고 : https://airtravelinfo.kr/wiki

드론 잘못 날리면 체포돼요! 일본의 드론 항공법 규정

일본은 잇따른 드론 사고에 대처하기 위해 2015년 12월에 항공법을 개정했다. 이번 개정으로, 향후 항공법을 위반한 무인 항공기의 비행을 공식적으로 단속할 수 있는 근거를 마련했다고 할 수 있다.

드론(Drone), 무엇인가?

- 우리가 생각하는 일반적인 드론과 무선 조종 헬기는 어떻게 다를까? 그 차이를 정확히 알고 있는 사람은 많지 않다. 프로펠러가 2개 이상 있는 이른바 멀티콥터가 드론이라고 생각하는 사람이 많지만, 이것은 드론의 정의에서 보면 조금 다르다.
- 드론의 광의의 정의는 자동으로 무선 조종하는 비행 물체이다. 협의의 정의는 이 정의에 추가하여, GPS 등으로 자동 조종에 의해 자율 비행을 할 수 있는 것이다.
- 일본에서 최근 개정한 항공법은 무인 항공기를 대상으로 하므로 무선 조종 헬기도 위반할 경우 처벌의 대상이 된다.

드론의 비행 가능 구역

공항 등 주변

- 공항과 헬기장 등의 주변에 설정된 진입(進入) 표면, 전이(轉移) 표면 또는 수평 표면 또는 연장 진입 표면, 원추 표면 또는 외부 수평 표면 상공의 공역, 공항 등 주변으로 설정되는 진입 표면 등은 도쿄 나리타 · 중부 · 칸사이 국제공항 및 정령으로 정하는 공항에서는 대체로 24km 이내, 다른 공항에서도 대체로 6km 이내의 범위에서 설정된다.
- 공항(병원 헬리포트 등 포함)은 원칙적으로 비행이 금지된다.
- 공항의 규모 등에 따라 범위가 다르다.

150m 이상 높이의 공역

지표 또는 수면으로부터 150m 이상은 헬리콥터 등의 비행공역이므로 원칙적으로 무인 비행기의 비행이 금지된다.

인구 밀집 지역 상공

- 인구 밀집 지역은 인구조사 결과에 따라 결정된다. 예컨대 도쿄 23구 전역이 인구 밀집 지역으로 지정되었다.
- 민가가 있는 장소에서도 주의가 필요하다.

드론의 비행 방법

이번 규제에는 비행 방법(비행하면 안 되는 장소 등)도 정해졌다.

- 낮(일출에서 일몰까지)에 비행할 것 : 육안 범위 내에서 무인 항공기와 그 주위를 상시 감시하며 비행할 것
- 사람 또는 물건(제삼자의 건물, 자동차 등) 사이에 30m 이상의 거리를 유지하며 비행할 것
- 제례, 축제 등 다수의 사람이 모이는 행사의 상공에서 비행하지 않을 것
- 폭발물 등 위험물을 운송하지 않을 것
- 무인 항공기에서 물건을 투하하지 않을 것

이번에 개정된 일본의 항공법을 위반한 경우 60만 엔 이하의 처벌을 받을 수 있다. 규제 범위 내에서 비행이 필요한 경우, 예컨대 항공법의 규정 범위 내에서 무인 항공기 등의 무인 비행기를 날리고 싶은 경우에는 비행일을 기준으로 10일 전에 사전 신청을 해야 한다.

참고 : 일본 개정법. http://www.mlit.go.jp/koku/koku_tk10_000003.html
한국 공역. https://molit.go.kr/atmo/USR/WPGE0201/m_37007/DTL.jsp

몇 가지 특정 규칙이 있는 E등급과 동일한 조건들이 적용된다.

3. 항법지원시설(Navigational Aids, NAVAID)

3.1 항공교통관제 시스템(Air Traffic Control System, ATC System)

항공기가 이륙하면 공항에 설치된 항로 레이더가 항공기 감시를 시작한다. 이러한 공항 감시 레이더가 일차 감시 레이더(Primary Surveillance Radar, PSR)와 이차 감시 레이더(Secondary Surveillance Radar, SSR)이다. 공항 감시 레이더(PSR/SSR)는 공항 및 주변 공역의 항공기 위치와 고도, 거리를 파악하는 항행안전시설[14]이다. 이를 통해 감지된 항공기 정보는 항공기 이착륙 및 안전관리를 위해 활용된다.

PSR은 항공기의 거리와 방향을 탐지하고 이러한 데이터는 제어실에 설치된 표시장치에 표시된다. 즉, PSR 데이터를 통해 시스템은 비행기를 점으로 표시한다.[15] SSR은 송신기와 수신기로 구성된 인트로게이터(Introgator, 질문기)와 트랜스폰더(Transponder, 응답기)를 사용하여 거리와 방위로 항공기의 위치를 결정하는 감시 레이더 시스템이다.

항공기 안전에는 비행 위치에 대한 정확한 정보가 필수이다. 필요한 데이터는 VOR(초단파 전방향 무선표지) 및 DME(거리측정장치)로 제시된다. VOR은 초단파(VHF, 108.0~117.95MHz) 대역 주파수를 이용한다. 장파(LF)나 중파(MF)를 사용하는 NDB(무지향성 표지)[16]와 달리, VOR의 신호는 직진성이 크며 공중파의 성격이 있다. 그래서 정확도가 높고, 번개나 강수로 인한 신호 오차가 없다는 장점이 있다. 반면 신호를 수신하려면 VOR의 가시거리(Line-of-Sight) 내에 있어야 해서 통달거리가 약 200NM(370km) 정도로 비교적 짧다는 단점이 있다. 일반적으로 DME와 결합

---

14 관련 규정 : https://www.law.go.kr/LSW/admRulLsInfoP.do?admRulSeq=2000000011774

15 참고 : https://kkckc.tistory.com/167

16 NDB(Non-directional Beacon)는 항공기에 탑재된 DF(Direction Finder, 방향탐지기) 또는 ADF(Automatic Direction Finder, 자동 방향탐지기)에 신호를 보낸다. ADF 계기는 항공기 헤딩(기수 방위)과 NDB가 있을 방향의 각도 차이를 나타낸다. NDB는 저파(400 또는 1020Hz)와 중파(190~535kHz)를 사용하여(보통 200~415kHz) 모스 부호로 코드화된 세 문자 식별부호를 전송한다. 콤파스 로케이터는 무선 비컨이 ILS 마커 대용으로 활용되며, 음성송신이 없을 때는 송신소 등급부호 다음에 'W'자가 표기된다. 가격이 저렴해서 소규모 공항에서는 아직도 사용되지만 급속히 GPS로 교체되고 있다.

된 VOR/DME가 구축되기도 하는데, 이는 해당 VOR로부터 방위 외에 거리 정보도 알 수 있는 편리함이 있다. VOR과 DME 덕분에 각 항공기는 계획대로 항로 비행을 할 수 있다.

3.2 계기착륙장치(Instrument Landing System, ILS)[17]

항공기의 안전운항에 걸림돌이 되는 기상현상에는 여러 종류가 있다. 비, 안개도 그에 속하는데, 특히 지면의 공항 근처 안개는 시정을 나쁘게 해서 항공기의 이착륙을 힘들게 만든다. 이처럼 안개, 비 등으로 기상이 안 좋은 상태에서 항공기가 안전하게 운항할 수 있도록 도와주는 시설이 항행안전시설[18]이다.

특히 계기착륙장치(ILS)는 착륙 시 조종사가 계기만 보고도 항공기를 안전하게 착륙시킬 수 있게 하는 착륙유도장치이다. 계기착륙장치는 세 가지 정보(유도정보, 거리정보, 시각정보)를 제공한다.

- 유도정보 : 방위각 제공시설(Localizer, LOC)/활공각 제공시설(Glideslope/Glide Path, GP)
- 거리정보 : 마커비컨(Markerbeacon), 거리측정시설(Distance Measuring Equipment, DME)
- 시각정보 : 접근 등화, 접지 등화, 활주로 등화, 활주로 중심선 등

1 방위각 제공시설

항공기에 전파로 착륙방향(활주로 중심선)을 제공하는 시설로 108.1~111.9MHz의 주파수를 사용한다. 활주로에 진입하는 항공기를 기준으로 왼쪽으로 90Hz, 오른쪽으로 150Hz의 변조 주파수를 송출하여 두 신호의 Difference in depth of modulation (모듈레이션 깊이의 차이) 값이 0을 지시하는 경로가 활주로의 중앙선이 된다.

17 참고 : https://www.airtravelinfo.kr/wiki

18 항공법 제2조 제17호, "유선통신, 무선통신, 불빛, 색채 또는 형상을 이용하여 항공기의 항행을 돕기 위한 시설"

2 활공각 제공시설

활주로의 좌우 정렬을 로컬라이저로 맞추면, 항공기의 진입 각도를 알려주는 것이 바로 활공각 제공시설이다. 로컬라이저처럼 90Hz와 150Hz로 변조된 주파수로 적정 착륙각도인 3도의 활공각 정보를 제공한다.

3 마커비컨

이것은 활주로가 임박했음을 지시한다. 외측 마커비컨(OM), 중간 마커비컨(MM), 내측 마커비컨(IM)으로 이루어지며, MM, OM 대신 DME로도 운영 가능하다. 활주로 중심선 연장선상의 일정 지점에 설치하여 착륙하는 항공기에 수직상공으로 약 3와트의 출력으로 역원추형의 VHF 전파를 발사함으로써 비행기가 마커비컨을 통과할 때의 통과지점 위치정보를 제공하여 활주로의 임박을 알려준다.

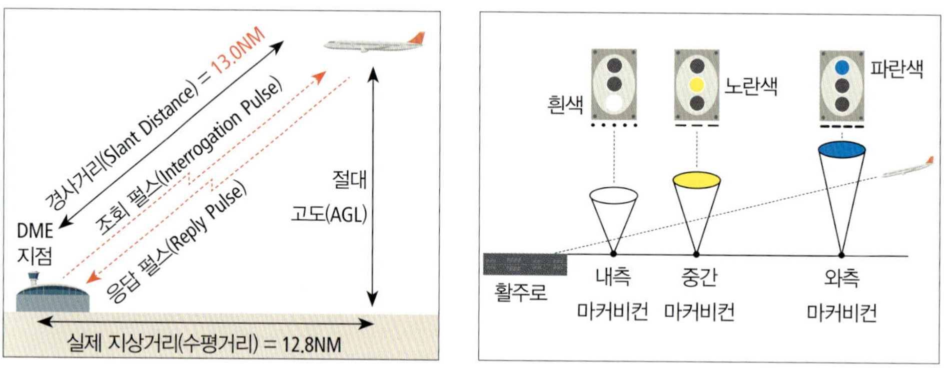

DME 경사 범위 거리(좌)와 마커비컨(우)[19]

4 거리측정시설(DME)

항행 중인 항공기에 DME 설치지점부터 항공기까지의 거리정보를 숫자로 제공하여 항로 비행 및 이착륙에 이용한다. 전파의 속도는 빛의 속도와 같아서 일정 지점으로 전파를 보내 돌아오는 데 걸리는 시간을 2로 나누고 이것을 다시 빛의 속도로 곱하면 일정 지점까지의 거리를 구할 수 있다. 이런 원리를 이용하여 거리를 측정하는 장치이다.

19 참고 : https://www.cfinotebook.net/notebook/avionics-and-instruments/distance-measuring-equipment

3.3 접근등(Lighting)

기계착륙장치(ILS)의 하나로 진입등이라고도 한다. 접근등은 운항 승무원이 착륙에 필요한 올바른 방향, 거리, 활공각을 유지하고 있는지 시각적인 정보를 제공한다. 일반적으로 ILS를 이용하여 착륙하는 것은 두 단계로 나눌 수 있다. 첫 단계는 전파 유도를 이용하여 계기 접근을 하는 것이고, 다음 단계는 활주로의 상황을 육안으로 보고 안전하게 접근하는 단계이다. ILS가 무조건 활주로에 정확하게 유도해주는 것은 아니다. 주변 지형지물 조건 등으로 살짝 뒤틀릴 수도 있고, 활주로에 뭐가 있는지 전파 유도로는 알 수 없으므로 결국 최종 접근 단계에서는 운항 승무원이 육안으로 활주로를 확인해야 하고, 활주로를 육안으로 확인할 수 없으면 착륙 절차를 중단해야 한다.

조종사들이 착륙 중에 중요하게 보는 것은 VASI(Visual Approach Slope Indicator, 진입각 지시기)[20] 라이트이다. 보통 흰색 혹은 빨간색이 들어오는 2개의 라이트로 구성되며, 흰색/빨간색일 때가 적절한 진입각도이다(항공기의 적정 진입각은 3°). PAPI(Precision Approach Path Indicator, 정밀 진입각 지시등)의 경우는 4개의 라이트로 구성된다. 3~4개가 흰색으로 점등됐을 경우 글라이드슬로프에서 높고, 3~4개가 빨간색으로 점등됐을 경우 글라이드슬로프에서 낮은 것이다. 흰색 둘, 빨간색 둘일 때가 가장 적절한 진입각도임을 나타낸다.[21]

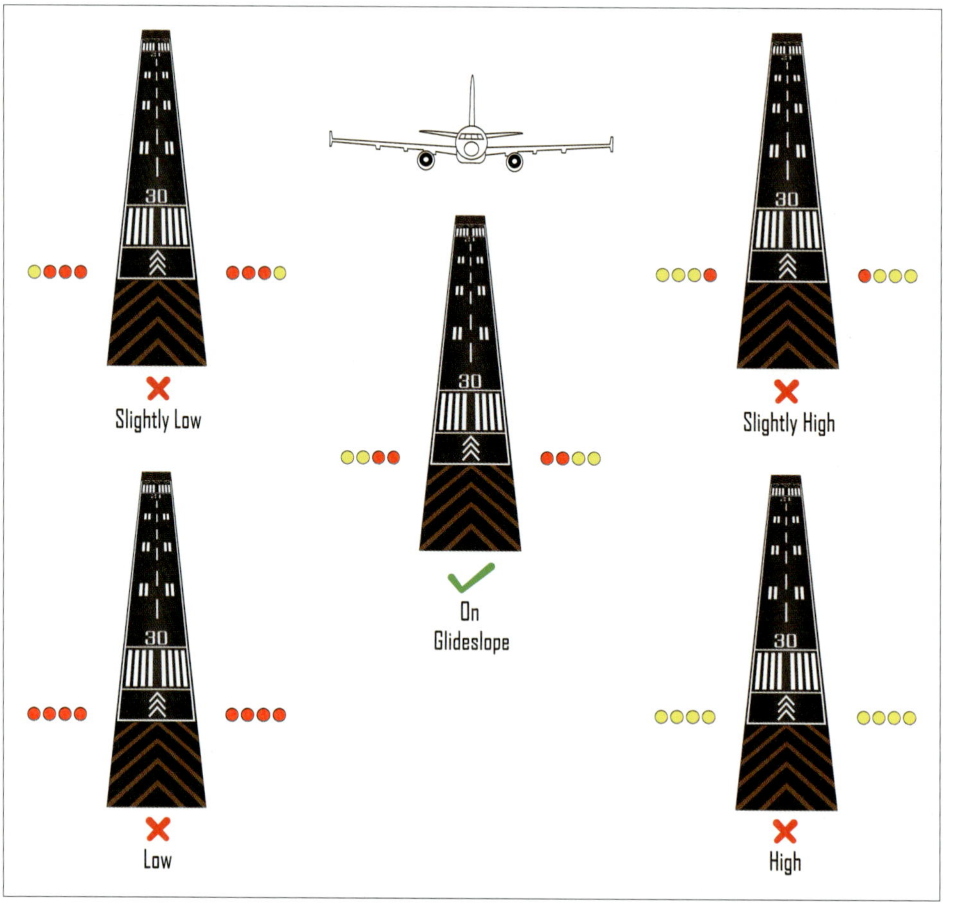

PAPI의 진입각 표시

---

20 VASI는 활주로 가까이까지 폭이 넓은 각을 유지하기 위해 60m(200ft) 이하에서는 충분한 정밀도를 얻을 수 없고 안개가 끼거나 역광에서 진입할 때는 색의 콘트라스트 부족 등 단점이 있어, 1995년 ICAO 부속서(14, Volume 1, Chapter 5)에서 삭제되고, 정밀도가 더 높은 PAPI로 대체됐다.

21 참고 : https://blog.daum.net/nbhee60/149

3.4 공항의 활주로와 유도로 표지판[22]

ILS 임계영역 고정위치 표지
ILS가 사용 중일 때 항공교통관제소는 항공기가 ILS 신호를 방해하지 않도록 이 표지판을 고정할 수 있다.

활주로 접근보류구역 위치 표지
활주로 운영에 방해가 되지 않도록 활주로를 건널 때까지 이 표지판을 유지해야 한다.

유도로 위치 표지
이 표지판은 해당 비행기가 어느 유도로를 타고 있는지 나타낸다. 방향 또는 위치 표지판 옆에 게시할 수 있다.

활주로 위치 표지
활주로에 진입할 때까지 이 표지판을 잡고 있어야 한다. 이 예에서 활주로 14 threshold는 좌측, 활주로 32 threshold는 우측에 있다.

목적지 표지 및 위치 표지
이 표지는 현재 위치와 다른 유도로의 방향을 나타낸다. 이 예에서는 유도로 알파에 있다. 유도로 찰리(C)는 오른쪽에서 왼쪽으로 지나가고, 알파(A)는 오른쪽으로 계속 전진한다.

아웃바운드 목적지 표지
이 표지는 일반 유도 경로의 방향을 나타낸다. 이 예에서 27 활주로와 33 활주로가 오른쪽에 있다. 가운데 점은 표지판에 표시된 목적지를 구분한다.

인바운드 목적지 표지
이 표지판은 조종사를 공항의 목적지로 안내한다. 이 예는 군사 시설이 오른쪽에 있음을 나타낸다.

활주로 경계 표지
이 표지판은 활주로를 향하고 있으며, 활주로에서 나가는 조종사가 볼 수 있다. 이 표지판을 지나서 유도로를 타면 활주로에서 벗어나게 된다.

유도로 종료 마커
이 표지판은 유도로가 끝남을 나타내며, 교차로의 맨 끝에 위치한다.

폐쇄 활주로 및 유도로 표지
영구 폐쇄된 활주로의 양쪽 끝에 1,000피트 간격으로 위치한다. 이 표지는 폐쇄된 유도로 입구에도 표시된다.

활주로 출구방향 표지
활주로에 있는 동안 이 표지판은 접근 유도로를 나타낸다. 이 예에서 유도로 브라보(B)는 왼쪽으로 접근한다.

---

22 참고 : https://simhq.com/forum/ubbthreads.php/topics/3521578/taxiway-markings-and-signs

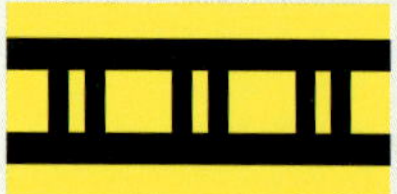

ILS 임계영역 경계 표지

이 표지는 ILS 영역에서 안전하게 벗어나는 때를 나타낸다. ILS 고정위치 표지 바로 옆에 있다. ILS 접근방식을 사용하는 동안, 유도로에서 정지하기 전에 표지판을 지나 유도로를 탄다.

현 표지션과 위치 표지

이 예에서 사용자는 유도로 알파에 있다. 활주로 5–23은 사용자의 위치에 수직으로 지나가고, 활주로 9–27은 사용자의 위치 앞 왼쪽에서 시작하여 사용자의 위치 뒤 오른쪽으로 지나간다.

활주로 위치 표지

이 표지판은 항공기가 위치한 활주로를 나타낸다.

CHAPTER

08

공항과 환경

1. 공항과 환경의 관계

공항과 항공은 긴밀히 영향을 주고받는 관계에 있다. 공항과 항공의 부정적 영향에는 토지 수용, 소음, 대기 변화, 물 사용, 지역사회의 사회구조에 미치는 영향 등이 있다. 그리고 긍정적 영향은 직간접 고용, 비행하는 사람들에게 주는 사회적, 경제적 혜택이 있다. 이러한 영향을 미치는 요인은 다음과 같다.

- 공항 및 관련 프로젝트의 건설과 운영, 예컨대 활주로 이전 시 폐쇄 가능
- 공항터미널 및 지상 운영, 항공편, 공항 접근(차량, 버스, 기차, 주차 등) 및 호텔과 공항 관련 사무실 개발 등에 관한 프로젝트

다음 그림은 공항이 미치는 부정적 영향인 공항의 오염 관계를 정리한 것이다.

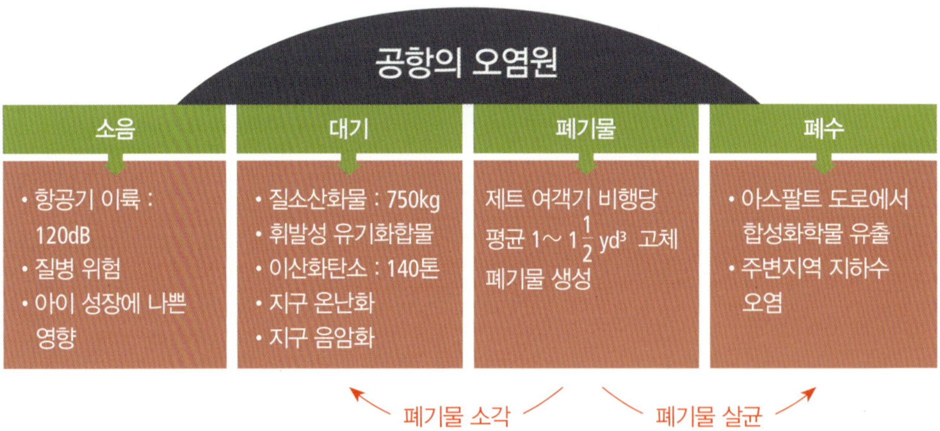

공항은 최첨단 기술이 융합된 항공운송 서비스가 제공되고 다양한 경제 활동이 수행되는 국가 주요 시설이다. 또한 세계적으로 인적, 물적 교류가 가속화되면서 한 국가나 도시의 상징적 관문 역할까지 하고 있다. 항공운송 수요가 폭발적으로 증가하고 항공기도 대형화됨에 따라 공항의 기능과 역할은 한층 더 다양하고 복합적으로 진화하고 있다.

이러한 공항의 역할을 하려면 공항의 토지이용 및 환경관리도 간과할 수 없는 분야라 할 수 있다. 특히 공항 운영 시에는 항공 안전성을 제고하기 위한 시설적 측면

외에 경제적 효율성 측면도 함께 고려해야 하므로, 경제적으로 비용의 최소화, 토지 효율의 극대화, 공항 환경관리 업무의 표준화 등은 매우 중요하다고 할 수 있다.

2. 국내외 관련 규정

공항 환경과 관련된 규정은 국내의 경우, 항공법, 소음 · 진동규제법, 환경정책기본법, 환경영향평가법, 수질 및 수생태계보전에 관한 법률, 대기환경보호법, 하수도법, 폐기물관리법 및 토양환경보전법, 공항소음방지 및 소음대책지역 지원에 관한 법률에 명시됐다. 그리고 공항안전운영기준, 항공기 소음피해지역 및 소음피해 예상 지역의 방음시설 설치기준 및 공동이용시설 지원 대상, 항공기 제 · 방빙장 환경관리 지침, 항공기 소음측정업무 매뉴얼, 공항환경관리계획에도 언급됐다.[1]

공항 토지이용 계획은 장애물 제한지역 및 향후 공항개발 계획 등 공항의 요구사항을 제공하며, 소음으로부터 떨어진 곳에 주거지역을 배치하는 등 다음의 방법으로 환경과 공공사회에 미치는 피해를 최소화해야 한다.

- 공항 토지이용을 관리하는 방법에는 종합계획 수립 및 소음역 설정 등의 계획 방법과 건축 법규, 소음차단 계획 및 차음벽 설치 등의 소음경감 방법, 그리고 소음부담금 부과 등의 재정 방법이 있다.
- 공항 주변지역은 항공기 사고의 위험에 노출되므로, 외국에서는 토지이용 계획 시 '공항 주변의 제3자의 위험성 평가'를 수행한다.
- 자연 지형은 공항을 소음문제로부터 보호하고 아름다운 경관을 제공할 수 있지만, 공항 주변의 강이나 호수 및 습지 등의 존재는 조류 유인문제를 유발할 수 있으므로 조류문제를 최소화하도록 계획해야 한다.
- 주거용, 학교 및 병원 등과 같은 시설은 항공기 사고의 잠재위험 요소와 공항소음 등을 충분히 고려하여 계획 및 배치할 필요가 있다. 실내소음 기준은 「항공기 소음피해지역의 방음시설 설치기준 및 공동이용시설 지원 대상」과 「주택

1 국외 관련 규정 사례 : 국제민간 항공기구의 ICAO 부속서 14 매뉴얼, ICAO Circular 205, FAA AC150-5320-14(소음 통제를 위한 공항 조경), FAA AC 150-5020-1(공항의 소음 제어 및 호환성 계획), ISO(International Organization for Standardization) 14001.

건설기준 등에 관한 규정」에 따른다.

- 「항공법 시행규칙」 제274조(소음영향도에 따른 시설물의 설치제한 등)에서 공항 주변의 시설물 설치제한과 시설물 용도제한을 규정하므로 이를 기준으로 토지이용 계획을 수립해야 한다.
- 항공기 소음 평가는 「항공법 시행규칙」 제273조(소음영향도 산정방법)를 기준으로 하되, 항공법에 명시되지 않은 소음영향도 및 소음 등고선도 산출을 위한 세부적인 방법들은 「항공기 소음측정 업무지침(국토해양부 예규 제36호)」을 참고해야 한다.
- 공항과 그 주변에서 발생하는 환경오염은 인접지역 외에 주변지역에도 영향을 미친다. 이는 인간의 건강 및 주변지역 생태환경에 영향을 미칠 수 있으므로 공항의 환경관리가 필요하다.
- 공항 내 석유류 등 저장시설의 기름 유출, 항공기 등의 폐윤활유 유출 및 공사 투입장비의 오일 교환 시 유출 등으로 토양오염이 발생할 수 있으므로 「토양환경보전법」에 따라 검사 · 관리되어야 한다.
- 공항에서의 비점오염원은 항공기와 공항 제설지역의 강우 유출수이며, 「수질 및 수생태계 보전에 관한 법률」에 따라 비오염 저감시설의 설치 및 관리가 필요하다.
- 항공기 엔진의 효율성 개선을 통한 항공기 엔진 배기가스의 관리 및 지상 조업장비의 대체연료 사용이 필요하고, 「대기환경보전법」에 따라 세부적으로 규제 · 관리되어야 한다.
- 공항은 불특정 다수인이 이용하는 다중이용시설로, 그 시설을 이용하는 국민의 건강을 보호하고 환경상의 위해를 예방해야 하며, 「다중이용시설 등의 실내공기질관리법」에 따라 미세먼지, 이산화탄소, 이산화질소 등을 관리해야 한다.
- 공항에서 사용된 물, 누유된 항공기 연료 및 제 · 방빙액 등은 지하수나 근처 강물을 오염시키지 않도록 오염물질이 배출되기 전에 「수질 및 수생태계 보전에 관한 법률」에서 규정한 배출기준 이하로 관리되어야 한다.

따라서 공항의 토지이용은 주변 지역사회의 안전 및 공항 운영 안전에 영향을 미치게 된다. 항공기 소음은 공항 주변 토지이용 개발에 영향을 미칠 수 있는 공항 환경의 주요 문제이기 때문에, 여러 가지의 항공기 소음 노출에 대한 상대적 민감성의 폭넓은 인식과 함께 가능한 토지이용을 보여준다. 따라서 항공기 소음과 공항 운영에 대한 적합성과 부적합성도 함께 살펴야 한다.

공항과 그 주변에서 발생하는 공해는 인접지역뿐 아니라 주변지역에도 영향을 미친다. 이는 인간의 건강 및 주변지역 생태환경에 영향을 미칠 수 있으므로 환경오염을 예방하기 위한 노력을 기울여 환경오염의 원천을 감소시키고 환경에 미치는 부정적 영향을 줄이는 수단을 제공하고 대기 및 수질에 대한 지침, 항공기 소음제한, 폐기물 처리, 환경 비상사태 계획, 환경관리 계획을 수립할 필요가 있다.

3. 항공 환경의 영향

3.1 기후변화

항공기는 비행의 여러 단계에 걸쳐 다양한 온실가스를 배출한다. 항공기는 높은 대기 중으로 직접 가스를 배출한다는 점에서 상당히 독특하다. 고도에서 배출될 때는 동일한 가스가 지상에서 배출될 때와 매우 다른 영향을 미칠 수 있다. 과학적 증거에 의하면, 온실가스는 기후변화에 강한 영향을 미친다.

온실가스는 대기권 전역을 이동하므로 국제적 경계가 없다. 즉 배출물이 어디에서 배출됐든 상관없이 국제적 이슈가 된다. 수많은 가스가 기후변화에 영향을 미친다. 이산화탄소(CO_2)는 일반적으로 가장 심각한 문제가 되는 온실가스로 간주된다. 온실가스는 수명주기가 길고 지구 온난화를 앞당기는 주된 요인이다. 항공 분야에서는 주로 엔진에서 탄소가 풍부한 '화석연료'를 태워 이산화탄소가 발생한다. 그 외 항공기에서 방출되는 가스로는 다음을 들 수 있다.

- 질소산화물(NOx)
- 오존(O_3) : NOx와 햇빛에 반응하여 생성됨[그을음(Soot)과 에어로졸]
- 수증기 : 비행운(雲)(Contrail) 또는 인공 구름

1 기후변화 정책

영국에서는 에너지 · 기후변화부(DECC)가 2008년 기후변화법에 따른 영국 정부의 약속을 이행하는 책임을 맡고 있다. 이 법에 따라 영국은 2050년까지 1990년 수준에

서 온실가스 배출량의 80%를 감축해야 한다. 이는 항공에 국한되지 않고 모든 분야에 적용된다.

국제적으로 ICAO는 2020년부터 항공 분야에서 탄소중립성 성장을 달성하고 2050년까지 매년 2%의 배출량 개선 목표에 합의했다. 이는 기술 개선, 운용절차 개선, 대체연료 사용 및 글로벌 시장 기반 조치(측정)의 도입 등을 조합하여 달성될 것이다. ICAO 총회는 결의안 A38-18을 통해 국제시장 기반의 국제 항공운행 계획을 개발하기로 합의했다.

2 항공의 이산화탄소 배출에 기여하는 요인

비행으로 인한 CO_2 배출량에 영향을 미치는 요인은 많다. 그중 일부는 항공사의 통제하에 있고, 일부는 공항과 규제기관의 통제나 영향을 받을 수 있으며, 일부는 날씨와 관련이 있다. 주요 요인에는 다음이 있다.

- 항공기 유형
- 비행 프로필 및 거리

항공기는 여러 비행 단계에서 연료를 연소시키고 비율도 달리하여 방출하는데, 비행 단계는 대략 다음과 같이 분류할 수 있다.

- 이륙 고도에서 크루즈 고도 : 이 단계에서는 항공기가 순항고도까지 상승하는데 필요한 동력 때문에 연료 연소율이 더 높다. 더 낮은 고도에서 공기는 밀도가 높아 항공기에 더 많은 드래그(Drag, 항력)를 발생시킨다. 항공기는 이 단계에서 여정에 필요한 모든 연료를 보유하고 있으므로 가장 무겁다.
- 크루즈 고도 : 공기 밀도가 떨어지고 항공기가 가장 효율적인 운항 속도로 비행하기 때문에 연비가 가장 좋은 비행 단계이다.
- 착륙 : 이 단계에서 항공기는 연료 부하의 대부분을 소비하므로 가장 가볍다. 또한 항공기가 하강 중이므로 운항 개시시점보다 배기가스 배출량이 상대적으로 더 적어진다.
- 효율성과 거리 : 여정 시작 시 배출량이 높으므로 고배출 단계에서 전체 비행의 많은 부분을 소비하는 단거리 비행은 가장 비효율적인 것으로 간주된다. 이

들 항공기는 하루 동안 더 많은 짧은 비행을 할 가능성이 높으며, 장거리 항로보다 이륙과 상승 단계에서 더 많은 시간을 보낼 것이다.

장거리 여정은 대체로 가장 비효율적인 유형의 비행이다. 비록 항공기가 가장 효율적인 순항고도에서 오랜 시간을 보내더라도, 항공기는 장거리를 운항하기 위해 더 많은 연료를 운반해야 하고, 이 여분의 무게 때문에 연료가 더 많이 소모되기 때문이다.

이에 근거하면, 2,000~5,000km의 중거리 비행이 가장 연료 효율이 높아 1km당 가장 낮은 배출량을 방출하는 것으로 알려져 있다.

항공기 무게

항공기가 가벼울수록 연료를 덜 소모한다. 따라서 항공기의 불필요한 무게를 줄이면 (연료비 외에) CO_2 배출량을 줄일 수 있다. 항공사들은 항상 항공기 무게를 줄일 방안을 모색하는데, 이런 조치 방안들 중에는 경량 페인트 사용, 기내 잡지 제거, 기내 케이터링용 트롤리 사용, 수하물 허용량 감소 등이 있다.

비행당 배출 저감 수준은 미미하다. 그러나 이 모든 조치가 영국에서 미국으로 매일 왕복하는 보잉 747기 1대에 취해진다면, 연간 456.2톤의 CO_2를 절약할 수 있다고 한다. 그것은 대략 영국 거주자 45명의 평균 국내 탄소 발자국(온실 효과를 유발하는 이산화탄소의 배출량)과 거의 맞먹는다.

운영절차

항공기와 지상의 운항절차를 변경하면 연소되는 연료량과 그에 따라 배출되는 CO_2 양을 줄일 수 있다. 연속 상승 운항과 연속 강하 운항은 순항고도에서 더 효율적으로 오르거나 내려가는 것을 목표로 한다. 자동차와 마찬가지로 완만한 가속과 감속은 연료 소비를 줄이므로, 속도 변화가 적은 더 완만하고 꾸준한 상승은 항공기 연료 소모를 줄인다. 하강에도 유사한 원리가 적용되는데, 하강이 더 일찍 시작되면 제동과 재가속의 필요가 준다.

차세대 바이오 연료 사용

기존의 제트 연료는 디젤이나 가솔린과 같은 여타 도로교통 연료와 마찬가지로 화석 연료를 기반으로 하는데, 탄소 함량이 높아서 CO_2를 많이 배출한다. 그동안 항공업계는 식물성장 과정에서 흡수되는 탄소를 감안하여 전체적인 CO_2 배출량을 줄이는 바이오 연료(식물 등 유기물질에서 추출한 연료) 등 대안을 검토해왔다.

바이오 연료 개발의 초기에는 일반적으로 연료를 추출하기 위해 작물을 재배했다. 그러나 토지이용 변화, 식량 농작물 및 물 공급의 경쟁으로 인해 이 접근법이 환경적으로 비생산적이라고 인식하여 폐기물 자원에서 바이오 연료를 생산하는 방안을 찾고 있다.

날씨

날씨는 다음과 같은 이유에서 비행이 환경에 미치는 영향을 악화하거나 개선할 수 있다.

- 순풍은 이산화탄소 배출량을 줄이는 데 도움이 되지만, 역풍 시에는 더 많은 연료를 태워야 하므로 배출량이 증가한다.
- 눈, 강풍 또는 안개 같은 악천후는 항공기가 지상에서 공회전하거나 항공기 배기가스를 증가시키는 스택(Stack)을 유발하여 이착륙을 지연시킬 수 있다.
- 대기온도는 엔진성능과 이륙에 필요한 속도에 민감한 영향을 미친다. 기온이 높으면 대기의 밀도가 낮아져서 항공기를 들어 올리는 양력이 작아지므로, 항공기에 적재할 수 있는 하중이 줄어들고, 이륙 속도를 더 높여야 한다.
- 간접적으로 환경에 미치는 영향은 장기간의 추운 날씨에 사용해야 하는 제빙액 양의 증가 등 악천후로 발생할 수도 있다.

항공업계는 전체적으로 배출량 감소 외에 효율 증대도 도모한다. 환경 측면에서 이는 승객당 또는 운반되는 화물 톤당 배출량을 줄이는 것을 의미한다. 승객은 항공기 총중량에서 차지하는 비율이 비교적 작다. 그러나 배출량은 더 많은 사람들 간에 공유되기 때문에 더 많은 승객을 수송할 때 항공기 운항은 더 '효율적'이 된다.

3.2 소음 관리

항공기 소음은 항공기가 비행할 때 엔진의 작동 및 항공기 동체와 공기의 충돌 · 마찰로 발생한다. 또한 소음의 크기 및 주파수 특성 등은 항공기 기종과 사용하는 엔진 형식에 따라 그 특징이 바뀔 수 있다.

일반적인 항공기 소음의 특징은 고주파음이 많고, 음향출력이 크고, 지향성이 매우 강하며, 운항경로에 따라 영향지역이 광범해지며, 일반적인 소음 저감 대책을 수립하기가 어려운 것으로 알려져 있다. 따라서 항공기 제작사에서는 소음이 비교적 적게 발생하는 엔진을 개발하여 그동안 상당한 소음 저감이 이루어져 왔고, 최신 항공기는 40년 전 항공기에 비해 20dB 이상 조용해졌다.

항공기 엔진 기종에 따른 소음도[2]

국내선		국제선	
기종	소음도(dB)	기종	소음도(dB)
A321-100	91.40	A321-200	92.43
A300-600	96.07	A330-200	96.50
A300-600R	96.07	A330-322	96.23
A330-323	96.50	B727-200	101.87
B737-400	90.60	B747-300SF	103.17
B737-500	90.23	B747-400	100.03
B737-800	91.47	B747-400F	99.20
B767-300	93.43	B767-300ER	95.13
F100	88.00	B777-200	96.67
MD82	92.80	B777-300	97.57
		DC10-30	100.50
		IL62M	104.13
		MD-11F	98.50
		TU154	101.30
평균	93	평균	99

국제사회에서 항공기 소음이 문제화되면서 국제민간 항공기구(ICAO)가 1969년부터 소음증명제도를 도입하고 있다. 시카고 조약 제37조 규정에 따라 1971년 4월 2일에 처음으로 항공기 소음 관련 표준 및 권고 지침서가 채택됐고, ICAO 〈부속서

2 출처 : https://www.airportnoise.kr/anps/info/nStory06

16〉에서 항공기를 소음등급에 따라 Chapter 1, Chapter 2, Chapter 3, Chapter 4로 분류했다. 현재 운항 중인 모든 항공기는 Chapter 3 기준을 충족해야 한다. 국내 항공사들은 현재 ICAO에서 규정한 Chapter 4 항공기로 운항되고 있다.

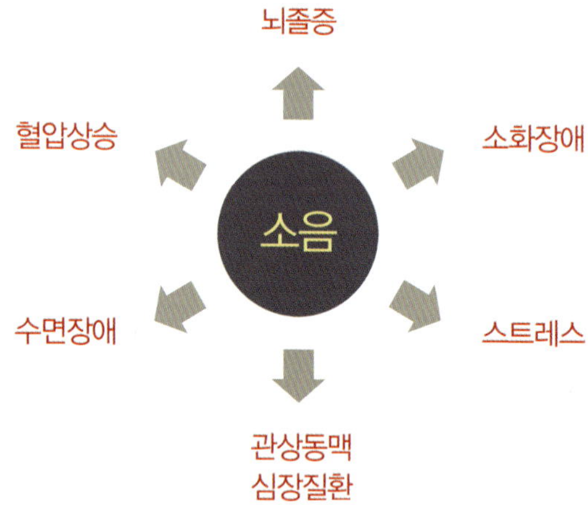

소음이 사람에게 미치는 부정적 영향

1 국내의 항공기 소음피해대책

우리나라의 항공기 소음피해대책은 1987년부터 심야시간(23:00~06:00)에 대한 운항규제가 시초이다. 1988년에는 고소음 항공기에 대한 운항규제(B707, DC-8)가 시행됐다. 그리고 항공기에 의한 소음피해를 방지 또는 저감시켜야 하는 경우 항공법에 소음피해 방지대책을 수립할 수 있는 법적 근거를 마련한 때는 1993년이었다.

정부는 현재 인근 주거지역에 대한 소음피해를 최소화하기 위해 심야 항공기 운항을 규제하고, 안전운항 범위 내에서 저소음 운항절차(급상승 이륙방식, 소음기준 위반 항공기의 소음부담금 부과 · 징수 등)를 채택하여 시행 중이다. 또한 항공기 지상이동 시 발생하는 소음을 저감시키는 방음벽과 항공기 정비 후 시운전 시 발생하는 소음을 차단하는 항공기 엔진 시운전 소음저감시설을 설치하여 공항 인근 학교와 주거지역의 소음피해를 줄이고 있다. 항공기 소음 자동측정망을 설치하여 소음지역을 운항하는 항공기의 실시간 소음 측정 및 측정국별로 소음기준 위반 항공기를 상시 감시하여 소음피해 확산을 방지하고 있다.

정부는 2010년 9월 23일 「공항소음방지 및 소음대책지역 지원에 관한 법률」을 시행하여 소음대책지역으로 지정 · 고시된 지역에 대해 주택방음 및 냉방시설, 공영방송 수신료, 전기료 지원, 주민복지 증진사업 등 다양한 소음대책사업을 실시하고 있다. 또한 지역주민과의 유대강화를 위한 지원활동도 병행하고 있다.

상식 공항소음방지 및 소음대책지역 지원에 관한 법률 시행령

제2조(소음대책지역의 지정 · 고시)

「공항소음방지 및 소음대책지역 지원에 관한 법률」 제5조 제1항에 따른 소음대책지역의 구역별 예상 소음영향도 기준은 다음 각 호와 같다. 다만, 제3종 구역의 경우 국토교통부령으로 정하는 바에 따라 지구별로 세분할 수 있다. [개정 2013.3.23.]

1. 제1종 구역 : 소음영향도(WECPNL) 95 이상
2. 제2종 구역 : 소음영향도(WECPNL) 90 이상 95 미만
3. 제3종 구역 : 소음영향도(WECPNL) 75 이상 90 미만

국토교통부장관은 제2항에 따라 소음대책지역을 지정 · 고시한 후 5년마다 그 지정 · 고시의 타당성을 검토해야 한다. [개정 2013.3.23.] 법 제5조 제3항에 따른 소음영향도의 조사 주기는 제3항에 따른 타당성 검토 주기에 따른다.

2 해외의 항공기 소음피해대책

소음대책사업의 기준과 대책의 종류 등은 국가별로 차이가 있지만, 대개는 방음주의 정책 프로그램을 운영한다. 이러한 대책 프로그램은 국가별로 실정에 맞는 환경기준, 국가재정 수준, 타 소음들과의 형평성 등을 감안하여 시행되고 있다. 외국은 이주대책을 확대하여 시행하고 있다.[3]

3 예컨대 일본은 우리나라의 환경정책기본법에 해당하는 공해대책기본법을 1973년에 보완하여 항공기 소음 관련 환경 기준으로 70 WECPNL 이하 지역은 주거가능 지역으로, 75 WECPNL 이상 지역은 통상적인 생활을 보전할 필요가 있는 지역으로 분류하여 소음 발생을 억제하고 있다.

<table>
<tr><th>소음도
(WECPNL)</th><th>한국</th><th>미국</th><th>영국</th><th>독일</th><th>네덜란드</th><th>일본</th></tr>
<tr><td>95 이상</td><td>이주보상</td><td rowspan="2">이주보상
(88 이상)</td><td rowspan="2">건물 신축
금지</td><td rowspan="4">건물 신축
금지
(83 이상)</td><td rowspan="2">이주보상
(92 이상)</td><td>완충녹지
조성</td></tr>
<tr><td>90 이상
~
95 미만</td><td>주택, 교육,
의료시설 등
신축 금지.
방음시설
시공조건
증·개축
가능</td><td>이주보상</td></tr>
<tr><td>85 이상
~
90 미만</td><td rowspan="3">방음시설
시공조건
신축 및
증·개축
가능(주택,
교육, 의료
시설)</td><td rowspan="2">주택 방음시
설, 사무실
설치 불가</td><td>대규모 주택
개발 금지</td><td rowspan="2">건축제한
(82 이상)</td><td>방음시설
설치(군용
비행장 주변
불가)</td></tr>
<tr><td>80 이상
~
85 미만</td><td>주택, 교육
시설 방음
시설 설치</td><td>교육, 병원
시설 신축
금지, 주택
방음시설
설치</td></tr>
<tr><td>75 이상
~
80 미만</td><td>개발 억제,
사무실 설치
가능</td><td>병원시설
방음시설
설치</td><td>주택 방음
공사,
의료·교육
시설 설치
금지</td><td>방음시설
설치</td><td>교육·병원
시설 설치
가능</td></tr>
<tr><td>75 미만</td><td colspan="6">주거 가능 지역</td></tr>
</table>

국가별 소음대책사업

3 소음의 종류

WECPNL(Weighted Equivalent Continuous Perceived Noise Level, 가중등가지속 감각 소음도)

항공기 최고 소음도를 평균한 값에 주간, 야간, 심야시간대별로 운항회수를 가중하여 주민이 실제 느끼는 소음에 가깝게 산출한 소음 평가단위이다[앞쪽의 (상식) 참고].

구역		소음영향도(WECPNL)	사업내용
제1종 구역		95 이상	• 이주대책
제2종 구역		90 이상~95 미만	• 방음시설 및 냉방시설 설치 • 공영방송 수신료 지원 • 학교 및 생보자 전기료 일부 지원 • 주민지원사업 등
제3종 구역	'가'지구	85 이상~90 미만	
	'나'지구	80 이상~85 미만	
	'다'지구	75 이상~80 미만	

dB(deci-Bell, 데시벨)

소음의 크기나 세기를 나타내는 단위이다. 사람이 들을 수 있는 가장 작은 소리를 0dB로 표시하며, 도서관 소음 40dB, 전화벨 소리 70dB, 지하철 내 소음 80dB, 항공기 이륙 소음이 100dB 정도이다. dB(A)는 주파수 특성을 고려하여 dB을 사람 귀의 감각에 가깝게 보정하여 사용하는 단위로, 일반 소음 측정에 사용된다.

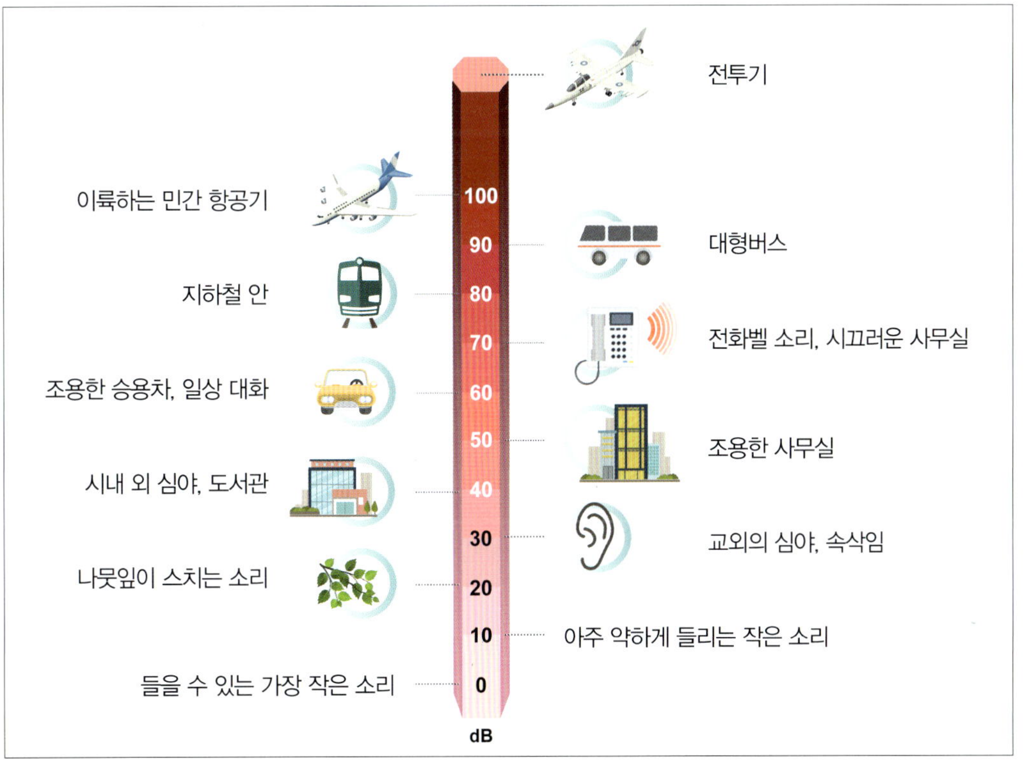

4 국가별 소음 측정 단위

국제민간 항공기구(ICAO) : WECPNL 사용 제안

- 1971년에 공표한 〈부속서 16〉의 'Aircraft Noise' 중에서 다수의 항공기에 의해 장기간 노출된 소음의 척도로 제안한 것이다.
- 항공기의 운항횟수, 운항 시 소음도, 소음 지속시간, 소음 발생시간 등을 감안하여 계속되는 소음의 피해 정도와 같은 단위로 환산한 것이다.

한국, 일본, 중국

WECPNL 사용

미국, 뉴질랜드, 오스트리아, 벨기에

L dn 사용. 이는 등가소음레벨(L eq : Day-night Sound Level)에 야간시간(22:00~익일 07:00)대에 10dB의 가중치를 둔 평가단위이다.

미국

연방항공관리국, 국방부, 주택도시개발부는 L dn과 NEF 사용. 캘리포니아 주정부는 CNEL(A-특성을 시간대에 따라 보정한 평균 레벨) 사용

독일

등가소음레벨[L eq(4)] 사용. 이는 운항횟수, 시간대, 지속시간, 최고 소음 레벨을 고려한 항공기 소음 평가단위이다.

프랑스

N 사용. 소음규제용(Isopsophique 지수 N)과 토지이용 구분용(Psophique 지수 N)으로 구분하여 사용

기타 국가

- 호주 : ANEF 사용(항공기 운항횟수, 항공기 종류 등을 기초로 산출)
- 브뤼셀 : L sp 사용
- 덴마크 : L den 사용
- 핀란드, 이탈리아 : L Aeq 사용

5 항공기 소음부담금 징수

징수근거

- 공항소음방지 및 소음대책지역 지원에 관한 법률 제17조(항공법 제109조의 규정에 의거하여 항공기 소음등급별로 징수) : 1, 2, 3등급 30%, 4등급 25%, 5등급 20%, 6등급 15% . 착륙료의 일정비율 징수(2011년 10월 31일까지는 5등급 15%, 6등급 10%). 국내공항은 대부분(약 99%) 5~6등급 항공기 운항

  ➡ 소음대책을 수립 · 시행해야 하는 공항 : 김포, 김해, 제주, 울산, 여수공항

기종별 소음부담금 징수금액(김포공항 기준, 단위 : 원)

기종	국제선		국내선		비고
	착륙료	소음부담금	착륙료	소음부담금	
B-727(79t)	647,800	194,340	170,500	51,150	3등급
B747-200(352t)	2,805,600	701,400	857,095	214,273	4등급
B-767(157t)	1,276,000	255,200	366,670	73,334	5등급
B-737(65t)	533,000	106,600	135,290	27,058	5등급
A-300(165t)	1,340,000	268,000	386,790	77,358	5등급
B737-800(70t)	574,000	86,100	147,865	22,180	6등급
B747-400F(395t)	3,141,000	471,150	965,240	144,786	6등급
B777-300ER(300t)	2,400,000	360,000	726,315	108,947	6등급
DHC-8-402(Q400)(28t)	229,600	34,440	42,235	6,335	6등급

6 소음정책

유럽연합(EU)의 환경소음지침에 따르면, 연간 항공기 운항량이 5만 대 이상이거나, 인구 밀집 도시 지역에 상당한 소음으로 영향을 미치는 공항은 반드시 소음대책 및 전략적 소음계획을 수립해야 한다. 그리고 이 계획은 5년마다 갱신해야 한다.

이 EU 지침은 '영국의 환경소음규정 2006'으로 대체됐고, 영국 정부는 영국의 공항들이 소음조치계획을 개발할 수 있도록 돕는 지침을 발간하고 있다.

7 소음 측정

소음의 영향 평가에는 다음의 두 가지 기본 측정단위가 사용된다.

- Leq는 '등가소음도(레벨)'이다. 영국 정부는 57dBA 이상의 Leq를 지역사회의 골칫거리 소음 수준으로 본다.
- Lden은 연평균 Leq를 사용하지만 저녁과 밤에 발생하는 추가 소음 장애도 고려한 단위이다.

영국 공항의 Leq 소음 수준[4]

공항	57dBA Leq 주간 등고선 내 면적(km^2)	57dBA Leq 주간 등고선 내 인구(천 명)	연도	시기
히스로	107.3	264.2	2013	여름
개트윅	40.9	3.2	2013	여름
맨체스터	26.3	24.6	2011	연간
스탠스테드	20.0	1.2	2013	연간

영국 공항의 Lden 소음 수준

공항	57dBA Lden 주간 등고선 내 면적(km^2)	57dBA Lden 주간 등고선 내 인구(천 명)	연도	시기
히스로	221.9	766.1	2011	연간
개트윅	85.6	11.3	2011	연간
맨체스터	57.5	73.4	2011	연간
스탠스테드	57.5	7.4	2011	연간

3.3 대기오염

오염된 공기는 건강에 부정적 영향을 미치는 것으로 알려져 있다. 오염의 정도와 유형, 오염의 수준과 유형에 따라, 인체에 미치는 영향은 경미한 자극부터 심각한 질

4 출처 : heathrow.com/company/local-community/noise

병에 이르기까지 다양하다. 대기오염으로 식생과 생태계도 손상을 입을 수 있다.

오염물질은 항공기 엔진에서 배출되므로 특히 공항 인근에서 일하고 거주하는 사람들에게 큰 영향을 미친다. 그 외에 공항, 여객 운송, 직원 수송, 운송 차량에서도 오염물질이 배출된다.

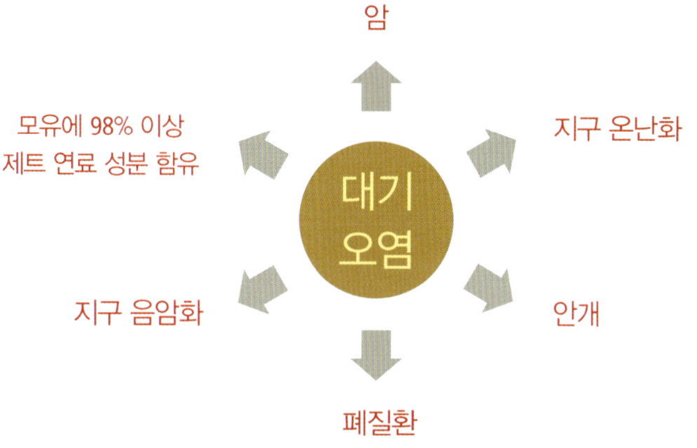

대기오염이 인간에게 미치는 부정적 영향

1 항공에 의한 오염물질의 종류

이산화질소(NO_2), 질소산화물(NOx), 미립자 물질(PM) 외에 일산화탄소, 폴리사이클릭 다환방향족탄화수소, 벤젠, 1, 3−부타디엔 등도 오염물질이다.

2 대기오염물질 방지에 대한 항공의 기여

항공업계는 항공기와 엔진 설계, 운용절차, 연료 등의 개선을 통해 배출되는 오염물질의 양을 줄이기 위해 노력하고 있다. 일차적으로, 항공사는 다음과 같은 방법으로 공기의 질적 개선에 기여한다.

- 도착 시 주 엔진을 끄고, 가능하면 고정식 지상 전원, 지상 전원 및 사전 조절된 공기를 이용하여 항공기 보조 동력장치의 사용을 제한한다.
- 출발 시 절대적으로 필요할 때까지 주 엔진 점등을 지연한다.
- 항공기 계류장에 주기하는 동안, 에너지 드로잉(In Flight Entertainment 등 불필요한 전기 시스템 끄기)을 최소화하여 항공기를 운항한다.

- 유도로로 이동할 때 엔진 사용량을 줄인다.
- 이륙 시 감소 추력을 적용한다.

이차적으로, 공항은 다음의 방법을 통해 대기질 개선에 기여한다.

- 항공기용 고정 전력과 사전 조절된 공기를 제공한다.
- 활주로와 계류장 사이를 이동할 때 가장 효율적인 항공기 흐름을 최적화한다.
- 공항에서 사용하기 위한 저공해 지상차량에 투자한다.
- 질소산화물(NOx) 배출량이 많은 항공기의 착륙료를 상향 조정한다.
- 대중교통 이용을 장려하는 지상접근 전략을 개발한다.

3.4 수질오염

1 일반 수질오염

역사적으로 보면, 수질오염이 처음으로 문제가 된 것은 19세기 후반 영국에서이다. 당시 런던에서는 거듭되는 콜레라 유행의 대책으로 1855년 오물배제법을 정하고 하수도 오물배출을 촉진시켰다. 그 결과 처리되지 않은 하수가 템스강에 다량으로 방류되어 강이 급속하게 오염되기 시작했다. 그 대책으로 1876년 하천오염방지법이 공포됐고, 수질보전 노력이 지속됐다. 선진 각국에서도 산업혁명 이후 대단위 공장의 출현과 인구의 도시 밀집에 따른 공장 폐수, 도시 폐수 등의 배출로 자연수역이 오염되기 시작하면서 수질보전을 위해 다양한 노력을 기울이고 있다.

한국은 1960년대 초부터 추진된 경제개발계획에 따른 수많은 공장 건설로 산업활동이 빠르게 증가하면서 인구의 도시 밀집도 가속화됐다. 이와 함께 공장 폐수와 도시 폐수의 배출량도 급속히 증가하여 1960년대 말부터는 주요 하천과 연안의 수질오염이 사회 이슈로 떠올랐다. 이에 정부는 수질오염을 비롯한 국토의 환경오염을 최소화하고자 1963년 공해방지법을 공포하고, 1964년과 1967년에 그 시행령 및 시행규칙을 공포했다.

그러나 이 법은 빠르게 심화되는 환경오염을 규제하기에는 미흡했다. 그래서 국토오염을 환경보전 차원에서 다루고자 1977년에 공해방지법을 발전적으로 폐지하고 새로이 환경보전법과 해양오염방지법 등을 공포하고, 뒤이어 그 시행령과 시행

규칙 등도 공포했다. 아울러 환경보전 업무를 전담할 환경청(현 환경부)을 발족시켰다. 환경보전법은 1990년에 환경정책기본법, 대기환경보전법, 수질환경보전법 등으로 개정됐다.

2 공항의 수질오염

공항의 개발과 항공은 몇 가지 측면에서 수질에 영향을 미친다. 하나는 건물 공사가 인근 수역을 오염시킬 수 있다는 것이다. 이 위험은 일반적으로 기계로는 불가능한 수역(하천, 연못, 강어귀 등) 주변에 완충 지대를 설치함으로써 처리한다.

다른 하나는 운전 중에 주차장, 건물지붕, 에이프런(계류장), 유도로, 그리고 표면이 단단한 여타 지역들에서 오염된 물이 배수구로 흘러가거나 (좋은 배수구가 제자리에 있지 않으면) 근처의 물이나 지하수로 흘러 들어가는 것이다. 일반적으로 개발은 지표수나 빗물 유출로 인한 화학물질 및 기타 오염물질에 대한 대책이 마련되어 있지 않은 한 속행할 수 없다. 그러나 호우기간에는 배수관과 통제장치에 과부하가 걸리기 때문에 수역의 오염이 발생할 수 있다.

마지막으로, 공항은 제빙제, 유지보수와 도장(페인트) 화학물질, 소방장비 시험, 연료 주입과 저장에서 발생하는 연료 누출 및 유출을 포함한 다양한 잠재적 오염물질을 발생시킨다는 것이다. 이들은 지하수에 침출될 수도 있고, 근처의 수원을 오염시킬 수도 있는 다양한 잠재적 오염원을 만든다. 이런 경우에는 당국의 감시를 받고 과태료가 부과될 수 있다. 그럼에도 불구하고 공항에 내부 배수 시스템이 있는지, 모니터링을 위한 조치가 있는지 등은 고려해볼 만하다. 때로는 공항 개발로 인해 인근 수원의 이동이나 배관이 필요한 경우도 있다.

공항의 작업장에서 배출되는 폐수(하수도)는 하수 처리장으로 보내진다. 공장이 이미 용량에 도달했거나 거의 근접한 경우라면 문제가 될 수 있다. 그런 경우 처리장을 확장하거나 추가 흐름에 대처하기 위한 장비 개선도 가능하다. 그러나 국가의 일부 지역에서는, 이를테면 처리 공장이 매우 민감한 환경으로 배출되고 기술적으로 정교한 경우라면, 이 방법도 불가능하다. 이때에는 환경청의 방류 동의 프로그램이 폐수를 적절히 처리할 수 없는 곳에서 개발이 이루어지지 않도록 하는 데 도움이 된다.

지역적으로 볼 때, 비행 중인 항공기에서 연료를 버리면 수면이 등유로 오염될 수 있다. 항공기는 안전대책으로 착륙하기 전에 과잉 연료를 버리기도 하는데, 이는 항공기의 구조물과 착륙장치를 보호하고, 제동기 화재의 가능성을 줄이거나, 안전한 착륙을 보장하기 위함이다.

연료 덤핑 중 제트 연료(대개는 등유)는 항공기의 날개 끝, 꼬리 또는 후미 동체에서 배출된다. 항공교통관제사들은 인구가 많은 지역, 대형 물체, 그리고 되도록 지정된 지역에서 멀리 떨어진 곳에 연료를 방출하도록 지시한다. 케로신(등유)은 대기 속에서 빠르게 증발하여, 일반적으로 지구 표면에 도달할 때 액체 형태를 유지하는 경우가 거의 없다. 그 시점에서 케로신은 유류나 가스 유출과 같이 수질에 영향을 미친다. 누적된 연료 덤핑은 중대한 영향을 미칠 수 있다. 참고로 1990년대에 상업용 및 군용 항공기에 의해 세계의 대양에 방출된 연료가 최대 1,500만 파운드에 이르는 것으로 추정됐다.

3 수질오염의 원인

Icing(착빙)

대기 중에서 얼음 결정이나 눈송이가 과냉각된 물방울을 건드려 덩어리로 얼어붙은 상태를 말한다. 항공기에서도 날개 등에 착빙되는 경우 조종부품 및 조종면 작동을 방해하기 때문에 비행 전에 반드시 제빙(De-icing)과 방빙(Anti-icing) 작업을 거쳐야 한다.

Anti-icing(방빙)

항공기에 눈이 쌓이거나 얼음이 어는 것을 방지하기 위해 항공기 동체 표면에 화학용액을 살포하는 작업을 말한다. 일반적으로 제빙 작업 후에 연이어 실시한다.

방빙과 이륙 대기시간 방빙, 즉 눈이 쌓이지 않게 하고 얼음이 얼지 못하도록 용액을 살포하지만, 일정 시간이 지나면 그 효력이 떨어진다. 이 일정 시간을 'Holdover Time'이라고 한다. 따라서 방빙 작업 후 일정 시간 안에 항공기는 이륙해야 하며, 그 시간을 초과했을 경우 다시 제빙 및 방빙 작업을 수행해야 한다. 방빙용액(SAE Type I, II, IV)은 통상 가열하지 않은 상태로 살포하지만, 가열해서 뜨거운 용액으로 사용하기도 한다.

항공기 자체 방빙 시스템 이륙하기 전에 항공기 기체 외부에 방빙용액을 도포하는 조치 외에 항공기 자체에도 방빙 시스템이 탑재되어 있다. 비행 중 엔진에서 발생한 뜨거운 공기를 날개 표면에 흘려보내 착빙, 결빙 등을 막는 시스템이 이에 해당한다.

De-icing(제빙)

항공기에 쌓인 눈이나 얼어붙은 얼음(Icing 상태) 등을 제거하는 작업을 말한다. 항공기 날개 및 동체에 쌓인 눈이나 얼음은 항공기 이륙에 필요한 양력을 감소시켜 이륙이 어려워질 수 있기 때문이다. 예전에는 눈을 쓸어내는 정도의 제빙 작업을 했다면, 최근의 항공기 제빙 작업은 제빙용액을 살포하여 눈, 얼음을 용해시키고 다시 쌓이는 눈을 녹이는 방식으로 수행된다.

착빙 방지 및 얼음을 제거해야 하는 부분

- 윈드 쉴드(Wind Shield)
- 날개 전연, 후연(Leading Edge, Trailing Edge)

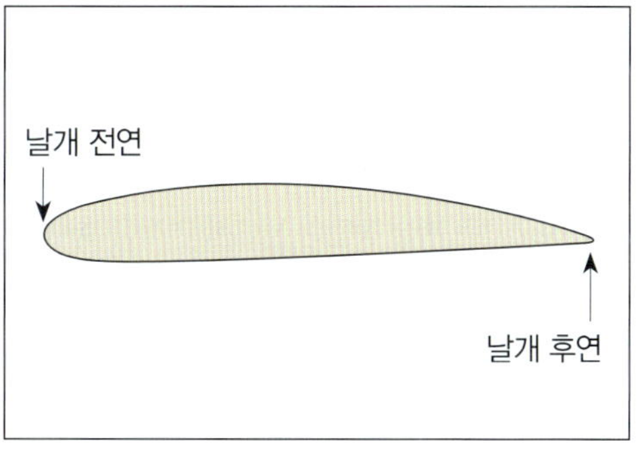

- 엔진 흡입구(Engine Inlet)
- 피토관(Pitot Tube)
- 물 방출과 그 밖에 항공기 작동 시 얼음이 형성될 만한 곳

Markus Mainka / Shutterstock.com

제빙과 이륙 제빙용액 성능에 따라 일정 시간이 지나면 다시 눈이 쌓이거나 얼기 때문에 보통 방빙(Anti-icing) 작업도 함께 실시하며, 제빙 및 방빙 작업을 완료한 항공기는 반드시 다시 눈이 쌓이거나 얼기 전 그 제한시간 이내에 이륙해야 한다. 만약 이 제한시간을 초과하면 다시 제빙 및 방빙 작업을 실시해야 한다.

제빙용액의 종류 제빙용액으로 가장 많이 사용하는 것은 뜨거운 물이다. 하지만 일반적으로 제빙 효과를 높이기 위해 가열된 물과 화학 혼합용액을 섞어 사용한다. 제빙용액은 제빙 효과를 높이기 위해 가열하여 사용하는 것이 일반적이다.

제빙 작업장소와 오염 제빙과 방빙에 사용되는 용액은 기본적으로 토양오염에 영향이 적은 것으로 알려져 있지만, 모든 나라는 제빙 및 방빙 작업을 폐수 배출, 저장 시설이 갖춰진 구역 안에서 하도록 규제하고 있다. 제빙 및 방빙 작업장소는 승객이 탑승하는 터미널 탑승구 지역 혹은 별도 제 · 방빙 패드(Pad)가 있는 곳으로, 두 장소는 모두 오 · 폐수 시설을 갖추어야 한다.

상식 **승객 탑승 후 제빙(De-icing)을 하는 이유는?**

인천공항은 제설 작업이 필요한 면적이 축구장(국제규격 100×70m 규모) 천 여 개를 합한 면적과 맞먹는다. 인천공항은 최첨단 제설장비를 70여 대나 보유하고 지상조업사들은 수억 원대의 제빙용 특수차량을 26대 보유하고 있지만, 순차적으로 활주로를 하나씩 폐쇄하고 눈을 치워야 하므로 항공기 이륙과 착륙이 지연되는데다 제빙 작업 자체에 많은 시간이 소요된다.

그럼에도 승객을 태운 뒤 제빙 작업을 하는 이유는 무엇일까? 제빙을 완료한 후에는 반드시 일정 시간 안에 이륙을 해야만 하는 국제규정을 준수해야 하기 때문이다. 만일 이를 준수하지 못하고 제빙 작업을 먼저 한 후에 승객을 태우다 보면, 시간이 지체되어 비행기 표면이 다시 결빙하여 또다시 제빙 작업을 해야 한다.

타맥 딜레이(Tarmac Delay, 활주로 이륙 지연)

승객이 항공기에 탑승한 후 어떤 이유에서든 항공기가 이륙하지 못하고 공항 활주로나 계류장에 대기하며 지연되는 것을 말한다. 타맥 딜레이는 강설, 폭우 혹은 항공교통관제 등의 이유로 대대적인 제설 및 제빙 작업을 하거나 항공교통이 혼잡하여 지연되는 경우가 대부분이다.

2009년 미국을 시작으로 타맥 딜레이를 줄이기 위한 항공사 조치를 의무화하고 있다. 미국을 중심으로 대부분의 국가에서는 타맥 딜레이가 일정 시간 이상 지속될 경우 승객을 하기시키거나 터미널로 돌아가 승객이 언제든지 자의로 하기할 수 있도록 법으로 강제하고 있다.

한국의 경우, 이륙 지연이 국내선은 3시간, 국제선은 4시간을 초과하지 못하도록 규제하고 있다. 30분 이상 기내에서 대기해야 할 경우 30분 단위로 지연 사유와 현황을 승객들에게 설명해야 한다. 2시간 이상 대기해야 할 경우에는 음식물을 의무적으로 제공해야 한다(국토교통부 고시 제2017-1035호 '항공교통 이용자 보호 기준' 제7조).

미국은 2010년 4월부터 항공사 귀책으로 지연되는 경우가 아니더라도 승객을 일정 시간 항공기에 태우고 지연하는 것을 금지하기 시작했다. 미국 국내선의 경우, 승객을 태우고 3시간 이상 지연시키지 못하도록 하고 있으며, 국제선은 4시간을 그 한계 시간으로 정하고 있다. 한계시간 이상 지연될 것으로 예상되는 경우, 항공사는 터미널로 돌아가 승객을 하기시키고 음식과 음료를 제공해야 하며, 이를 위반할 경우 승객 1인당 최고 27,500달러의 벌금을 부과할 수 있게 됐다.

이 제한규정은 2011년 아메리칸 이글항공의 타맥 딜레이에 벌금 90만 달러를 부과하며 본격적으로 적용됐다. 2017년 12월 23일에 이스타항공이 기상 악화 등으로 이륙이 지연되면서 승객을 기내에 14시간 넘게 대기시킨 것에 소송을 제기하여 승객 배상 결정을 받은 바 있다. 하지만 타맥 딜레이 자체에 대한 직접적인 법적 처벌이라기보다는 항공사의 대처가 미흡하여 승객이 입은 손해에 대한 배상이라는 성격이 강하다.

CHAPTER

09

공항의 경영

1. 경영의 관점에서 본 공항

항공산업에서 항공사와 공항은 최적의 효율성, 비용 효과, 안전성 및 고객 친화적 운영 방식 등을 모색하면서 승객에게 원활한 여행 경험을 제공하고자 노력한다. 당연히 공항은 거대 사업체이다. 얼마나 거대할까? 덴버 공항의 경우 건설비만 약 50억 달러, 운영비는 연간 1억 6000만 달러에 이른다. 그러나 이것이 국가에 미치는 경제적 영향은 엄청나다. 콜로라도교통국에 따르면, 덴버 국제공항은 매년 콜로라도 주에 223억 달러를 조성하고 있다.

상업 공항은 공공 소유로, 대개 지방채를 통해 자금을 조달한다. 일반적으로 모든 시설은 공항이 소유하는데, 항공사, 항공화물 운송회사, 소매점 및 서비스 업체에 임대하고, 연료, 주차 등과 같은 서비스 요금을 청구하며, 항공권 수수료 및 세금을 부과하여 이른바 항공 및 비항공 수익을 창출한다. 수익은 지방 채무를 상환하고 운영비로 충당한다. 공항은 공항 채권 및 정부 보조금과 같은 또 다른 자금 원천도 필요로 한다. 그러나 대부분의 공항은 일단 운영되면 자급자족하는 사업체이다.

공항 직원의 약 90%는 항공사, 계약자, 컨세션 등 민간 기업체에서 근무한다. 나머지 10%는 대개는 관리자, 터미널 직원, 정비사, 안전요원 등으로 공항에서 근무한다. 항공교통관제사는 미국의 경우 연방정부 직원이다. 공항에는 여느 도시나 자치시처럼 금융, 인사, 행정, 홍보 등의 부서가 있다.

상업 공항의 복잡한 세계가 천국이 될지 아니면 지옥이 될지는 주로 여행자의 성격과 여행 환경에 좌우된다. 내일 아침 일찍 회의를 하려는 사업가가 연착되거나 연결(경유 또는 환승) 비행기를 타기 위해 터미널에서 2마일을 가로질러 미친 듯이 달려야 한다면, 오늘은 공항을 원망할 것 같다. 하와이로 한 달간 휴가를 떠나는 사람은 이러한 비행 사정에 훨씬 더 관용적일 수 있고, 알랭 드 보통의『공항에서 일주일을 – 히스로 다이어리』처럼 공항이란 공간을 세계 각지에서 온 온갖 민족과 계층의 사람들을 만나고 살피며 사람들의 현실적인 상호관계를 연구하기에 좋은 장소로 볼 수도 있다. 어느 쪽이든 적어도 누군가가 순간 이동을 완벽하게 마무리할 때까지 공항은 국제 운송 시스템에서 중요한 요소임이 분명하다.

2. 공항의 경영주체

세계의 공항은 공항 운영에 민간부문이 참여하면서 소유 및 관리의 자유화로 빠르게 이행하고 있다. 전통적으로 각국 정부들은 공항 지분을 민간부문이 일정부분 또는 대부분 소유하는 것을 의도적으로 제한해왔다. 그러나 한편으로는 공항 운영의 효율성을 높이고 서비스의 질을 개선하며 공항 이용자인 일반 고객의 만족도와 국제 경쟁력을 높이는 전기를 마련할 수 있다는 점과 공항의 재정적자를 줄이고 이익을 극대화할 필요성을 지적해왔다. 또한 공항을 발전시킨 많은 국가들이 직면한 재정문제는 민간참여와 민영화에 동기를 부여하고 있다. 대다수 국가에서 공항 서비스 분야에 대한 민간참여와 민영화는 이제 발전 단계를 넘어 정착함으로써 정부 소유로부터 민간참여 또는 민영화로의 전환을 직접 주도하고 있다.

공항 소유권의 선택 가능한 모델은 전통적 모델과 현대적 모델로 구분할 수 있다. 전통적 모델은 정부 주도의 공항시설, 서비스, 회계 부문을 전적으로 책임지고, 현대적 모델은 공항 운영의 민영화 및 민간참여를 주도한다. 이러한 민간참여나 민영화는 매각, 임대, 이익분배 등으로 이루어진다. 호주, 캐나다, 라틴아메리카, 서아프리카의 공항들은 보편적으로 임대계약을 체결한다. 이러한 공항 개발과 운영 변화의 흐름에 따라 공항 소유권의 전략적 파트너에게 지분을 매각 및 발행함으로써 소규모 매각을 통한 민간참여가 가능해졌다. 세계 공항의 운영 및 소유 체계의 이러한 변화를 이끌고 있는 것은 각국의 정부뿐 아니라 거대한 자금투자와 공항 운영능력을 갖춘 글로벌 공항 개발 및 운영주체들이다.

2.1 주요 공항의 운영주체

다음 표에서 보듯이, 영국과 호주를 제외하면 대다수 국가는 주요 허브공항에서 50% 이상의 정부 지분을 확보하여 공항을 국가전략 산업으로 육성하고 있다.

해외 주요 공항별 운영주체

국가	공항	운영주체	비고
중국	베이징 공항	베이징서우두공항주식회사	주식회사(공공 지분 65%)
	푸둥 공항	상하이공항공단	공기업(공공 지분 53%)
	첵랍콕 공항	홍콩공항공단	공기업(공공 지분 53%)
일본	나리타 공항	나리타국제공항주식회사	주식회사
	간사이 공항	간사이국제공항주식회사	공기업(공공 지분 53%)
싱가포르	창이 공항	싱가포르민간 항공청	정부 직영
호주	시드니 공항	시드니공항주식회사	민간 직영
미국	애틀랜타 공항	애틀랜타항공국	정부 직영
	오헤어 공항	시카고항공국	정부 직영
	덴버 공항	덴버항공국	정부 직영
	JFK 공항	뉴욕&뉴저지공항공단	공기업
덴마크	코펜하겐 공항	코펜하겐공항주식회사	주식회사(정부 지분 39%)
영국	히스로 공항	BAA(영국공항공단)	민간 운영(Ferrvial 그룹 지분 93%)
프랑스	샤를드골 공항	ADP	공기업(정부 지분 68%)
독일	프라포트 공항	FRAPORT AG	주식회사(정부 지분 52%)
네덜란드	스히폴 공항	스히폴그룹	공기업(정부 지분 75%)

2.2 외국 공항의 민영화

1 공항 민영화의 초기와 성과

영국을 제외한 대다수 국가는 공항별 운영주체의 공공 지분율이 50% 이상이어서 공항 운영 통제권은 여전히 공공부문이 보유한다. 테마에 의한 공공부문 민영화에 적극적인 싱가포르도 공항은 정부 직영 체제를 유지하고 있다. 영국, 덴마크 등 일부 유럽 국가들만 소유 지분 전체 또는 50% 이상을 매각하여 실질적인 공항 민영화를 추진했다.

2 공항 민영화 사례와 정부 통제력 약화

공항 민영화의 대표 사례로 꼽히는 영국의 히스로 공항은 2006년에 상장이 폐지되면서 정부의 통제력 약화 우려가 증폭됐다. 영국 정부의 황금주가 위법판결로 무력화되면서 영국공항공단(British Airport Authority, BAA) 지분 93%를 보유한 스페인 건설회사가 히스로 공항 등 7개 공항의 상장을 폐지했다.

공항 민영화의 주된 대상은 성숙기에 접어든 공항들이다. 성장 단계에 있는 공항을 완전히 민영화한 사례는 흔하지 않다. 성장 단계의 공항은 장래의 수요 증가에 대비한 시설확장 등이 필요하지만, 민간은 대규모 투자보다는 단기 수익성에 치중하는 경향이 있다. 다만 일부 지분매각 등을 통해 공항 확장을 위한 투자 재원을 조달한 사례가 있지만, 완전 민영화는 드물다. 중국의 베이징 서우두 공항이 2000년에 제2 터미널의 확충 재원 조달을 위해 35% 지분을 매각한 사례가 있다.

3. 세계 공항 운영 형태의 변화

3.1 공항 운영의 변화 추세와 배경

1980년대에 서유럽에서 시작된 공항 운영 형태는 세계적으로 전환기를 맞고 있다. 정부개혁과 공공부문의 효율성 제고를 겨냥한 오늘날의 공항 운영 형태는 민간기업이 참여한 공항의 성공 여부에 따라 다양한 유형으로 발전하고 있다. 항공기가 여객과 화물의 주요 운송수단으로 발전하면서, 공항 운영의 주체가 공공부문에서 민간부문으로 이동한 것은 획기적 변화라고 할 수 있다.

1980년대 이후, 영국이 구가해온 그동안의 경제 번영이 한계에 도달하고 기존 시스템에서 드러난 만성적인 제도적 비효율성을 개혁하기 위한 돌파구로 시작한 공항 운영 사업은 획기적인 성과를 거두었다. 1985년 6월『공항정책백서』와 1985년 12월「공항법」에 따라 영국공항공단이 현재 런던의 히스로 공항 외에도 런던 개트윅 공항, 스탠스테드 공항 등을 운영하는 히스로 공항사(Heathrow Airport Holdings)로 전환된 것은 공항 운영 변화의 시작이었다.

그 외에 공항 운영의 변화를 이끈 요인 하나는 공항의 항공 교통량 증가이다. 공항의 수입은 공항을 이용하는 항공사와 승객 및 화물의 총량에 비례한다. 최근 항공사에 대한 규제완화 정책으로 엄청난 성장속도를 보이는 곳은 미국의 항공사들인데, 그보다 더 빠른 성장세를 보이는 곳이 한국을 포함한 동북아시아의 공항들이다. 동북아시아 및 태평양 지역 공항들의 연간 성장률은 10% 이상이다. 이러한 성장률을 고려하면, 항공사와 달리 공항은 규모의 경제(Economy of Scale)로 현저한 수익을 올릴 수 있다.

또 다른 요인은 공항 운영과 관련하여 정부의 공항 운영 · 관리에 대한 시각 변화이다. 즉, 공항은 과거에는 고속도로처럼 중앙정부나 지방정부에서 운영되거나 재정지원의 필요성이 제기됐다. 그러나 현재는 공항이 영리주체로서 운영될 수 있다는 견해가 지배적이다.

마지막으로, 쌍무협정에 의해 지정된 국제 관문 공항은 공항 수익 외에 독점적 위치를 활용하여 면세 구내영업 등을 이용한 비항공 수익에서 상당한 수입을 올리고 있다. 공항에서 이 수익이 차지하는 비율은 항공 수익에 비해 상대적으로 큰 폭의 증가세를 보여 앞으로 더욱 커질 전망이다. 이는 대다수 공항들이 재정 성과를 현저히 개선할 수 있는 핵심 요소로 작용하기 때문이다.

3.2 공항 운영의 변화 유형과 효과

1 공항 운영의 변화 유형

공항을 관리하고 운영하는 주체나 형태는 각국의 항공 관련 상황이나 여건에 따라 다양하다. 한 국가 안에서도 공항의 관리 및 운영주체와 체계가 서로 다른 경우가 많다. 일반적으로 공항의 관리 및 운영 형태는 정부조직에 의한 관리, 공기업에 의한 관리, 민간기업에 의한 관리 등 세 가지로 나뉜다. 이렇게 구분한 공항 운영 형태별 특성과 장단점을 비교하면 다음 표와 같다.

2 공항 운영의 변화 효과

공항 운영의 변화로는 수익 증가에 대한 잠재력과 비용 감소를 들 수 있다. 즉 공항 운영의 변화로 수익 증가 외에 비용절감 효과도 동시에 얻을 수 있다. 그래서 공항 업무에서 공항의 효율성 향상은 공항 운영의 변화를 촉진시킨다. 이에 따라 공항의 재정적, 운영적 효율성 향상을 기대할 수 있는 몇 가지 요인들을 생각할 수 있다.

첫째, 공항 운영의 변화를 꾀한 기업은 수익을 극대화하는 동시에 시간과 비용도 절감할 수 있다. 즉, 민간투자자는 직접적인 이해관계가 있기 때문에 공항 건설 사업을 신속히 마무리하기 위해 공항 건설 일정 관리에 적극적일 것이며, 공항 운영

공항 운영 유형에 의한 분류

구분	정부조직에 의한 관리	공기업에 의한 관리	민간기업에 의한 관리
특성	• 국가나 중앙정부, 주/도 정부, 시가 관리함 • 공항의 건설과 운영, 관리에는 중장기적으로 대규모 자본 투자가 필요하므로, 공항의 기능과 역할 부문에서 공익성이 강조됨	• 획일적인 공항 운영보다는 기업 마인드에 기초한 효과적이고 능률적인 공항을 운영함 • 국가나 지방 공공단체에서 분리된 독립단체가 공항을 운영 · 관리토록 하고 공공 수요에 대한 욕구를 충족함	• 사기업의 주식회사 운영체제를 도입하여 운영 · 관리함
장점	• 국가의 인프라구조로서 대국민의 공익성 확보가 가능함 • 공항 관련 세제와 제세 공과금 혜택이 있음 • 정부 주도로 인해 공항 운영을 위한 자금조달과 투자가 용이함	• 국가의 인프라구조로서 대국민의 공공성, 공익성에 대한 효과 달성이 가능함 • 공항 관련 전문 경영진과 기술진에 의한 공항의 운영과 관리가 용이함 • 공항 이용객에게 서비스 질의 고품격과 다양화 추구가 가능함	• 민간투자에 의한 정부 재정 부담 경감이 가능함 • 공항 운영 및 관리의 전문 경영화 추구가 가능함 • 투자하려는 사업에 주식을 발행하여 민간자본 동원에 유리함 • 공항 소유와 경영 분리로 경영 능률 확보가 용이함
단점	• 공항관련 사업 계획에 지속성과 일관성 있는 업무추진이 어렵고, 급변하는 상황에 능동적으로 대처하는 능력이 부족함 • 정부 공무원들의 공항 운영으로 공항관련 전문 경영, 기술력을 가진 공항의 운영 및 관리가 부족함 • 정부조직, 임금, 정원 등에서 관계법령의 제한을 받음 • 정부의 경직된 관료적 성향으로 고품격 대여객 서비스가 어려움	• 능동적이고 적극적인 사기업보다는 관료적이고 타성적인 조직화가 가능함 • 정부의 법령과 한정된 예산으로 공항을 경영하므로 상황 변화에 능동적이고 신속한 대응을 하기가 어려움	• 공항 운영 수익의 과도한 증가 시도나 공항의 적자 운영 시 공항 서비스의 질이 저하될 가능성이 있음 • 공익보다는 수익 위주의 운영으로 공공성 보장이 어려움 • 수익성이 낮은 부문에 대한 낮은 투자로 공항의 균형 발전이 저해됨 • 공항에 투입되는 거대 사업비 조달이 힘들며, 투자수익이 불확실함
대표 공항	• 일본 하네다 공항 • 대만 장개석 공항 • 미국 워싱턴 공항 • 미국 LA 공항	• 프랑스 샤를드골 공항 • 일본 나리타 공항 • 태국 방콕 공항 등	• 영국 히스로 공항

방식을 전환하는 과정에서 문제가 발생할 경우에도 혁신적인 해결방안을 제시할 수 있다. 캐나다 토론토의 피어슨 국제공항의 제3 터미널도 민간부문이 참여하여 캐나다 정부에서 평가한 공사기간의 절반 만에 건설을 완료했다.

둘째, 공항 건설 사업이 완료된 후 민간부문이 시행한 사업은 동일하게 공영부문이 시행한 사업보다 더 높은 성과를 나타낸다.

셋째, 공항의 민간부문 소유자는 변화하는 시대적 요구와 환경 변화에 공공부문보다 더 계획적이며 신속하게 대처할 수 있다.

넷째, 민간부문은 규모의 경제에 맞게 공항을 운용할 수 있고, 도심 공항의 소유자는 과거의 공항시설 건설에 의해 축적된 경험을 또 다른 공항 건설에 적용할 수도 있다.

다섯째, 민간부문은 공항 운영에서 효과적인 비용 배분을 할 수 있다. 공항 민영화로 공항의 피크시간대 사용료를 탄력적으로 운용하는 공항 사용료 책정 구조를 갖출 수 있다. 공항은 민간기업에 수익 증대의 기회를 제공할 수 있다.

3.3 공항 운영의 변화 현황

세계의 공항 운영 변화를 보면, 아시아의 홍콩은 란타우 섬의 첵랍콕 신공항 개발에 민간주체와 공동으로 참여했다. 인도네시아도 메단 신공항 건설 시 민간주체와 공동개발을 추진했다. 일본의 간사이 공항도 민간주체가 건설했다. 말레이시아 세팡공항은 비항공 수익부문을 민간주체와 LDO[1]로 계약하면서 신터미널은 민간주체와 BOT[2]로 계약을 체결했다.

영국은 히스로, 개트윅, 스탠스테드, 프레스트윅, 에브딘, 에딘버러, 글라스고우 등 7개 공항을 민간주체에 부분 매각했다. 뉴질랜드도 주요 국제공항을 민간주체에 매각했다. 캐나다는 토론토 국제공항 피어슨 제3 터미널의 건설과 운영에 대해 민간

1 LDO(Lease-Develop-Operate, 임차-개발-운영)는 인프라 분야의 PPP 모델이다. 정부나 공공부문 법인은 새로 조성된 기반시설의 소유권을 유지하고 민간 추진자와 임대차 계약으로 대금을 받는 방식이다. 주로 공항시설의 개발에 이용되며, 민간기업이 일정 기간 정부로부터 주변 부지와 시설을 임차하고 시설을 개발, 확장, 운영하며 정보와 수익을 공유하는 형태이다. 이 모델의 장점은 민간기업의 공항 확장비용에 대한 채무상환과 승인 또는 소유권 이관에 대한 정부의 제한을 풀 수 있다는 점이다.

2 BOT(Build-Operate-Transfer, 건설-운영-양도)는 도로, 철도, 항만, 발전소와 같은 국가기간시설(사회간접자본) 건설 시 민간의 자금을 끌어들이는 금융기법이다. 민간기업이 일정 기간 공항시설을 건설, 운영하고 일정기간 시설 이용 후 무상으로 정부에 반납하는 방식이다. BOT 방식으로 사업을 추진하면 국가는 예산이 부족한 상태에서도 사업을 추진할 수 있고, 건설비용의 초과투입 부담 등에서 자유롭다. 민간부문을 이용한 건설자금의 확보가 용이해지는 반면, 국가기관이 직접 자금을 조달하는 경우보다 금융비용이 더 많이 발생할 수 있다. 민간회사는 손쉽게 신규 사업을 수주하고 수익을 창출할 수 있는 이점이 있다.

주체와 장기간 리스계약을 체결했다. 세계 주요국 공항에 민간부문이 참여한 몇 가지 사례를 제시하면 다음 표와 같다.

세계 주요국의 공항 운영 변화 사례

국가	공항 운영 변화 계획 및 현황
중국	베이징 국제공항을 포함해 8개 공항의 개발 · 운영에 민간주체와 계약
일본	신주쿠 국제공항 활주로 1본 및 터미널 개발 사업을 민간주체와 계약 간사이 국제공항 건설에 대해 민간주체와 계약
홍콩	란타우 섬의 첵랍콕 국제공항을 민간주체와 공동개발
싱가포르	창이 국제공항 개발에 대한 민간부문 참여
말레이시아	세팡 쿠알라룸푸르 국제공항의 비항공 수익부문을 민간주체와 LDO로 계약 신청사를 민간주체와 BOT 계약
카타르	도하 국제공항 건설에 대해 민간주체와 BOT 계약
호주	22개 주요 공항 운영에 대해 민간주체와 함께 50년간 리스 운영
영국	7개 공항 부분 매각(영국공항공단) 공항 직원들이 조성한 민간회사에 벨파스트 국제공항 매각 버밍햄 국제공항 부분 매각 이스트미들랜드 국제공항 민간주체에 매각
그리스	아테네 부근 신공항 개발에 대해 민간주체와 30년간 BOT 계약
스위스	취리히 국제공항 부분 매각(민간 보유 50%), 민간주체가 공항 운영
캐나다	토론토 피어슨 국제공항 제3 터미널 건설과 운영에 대해 민간주체와 장기 리스계약
멕시코	58개 공항 민간주체와 리스계약
칠레	산티아고의 아르투로 메리노 베니테스 국제공항의 제2 터미널을 민간주체와 15년간 BOT 계약, 여객터미널 운영에 대해 민간주체와 계약
콜롬비아	보고타의 엘도라도 국제공항 운영에 대해 민간주체와 계약 활주로 건설에 대해 민간주체와 계약
카메룬	야운데 공항 터미널 건설과 운영에 대해 민간주체에 장기 리스계약

4. 공항 업무의 아웃소싱

4.1 아웃소싱의 개념

세계의 대다수 공항과 항공사들은 생존전략과 비용절감 및 고수익 창출의 대안으로 다양한 아웃소싱 전략을 추구한다. 아웃소싱(Outsourcing)은 미국의 '핵심 역량(Core Competence)' 이론의 창시자인 프라할라드(C.K. Prahalad) 교수가 주창한 경쟁이론에서 유래한 용어이다. 각 기업이 인력, 시설, 자본의 한계로 건물관리나 식당운영 등 일부 업무를 외부 전문기관에 의뢰하는 기법이 아웃소싱이다. 즉 아웃소싱은 이 경쟁이론을 발전시킨 기업 경영전략의 하나이다.

아웃소싱은 그 형태나 분야, 내용에 따라 다양하게 정의된다. 일반적으로 아웃소싱은 각 기업이 전략적으로 중요하면서도 가장 수준 높은 핵심부문에 자사의 모든 역량과 자원을 집중시키고, 나머지 업무분야들, 예컨대 기획부터 운영까지 일체의 과정을 해당 분야에서 인정받고 있는 전문기업에 위탁함으로써 비용을 절감하고, 자사의 경쟁력을 제고시키는 경영활동이다. 간단하게는 외부 기능이나 자원의 전략적 활용부터 재화와 서비스의 외부 구매, 자회사 이외의 외부업체에 특정 업무의 장기 위탁 등 아웃소싱은 다양한 의미로 사용된다. 즉, 아웃소싱은 기업 외부의 전문가에게 단순한 내부 업무를 맡기는 일부터 내부의 기능 전체를 제3자가 맡아서 수행하도록 하는 것까지 포괄한다. 더욱 광범위한 의미에서는 외부의 인적 자원에 의한 업무 대행부터 항공기, 선박, 중장비 등 구매하기에는 부담스러운 고가 자산이나 컴퓨터 등과 같이 제품주기가 짧은 자산 등 비인적 자산이나 자원의 임대사용(Lease)도 아웃소싱의 일종이라고 할 수 있다.

아웃소싱은 크게 아웃바운드형과 인바운드형의 두 가지 유형으로 구분할 수 있다. 아웃바운드형, 즉 위탁형 또는 비용절감형 아웃소싱은 다운사이징 과정에서 내부 업무를 외부에 위탁하여 효율성을 추구하는 방법이다. 반면에 인바운드형(제휴형 또는 분사형) 아웃소싱은 부가가치를 창출하기 위해 외부 기관과 가치사슬상의 결합을 추구하는 방법이다. 주로 내부적으로 부족한 부분을 외부에서 조달하는 형태로 아웃소싱이 이루어진다.

위탁형 아웃소싱과 제휴형 아웃소싱을 혼합한 형태가 혼합형 아웃소싱이다. 이 유형은 하위공정의 외주화를 포함하여 종전에 자사에서 할 수 없던 업무를 수행하기 위해 외부 기업들과 전략적 제휴를 맺는 단계인데, 주로 컨소시엄 형태를 취한다. 이러한 혼합형 아웃소싱의 관계가 네트워크의 구축과 병행되면, 아웃소서(Outsourcer, 업체)와 자사 간 네트워크라는 가상공간을 통해 특정 부분의 서비스 및 자원을 보다 폭넓고 자유롭게 공유하게 되어(네트워크형), 기업이 자체적으로 보유한 핵심 역량이나 자원의 활용도를 극대화할 수 있다(핵심 역량 자체형).

아웃소싱의 유형과 목적

유형	하위유형	목적
아웃바운드형	비용절감형	비용절감을 위해 중요하지 않은 기능들의 아웃소싱
인바운드형 (분사형)	이익추구형 (profit center)	사내에서는 크게 중요하지 않지만, 나름 전문성을 확보한 기능을 아웃소싱하여 수익률을 제고하려는 아웃소싱
	스핀오프형 (spin-off)	자사 보유의 일정 기술, 역량 등을 분사하지만, 핵심 역량 자체는 아웃소싱하지 않음
혼합형 (컨소시엄형)	네트워크형	핵심 역량 이외의 모든 기능을 아웃소싱하고, 이들 공급업체와 네트워크를 형성하여 시너지효과를 제고하는 형태. 복수의 주체가 각각 서로의 경영자원을 공유하고 상호 보완적으로 활용하는 공동소싱(co-sourcing)
	핵심 역량 자체형	핵심 역량 자체를 아웃소싱하여 경쟁에 노출시킴으로써 핵심사업의 경쟁력을 한층 강화하려는 아웃소싱

아웃소싱에서 업무혁신 외에 기업혁신도 기대된다 하더라도 아웃소싱에는 장점과 단점이 따르기 마련이다.

아웃소싱의 장점과 단점

장점	단점
• 기업의 비용절감 가능 • 조직의 핵심사업에 자원 집중 가능 • 인력의 효율적 운영으로 경영효율 극대화 가능 • 고정자산에 대한 투자 축소로 기업의 재무적 위험 회피 및 유동성 향상 가능 • 외부의 선도적 기술 및 경험 활용 가능 • 기업 환경과 기술 변화에 대한 적응력 및 조직의 유연성 강화 가능	• 기업 내부 인력의 직업 안전성 및 사기 저하 유발 가능 • 조직 요구에 신속하고 능동적 대응의 어려움 • 조직능력과 자체 기술력의 약화 및 상실 가능 • 아웃소싱 업체가 계약중단이나 계약파기 시 추가비용 발생 가능 • 기업의 보안 유지 어려움 • 의사소통 차질 시 조정 및 협력이 어려움

4.2 공항의 지상조업

항공분야에서 선호되는 대표적인 아웃소싱 사례가 항공사와 공항의 지상조업 (Ground Handling)[3] 분야이다. 1980년대부터 항공시장의 환경이 바뀌면서 저비용, 고효율의 경영구조와 규모의 경제를 이룬 대형 항공사의 출현과 경쟁 가속화 등으로 항공운송산업에서도 전략적 제휴가 활성화되면서 자연스럽게 전략적인 아웃소싱이 확산됐다.

세계의 공항 지상조업 서비스 시장 규모는 2018년 1,300억 달러 이상으로 평가됐다. 지상조업 산업은 항공사 및 공항 인프라의 확대를 촉진하는 항공 수송 수요를 고려하면, 2019년부터 2025년까지 연평균 성장률이 5% 이상을 웃돌 것이라고 한다.

항공기에 의한 지연, 수하물 안전 및 보안, 운영 효율성 확보를 위한 지상시간 단축 등의 요인이 항공기 지상조업 시스템 시장을 주도하고 있다. 또한 전 세계의 항공 교통량 증가로 비행 반복이 증가하여 효율적이고 효과적인 고객 서비스에 대한 수요가 발생하고 있다. 세계의 항공산업은 2011년 85억 달러에서 2018년 350억 달러 이상의 이익 가치로 증가했고, 2017부터 2036년까지 항공사 여객은 5%대 성장이 예상된다. 현재의 추세를 고려하면, 2036년에는 승객 수가 82억 명으로 두 배 늘어날 수 있다. 이러한 항공 교통량 증가는 지상조업 인력과 서비스의 역량 향상을 요구하기 때문에 지상지원장비 공급자와 판매자의 전망치도 높아질 것이다.

공항은 인프라를 개선하고 고객 경험을 향상하기 위해 지속적으로 업그레이드를 수행한다. 낮은 상품 가격, 안정적인 GDP 성장, 많은 승객 수요는 산업 성장을 자극하는 또 다른 주요 요인들이다. 또한 공항 인프라의 개선, 항공부문의 성장, 항공기 내 재래식 시스템의 대체 동향 변화 등이 제품 수요를 촉진하고 있다. 게다가 항공요금 절감과 함께 신흥국의 일인당 가처분 소득 증가는 항공기 지상조업 시스템 시장 침투에 긍정적 영향을 미치고 있다.

공항 운영자는 최소의 오류와 최대의 이익을 보장하기 위해 혁신적인 기술과 발전을 꾀한다. 예컨대 2016년 10월, 캐파(CAPA, 생산능력)에 따르면, 베트남공항공

---

3 항공분야에서 말하는 '지상조업'은 공항의 랜드사이드와 에어사이드에서의 고객 서비스 및 램프 서비스 기능을 포괄하는 항공기 비행 또는 항공기 지상 재배치, 비행 준비 및 종료 시 제공하는 광범위한 서비스를 의미한다. 항공기 지상조업은 지상에 있는 항공기와 (일반적으로) 공항터미널 게이트에 주기된 항공기의 서비스를 말한다. 케이터링에 사용하지 않은 음식과 음료를 항공기에서 하역하는 업무와 승객과 승무원을 위한 신선한 음식과 음료를 탑재하는 업무가 포함된다.

사(ACV)는 전 세계 관광객 유치를 위한 여객터미널 용량과 주차 공간을 개선하기 위해 160억 달러 이상을 책정했다. 이는 공급망 참여자들이 항공기 산업 성장의 촉진을 위해 램프 안전 개선에 집중하는 결과를 낳았다. 또한 공항 운영자는 첨단 기기와 시스템으로 다양한 직원 교육 프로그램을 수행하고 있다. 일례로 2017년 5월 국제항공 운송협회(IATA)가 방콕에 최초로 항공기 지상조업 업무용 가상현실 훈련 플랫폼인 RAMPVR[4]을 도입하여 항공기 지상조업 시스템 시장 확산에 긍정적 전망을 내놨다.

한편 소비자 행동의 변화, 초기 설정 비용과 함께 양질의 서비스에 대한 수요 증가 등의 과제는 산업 성장을 저해할 수 있다. 늘어나는 항공여행에 따른 견고한 기반시설에 대한 수요는 항공사들이 직면한 핵심 과제이다. 무거운 화물과 항공기 처리 시스템에 대한 막대한 투자는 항공기 지상조업 시스템 시장의 성장을 억제하는 역할을 할 수 있다. 예를 들어 조업장비는 평균 제품수명이 약 69년으로, 일정 기간이 지나면 교체해야 한다. 조업 시스템에 센서가 없으면 항공기 충돌로 이어져 상당

4 RAMPVR은 직관적인 사용자 인터페이스를 갖춘 '플러그 앤 플레이' 시스템으로, 특별한 인프라가 필요치 않고, 실내 개방 공간(이상적으로 3×3m), 한 교육생에서 다음 교육생으로 쉽고 빠르게 전환 가능한 기능이 있다. 그 외 자세한 내용은 다음을 참고 : https://www.iata.org/en/training/pages/rampvr

한 손실이 발생한다. 항공기 근접 탐지기를 포함한 센서의 구현은 효과적인 운영을 보장하고 충돌을 방지하며 시장 성장을 지원할 수 있다.

그럼에도 세계적으로 항공화물 수요가 증가하여 2018년 한 해 화물조업은 항공기 지상조업 시스템 시장 규모의 약 40%를 차지했다. 예컨대 2017년 IATA에 따르면, FTK(화물톤수)로 측정한 전 세계 항공화물 수요는 2016년 3.5% 이상에서 9% 이상으로 증가했다. 더욱이 2017년 국제공항협회(Airport Council International, ACI)에 따르면, 가장 붐비는 세계 20개 공항의 항공화물량은 2016년에 비해 6% 이상 증가했다. 이들 공항의 조업화물 총량은 약 5,000만 톤으로 전 세계 항공화물량의 41%에 달한다.

지역별 항공기 지상조업 시스템 시장으로 눈을 돌리면, 북아메리카는 장비 제조업체와 서비스 제공업체가 많아 항공기 지상조업 시스템 시장을 지배하고 있다. 운영 효율성에 초점을 맞추고 항공 승객들의 증가하는 수요를 충족시키는 것은 사업 성장의 촉진제가 될 것이다. 이 지역에서 가장 붐비는 공항은 애틀랜타 국제공항과 로스앤젤레스 국제공항이다. 이들 공항은 전 세계에서 가장 붐비는 공항 다섯 곳에 속한다.

독일, 프랑스, 영국, 러시아가 주도하는 유럽 항공기 지상조업 시스템 시장은 앞으로 상당한 진전을 보일 것이다. 경기 상승과 항공요금 인하가 이 지역의 성장을 견인하는 핵심 동인이다. 운영 안전을 보장하는 센서, 견인 없는 트랙터, 수하물 관리 시스템의 구현으로 업계의 기술 발전은 업계의 성장을 더욱 촉진시킬 것이다. 또한 민간부문의 투자가 증가하면서 공항 민영화도 사업 성장을 뒷받침할 것이다.

아시아 · 태평양 지역은 여행 경로 옵션의 증가와 지역 경제 확대에 힘입어 2025년까지 25% 이상의 수익 점유율을 차지할 것으로 예상된다. 인도와 중국 등의 시장 개방 등 새로운 개발로 세계 공항 지상조업 활동이 지속적으로 개선되고, 이 지역의 관광 활동 강화로 지역 수익이 크게 창출되고 있다.

멕시코, 브라질 등의 국가에서는 증가하고 있는 항공편 통근자들이 중남미 항공기 지상조업 시스템 시장 규모를 주도하고 있다. 이 지역은 FIFA 월드컵과 올림픽을 비롯한 주요 스포츠 행사 개최를 통해 항공산업이 크게 성장했다. 중동과 아프리카는 효율적이고 안전한 장비와 관련 규정 때문에 앞으로 꾸준한 성장을 할 것으로 전망된다.

그렇다면 한국의 경우는 어떠한가. 국적 항공사인 대한항공과 아시아나항공을 중심으로 시장이 양분된 국내 지상조업 시장은 사업면허가 신고제로 전환된 이후 진입장벽이 완화되면서 시장경쟁이 심화되고 있다. 그러나 이러한 경쟁심화에도 대한항공에서 발생하는 매출을 기반으로 한 캡티브 마켓[5] 확보로 대한항공은 안정적인 성장이 가능할 것이다.

특히 지상조업의 주요 사업장이 국내 공항이라는 점에서 M/S(Market Share, 시장점유율)가 높은 국적 항공사 계열의 지상조업 업체가 경쟁에서 유리할 수밖에 없다. 그러나 항공기 지상조업 사업면허가 1998년에 신고제로 전환된 이후 시장진입이 자유로워지고 2001년에 개항한 인천국제공항이 아시아지역 허브공항으로 성장하면서 세계 지상조업사가 등장함에 따라, 시장경쟁은 한층 더 심화되고 있다. 1996년에 설립된 스위스 지상조업 전문업체인 Swissport의 기업활동(IR, Investor Relations) 자료에 의하면, 전 세계 지상조업 시장에서 항공사 계열이 아닌 전문조업사가 차지하는 M/S 비중은 점차 확대되는 추세이다. 항공기 운항편수와 항공화물 수송량이 증가할수록 동사의 매출도 동반 성장하기 때문에 항공산업의 중장기 성장 가능성은 긍정적으로 작용할 수 있다.

공항의 지상조업은 업무에 따라 다음과 같이 구분된다.

- 화물조업 : 수출입 화물 상 · 하역 업무용 창고 · 장비 · 인력 · 서비스 제공
- 여객조업 : 출 · 도착 여객 안내 서비스(Wheel Chair Car, Ambulance Lift Car, Follow-me Service), 수하물 수속 업무
- 램프조업 : 항공기의 안전한 주기 및 출발을 위한 항공기 유도(전원 공급, 시동 지원, 객실 냉난방 지원, Push Back, Towing), 주기 중 화물 상 · 하역, 여객의 탑승 및 하기(Step Car, Ramp Bus), 수하물 상 · 하역, 강설 시 제설 · 제빙 · 방빙 작업 업무
- 운항조업 : 항공기가 출발지에서 도착지까지 운항 가능하도록 비행계획 수립 및 조종사에게 브리핑 업무

---

5 캡티브 마켓(Captive Market)은 소비자가 특정 제품 구매 시 선택할 수 있는 공급자의 수가 매우 제한되어 정해진 소수의 공급업자로부터 구입하거나 아니면 구입을 포기해야 하는 전속시장을 말한다. 캡티브 마켓의 존재는 특정 시장에서 독점이나 과점이 형성됐음을 뜻한다. 예컨대 A카드 회사의 고객에게 A자동차, A주유소 등 타 계열사의 상품을 할인된 가격으로 제공하여 A그룹 계열사 간 시너지 효과를 내고 결과적으로는 A그룹 전체의 수익을 증가시키는 계열사 간 내부시장을 뜻한다.

- 기내식 조업 : 기내식 업무
- 정비조업 : 항공기 정비 업무
- 보안조업 : 탑재되는 화물 및 수하물과 항공기 보안 업무
- 급유조업 : 항공기 급유 업무
- 기타 청소 : 객실 및 외부 청소 업무

과거에는 항공사 서비스 제공업체들이 지상조업 서비스를 운용했다. 하늘의 자유화(Freedoms of the Air)[6]는 새로운 기회를 열어주고 다양한 분야에 특화된 아웃소싱 업체들의 더 많은 시장 접근을 가능케 했다. 2017년에는 50% 이상의 서비스가 제3 제공자에 의해 이루어졌다. 미국은 산업의 약 65%가 주요 항공사의 자체 조업사에 의해 서비스된다. 각 공항과 국가가 산업 진출을 위해 마련한 독자적인 규정과 절차는 소규모 서비스 제공업체가 업계에 진출할 수 있는 비용 효율적 대안이 된다.

4.3 국내의 주요 지상조업사

1 한국공항(KAS)

한국공항은 1968년에 설립된 항공기 지상조업 전문업체이다. 대한항공이 59.5%의 지분을 보유한 한진그룹 계열사로, 항공기 지상조업 국내시장에서 M/S 1위를 점유한다. KAS의 매출 구성을 살펴보면, 항공기 지상조업, 화물조업, 급유, 용역 등을 포함한 항공운수 보조사업 부문이 총매출의 87.9%를 차지한다. 석회석 생산 및 판매 7.1%, 생수 3.2%, 축산물/농산물은 1.1%의 비중을 나타낸다.

이 회사의 주요 사업인 항공운송 보조사업은 항공기 지상조업, 항공화물조업, 항공기 급유, 항공기 용역 등으로 구분되며 자세한 내용은 다음과 같다.

- 항공기 지상조업은 항공기가 공항에 착륙해서 다시 이륙하기까지 항공기 인도

6 하늘의 자유는 여러 나라를 비행할 때 발생하는 각국의 이해관계 및 권리를 규명하고자 만든 개념으로, 기본원칙은 1944년 시카고 협약에서 확립됐다. 하늘의 자유에는 9가지가 있다. 제1~6의 자유는 항공협정을 통한 것이고, 제7~9의 자유는 자국의 항공산업을 보호하기 위한 것이지만, 오픈 스카이 개념 도입으로 타 국적 항공사에도 허용되고 있다.

항공기 지상조업에 관한 질문

- 2018년 항공기 지상조업 시스템 시장의 규모는 어느 정도였을까?
  ⇨ 1,300억 달러가 넘었다.
- 항공기 지상조업 시스템 산업은 예측 기간 동안 얼마나 성장할까?
  ⇨ 항공기 지상조업 시스템의 업계 점유율은 2019년부터 2025년까지 연평균(CAGR) 5% 성장할 것으로 전망된다.
- 향후 몇 년 동안 항공기 지상조업 시스템 시장을 주도할 것으로 예상되는 요인은 무엇일까?
  ⇨ 세계 항공 교통량이 급증하는 상황에서 지상시간 단축, 수하물 보안 및 안전, 지연 감소에 대한 추진력이 커지면서 시장 수요가 증가하기 때문이다.
- 항공기 지상조업 시스템 산업의 수익 증대를 촉진하기 위해 항공 화물은 어떤 사업으로 변화되고 있는가?
  ⇨ 전자 상거래 부문에서 부분적으로 야기된 세계 무역의 거대 성장은 항공화물 수요를 촉진시켜 세계적으로 화물 취급을 수익성 사업으로 확립할 것으로 예상된다.
- 아시아 · 태평양 지역이 수익 증대에 탁월한 기여를 하는 이유는 무엇일까?
  ⇨ 중국, 인도와 같은 국가의 자유화가 공항 전반의 지상처리 활동을 개선하고, 가처분 소득이 증가하여 지역의 관광부문이 향상됨에 따라 APAC는 탁월한 항공기 지상처리 시스템 시장 환경으로 두드러질 것으로 예상된다.
- 항공기 지상처리 시장에서 활동하는 주요 기업들은?
  ⇨ Swissport, SATS, John Menzies, Bhadra, Celebi, Air + Mak 및 Dnata 등이 대표적인 시장 주자들이다. 업계에서 주목받고 있는 또 다른 회사로는 CargoTec, Cavotec SA, PrimeFlight, RampSnake, JBT AeroTech 등이 있다.

및 유도견인, 화물 및 수하물 상 · 하역, 조업장비 지원, 항공기 객실 및 외부 청소, 제설 · 제빙작업 등 항공기 운항에 필요한 제반 사항을 지원하는 업무이다. 항공기종에 따라 조업단가를 산정하는 패키지 형태의 계약이 이루어진다.

- 항공화물조업은 수출, 수입, 통과 화물을 구분하여 적재, 분류, 인도하거나 화물터미널에 보관, 관리하는 업무이다.
- 항공기 급유는 항공사와 정유사 간에 체결된 구매계약에 따라 이루어지는 급유용역이다. 항공유를 직접 구매하여 판매하는 상품판매도 일부 포함된다. 항공운수 보조사업 중 수익성이 가장 높다.
- 항공기 용역은 기내식 생산 및 운반, 항공기 정비용 장비에 대한 점검 및 수리 업무 등을 지원하는 것이다.

전반적으로 항공운송 보조사업은 항공기 운항편수, 화물 물동량, 유류 사용량 등에 비례하여 매출이 증가하므로 항공수요, 항공 자유화, 공항 인프라 확대 등 항공산업 성장과 밀접한 관련이 있다.

항공기 지상조업 시장의 주요 고객은 항공사이다. 따라서 국내 지상조업 시장은 국적 항공사의 계열사인 한국공항(대한항공)과 아스공항(현 아시아나 에어포트)을 중심으로 시장이 양분된다. 특히 지상조업의 주요 사업장이 국내 공항이라는 점에서 M/S가 높은 국적 항공사 계열의 지상조업 업체가 경쟁에서 유리할 수밖에 없다.

그러나 항공기 지상조업 사업면허가 1998년 신고제로 전환된 이후 시장 진입이 자유로워지고 2001년에 개항한 인천국제공항이 아시아 지역 허브공항으로 성장하여 세계 지상조업사가 등장하면서 시장경쟁은 심화되고 있다. Swissport의 기업활동(IR) 자료에 의하면, 전 세계 지상조업 시장에서 항공사 계열이 아닌 전문조업사가 차지하는 M/S 비중은 점차 확대되는 추세이다. 항공기 운항편수와 항공화물 수송량이 증가할수록 매출도 동반 성장하므로 항공산업의 중장기 성장 가능성은 긍정적으로 작용할 수 있다.

2 아시아나 에어포트(Asiana Airport)

공항 서비스를 제공하는 지상조업사로, 금호아시아나그룹의 계열사이다. 1988년 2월 17일에 창립되어 아시아나항공을 비롯한 30여 개의 외국 항공사에 지상조업, 화물조업, 항공기 급유 등을 전문적으로 서비스한다. 인천국제공항을 중심으로 김포,

부산, 제주국제공항의 4개 지점과 광주, 진주, 무안, 여수공항의 4개 영업소를 운영하고 있다.

2011년 4월에 항공기 운항정비업에 진출했고, 2012년 9월에 인천국제공항 급유시설 운영권을 인천국제공항공사로부터 낙찰받아 2012년 10월부터 운영 중이다. 사업 분야로는 다음을 들 수 있다.

- 지상조업 : Ramp Service
- 화물조업 : Cargo Service, 인천국제공항 C&D(Connect & Development, 기업 간 기술연계를 통한 기술혁신) 화물터미널 운영
- 급유조업 : Fueling Service, 항공유 품질 점검
- 항공기 운항 정비 : Line Maintenance
- 인천국제공항 급유시설 운영 : 항공유 입하 및 출하 관리

3 스위스포트 코리아(Swissport Korea)

스위스 취리히에 본사를 둔 다국적 기업으로, 세계 1위의 항공기 지상조업사인 스위스포트인터내셔널의 한국법인이다. 인천국제공항에 취항하는 다수의 외국 항공사에 지상조업, 화물(창고), 승객 등 다양한 멀티서비스를 제공한다. 델타(2013년 11월 항공여객조업 개시), 캐세이퍼시픽(2003년 7월 항공여객조업 개시, 2006년 4월 화물조업 개시), 루프트한자(2001년 3월 여객 및 지상조업 개시, 2005년 화물조업 개시), 아랍에미리트(2008년 10월 화물조업 개시, 2009년 4월 항공화물조업 개시), 카타르 외에도 항공화물 및 특송 분야의 세계적 기업인 페덱스까지 아우르는 다양한 고객사를 확보하고 있다.

대형 항공사의 지상조업과 경쟁가능한 근거는 '고객 맞춤형(Customizing)' 전략이다. 인천공항을 이용하는 외항사들의 요구를 매뉴얼로 만들어 제공했고, 첫 고객사 루프트한자에 차별화된 서비스를 실행한 덕분에 '캐세이퍼시픽'을 유치할 수 있었다. 최근에는 필리핀 국적 항공사인 필리핀 항공(2010년 9월 항공화물조업 개시, 2018년 2월 항공여객조업 개시)과 베트남 최초 민영 항공사인 '비엣젯'(2018년 8월 항공여객조업 개시)도 새로운 고객이 됐다. 스위스포트코리아를 이용하는 외국 항공사는 꾸준히 증가하는 추세이다.

4 샤프 에비에이션 케이(Sharp Aviation K)

지상조업 및 항공운송 서비스 전문 국내 기업이다. 현재 국내 7개 공항에서 국내 LCC와 해외 항공사의 항공여객, 항공화물, 항공정비, 항공조업 관련 업무를 담당한다. 최신 장비와 경험을 토대로 매일 50대 이상의 항공기에 정비 서비스를 제공하고 있다.

항공업에는 1964년에 미국 노스웨스트 항공의 항공권 판매 총판을 맡으면서 입문했다. 1969년에 '샤프 항공'을 설립하여 항공기 지상조업 및 항공기 정비업을 맡기 시작했다. 1995년에 '샤프'로 사명을 변경하고, 인천국제공항을 중심으로 김포국제공항, 김해국제공항 등 국내 전역으로 활동 범위를 확대했다. 2002년, 멘지스가 한국에서 철수하면서 면허를 인수했고 2012년에는 샤프 항공에서 '샤프 에비에이션 케이'로 다시 사명을 바꿨다.

2008년, 세계적인 항공화물회사 아틀라스 항공(IATA : 5Y, ICAO : GTI)과의 합작투자로 인천국제공항에 3800여 평 규모의 첨단 AACT 화물터미널(Atlas Air Cargo Terminal)을 건설하여 연간 20만 톤의 화물 처리가 가능하다. 2017년에는 인천국제공항에 항공기 정비 및 점검을 위한 격납고를 만들어 운영 중이다. 핵심 사업 분야는 다음과 같다.

- 램프 지상조업 : 수하물 분류, 기내 청소, 수하물 및 화물 상 · 하역 서비스, 항공기 유도, 항공기 푸시백 및 토잉 서비스, 항공기 제 · 방빙 서비스 제공
- 정비사업 : 인천, 김해공항에서 항공기 정비 서비스 제공, 각 사업장별 장비정비 부문 운영, 항공화물 탑재용기 수리 및 조립
- 여객 지상조업 : 탑승수속, 출입국관리 서비스, 수하물 처리 및 추적 서비스, 분실물 서비스, 기타 여객 편의 서비스
- 화물사업 : 수출입 운반화물 접수 및 반출, 수출입 화물 제반 서류처리 서비스, 항공화물 무게와 균형 등 감안한 적재설계
- 급유사업 : 인천, 김포공항에서 항공기 급유 서비스 제공

지상조업은 화물과 케이터링을 포함한 항공기 조업과 여객 관리를 담당하는 여객 조업으로 나뉘는데, 샤프는 모든 조업이 가능하다. 그런데 항공기 조업은 고가의 장비들이 필요하고, 이런 장비들을 각 회사가 모두 보유하면 비용이 커져서 고가의 장

비들이 필요한 업무들은 외주에 위탁하는 식으로 역할이 분담되기도 하는데, 샤프는 고가의 장비들을 보유하고 이런 회사들의 위탁 업무를 수행하고 있다. 예컨대 하와이안 항공(IATA : HA, ICAO : HAL)에서 여객 수속은 금호아시아나 계열사인 KA가 맡고, 항공기 조업은 샤프가 담당한다. 중국동방항공(IATA : MU, ICAO : CES)은 KA가 여객 서비스를 핸들링하지만, 스카이팀 관련 업무는 대한항공에서 맡고 있다.

물론 계열사라고 모든 업무를 이관하는 것은 아니다. 대한항공은 여객서비스 업무 중 하나인 '한가족서비스'는 에어코리아에서 분리하여 아웃소싱 전문업체인 '유니에스'에 일임한다. 또한 이스타포트는 아직 여객서비스만 담당하고, 동보공항서비스는 LCC 위주로 업무를 분담한다. 그래서 이 회사를 이용하는 일부 항공사의 서류상 공식 지상조업 협력사는 각 사의 지상조업 자회사이지만, 공항에서는 이 회사가 사실상 대부분의 지상조업 업무를 수행하는 경우가 많다.

5 제이에이에스(Jeju Air Service, JAS)

2001년 9월에 DJ Service라는 이름으로 설립되어 인천공항의 화물 전세기 지상조업 업무를 시작했다. 2004년 6월에 새로 설립된 '동보공항서비스'가 이 회사를 인수한 후 한층 차별화된 지상조업 서비스를 시작했다. 제주항공이 2017년에 인수하여 사명을 '제이에이에스'로 바꿨다.

JAS는 대한항공의 조업 업무를 담당하는 한국공항(KAS)과 아시아나항공의 아시아나에어포트(AAP)에 이어 여객서비스와 화물하역을 포함한 종합 지상조업 업무를 수행하는 국적 항공 자회사로 출범했다.

JAS는 제주항공과 외국 항공사를 대상으로 여객부문 카운터 발권 및 수속 서비스, 램프부문 수하물 서비스, 화물조업 서비스, 전세기 조업 서비스 등을 수행하고 있다.

4.4 해외의 주요 지상조업사

1 Amadeus IT Holding SA

세계 최고의 지상조업사 중 하나이다. Amadeus는 원래 1987년 에어프랑스, 이베리아 항공, 루프트한자 항공, 스칸디나비아 항공이 여행사 및 소비자와 실시간으로 콘텐츠를 연결하기 위해 만든 중립 글로벌 유통 시스템(Global Distribution System, GDS)이었다. Amadeus 시스템은 초기에 기능적으로 항공사 예약 전용으로 사용되고 승객의 여행파일인 PNR(승객예약기록)로 주로 사용됐다. 수년 동안 PNR은 추가 여행 산업에 개방됐다.

Amadeus는 스페인 마드리드(기업 본사 및 마케팅), 프랑스 소피아 안티폴리스(제품 개발), 영국 런던(제품 개발), 네덜란드 브레다(개발), 독일 에르딩(데이터 센터), 인도 방갈로르(제품 개발)에 본사가 있고, 보스턴, 방콕, 부에노스아이레스, 마이애미, 두바이, 이스탄불, 싱가포르, 시드니에 지사를 두고 있다. 시장 수준에서 Amadeus는 195개 국가에 걸쳐 173개의 현지 Amadeus Commercial Organization(ACO)을 통해 고객 운영을 유지하고 있다. Amadeus 그룹은 전 세계적으로 2020년 19,000여 명의 직원을 고용하고 있다.

상식 **CRS와 GDS**

CRS

컴퓨터 예약 시스템(Computerized Reservations System)의 약어이다. 미국 아메리칸 항공에서 1964년에 만든 세이버(SABRE)가 시초이며, 당시에는 항공 업무 자동화를 위해 항공사 측에서 개발한 전산 예약 시스템이었지만, 최근에는 항공 외에 호텔 및 렌터카, 정보제공 등으로 영역을 확대함에 따라 '여행 관련 종합 서비스용 전산 예약 시스템'으로 변신했다. 국내에서 주로 사용되는 토파스 시스템은 CRS로, 애바카스, 월드스팬, 갈릴레오처럼 해외에서도 많이 사용되는 시스템은 GDS로 불린다.

GDS

Global Distribution System의 약어로, 세이버가 각 여행사 대리점들에 설치되면서 업무 자동화와 항공권 판매 증진 등이 촉진됨에 따라 각 항공사마다 경쟁적으로 CRS를 개발하기 시작했다. BR, SR, AZ, KL 등 유럽 항공사들이 만든 아마데우스, CX, SQ, AZ, KL 등 동남아시아 기반의 항공사들이 연합한 애바카스 등이 대표적이다. CRS 운영 여행사는 모든 항공사의 스케줄, 예약, 발권 외에 호텔, 렌터카 예약 업무도 수행한다.

2 Aviapartner Group

1949년에 Herfurth Air Services라는 이름으로 시작하여 1960년대 후반에 'Belgavia'

로 발돋움한 Aviapartner는 세계에서 둘째로 우수한 지상조업사이다. 벨기에, 프랑스, 독일, 이탈리아, 스페인, 네덜란드의 37개 공항에서 항공기 지상조업 서비스를 제공하는 벨기에 회사이다. 서비스를 제공하는 공항에는 암스테르담, 브뤼셀, 밀라노, 뒤셀도르프, 로마, 니스, 툴루즈, 말라가가 있다. 지상조업 서비스 분야와 업무는 다음과 같다.

- 승객조업(Passenger Handling) : 체크인, 발권, 탑승 지원, 수하물 분실물 서비스, 장애인 승객 지원, 승객 지상 운송
- 램프조업(Ramp Handling) : 램프에 있는 항공기의 수하물 및 화물의 적재 · 하역, 항공기를 위한 지상 전력 공급, 청소, 물 및 위생 서비스, 화물 및 수하물을 터미널로 이송, 항공기에서 터미널 · 호텔로 승무원 이송, 푸시백 및 토잉, 헤드셋 사용, 항공기 제빙
- 트래픽 작업(Traffic Operations) : 비행 문서 준비, 지상–항공 통신, 중량 및 균형 계산, 로드(적재) 시트 설정, 승무원 브리핑, 비행 감독
- 화물조업(Cargo Handling) : 창고, 팔레티아징(Palletizing), 수출입 절차, 통관, 화물 운송 서비스
- 택배조업(Courier Handling) : 다른 창고 및 항공기의 택배 및 특급 발송물 전송, 브뤼셀 공항 택배 센터에서 운영되는 특송 항공편 처리

3 BBA Aviation plc

세계에서 셋째로 우수한 지상조업사로, 영국 런던에 본사를 둔 영국의 다국적 항공 서비스 회사이며 런던 증권거래소에 상장되어 있다. 2000년에 Mintex 브레이크 패드 사업부를 3억 8,900만 파운드에 매각하면서 큰 차익을 얻었다. 또한 2000년 Oxford Aviation을 인수하면서 비행 훈련으로 다양화됐다. 다음 해에는 미국의 Aircraft Service International Group(ASIG)을 인수하여 상업용 지상조업 시장에서 그룹의 입지를 배가시켰다. 2021년 8,000여 명의 직원을 고용하고 있다.

4 Çelebi Ground Handling Inc(Çelebi Aviation Holding)

세계에서 넷째로 우수한 지상조업사이다. 1958년 터키 최초의 민간 소유 지상조업 서비스 회사인 Çelebi Ground Handling을 설립하여 항공산업에 발을 들였다. 오늘

날 이는 터키 민간 항공산업에서 가장 성공적인 통합 서비스 중 하나로, 세계적 수준의 지상조업 범위(램프서비스)에서 항공기 주기, 항공기 적재 및 하역, 수하물 처리, 승객 및 승무원 운송, 항공기 견인, 항공기 내부 및 외부 청소, 냉난방 서비스, 화장실 및 수도 서비스, 기상 조건이 필요할 때 항공기 제빙조업 등의 서비스를 제공한다.

5 Dnata

Dnata, 즉 Dubai National Air Transport Association은 세계에서 다섯째로 우수한 지상조업사이다. 5개 대륙에 걸쳐 항공기 지상조업, 화물, 여행, 항공 케이터링 서비스를 제공하는 세계 최대의 복합 항공 서비스 공급 업체 중 하나이다. Dnata는 두바이 국제공항에서 승객, 화물, 램프 및 기술 서비스를 담당하는 6,500명 이상의 직원이 있으며, 전 세계적으로 84개국의 공항에 공항 서비스를 제공한다.

5. 공항 경영 사례 : 네덜란드 스히폴 공항

스히폴 공항은 업무도시 · 물류단지 등 주변지역과 공항의 개발이 효과적으로 연계된 대표적 사례에 속한다. 네덜란드 암스테르담 남서쪽으로 15km에 위치한 스히폴 공항은 1998년 세계 최초로 '공항도시(Airport City)'라는 콘셉트로 네덜란드의 수도 공항이자 유럽의 관문으로 급성장했다.

스히폴 공항은 1916년에 군용 비행장으로 시작하여 1920년에 항공사로 첫 운항을 시작했고, 1967년에 지금 공항의 모습을 갖췄다. 현재는 대한항공과 아시아나항공을 포함하여 110개 항공사가 전 세계 87개국 267개 도시를 연결하고 있다.

12년 전 스히폴 공항은 공항도시 개념을 도입하면서 이른바 '스히폴 업무도시'로 탈바꿈하기 시작했다. 스히폴 공항은 유럽의 여러 도시들과 빠르게 연결되는 편리한 접근성이 강점이다. 공항에서 바로 연결되는 스히폴 기차역에서 암스테르담 중앙역까지 이동시간은 단 15분에 불과하며, 화물 역시 도로와 철도를 통해 대략 2~3일, 늦어도 6일 이내에는 유럽 최장거리까지 이동할 수 있다. 이처럼 접근성이 확보되자 국제회의장 · 호텔 · 상가 · 통신센터 등 151만m^2 규모의 업무도시가 형성됐고, 국제 경영 · 교류의 거점이 되어 네덜란드에서 활동하는 8,000여 개의 외국 기업들 중 상당수가 공항 주변에 자리 잡았다. 또한 배후 물류단지(Cargo World Schiphol)

fokke baarssen / Shutterstock.com

에는 화훼 수출입 및 전자제품 등 글로벌 물류기업 및 제조기업이 입주하고 공항도시로부터 회랑으로 확장되어 공항과 도시의 연계개발이 이뤄지고 있다.

1 박물관 · 카지노 · 호텔 등 모든 것을 갖춘 공항

2012년 초부터 공항 측과 KLM 항공이 제휴해 승객 스스로 수하물을 자동화된 기기에 넣어 부치는 '무인 수하물 위탁(Self Baggage Drop)' 시스템이 가동되고 있다. 대다수 공항이 좌석을 셀프 체크인(Self Check-in)하는 시스템은 갖추고 있지만 수하물은 여전히 줄을 서서 직원을 대면한 채 체크인해야 한다. 이는 세계 공항 평가에서 7년 연속 1위에 선정된 인천국제공항도 2013년에 처음 시범 도입을 계획한 후 제2 터미널 개항과 더불어 본격적으로 가동 중인 서비스이다. 스히폴 공항은 유럽 최초로 이 자동기기 12대를 공항에 설치하여 '체크인 전(全)자동화' 시스템을 구축했다.

직항여객 수요가 많지 않은 스히폴 국제공항은 생존전략으로 기발한 시도도 하고 있다. 환승 대기시간 동안 잠시 눈을 붙이고 싶어하는 승객들을 위해 공항터미널 안에 특급 수준의 호텔 2개를 이미 2013년도에 개장했고, 공항터미널 로비 한복판에는 저렴한 가격으로 마사지를 받을 수 있는 '셀프 스파 기기'까지 마련했다. 이곳에서는 5분당 1유로(약 1,400원)만 내면 아쿠아 마사지 기계에 몸을 맡기고 원하는 만큼 피로를 풀 수 있다. 또한 환승객들을 위한 도서관을 마련하여 전자책과 음악을 모두 무료로 내려받을 수 있게 했다.

2 KLM의 별난 마케팅

유럽 항공사들은 특히 단거리 노선에서 승객들을 다 채우지 못해 적자를 내는 곳이 많다. 수익성 제고를 위해 이들이 꺼내든 비장의 카드는 '세분화(Segmentation)'와 '맞춤화(Customization)' 전략이다.

KLM은 미혼 남녀 고객을 대상으로 '중매'도 한다. 페이스북을 통해 탑승 전에 미리 승객들의 사진을 보고 교류할 수 있게 하고 옆 좌석에 앉고 싶은 사람을 선택할 수 있도록 하는 '데이트 매칭 서비스'이다. KLM은 일본, 중국, 프랑스, 이탈리아 등 7개 언어로 이 서비스를 페이스북에 운영 중이다. 젊은 고객을 한 명이라도 더 유치하려는 아이디어 마케팅이다.

또 탑승 당일에 남는 비즈니스 좌석을 이코노미 승객들에게 경매에 부쳐 판매하는 시스템도 이미 2013년부터 도입했다. 이코노미 승객들이 예약할 때 미리 비즈니스 좌석이 남을 경우 얼마를 더 지불할 의사가 있는지를 적어내면 탑승 당일에 가장 높은 가격을 적어낸 순서대로 좌석을 바꿔준다.

3 공항의 운영주체

- 명칭 : Schiphol Group
- 형태 : 특별법에 따라 설립된 공기업(주식 지분 비율 : 정부 75.8%, 암스테르담 시 : 21.8%, 로테르담 시 : 2.4%)

4 공항의 편의시설

- 라운지 : 항공사에서 운영하는 라운지들이 있다.
- 컨퍼런스 센터 : 'Exchange Avenue'에는 최소 2명부터 최대 80명까지 수용할 수 있는 6개의 방, 14명까지 수용 가능한 4개의 회의실, 유연하게 레이아웃할 수 있는 2개의 방이 있다. 컨퍼런스 센터는 비즈니스 미팅이나 리셉션 파티에 적합하며 'Spaces Lounge' 비즈니스 센터도 있다.
- Meet & Assist 서비스 : 'ACompany'에서 운영하는 서비스로 도착, 출발, 환승

여객이 모두 유료로 이용할 수 있으며, 직원이 공항에서 여객을 맞이하여 출발 및 도착에 필요한 모든 절차들을 도와준다. 또 스히폴 공항 투어도 진행한다.

- 유아 휴게실 : 유아들을 목욕시키거나 수유할 수 있는 공간으로 아기 침대가 있으며, 부모들을 위한 편안한 의자도 설치되어 있다.
- 어린이 놀이방 : 미끄럼틀, 레고, 닌텐도 게임을 할 수 있으며 디즈니 프로그램이나 그 외 만화 프로그램을 시청할 수 있다.
- 자동 제세동기 : 공항 내에 55여 대의 자동 제세동기가 비치되어 있다.
- 샤워시설 : 공항 내 Mercure 호텔에 있는 샤워시설을 이용할 수 있으며, 요금은 타월, 비누, 샴푸 사용료가 포함된 EUR 12.50이다.
- 전망 테라스 : 항공기들의 멋진 풍경을 볼 수 있는 곳으로 동계에는 오전 9시부터 오후 5시, 하계에는 아침 7시부터 밤 8시까지 운영한다.
- 항공기 관람 : 정해진 활주로 지역에서 이착륙하는 항공기의 모습을 가까이에서 볼 수 있다.
- 박물관 : 공항 내 E와 F 피어형 탑승동 사이에 있다. 2002년 12월에 개관했고, 황금시대 때 네덜란드 거장들이 그린 작품 10점이 전시되어 있다. 터미널 안에 박물관이 있는 최초의 공항이다.
- 특별한 전화기 : 수하물 지역에 있는 여객과 도착장에서 여객을 기다리는 사람은 같은 유리창에 각각 설치된 전화기를 통해 서로 이야기할 수 있다. 2대의 전화기가 있으며 무료이다.

CHAPTER

10

공항의 마케팅

1. 마케팅의 목적

마케팅은 기업이 개발한 계획과 소비자의 행동에 영향을 미치도록 특별히 고안된 계획에 기초하여 수행되는 활동이다. '소비자'는 일반적으로 구매하는 개인을 지칭하지만, 회사의 대상 고객을 지칭할 수도 있다. 실제로 공항을 포함한 일부 회사들은 선의의 창출을 위해 또는 지원을 촉진하기 위해 마케팅에 관여할 수 있다. 회사는 아무 것도 팔지 않아도 마케팅이 도움이 될 수 있다. 마케팅은 고객의 니즈를 파악하고 이해하며 고객에게 만족감을 주고 생산자와 이해관계자에게 이익을 주는 솔루션을 만드는 기술이다.

일련의 마케팅 과정이 추구하는 궁극의 목표는 고객 만족이다. 고객의 요구를 적절히 이해하지 못한다면 회사가 고객 만족을 제공하기는 어려울 것이다. 기업은 마케팅에 기대어 현 고객과의 관계를 강화하고 자본화할 새로운 목표 시장을 창출할 것이다. 가장 중요한 것은, 마케팅 담당자가 아닌 고객이 주로 무엇을 필요로 하고, 무엇을 추구하며, 무엇을 구매하고자 하는지를 결정한다는 것이다. 비록 능란한 마케팅이 충동구매 욕구를 자극하더라도, 일반적으로 고객은 특정 니즈와 욕구를 지니며, 그러한 니즈와 욕구를 확인하고 충족시키는 것이 바로 마케팅이다.

고객 유치와 유지에 초점을 맞춘 소매업체와 달리, 공항은 서비스하는 많은 이해당사자에게 초점을 맞춰야 한다. 즉 공항들 간의 마케팅 접근법은 대상이 되는 이해당사자들에 따라 상당히 다를 수 있다. 그러나 포괄적인 마케팅 전략을 활용하든, 아니면 신문에 광고를 게재하든, 모든 마케팅 접근법에는 공통점이 있다. 여기서는 공항에 공통적으로 적용 가능한 마케팅의 개념과 사례를 살펴본다.

2. 마케팅의 기초

공항은 고객의 요구를 충족시키고 고객을 만족시키기 위해 세입자, 항공 승객 및/또는 지역사회에 초점을 맞춰야 하는 독특한 상황에 있다. 실제로 공항은 마케팅을 활용하여 지역사회, 승객[1], 환송객(Meeter) 및 환영객(Greeter), 현존 및 잠재 세입자,

1 출발 승객(Enplaned Passenger), 도착 승객(Deplaning Passenger), 경유 승객(Transit Passenger), 환승 승객(Transfer Passenger) 등이다.

마케팅과 홍보의 차이점은?

마케팅의 목표는 시장 점유율을 얻는 것이다. 그래서 마케팅 계획은 제품과 가격, 장소, 판촉 등 전반적으로 판매 증진을 위해 설계된다. 즉 마케팅은 고객을 확보하고 더 많이 구매하도록 설득하고 회사 제품의 전반적인 시장 점유율 향상에 초점을 맞춘다.

반면에 홍보(Public Relations, PR)는 말 그대로 널리 알린다는 뜻이다. 홍보는 마케팅과 달리 마인드 셰어(Mind Share)를 추구한다. 홍보 메시지는 본질적으로 소비자의 마음속에 회사의 이미지나 네임, 제품, 서비스, 아이디어 등을 긍정적으로 각인하는 것을 겨냥한다. 그래서 미국의 PR 협회도 홍보를 "조직과 그 공중 간에 서로 유익한 관계를 형성하는 전략적인 커뮤니케이션 과정"으로 정의한다.

나무에 비유하면, 나무의 뿌리, 즉 회사의 전반적인 이미지를 소비자에게 전달하는 과정은 홍보이고, 건강한 뿌리를 토대로 나무가 잘 자라서 고품질의 좋은 과일을 맺으면 그 과일에 가격을 책정하고 어디에서 누구에게 팔 것인지 그리고 어떻게 많이 팔 수 있는지를 정해서 수행하는, 간단히 말해 상품의 판매 과정이 마케팅이다. 홍보와 마케팅의 차이를 기능, 대상고객, 성공기준의 세 가지로 정리해보자.

첫째, 홍보의 기능은 핵심 대중과 우호적 관계를 구축하는 것이고, 마케팅의 기능은 시장 조사 및 광고를 포함하여 제품이나 서비스를 홍보하고 판매하는 것이다.

둘째, 마케팅의 대상은 고객이다. 마케팅 담당자는 고객의 요구를 충족시키기 위해 노력한다. 반면에 홍보의 대상은 고객을 비롯해 미디어, 프로슈머, 투자자, 공급자, 사내 직원 등 매우 다양하다.

셋째, 마케팅 캠페인은 판매 목표를 달성하고 이익과 높은 투자수익률(Return on Investment, ROI)을 달성하는 데 목적이 있다. 반면에 홍보 전문가는 주요 잠재 고객과 상호 유익한 관계를 형성하는 것을 성공으로 정의한다.

그 외 다양한 사업 전망을 가진 관계자들을 비롯해 여러 이해 관계자들에게 다가갈 수 있다. 이러한 다양한 집단에 대한 공항 마케팅의 정당성은 다음과 같다.

지역사회

- 공항에 대한 호의와 지지를 얻는다.
- 공항에 대한 인식과 공항이 경제에 미치는 영향을 제고한다.

승객

- 공항 서비스의 가용성을 전달한다.
- 공항 뉴스 및 이벤트에 관한 정보를 전달한다.

환송객과 환영객

- 주차 서비스에 관한 정보를 전달한다.
- 차량의 접근과 순환에 영향을 미칠 수 있는 공항 건설 프로젝트에 관한 정보를 전달한다.
- 면회자와 환영객이 활용할 수 있는 컨세션 정보를 전달한다.

현존 세입자

- 공항자본 개발계획에 대한 지지를 얻는다.
- 수수료, 요율, 요금의 재정적 근거를 전달한다.
- 신규 노선, 항공기, 항공사의 서비스를 포함해 세입자의 새로운 서비스에 동기를 부여한다.
- 현존 임차인을 보유한다.

잠재 세입자

- 새 항공사 서비스를 비롯해 세입자의 새로운 서비스를 장려한다.
- 공항시설, 수수료, 서비스 및 입주(임차인) 상품/서비스의 잠재 시장에 대한 정보를 전달함으로써 새로운 세입자들을 공항으로 끌어들인다.

사업 전망

- 공항 투자를 창출한다.
- 공항시설 및 서비스의 이용을 장려한다.

3. 마케팅 계획 개발

공항 마케팅 계획을 준비하는 데는 상당한 집중과 노력이 필요하다. 잘 설계된 경우라면, 적절히 개발된 공항 마케팅 계획에는 다음 질문들의 답이 제시되어야 한다.

- 마케팅 목표는 무엇인가?
- 표적으로 하는 대상은 누구인가?
- 공항이 전달하고자 하는 메시지는 무엇인가?
- 공항은 어떤 통신수단을 이용하여 표적 대상들에게 다가갈 것인가?
- 어떤 인력과 재정 자원이 그 노력을 지원할 것인가?
- 공항은 성공을 어떻게 측정할 것인가?

세우지도 못할 계획이라면 실패할 계획이라고들 한다. 이러한 지혜는 마케팅에도 적용될 수 있다. 계획이 없다면, 공항은 '어둠 속에서' 총격을 당할 것이고 비효율적인 마케팅으로 귀중한 자원을 낭비하게 될 것이다. 본질적으로, 마케팅 계획은 마케팅 노력으로 성공을 실현하려는 것이다. 복잡한 과정은 아니지만, 마케팅 계획 수립에는 6가지 단계가 필요하다.[2]

- 단계 1. 목표와 대상을 결정한다 : 미션과 비전
- 단계 2. 자원을 평가하고 강점–약점–기회–위협(SWOT)을 분석한다 : 시장 환경 분석
- 단계 3. 필요에 따라 목표와 대상을 수정한다 : TOWS 분석[3]에 기초한 전략 과제 도출
- 단계 4. 시장을 세분한다 : 시장 세분화 전략

---

2 참고 : Prather, K. A.(2009), Our Current Understanding of the Impact of Aerosols on Climate Change, Chemsuschem, 2(5), 377-379.

3 샌프란시스코 대학의 하인츠 웨이리치(Heinz Weihrich) 교수가 SWOT 분석을 응용하여 만든 것이다. TOWS 분석은 내부 분석(S, W)을 앞세운 SWOT 분석과 달리 외부 분석(T, O)을 앞세운다. 회사 내부를 살피는 것에 우선하여 외부 환경을 먼저 살펴야 한다는 뜻이다. TOWS 분석은 외부 환경 분석에 중점을 두고 '어디서 싸워야 쉽게 이길 것인가?'에 주목한다. 즉, 기업이 이익 창출에 적합한 시장과 시장 내의 위치를 먼저 결정(Positioning)하고 그 포지션에 적합한 내부 역량을 살피는 것이다. 반면에 SWOT 분석은 내부의 역량 분석에 중점을 두고 '어떻게 싸워야 쉽게 이길 것인가?'에 주목한다. 즉, 기업이 지닌 강점과 약점에 근거하여 경영전략을 세우는 것이다.

잭슨 카운티 공항의 마케팅 전략

잭슨 카운티 공항

이 공항은 1927년 지역 산업가 Wiley Reynolds와 그의 아내가 160에이커의 토지를 시립 공항으로 사용하기 위해 잭슨 카운티에 기부하면서 창설됐다.

레이놀즈 필드는 다른 대부분의 일반 항공 공항들과 마찬가지로 경기 침체, 항공 연료 가격 상승, 그리고 전반적으로 경영 환경 침체라는 좋지 않은 영향을 받았다. 이에 공항의 마케팅 계획은 자문위원회를 통해 현재와 미래의 공항 관련 사업과 함께 공항의 비즈니스 환경을 개선하기 위한 방법이나 아이디어에 대한 폭넓은 의견을 얻는 데 목적이 있었다.

협의회는 이슈 분석과 SWOT 분석을 실시하는 것 외에 공항 레스토랑에 설문조사를 실시해 공항 고객들로부터 77건의 설문조사 자료를 수집했다. 그 결과 마케팅 전략들이 다음을 포함한 이 마케팅 계획의 일부로 개발됐다.

1. 파트너십과 협력 노력을 장려하고 강화한다.
   A. 공항 이벤트와 기존 커뮤니티 이벤트, 예를 들어 EAA 팬케이크 아침 플라이인과의 장미 축제와 협력한다.
   B. 공항 사업자는 서로 협력한다. 공항 레스토랑과 스카이웨이 항공은 두 업체를 모두 후원하기 위해 상호 할인을 해준다.
   C. 공항사업은 지역사회 행사와 협력한다.
2. 젊은이들에게 공항 행사와 항공 행사에 참여하도록 권장한다.
3. 공항을 특별행사 개최지와 지역사회 모임 및 모임 장소로 운영한다.
4. 공항 브랜드 창출을 위한 '브랜드 연구'(예 : '빅 리틀 공항')에 착수한다.
5. 주요 공항 입구에 있는 현대식 전광판의 타당성을 조사한다.
6. 항공기 임대 및 경량 스포츠 항공기 판매와 교육을 제공하는 기반 사업의 가용성을 장려한다.

비록 이 계획은 소규모 잭슨 카운티 공항을 대표하지만, 작은 공항조차도 서비스 및 지역사회에 대한 공항의 이점을 홍보하는 데 전략적일 필요가 있다.

- 단계 5. 표적 시장을 선정한다 : 목표 시장 전략
- 단계 6. 특정 잠재 고객을 겨냥한 독특한 마케팅 믹스를 구축한다 : 마케팅 믹스 전략
  - a. 상품 또는 서비스 전략 – 소비자
  - b. 가격 전략 – 비용
  - c. 유통 전략(장소) – 편의성
  - d. 촉진 전략 – 커뮤니케이션

3.1 목표와 대상 결정

단계 1에서는 공항이 목표와 대상을 결정한다. 목표는 일반적으로 항공사를 유치하거나, 기반 항공기를 늘리거나, 연료 판매를 늘리거나, 공항 비즈니스 라운지의 공석을 최소화하는 것과 같은 마케팅 노력의 큰 그림에 해당한다. 반면에 대상은 더 구체적이며, 특정 허브공항, 특정 공항 유형 또는 좌석 용량으로 논스톱 기능을 갖춘 항공사를 유치하는 것이 될 수 있다.

공항은 마케팅 목표를 많이 개발할 수도 있지만, 다양한 목표를 범주로 분리하고 각 범주에 초점을 맞춘 마케팅 계획을 수립하는 것이 중요하다. 그렇지 않으면, 마케팅 노력은 혼선을 빚을 수 있다. 예컨대, 연료 판매를 늘리기 위한 마케팅 노력은 항공사를 유치하려는 마케팅 노력과는 상당히 다르므로 마케팅 계획 시 이 점을 반영해야 한다.

제반의 산업 분야에서 가장 일반적인 마케팅 목표는 ① 시장 확장 ② 시장 집중 또는 세분화 ③ 원가 리더십 ④ 품질 등이라고 할 수 있다.

첫째, 시장 확장 목표는 상업용 서비스 공항이나 항공사를 유치하려는 공항의 경우, 일반적으로 다른 시장과/또는 항공운송업체 또는 항공운송 서비스의 증가로 인한 입국 증가를 의미할 수 있다. 일반 상업용 공항의 경우에는 항공기 또는 신규 임차인(입주자)에 의한 증가를 나타낼 수도 있다.

둘째, 시장 집중 목표는 특정 유형의 고객에게 초점을 맞추거나 특정 서비스를 전문화하는 것을 말한다. 공항의 예를 들면, 국제선 승객이나 스포츠 항공기를 유치하는 것에 초점이 맞춰질 수 있다.

셋째, 원가 리더십 목표는 한 지역에서 최저비용을 원한다는 뜻이다. 공항의 경우, 최저 연료비, 최저 착륙료 또는 최저 격납고 행거 임대료를 의미한다.

넷째, 품질 목표는 양질의 제품이나 서비스를 중심으로 이루어질 수 있으며, 공항

을 대상으로 한 2008년 연구결과에 따르면, 인기를 얻기 위해 상업용 공항은 다음과 같은 마케팅 목표를 찾는다.

1. 승객을 끌어들인다.
2. 지역사회에서 공항의 긍정적인 전망을 장려한다.
3. 항공 서비스를 개선한다.
4. 기존 항공사를 유지한다.
5. 공항에 새로운 사업을 유치한다.

FAA(미국 연방항공국)가 2008년에 발간한 「General Aviation Airports(GA)」 연구보고서에 의하면 일반 공항은 다음과 같은 인기 순으로 목표를 찾는다.

1. 공항에 새로운 사업을 유치한다.
2. 지역사회에서 공항의 긍정적 전망을 촉진한다.
3. 현재의 공항 임차인(입주자)을 유지한다.
4. 일반 항공이나 기업 활동을 더욱 많이 유치한다.
5. 공항을 자금 공급원으로 승격시킨다.

이 목록들을 보면 상업용 서비스와 일반 항공 공항의 마케팅 목표가 유사하지만 차이점도 분명하다. 공항 마케팅에서 공항들이 고려해야 할 핵심 요인은 마케팅 노력을 통해 달성하고자 하는 것이다. 또한 목표와 대상을 공항의 전략적 사업 계획과 통합하는 것도 중요하다. 그러한 계획은 공항의 전반적인 임무와 비전, 공항의 전체적인 목표와 대상의 윤곽을 드러내는 것이다. 공항의 임무와 상충되는 마케팅 목표와 대상을 개발하는 것은 무의미하다. 목표는 다를 수 있지만 마케팅 목표를 정량화하고 이해 가능한 용어로 명시할 필요가 있다.

예컨대 단순히 항공사를 유치하려는 목적보다는 특정 날짜까지 일정 수의 좌석으로 특정 수준의 서비스를 제공할 수 있는 항공사를 원하는 관점이 중요하다. 목표를 구체적으로 개발할 때 얻는 이점은 공항이 다양한 목표를 얼마나 달성했는지를 판단함으로써 마케팅 활동의 성공수준을 측정할 수 있다는 것이다. 목표가 막연하다면 공항 직원들이 마케팅 활동을 성공적으로 수행했는지(또는 성공의 정도가 어떠한지)에 대해 의문을 품게 될 것이다.

공항이 목표와 대상을 개발할 때 중요한 것은 이해 당사자들을 고려하는 것이다. 공항이 이해 당사자처럼 생각하기 시작하면, 효과적인 마케팅 목표와 대상을 개발하는 것이 훨씬 더 쉬워지기 때문이다.

3.2 시장 환경 분석 : 자원 평가와 SWOT 분석

단계 2는 공항이 피하고 싶어하는 시간 소모적 조치라고 볼 수도 있지만, 공항에서는 ① 마케팅 노력에 이용 가능한 자원을 평가하고 ② SWOT 분석을 수행할 필요가 있다.

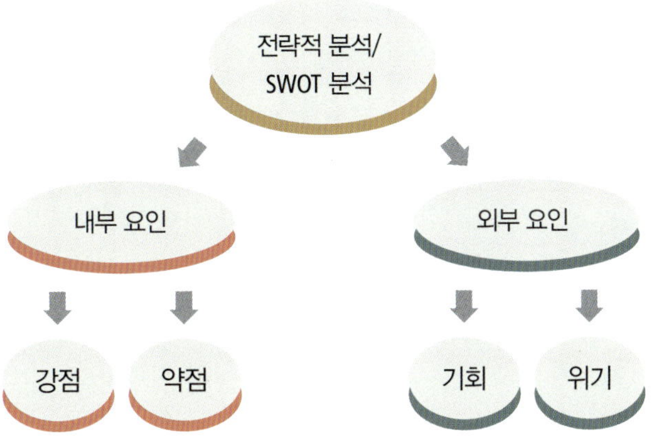

SWOT 분석이란 무엇을 분석한다는 것인가? 일반적으로 프레임워크에서 매트릭스(Matrix)는 4P 같은 믹스(Mix)를 말한다. SWOT 분석의 준비 단계는 SWOT의 개별 요소를 분석하는 것이다. 이는 매트릭스 단계가 아니고 각각 외부 환경(O, T)과 내부 환경(S, W)을 2×2로 믹스하여 S/O 전략, S/T 전략, W/O 전략, W/T 전략의 4가지 전략을 만드는 것이다. 다음 표에 전형적인 SWOT 정의를 요약했다.

	기회(외부적, 긍정적)	위기(외부적, 부정적)
강점 (내부적, 긍정적)	강점–기회 전략 확인된 기회를 극대화하기 위해 사용할 수 있는 회사의 강점은 무엇인가?	강점–위기 전략 확인된 위기를 최소화하기 위해 회사의 강점을 사용할 방법은 무엇인가?
약점 (내부적, 부정적)	약점–기회 전략 확인된 기회를 사용하기 위해 회사의 약점을 최소화할 조치는 무엇인가?	약점–위기 전략 확인된 위기를 회피하기 위해 회사의 약점을 최소화할 방법은 무엇인가?

즉, S/O 전략, S/T 전략, W/O 전략, W/T 전략을 믹스하는 것이 SWOT의 목표인데, 강점과 약점 분석과 외부 환경 분석만 하면 다음 사례처럼 진정한 SWOT 분석이 아니다. 예컨대 MC 유재석의 SWOT 분석을 이용해서 살펴보자.

강점(Strength) : 조화	약점(Weakness) : 약세
• 성실, 겸손 • '안티' 없는 친근한 이미지 • 빠른 상황 판단력 • 부산한 주변 정리 능력	• 경쟁자 강호동의 강세 • 리얼리티 프로그램의 퇴조 • '놀러와', '패떴' 시청률 저조 • 프로그램 포트폴리오의 단순함
기회(Opportunity) : 관리 철저	**위기(Threat) : 지겨움**
• 부단한 자기관리에 의한 탄탄한 인맥 • 방송계 내외 안티 부재 • 정극, 희극, 토크쇼 등 영역 확장 가능 • 꾸준한 1등 브랜드	• 단일 고정 이미지 • 변신 불가 1등의 한계 • 소속사와 방송사 간 갈등 • 대중 흡입력의 상대적 약화

강점과 약점은 조직이나 개인의 내부 상황과 관련되고, 기회와 위기는 외부 환경을 말한다. 즉, MC 유재석의 포지션을 SWOT 분석하려면 강점과 약점은 그의 성품이나 성격을 나타내야 하고, 기회와 위기는 경쟁자, 사회 환경, 문화적 변화, 방송 시장의 동향 등을 나타내야 한다. 위에서 강점과 약점은 지나치게 개인적인 내용들이다. 기업 분석인 경우 강점과 약점은 내부 자원이나 역량과 관련된 것이어야 하고, 기회와 위기는 경쟁자 분석이나 PEST 분석[4]이 되어야 한다.

그렇다면 올바른 SWOT 분석은 어떤 모습이 되어야 할까? 단순히 강 · 약점, 내 · 외부 환경 분석을 넘어 전략을 수정할 필요가 있다.

즉, S/O, S/T, W/O, W/T 전략이 '각각 무엇인지'를 파악하는 것이 아니라 '이를

---

4 거시환경을 조망하고 시사점과 통찰력을 찾기 위한 분석 기법 중 하나이다. 유사 개념으로 메가 트렌드(Mega Trend) 분석이 있다. PEST 분석은 메가 트렌드 요소 중 특히 정치적(Political), 경제적(Economic), 사회적(Social), 기술적(Technologycal) 환경 데이터를 수집 · 분석하는 과정이다.

	기회(외부, 긍정적)	위기(외부, 부정적)
강점 (내부, 긍정적)	**강점–기회 전략** 식별한 기회를 극대화하기 위해 회사의 어떤 강점을 사용할 수 있는가?	**강점–위기 전략** 식별한 위기를 최소화하기 위해 회사의 강점을 어떻게 사용할 수 있는가?
약점 (내부, 부정적)	**약점–기회 전략** 당신이 식별한 기회를 사용하는 회사의 약점을 최소화하기 위해 어떤 조치를 취할 수 있는가?	**약점–위기 전략** 식별한 위기를 피하기 위해 회사의 약점을 어떻게 최소화할 수 있는가?

어떻게 극복할 것인지'를 파악하는 것이 더 중요하다. 이 표에서 화살표 방향에 따라 다양한 전략적 핵심 질문들이 생겨난다. 다시 말해 'X가 Y이다'를 찾는 것이 아니라 'X를 어떻게 Y로 만들까' 하는 질문의 답을 찾는 것이 SWOT 분석의 핵심이다. 따라서 올바른 SWOT 분석은 다음의 세 단계로 진행할 필요가 있다.

- 단계 1. 분석 대상의 S, W, O, T를 각각 분석한다.
- 단계 2. 내부 환경 분석(S, W)과 외부 환경 분석(O, T)을 믹스하여 S/O, S/T, W/O, W/T 영역별 전략을 세운다.
- 단계 3. 단계별 이동 전략을 수립하여 어떻게 단점을 피하여 장점으로 갈 수 있는지를 판단한다.

다시 공항 문제로 돌아가보자. 공항은 단순히 '우리 예산이 얼마인가'라고 묻는 것만으로도 단계 1을 수행할 수 있지만, 마케팅 계획에 투입할 수 있는 인적 자원(인재)과 재정 자원(재원)을 검토하는 것도 도움이 된다. 단계 2에서는 공항이 직면한 기회와 위기뿐 아니라 공항의 강점과 약점을 솔직하게 점검해야 한다.

이 연습은 공항이 다양한 이해 당사자들에게 제공할 수 있는 것을 고려하는 데 도움이 된다. 강점과 약점은 일반적으로 조직 내부에서 발생하지만, 기회와 위기는 외부 환경에서 발생한다. 예컨대 일반 상업용 공항이 항공사를 유치하려는 목적이 있다면, 잠재적 항공사의 관점에서 SWOT 접근방식을 사용해 공항을 평가하는 것이 유익할 것이다. 이 연습은 공항이, 예컨대 더 효과적인 마케팅 계획을 만들어내는 식으로 마케팅할 항공사와 동일한 생각을 하도록 한다.

강점은 공항 위치, ILS(Instrument Landing System, 계기착륙장치) 가용성, 현대적인 터미널 건물, 지역사회에 의한 항공운송 서비스 지원 등이 될 수 있다. 약점에는 ATC(Air Traffic Control, 항공교통관제) 타워 부족, 자동차 주차공간 부족 또는 항공기 제 · 방빙 서비스 부족 등이 있다. 기회와 위기는 항공 회사보다 공항에 더 잘 적용될 수 있다. 기회는, 예컨대 잠재적인 항공운송 서비스와 FAA 계약 타워가 될 수 있고, 위기는 기존 항공운송회사 서비스와 공항의 근접성이 될 수 있다.

SWOT 분석은 대개는 공항의 전략적 사업계획의 일환으로 완료되지만, 마케팅 계획의 일환으로서 분석을 실시하는 것이 유리하다. 또한 SWOT 분석은 공항 인력을 통해 자주 수행되지만, 공항의 강점과 약점에 대한 고객의 피드백을 얻어 수행하는 것도 도움이 된다. 이렇게 하면, 공항 직원들은 단순히 이해 당사자들이 강점과 약점으로 여기는 것들도 예측할 수 있을 것이다. 이 피드백은 설문조사, 소셜 미디어에 대한 논평, 터미널의 코멘트 카드 또는 터미널의 임의 개인 인터뷰를 통해 고객에게 얻을 수 있다. 설문조사나 세입자(임차인) 이벤트를 통해 세입자에게 피드백을 얻기도 한다.

3.3 목표와 대상 수정

단계 3에서 공항은 SWOT 분석 결과를 바탕으로 목표와 대상을 수정할 기회를 가진다. 공항은 원래의 마케팅 목표를 수정해야 하는 약점이나 위기를 발견하기도 한다. 또는 수정이 불필요하여 원래의 목표와 대상이 유지될 수도 있다. 그러나 지금은 한 번에 수천 달러를 마케팅에 쓸 때가 아니라 수정을 할 때이다.

3.4 시장 세분화

단계 4에서 공항은 시장을 세분화하여 추가적으로 정의한다. 시장 세분화는 전체 시장을 공항이 충족시킬 수 있는 요구와 유사한 요구가 있는 더 작고, 더 동질적인 그룹으로 세분화하는 과정이다. 예컨대, 항공운송 서비스를 원하는 공항은 시장을 주요 항공사와 지역 항공사로 나눌 수 있다. 지역 항공사들은 노선 구성에 따라 더 세분화될 수 있고, 결국 공항은 기존 노선 구조에 공항을 추가할 확률이 가장 높은 항공사들에 초점을 맞추게 된다.

3.5 표적 시장 선정

단계 5에서는 표적 시장이 선택된다. 시장을 세분화하면 마케팅 활동의 초점을 더욱 명확하게 정의하는 데 도움이 되지만, 표적 시장을 선택하면 공항에서 공항 마케팅 믹스의 대상을 정확히 찾아낼 수 있다. 이것은 단일 표적 시장 접근법 또는 다중 표적 시장 접근법의 형태를 취할 수 있다. 단일 목표 시장 접근법은 공항의 표적 시장으로서 공항이 하나의 주요(1차) 시장을 선택하게 하는 것이다. 이 접근법을 사용하면 공항이 초점을 좁힐 수는 있지만 공항이 다중(복수)적 시장으로 다양화하는 경우보다 더 많은 재정적 위험을 수반한다. 다중 표적 시장 접근법은 공항이 두 개 이상의 시장 부문을 선택해야 하고, 각각의 시장 부문을 별도의 표적 시장으로 취급해야 한다. 이 접근법은 더 많은 다양성을 허용하지만, 각 표적 시장은 독특한 마케팅을 필요로 할 것이다. 표적 시장을 선택하면 공항이 대량 마케팅(Mass Marketing)보다 표적 마케팅을 더 잘 할 수 있게 된다. 대량 마케팅은 시장 부문을 구분하지 않고, 대신 특정 상황에서 효과적인 '샷건' 접근법으로 모든 부문들을 겨냥한다.

공항의 가능한 표적 시장 예로는 다음을 들 수 있다.

- 지역 승객
- 목적지(도착지) 승객
- 항공사
- 지역 비즈니스(업무)
- 임시 조종사
- 특정 지역에 등록된 항공기 소유주
- 지역 비행학교
- 지역 FBO의 제휴 서비스 센터
- 항공 전문가[예 : 정비 및 수리, 헬리콥터, 해상 유전 장비 지원, 항공기 도장(Painting)]
- 기존 입주자
- 세입자(임차인)
- 학교와 대학
- 정부 단체
- 의회 대표단

3.6 마케팅 믹스 전략

1 STP 전략

마지막으로 단계 6에서 공항들은 독특한 마케팅 믹스를 개발한다. 마케팅 효율을 높이기 위해 고객의 니즈에 따라 고객을 세분화하고, 세분화한 니즈 중 일부를 선택하고, 기업의 강점을 내세우는 일련의 과정을 설명하는 개념이 바로 STP 전략이다. STP 전략은 고객을 세분화(Segmentation)한 다음에 타깃을 정하고(Targeting) 고객에게 경쟁사와 차별화된 포지션을 취하는 것(Positioning)이다.

세분화(Segmentation)

고객을 세분화하는 것이다. 동일한 상품이라 하더라도 고객에 따라 니즈가 다르다. 이를테면 오트밀을 판매한다고 가정할 때 20~30대 여성은 다이어트를, 20~30대 남성은 다이어트와 헬스 보조를, 30~40대 여성은 아이와 남편의 간편한 아침을, 50대 이상은 당뇨 해결이라는 각각의 니즈가 있다. 세분화 기준에는 대개 연령, 성별, 지역, 소득, 성향 등이 있다.

타기팅(Targeting)

고객 세분화를 통해 나눈 고객집단 중 표적 고객집단을 선정하는 것이다. 표적 고객집단을 선정할 때에는 기본적으로 고객군의 크기와 함께 상품 경쟁력을 고려해야 한다. 단일 고객집단이 아닌 복수의 고객집단을 선정해도 무방하다.

포지셔닝(Positioning)

표적 고객집단에게 경쟁사와 차별화된 포지셔닝 전략을 수립하는 것을 말한다. 포지셔닝 전략을 수립할 때에는 고객의 주요 구매 요인을 파악하는 것이 도움이 된다. 주요 구매 요인은 가격, 품질, 친절, 배송, A/S, 브랜드 등 다양하지만, 아이템에 따라 비중이 달라진다. 고객이 어떤 요인으로 구매하는지와 경쟁사의 포지션을 표시한 후 자사의 경쟁력을 고려한 포지션을 정하도록 한다.

STP 전략은 디지털 마케팅 차원 이전에 상품을 기획하거나 창업을 고려할 때부터 이미 반영된 내용인데, 4P와 3C의 두 가지 방법이 있다. 먼저 마케팅 믹스라고 하면 4P(Product, Price, Place, Promotion)가 떠오른다. 네 가지를 잘 믹스하여 원하는 소비자의 인식, 즉 포지션을 취하는 역할을 하기 때문이다.

포지셔닝과 관련해 간단한 캔 커피 사례를 들어보자. '세상에서 가장 맛있는 캔 커피'라는 인식을 형성하고 싶은 경우, 캔 커피 가격이 자판기 커피 가격과 같은 500원인데, 가장 비싸게 '세상에서 가장 맛있는 커피'라는 카피로 광고를 만들어 가장 비싼 TV 광고 시간대에 광고한다면 정말 '세상에서 가장 맛있는 캔 커피'라는 인식을 심을 수 있을까? 다음처럼 4P 마케팅 믹스를 구성한다면? 결코 불가능하다.

- 상품 : 값싼 브랜드와 유사한 패키징
- 가격 : 자판기 커피 가격과 같은 500원
- 장소 : 백화점부터 구멍가게까지 어느 곳에서나 판매
- 판촉 : 정말 맛있을 것 같고 고급스러운 멋진 광고

이를 위해서는 다음처럼 4P 마케팅 믹스를 할 필요가 있다.

- 상품 : 차마 마시고 버릴 수 없을 정도로 디자인이 아름다운 패키징
- 가격 : 경쟁사에 비해 몇 배 비싼 가격
- 장소 : 백화점에서만 판매하거나 별도 주문을 통한 배달 판매
- 판촉 : 정말 맛있을 것 같고 고급스러운 멋진 광고

우리의 인식은 단순한 요소가 아니라 복합적인 요소에 의해 형성되기 때문에 포지셔닝을 형성하려면 이 네 가지가 적절하게 조화를 이뤄야 한다.

2 마케팅 믹스의 5P

이제 마케팅 믹스를 공항에 적용해보자. 마케팅 믹스는 공항이 마케팅 목표와 목적을 달성하기 위해 사용하는 통제 가능한 마케팅 변수 집합을 말한다. 이것은 공항이 제품 수요에 영향을 미치거나 표적 시장의 행동에 영향을 주려는 일체의 것이다. 구체적으로, 마케팅 믹스는 다음의 '5P'로 구성된다.

1. 상품 또는 서비스
2. 가격

3. 장소(유통경로)
4. 판촉(홍보, 광고, 네트워킹)
5. 열정

상품 또는 서비스

첫째 P는 '상품 또는 서비스', 즉 식별된 표적 시장의 니즈나 바람(요구)을 충족시키기 위해 고안된 이익(혜택), 물리적 특징 및 서비스의 믹스이다. 다시 말해 공항 마케팅은 구체적으로 무엇인가? 예비 항공사에 대한 마케팅이라면 공항은 잠재 승객 형태로 존재하는 수요를 강조하기를 바랄 것이다.

가격

둘째 P, 즉 가격은 상품이나 서비스의 가치를 말한다. 고객은 가격을 그들이 지불해야 하는 희생이나 비용으로 인식하기 때문에, 마케팅 담당자들은 제품이나 서비스가 제공하는 인지된 만족을 경험하기 위해 고객이 지불하려고 하는 금액과 같거나 그 이하로 가격 수준을 유지해야 한다. 이 비용–편익 관계는 가격 책정 전략에서 주요한 역할을 한다. 만약 공항이 예비 항공사들에 마케팅을 한다면 이 항공사들은 공항 이용료, 요율 및 요금뿐만 아니라 항공기 운영비용(계획된 승객당 비용으로 측정됨)이 탑승률과 항공권 가격에 근거하여 수립되는 경로에서 실현할 수 있는 수익보다는 분명히 적을 것이라고 확신해야 한다.

장소

셋째 P는 제품과 서비스를 적시에 고객에게 제공하는 것을 말한다. 접근이 편리한 공항 위치 외에도, 고객이 필요로 할 때 정확한 표적 시장에 맞는 적절한 제품과 서비스를 사용할 수 있어야 한다. 분명히, 원거리 항공사는 공항의 지리적 위치가 항공사의 기존 노선 구조와 통합되는지 여부에 관심이 있을 것이다.

판촉

넷째 P, 즉 판촉은 공항 홍보 활동의 개발과 관리의 모든 측면과 관련된 체계적인 의사 결정을 포함한다. 판촉은 사람들에게 제품, 서비스, 이미지, 아이디어 또는 지역사회 참여에 대해 알리고, 설득하거나 상기시키는 데 사용되는 모든 형태의 의사소통이다. 판촉(프로모션)은 마케팅의 핵심이다. 공항 마케팅 계획은 홍보 믹스의 구성요소 중 일부 또는 전부를 포함할 수 있지만(공항 마케팅 계획의 특정 목표와 목적에 따라 다름), 공항이 이용할 수 있는 홍보 믹스는 다음과 같이 구성된다.

- 홍보(Public Relations, PR)
- 광고(Advertising)
- 인맥(Networking)

홍보(PR)는 대중과 관련된 행위이다. AOPA[5]는 PR을 "공항이 공공의 이익을 다루고 영향을 미치는 모든 것"이라고 정의한다. 공항이 PR(홍보활동)에 참여하든 안 하든, 대중은 이미 공항에 대한 나름의 의견이 있다. PR에 참여함으로써 공항은 그 의견에 능동적이고 긍정적으로 영향을 미칠 수 있는 기회를 갖게 된다. 여론에 영향을 줄 수 있는 도구로는 다음이 있다.

- 언론 매체(언론키트, 보도자료, 인터뷰, 공익광고, 특집기사와 사례, 수상경력 및 특별 인지도 포함)
- 대중 연설(지역사회 행사, 컨퍼런스 또는 전시회 발표 포함)
- 기타 인쇄 통신(에어쇼, 오픈 하우스, 교육 프로그램 포함)
- 행사(대회 및 대면, 무료 서비스 및 편의시설, 증정품, 요금 및 요금 인하 포함)
- 후원 및 자원 봉사(후원 인턴 및 학생 포함, 이사회 참여, 비영리 단체 행사 지원, 지역사회 봉사활동 포함)
- 기타 인쇄물(고객 만족도 조사, 인쇄물 및 전자 뉴스레터, 경제 영향 연구, 추천서, 백서 포함)

꽤 효과적인 매체 형태가 '프레스 키트(Press Kit)'이다. 프레스 키트는 목표와 취지가 보도자료(News Releases)와 다르다. 서비스의 최신 업데이트 소식, 애플리케이션 출시 등과 관련된 콘텐츠는 보도자료, 서비스의 취지와 동시에 기업에 대한 '필수

---

5 항공기 소유자 및 조종사 협회(Aircraft Owners and Pilots Association)는 1932년 4월 24일에 필라델피아 항공 컨트리클럽으로 윙스 필드에서 발족하여 1939년 5월 15일에 법인체로 설립됐다. (컨트리클럽은 AOPA를 설립한 회원들의 모임 장소였다.) 2012년 384,915명의 회원을 보유한 AOPA는 세계에서 가장 큰 항공협회이지만, 2010년 이후 회원 수는 414,224명에서 2년 만에 7% 감소했다.

적인' 정보를 패키지 형식으로 구성한 것을 프레스 키트라고 볼 수 있다. 매번 관련 자료와 스크린 샷, 로고 파일을 받고자 하는 이들에게 이메일로 대응하는 것만큼이나 소모적인 작업도 없을 것이다. 따라서 스타트업, 프랜차이즈, 주식회사 등 사업 규모에 상관없이 프레스 키트를 제작하면 여러모로 효과적이다. 나중에 공격적인 마케팅을 진행하거나 기자들에게 자료를 배포하는 상황에 직면했을 때 프레스 키트 파일 링크를 건네주기만 하면 끝이다. 기자들도 리서치하는 시간을 줄여 콘텐츠의 질을 높이는 시간에 투자할 수 있다. 프레스 키트는 미디어와 관계를 맺는 데 가장 기본적인 자료이면서, 동시에 글을 쓰는 사람들에게는 깊이 있는 콘텐츠를 이끌어내는 초석 자료이다.

상식 **평창 동계 올림픽의 프레스 키트**

2018년 평창 동계 올림픽 기간에 강원미디어센터를 방문한 대내외 기자들에게 배부한 프레스 키트에는 무엇이 들어 있었을까? 프레스 키트 에코백에는 공식 관중 가이드, 공식 관중 핸드맵 등 취재 관련 정보와 취재 수첩, 볼펜 외에 평창 동계 올림픽의 마스코트 수호랑과 동계 패럴림픽의 마스코트 반다비 배지, 보조 배터리가 들어 있었다.

오늘날 인터넷 중심 문화에서 프레스 키트는 이를테면 기업의 필수 정보를 하나로 묶은 형식, 즉 전자 형태로 출판된 자료를 기술적으로 향상시킨 것이다. 인터넷을 통해 누구나 언제든지 웹사이트의 공항 프레스 키트에 접근할 수 있다. 이는 인터넷이 널리 보급되기 전에 일반적으로 사용되던 프레스 키트 우편비용을 줄이거나 완전히 없애주는 역할을 한다.

공항 프레스 키트에는 다음의 일부 또는 전부가 포함될 수 있다.

- 공항 브랜드 : 로고, 주요 메시지, 그래픽 및 색상 등이 포함된 웹사이트 또는 물리적 표지
- 언론사의 문의 정보 : 근무시간, 전화번호, 면담(인터뷰) 신청방법, 주차 및 '라이브 방송 트럭', 공항 접근성 등
- 공항에 관한 팩트 자료 : 이미지 라이브러리(공항 사진)
- 공항 뉴스레터 : 보도 자료, 사원 이야기 등

- 공항 관리 단체 회원 : 공항 수수료 또는 권한 등
- 공항 세입자와 기업체
- 공항 통계 : 공항의 재정 기록
- 공항의 브랜드가 실린 명함이나 문구류

프레스 키트는 개발하는 데 시간과 마케팅 전문 지식이 필요하지만, 공항을 무료로 홍보할 수 있는 언론사에 적극적으로 공항 정보와 긍정적인 뉴스를 배포할 기회이다. 프레스 키트는 상업 서비스와 일반 항공 공항(GAA)에 똑같이 유용할 수 있다.

또 다른 형태의 효과적인 매체는 보도 자료이다. 보도 자료는 무료이고 공항에 관한 정보를 전달하는 데 꽤 효과적일 수 있다. 효과적인 보도 자료는 누가, 무엇을, 언제, 어디서, 왜 하는지를 다룬다. 효과적인 보도 자료를 개발하려면 기술이 필요하다. 보도 자료의 중요한 요소에는 강력한 도입(Lead-in) 문장, 개인적인 감정을 불러일으키는 인용 문구의 사용, 휴먼 인터페이스의 하이라이트(강조 표시)가 포함된다.

매체는 일반적으로 폭넓은 분포(즉, 독자층, 시청률 또는 청취율)를 통해 공항에 대해 긍정적이거나 부정적인 언론을 형성할 수 있다. 그러므로 공항에 관한 모든 보도가 긍정적인지 확인하기 위해 매체를 충분히 활용하는 것이 중요하다. 언론 접촉은 다음을 포함할 수 있다.

- 뉴스 방송국
- 텔레비전 프로그램/기능
- 공익 광고
- 라디오 프로그램
- 뉴스
- 신문

'광고' 도구는 광고 스폰서가 의도적으로 디자인하고, 비용을 지불하며, 배치한다는 점에서 홍보 도구와 다르다. 광고 도구는 다음과 같이 구성된다.

- 인터넷 및 웹사이트(공항 웹사이트, 이메일 배포, 인터넷 광고 포함)
- 인쇄 매체(신문, 잡지, 무역 저널에 인쇄 광고 포함; 직통 우편, 브로셔, 명함;

추천서 포함)

- 사이니지(게시판, 라디오, 텔레비전, 비디오 포함)

상식 디지털 사이니지(Digital Signage)

디지털 기술을 활용하여 디스플레이 스크린이나 프로젝터에 영상과 정보를 띄우고 네트워크로 원격 관리하는 융합 플랫폼이다. 본래 사이니지(Signage)란 정보를 시각적으로 전달하는 구조물을 가리키며 어원 'Sign'은 '표지(판)'라는 뜻이다. 고층 빌딩 전면에 부착된 전광판이나 쇼핑몰 내의 스크린, 식당 메뉴판, 건물에 부착된 대형 스크린처럼 디지털 화면을 통해 정보를 제공한다면 디지털 사이니지라고 볼 수 있다.

미국, 일본, 유럽 등 ICT 선진국을 중심으로 '영상처리, 패턴/음성인식, 증강현실' 등을 적용하여 고객 접점을 확대하고 모바일 단말과 연동하여 활용도를 확장하려는 기술 개발 및 상품화가 지속적으로 진행되고 있다.

'네트워킹'은 마케팅 도구의 세 번째이자 마지막 범주로 다양한 수단을 통해 접촉하여 관계를 구축하는 과정이며 다음이 포함된다.

- 기업, 시민, 비영리 단체
- 전문단체
- 전시회 및 컨퍼런스
- 전략적 제휴
- 로비 활동

공항 관리자는 각 그룹들과 네트워킹에 관여하는 것도 때로는 중요하다. 그러나 지역 사업, 시민, 비영리 단체들과의 네트워킹을 통해 공항에서 중요한 지역사회의 호의를 창출할 수 있다. 크레이머와 그의 동료들(Kramer et al., 2010)의 지적처럼, 네트워킹에 종사하는 공항은 다음 기능을 수행할 수 있다.

- 지역사회의 경제활동에서 공항의 가치와 역할을 지속적으로 상기시킨다.
- 까다로운 공항-커뮤니티 이슈를 쉽게 해결할 수 있도록 호의를 창출한다.

- 공항의 장기적인 활력에 기득권을 가진 기관과 지속적인 관계를 구축한다.
- 공항의 선수권, 자원봉사자, 마케팅 담당자, 공항 파트너를 모집한다.
- 공항 리더와 챔피언의 '차세대'를 교육하고 자극한다.

공항에서 선택한 특정 프로모션 믹스에는 무료이거나 상당한 비용이 소요될 수 있다. 규모는 작지만 GA 공항은 대규모 상업 서비스 공항보다 마케팅 예산이 더 적게 소요되는 경우가 많다. 모든 공항은 마케팅 예산을 수립하고 예산 내에서 유지하도록 노력해야 한다. 공항은 자신들의 이익 잉여금으로 마케팅 예산을 지원하기도 한다. 그러나 보조금, 현금 기부, 현물 기부 및 비용 분담을 포함해 공항 마케팅을 위한 대체 자금원이 있다. 가장 일반적인 보조 자금원은 미국교통부(Department of Transportation, DOT)를 통한 소규모 지역사회 항공 서비스 개발 프로그램이다. 이 프로그램은 신생 항공사를 유치하거나 기존 항공사의 서비스를 강화하기 위해 항공 서비스 개발 연구와 자금 마케팅을 수행할 때 공항들에 자금을 제공한다.

공항 마케팅 계획을 지원하기 위해 어떻게 모금하든 상관없이, 공항은 마케팅 예산을 개발하고 유지해야 한다. 공항의 마케팅 활동에서 성공률이 꽤 높은 프로모션 믹스들 중 다수 요소들은 다행히도 저렴하다. 예컨대 보도자료, 이메일 뉴스레터, 네트워킹 같은 무료, 웹사이트, 프로모션, 소셜 미디어 같은 소규모 비용, 라디오, 신문광고, 게시판 같은 중규모 비용, 텔레비전 광고 같은 대규모 비용이 소요되는 요소들이 있다.

오늘날 공항에서 이용할 수 있는 모든 요소들 중 인터넷을 사용하면 광범위하고 저렴한 비용으로 홍보할 수 있다. 웹사이트는 공항에 관한 다양한 정보(항공사, 주차 옵션, 식음료 선택, 시설 지도 등)를 제공하는 브로슈어로 웹사이트를 설계할 수 있다. 웹사이트는 또한 콘텐츠(비행시간, 새로운 항공사 서비스/노선 등)를 바꾸고 페이스북, 트위터와 같은 소셜 네트워킹 사이트에 공항의 존재와 연결(링크)되는 마케팅 도구로 좀 더 전략적으로 설계될 수 있다.

일반적으로, 방문객들이 상호작용할 수 있는 역동적인 웹사이트는 공항보다 더 생산적일 수 있으며, 공항의 마케팅 활동에 성공적으로 기여할 것이다. 공항은 적은 비용으로 웹사이트(도메인 등록, 호스팅, 웹 디자인 서비스, 사이트의 통신 유지에 필요한 인력 제외)를 활용할 수 있지만, 수많은 광고 옵션들은 꽤 비싸기는 하지만 인터넷에서도 이용 가능하다. 온라인 광고는 일반적으로 회사가 각 노출에 대해 지불하거나 클릭하는 금액을 기반으로 한다. 특정 노출 횟수에 대해서는 고정 요금이 부과되고 방문자가 광고를 클릭하면 다른 요금이 부과된다.

웹사이트 외에 공항을 홍보하는 비교적 최근의 경향은 소셜 미디어를 사용하는 것이다. 웹사이트는 고객과 잠재 고객에게 정보를 제공하는 데 필수적이지만, 페이스북, 트위터 및 기타 플랫폼을 포함한 다양한 형태의 소셜 미디어를 통해 공항에서 실시간으로 고객과 소통할 수 있다. 소셜 미디어는 기업이 판매하는 방식과 고객이 제품과 서비스를 연구하는 방식을 변화시켰다. 소셜 미디어를 효과적으로 사용하는 비결은 정기적으로(날마다) 상호작용하고, 개인의 공항과의 상호작용을 재미있게 만드는 것이다. 예컨대 대규모 팬층을 구축하기 위해 공항이 페이스북의 광고비를 지불하고 클릭당 지불하는 일일 광고 예산을 책정할 수도 있다. 또한 공항에서는 스마트폰에 공항별 앱을 설치할 수 있는 애플리케이션(앱)을 개발할 수도 있다. 이 앱에는 비행 정보, 주차 정보, 터미널 지도 등이 담긴다.

소규모 공항은 공항 웹사이트 개발, 신문 기사 제작, 보도 자료 제작에 의존하여 프로모션 믹스를 구성한다. 반면에 상업 서비스 공항은 공항 웹사이트를 개발하고, 신문과 잡지에 기사를 게재하고, 보도 자료를 발행하고, 라디오 광고를 제작하는 경우가 많다. 게시판 사용은 특히 새로운 항공사 서비스를 도입할 때(항공사가 게시판 작업을 지원하거나 완전히 처리할 수 있음에도 불구하고) 상업 서비스 공항의 인기 있는 마케팅 수단이다. 또 다른 마케팅 방법으로 네트워킹은 비록 공항이 목표로 하는 고객이 아닌 업계 동료들 간의 방법이지만 공항에서도 사용된다. 이 경우 공항 직원은 미국이라면 국제공항협회(ACI), 북미(NA) 및 주 공항협회와 같은 기관이 후원하는 행사에 참석할 수 있다. 그러나 잠재 승객을 목표로 삼으려면, 공항 관리자는 로터리 클럽 회의에서 연설하거나 상공 회의소 회원과 대화함으로써 네트워크를 형성할 수 있다. 잠재 항공사에 접근하려고 한다면 공항 관리자는 네트워크 USA와 같은 이벤트와 항공사 대표자들이 참석하는 이벤트에 참석할 수 있다.

열정

'5P' 중 다섯째가 열정이다. 열정은 흔히 무형의 것이지만 중요한 요소이다. 공항을 마케팅할 때, 공항에 대한 열정과 미래의 잠재력이 분명해야 한다. 만약 열정이 부족하다면, 이해 당사자들에게 동기를 부여하기가 어려울 것이다.

공항(또는 마케팅) 책임자가 공항이나 항공사에 대한 열정이 없다면, 항공사는 어떻게 공항에서 서비스를 시작할 수 있을까? 예컨대, 정보 광고는 역사적으로 발표자/주최자가 보여준 열정 덕분에 많은 제품을 팔 수 있었다. 다행히도, 항공업계 종사자들은 일반적으로 그들이 일하는 산업에 대해 매우 열정적이어서 마케팅 노력에 도움이 된다.

이와 같이 공항은 마케팅 계획을 수립할 때 5P를 고려해야 한다. 잠재 고객들이 5P(각각 명시적으로는 아니더라도)를 고려할 것이므로 공항도 똑같이 고려할 필요가 있다.

4. 공항 마케팅 사례 : 유럽의 허브공항 '스히폴 공항'의 변신

고속철도 · 저비용 항공의 약진에 유럽 경제 위기까지 겹치자 공항은 편의시설 · 서비스 강화에 나섰다. 그 결과 이제 공항에는 없는 게 없다. 수하물 위탁 시 줄설 필요도 없게 셀프 스파 기기까지 마련하고, 전자책 · 음악을 무료로 다운로드하는 등[6] 최근 공항은 고객을 유인하는 별난 마케팅을 펼치고 있다. 개인 쇼핑 도우미를 제공하고 미혼남녀 매칭 서비스도 도입하며 빈 비즈니스 좌석은 경매하는 식이다.

'바다에 로테르담이 있다면, 하늘에는 스히폴이 있다.' 암스테르담 서남쪽 20km에 위치한 스히폴 공항은 전 세계 97개국, 248개 지점으로 87개의 정기노선이 운행되는 유럽의 대표 허브공항이다.

네덜란드의 자존심 스히폴 공항은 유럽의 허브공항이자 무역과 유통의 중심지로 급성장하고 있다. 1916년 공군기지로 등장한 이곳은 1920년대 민간공항으로 변신한 데 이어 1968년 공항청사 신축으로 현재의 모습을 갖추었다.

허브공항으로서 스히폴의 경쟁력은 공항 자체보다 주변지역에 개발된 산업 · 물류단지에서 나온다. 'AAA(Amsterdam Airport Area)'로 불리는 이 단지에는 현재 IBM, 마이크로소프트, 노텔, 시스코 시스템즈, 유니시스, 캐논, 니콘, 미쓰비시자동차, 르노 등 세계의 유수한 기업들의 유럽 본부나 연구소, 물류시설 등이 자리 잡았다. 특히 유럽 각 지역으로 철도와 도로가 원활하게 연결된다. 항공화물의 60% 정도가 도로 운송을 통해 유럽 각국으로 수송되는 막강한 네트워크의 한복판에 위치한

6 참고 : 한국일보 2009.06.07.

것이다.

600ha에 이르는 광활한 초지를 첨단 비즈니스 파크로 변모시켜 글로벌 기업들을 끌어들인 것은 스히폴 지역개발공사(SADC)이다. 암스테르담 시와 스히폴 공항을 비롯해 민 · 관이 공동 투자한 SADC는 외국기업 유치를 위해 교통, 통신, 위락시설 등 최적의 인프라를 구축하면서 세계를 순회하는 로드쇼까지 벌인다. SADC는 입주 의향이 있는 기업에 각종 행정업무 대행은 물론 직원 채용, 주택 알선까지 필요한 모든 서비스를 제공한다.

로테르담 항이 대규모 배후물류단지를 확보하여 허브항만의 위력을 발휘한 것처럼, 스히폴 공항도 큰 규모 때문이 아니라 사람과 물자가 몰릴 수 있도록 기업과 자본, 물류시설이 인접지역에 집적됐기 때문에 허브공항으로 발전할 수 있었던 것이다.

경유 항공편 이용자를 위한 개념 체크!
트랜스퍼, 트랜짓, 스톱오버?

장거리 여행을 꿈꾸지만 직항 항공료가 부담스러운 여행객들은 종종 경유 항공편을 선택한다. 경유 항공편은 직항 항공편보다 시간이 더 많이 소요되지만 스케줄을 잘 조절하면 남부럽지 않은 여행이 될 수 있다. 그런데 경유 항공편에서 듣게 되는 트랜스퍼, 트랜짓, 스톱오버는 어떻게 다른 걸까?

다른 비행기로 갈아타기, 트랜스퍼(Transfer)

트랜스퍼는 말 그대로 '환승'이다. 경유지 공항에 내려서 다른 비행기로 갈아타는 것이다. 사전에 공항 대기시간이 짧은 항공편을 구하는 게 좋지만 그렇지 않더라도 실망할 필요는 없다. 공항에 따라 레스토랑, 면세품 쇼핑구역, 아이들을 위한 놀이 공간 등이 있어 대기하는 동안에도 즐거운 시간을 보낼 수 있으니 말이다.

여행객이 환승할 때 가장 걱정하는 것이 여행용 짐이다. 보통 출발지 공항에서 수하물을 부치면 경유지 공항에서 자동으로 옮겨져 목적지 공항까지 도착한다. 수하물을 부치고 나면 탑승권(Boarding Pass)에 수하물 보관표(Baggage Tag)를 붙여주는데, 혹시 모르니 경유편의 탁송지가 최종 목적지로 나왔는지 꼭 확인해보자.

환승할 때에는 항공사 직원이 갈아타는 비행기로 안내해주고, 'Transfer' 표지판도 있으니 이를 확인하며 지시에 따라 이동하여 간단한 보안검사를 거친 후에 환승 터미널까지 가면 된다.

잠시 경유지에 머물기, 트랜짓(Transit)

트랜짓은 비행기가 최종 목적지에 가기 전에 잠시 경유지에 기착하는 것을 뜻한다. 트랜스퍼와 헷갈릴 수 있지만 트랜짓은 타고 온 비행기를 다시 타는 것이고, 트랜스퍼는 다른 비행기로 갈아타는 것이라고 정리하면 된다. 트랜짓은 경유지에서 손님을 더 태우거나 급유, 식수, 기내식 준비 등을 위해 1시간 이상 머문다.

트랜짓에는 비행기에 탄 채로 대기하는 경우와 공항에 내렸다가 다시 비행기에 타는 경우가 있다. 두 번째 경우 비행기에서 내릴 때 주는 트랜짓 카드(Transit Card)로 트랜짓 출구 밖에 있는 커피숍과 면세점 등을 이용할 수 있으니 휴식을 취하도록 한다. 비행기에 다시 탑승할 때 트랜짓 카드를 제시해야 하므로 분실하지 않도록 조심한다.

두 나라를 한 번에 즐기기, 스톱오버(Stopover)

스톱오버는 비행기 환승 시 경유지에서 24시간(또는 8시간) 이상 체류하고 다음 목적지의 비행기를 타는 것이다. 당일 연결 항공이 없는 경우와 여행객이 경유지를 여행하고 싶은 경우에 신청하는데, 최근에는 하나의 항공편으로 두 나라를 여행하는 장점 덕분에 시간 여유가 많은 여행객에게 특히 인기가 있다.

스톱오버를 원한다면 항공권 예약 시 미리 신청해야 하고 스톱오버 여부와 기간을 말하면 좌석 상황에 맞게 예약해준다. 길게는 일주일이나 보름까지도 스톱오버가 가능하며, 항공사에 따라 호텔을 무료로 제공하는 경우도 있으니 꼭 활용해보자. 물론 스톱오버 정책은 항공사마다 다르다. 또한 모든 경유편이 스톱오버가 가능한 것이 아니고 항공사별로 스톱오버 허용 기준이 다르니 예약 시 확인은 필수이다.

경유 도시로는 홍콩, 싱가포르, 도쿄, 방콕, 두바이 등이 유명하며 스톱오버를 활용하여 체류하는 동안 알차게 여행할 수 있다.

CHAPTER

11

공항의 재무

1. 예산 편성

공항은 일종의 금융업이다. 실제로, 공항은 공항이 운영하는 지역사회의 금융 엔진 역할을 한다. 항공기 엔진이 일정량의 연료를 필요로 하고 조종사가 연료에 대한 사전 계획을 요구하듯이, 공항 계획은 예산 형태로 이루어진다. 개인이 살림을 꾸리기 위해 예산을 짜듯이, 공항도 재정을 관리하기 위해 예산을 개발한다. 세계의 여러 공항들은 수천만 달러에 이르는 거대한 규모의 수입과 지출로 인해 예산 개발이 매우 절실하다. 예산을 개발하는 목적에는 올해의 예상 수익과 지출을 계획하는 동시에, 예상 수익보다 더 많이 지출하는 사태를 방지하기 위해 예산에 비추어 월별 진행 상황을 추적하려는 목적도 있다.

간단히 말하면, 예산 편성은 회계 자료를 이용하여 향후 운영 및 자본 지출(그리고 수익)을 계획하는 것이다. 이 금융 계획은 경영진이 공항의 재정에 영향을 미칠 의사 결정을 내릴 때 경영진이 사용하는 기본 도구가 된다. 예산이 없다면, 공항은 과다한 지출로 연말이 되기도 전에 적자가 날 수 있다. 잘 편성된 예산이 공항 관리자들에게 매우 효과적인 도구라는 것은 두말할 나위가 없다.

2. 예산 개발

공항은 예산을 개발하기 전에 회계연도를 설정한다. 회계연도는 회계용으로 설정한 12개월로, 달력연도와 일치할 수도 있고 일치하지 않을 수도 있다. 그러나 일단 정해지면, 회계연도 일자는 바뀌지 않는다. 회계연도가 달력연도(1월 1일~12월 31일)와 같을 수도 있지만, 보통은 그렇지 않다(7월 1일~6월 30일 또는 10월 30일~9월 30일이 일반적인 회계연도임). 대체 회계연도를 설정하는 목적은 공항이 연말(휴일과 겹침) 이외의 시간에 회계연도를 마감하게 하려는 것이다. 미국 FAA의 회계연도는 10월 1일부터 9월 30일까지이다.

예산 개발은 새 회계연도가 시작되기 몇 개월 전부터 시작된다. 각 부서장은 부서의 운영과 재정 측면에서 자금을 조달할 요청서를 개발하는 일을 수행한다. 부서가 요청하는 자금은 일반적으로 승인 가능한 예산 금액보다 더 높지만, 여러 공항 부서들은 '위시 리스트'를 제출할 때마다 그들의 요구와 요구사항을 경영진에게 알리는 셈이다. 요청한 모든 지출은 다음 해의 예상 수익과 일치해야 한다.

2.1 운영 예산

운영 예산은 공항을 운영하는 데 필요한 경비와 수익에 초점을 맞춘다. 운영 예산에는 세입과 지출 또는 지출만 있을 수 있다. 운영 예산에 일반적으로 편성되는 기능 영역은 비행장, 터미널, 랜드사이드 및 일반/행정이다. 각 영역의 지출을 산정하기 위해 직원들에게 사용한 물품 외에 다양한 업무에 소비한 시간을 추적하도록 요청할 수 있다. 급여/임금은 공항의 전체 운영 예산에 포함될 수 있다.

운영 예산은 각 공항 부서가 특히 일상적인 운영을 위해 예산 범위 안에서 지출하도록 하는 것이 중요하다. 부서 예산을 논의할 때 가장 자주 언급되는 것이 운영 예산이다. 정의에 따르면, 운영 예산 규모는 유지보수 부서나 운영 부서 같은 몇 개의 부서에서 매우 크고, 회계 부서나 인적 자원 부서 같은 그 외 부서에서는 작을 수 있다. 공항은 전체적인 운영 예산을 개발하지만, 각 부서에서 개발된 특정한 운영 예산은 더 상세하고 구체적이다. 부서 예산은 필수적이다. 그렇지 않으면, 각 부서의 지출은 공항의 전체 운영 예산에서 빠져나갈 수 있다.

미국농업교육협회[American Association for Agricultural Education(AAAE), 2010, 112]에 의하면, 운영 예산을 개발할 때 공항 관리자가 할 일은 다음과 같다.

- 조직의 운영 요구사항을 계획한다.
- 공항의 운영 환경에서 자원을 확보한다.
- 해당 자원을 조직 전체에 배분한다.
- 자원 지출을 추적하여 효율적이고 효과적으로 사용하게 한다.

실제로, 공항 관리자들은 운영 예산을 개발할 때 운영비를 우선시할 뿐만 아니라 지출을 지연할 수도 있고, 운영 예산이 승인된 월별 지출을 추적할 필요도 있다. 기억해야 할 것은 공항에 서비스를 제공하는 항공사는 자사의 비용(CPE라고도 함)[1]을 가장 우려한다는 점이다. 따라서 공항 운영 시 운영 예산을 보수적으로 관리할 필요가 있다.

---

1 예정 승객당 비용(Cost per Enplaned Passenger)이라고도 하는 CPE는 지정된 공항에서 예정된 승객 1인에게 평균적으로 지불하는 항공사의 비용이다. 대다수 미국 공항은 CPE 데이터를 제공하는데, 이는 재무 운영을 평가하는 핵심 지표이다.

2.2 자본 예산

운영 예산과 달리, 자본 예산의 편성은 자본 사업에만 초점을 맞춘다. 이것은 터미널, 주차장, 새 활주로/유도로, 공항 소방용 ARFF[2] 트럭 같은 장기 지출비이다. 자본 예산은 장기 자본 수요를 검토하고 현실적인 비용에 기반해 요구사항의 우선순위를 결정하는 연간 자본 예산이 된다(대개 3~5년 후). 예컨대 미국의 경우, 다년 계획은 공항의 자본개선계획(Carriage and Insurance Paid to, CIP)이 되며, 그다음 국가공항종합정비계획(National Plan of Integrated Airport System, NPIAS)의 국가 계획과 통합된다.

운영 예산은 부서장이 지출을 추적하고 예산 내에서 지출이 일정하게 유지되도록 매일 사용되지만, 자본 예산은 자주 사용되지 않는다(연 1회). 그렇더라도 예컨대 ARFF 트럭에 단 100만 달러를 책정했다면, 그 이상을 소비하지 않는 것이 중요하다. 자본 예산에서 이런 내용을 읽어낼 수 있다.

Sergey Kohl / Shutterstock.com

2.3 예산 처리와 모니터링

일단 예산이 준비되면, 지속적으로 모니터링을 해야 한다. 개인은 자신의 예산을 준비하여 연말까지 자신의 예산 진척상황을 확인하지 않지만 공항에서의 예산 모니터링은 매월, 때로는 매일 수행된다. 공항의 재무 부서는 지속적으로 송장(인보이스)

2 Aircraft Rescue & Fire Fighting의 약어로, 항공기 소방 구조용 고성능 소방차이다.

의 대금을 지불하고 수익을 기록하며, 예산의 진척상황을 추적한다. 분산 보고서는 실제 지출된 금액을 예산 금액의 백분율로 표시한다. 예컨대 만약 상반기가 지난 시점에서 특정 지역 예산이 50% 이상 지출됐다면, 추후 지출이 예산 금액을 초과하지 않도록 지출안을 변경해야 할 수 있다.

마찬가지로, ARFF 트럭을 4월에 예산을 책정하고 4월에 구매한다면, 변동 보고서에는 중반 이전에 지출한 예산 금액의 100%가 표시된다. 실제 세입(수익)과 비용의 차이와 예산으로 책정된 세입 광고비의 차이는 바로 그 차이를 말하는 것이다. 각 지역 책임자는 해당 지역의 예산과 해당 예산 금액으로 이행하는 진전, 즉 변동사항을 계속 파악해야 한다.

2.4 예산 준비

공항 예산은 통상 수개월에 걸쳐 마련되는 다단계 과정이다. 예컨대 공항의 회계연도가 10월 1일자로 개시된다면 익년의 예산 준비는 봄부터 시작될 수 있다.

예산 준비의 첫 단계는 공항이 당해연도의 수입과 비용을 포함해 현재의 재정 상황을 검토하는 것이다. 다음으로 내년 수익을 추산한다. 공항, 특히 항공 운송업자들이 서비스하는 공항은 승객 의존도가 매우 높다. 예컨대 상업 서비스 공항은 예정된 특정 승객 수를 기준으로 현재 수익을 추정할 수 있다. 예측 승객 수가 내년에 3% 증가하면 수익도 일정 비율 증가할 것으로 예상할 수 있다.

그다음에는 익년의 고정비용과 변동비용을 예상해야 한다. 고정비용은 바뀌지 않는 비용이고(예, 부채상환), 변동비용은 월별로 바뀌는 비용이다(예, 공과금). 그 일환으로 자본 설비 요청이 제시된다. 각 부서는 요청서(운영 및 자본)를 작성한 후 재무 부서 및/또는 공항 책임자에게 제출하고, 재무 부서 및/또는 공항 책임자는 각 부서의 요청을 검토한다. 요청은 우선순위에 따라 결정되며, 모두 승인되지 않을 수 있다. 결국 승인된 요청은 공항 예산에 반영된다. 이런 일련의 절차에는 인내심과 협상기술, 요청된 지출(특히 자본 항목의 경우)의 정당성을 요구하는 주고받기 작업이 필요할 수 있다. 결국, 부서장은 예산에 완전히 동의하지 않더라도 공항 운영기구가 승인한 대로 예산을 수용해야 한다.

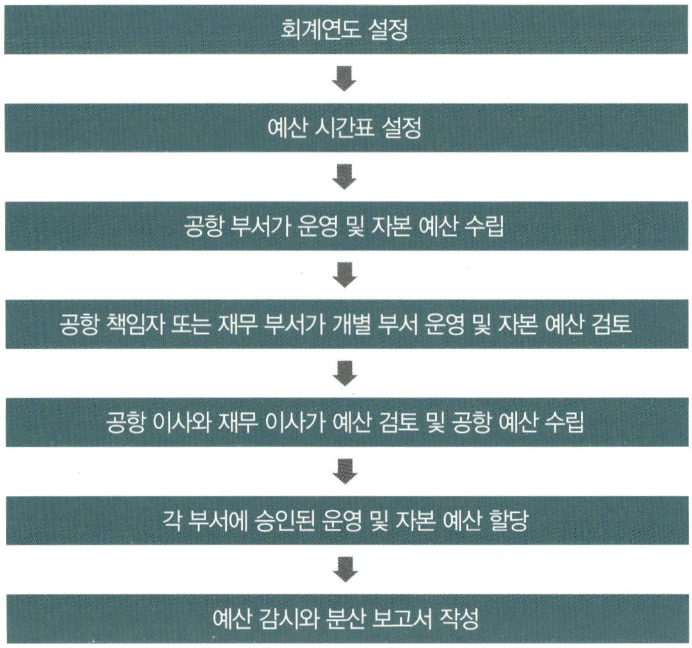

공항 예산 책정 절차(Airport Budgeting Process)

2.5 예산 편성 기법

예산을 마련하는 방법은 다양하여 경영진의 선호도에 따라 달라지기도 한다. 즉 부서장이 이전에 근무하던 공항에서 부서 예산을 개발할 때 익숙하게 사용하던 특정 기법을 새로 옮긴 공항에서도 사용할 수 있다는 뜻이다.

다양한 예산 책정 기법은 다음과 같다.

- 전통적 예산 편성 : 세입과 지출의 증가 또는 감소 비율을 기준으로 한다. 증분 예산(Incremental Budgets)이라고도 하며, 현 연도 예산보다 증분이나 증감하며, 해마다 3~5%씩 증가하는 것이 일반적이다.
- 일시적 예산 편성 : 특히 GA 공항에서 일반적인 예산 책정 기법은 일 년 내내 공항이 비용을 지출할 때 판단을 내리는 데 사용하는 일시금을 포함한다.
- 활동 기반 예산 편성 : 특정 예산 범주 또는 작업에 필요한 조치에 대한 특정 활동 영역에 직원 수의 비율로 자금을 할당한다.
- 성과 기반 예산 편성 : 특정 목표의 결과에 따라 재원 배분을 기준으로 한 성과 목표를 달성하거나, 초과 달성하면 최고 수준의 자금 지원이 가능해진다.

- 프로그램 계획 예산 편성 : 비용 편익 분석에 초점을 맞춘다. 프로젝트 및 관련 비용을 장기적 관점에서 보고, 연간 운영 예산으로 세분하고, 필요한 시설, 인원 또는 장비를 식별하는 기능 또는 조직 영역을 중심으로 파악한다.
- 제로 기반 예산 편성 : 각 예산은 현재 예산이 존재하지 않는 것처럼 제로 상태에서 개발되기 때문에, 모든 수입과 지출에 대한 면밀한 분석이 필요하다. 각 부서는 니즈의 우선순위를 정하고, 순위를 매기고, 정당화해야 한다.
- 타깃 기반 예산 편성 : 제로 기반 예산과 유사하지만, 더 융통적이다. 수익은 수익 추정치에 근거하여 지출에 대한 관련 상한선을 적용하여 추정한다.
- 수익/비용 중심 예산 : 수익(매출) 및 비용 센터와 관련된 손익분기점 수요에 초점을 맞춘다. 이를 위해서는 비용 및 수익 센터를 개발하여 수익과 비용을 이러한 영역에 할당할 때 주의해야 한다.
- 항목별 예산 편성 : 모든 지출을 회계 차트와 함께 비용 센터로 세분화하는 매우 세부적인 형태의 예산 편성으로, 라인 항목별로 번호를 부여하고 코딩 시스템을 개발한다.

3. 공항 수익

한마디로 수익은 공항에서 벌거나 거둬들인 돈이다. 개인이 받는 급여/임금과 비슷하게, 공항은 공항이 제공하는 서비스와 시설로 수익을 얻는다. 공항은 일반적으로 상품을 판매하는 사업이 아니지만, 서비스(연료, 주차, 발레 파킹, 경찰, ARFF 등)와 시설(주차 구조물, 터미널 건물, 활주로, 유도로, 비상탈출로 등)을 제공하는 사업을 한다. 이러한 서비스와 시설은 수요에 따라 비용이 발생하므로, 서비스와 시설을 사용하는 사람에게 요금을 부과할 수 있다. 수익은 항공(Aeronautical) 또는 비항공(Non-aeronautical) 형태로 이루어진다.

3.1 항공 수익

항공 수익은 공항 수입의 대부분을 차지한다. 항공사 터미널 공간 임대료, 항공사 착륙료(Landing Fees), 연료비(Fuel Fees), 토지 임대차(Land Lease), 터미널, 게이트, 서비스 및 승객 수에 대한 사용료 등이 있다. 미국 연방항공청(FAA) 자료에 따르면,

미국 공항들은 2013년에 약 100억 달러의 항공 수입을 올렸는데, 이는 전체 운항 수익의 약 55%에 해당한다.

항공사들은 카운터 및 게이트 공간, 훈련 시설, 보관 시설, 격납고, 사무실, 정비(유지보수) 시설에 대한 임대료를 지불하여 공항 임차인 역할을 한다. 항공사들은 착륙료와 주차료를 추가로 지불하고, 전용 구역을 차지하기 위해 매표소와 게이트 공간에 대한 임대료를 지불한다. ACI에 의하면, 대다수 공항들은 일반적으로 사용 및 임대 계약으로 알려진 자사 시설을 사용하려는 항공사들과 계약을 맺는다. 2013년에는 터미널 수수료, 임대료, 유틸리티가 항공 수입의 45%를, 착륙료는 30%를 차지했다. 'ACI 국제-북미 컨세션 벤치마킹 조사'에 의하면, 공항은 승객 1인당 항공 수입으로 11달러 88센트를 벌어들인 것으로 나타났다.

1 착륙료

예컨대 일본의 이바라키 공항(ICAO : RJAH, IATA : IBR; 활주로 2본 : 2700m×45m, 03R/21L)은 수도권에 있으면서도 착륙료는 하네다 공항이나 나리타 공항보다 30% 이상 저렴하고, 수도권에서 가장 저렴한 비용으로 각 항공사에 서비스를 제공한다. A320 또는 동급의 기체 착륙료를 비교하면 나리타 공항은 119,350엔, 하네다 공항은 184,800엔, 이바라키 공항은 85,897엔으로 이바라키 공항이 가장 저렴하다(2013년 기준).

2 제트 연료비(Jet Fuel Fees)

항공기에 연료를 채우는 비용이 얼마나 될까? 만약 자동차에 연료를 가득 채우는 비용이 비싸다고 생각한다면, 대서양 횡단 비행기에 연료를 주입하는 데 따른 비용을 생각해보라. 예를 들어 뉴욕 존 F. 케네디 공항에서 출발하는 비행기에 연료를 주입하는 경우를 생각해보자. 미국 항공사의 자료에 따르면, 뉴욕 케네디 공항부터 런던 히스로 공항까지 약 27,270달러의 비용이 든다. 돌아오는 항공편은 약 33,411달러로 훨씬 더 많이 든다.

인기 노선 티켓 가격 책정

항공기에 필요한 연료의 양과 그에 따른 비용은 항공기 형태, 중량, 이동 방향을 포함해 많은 요인들에 따라 달라진다. 다음은 미국 항공사가 집계한 데이터에 기초하

착륙료(Landing Fees) 산출방식은?

착륙료는 어떻게 계산될까?

항공기 착륙 수수료는 최소 착륙 요금 중에서 더 큰 금액 또는 1,000파운드당 운임으로 계산한 항공기 총중량에 기초한 최소 착륙 수수료를 기준으로 한다. 손익분기 중량은 최소 요금이 1,000파운드당 요율로 계산된 착륙 요금과 동일한 중량이다.

공항은 착륙 시 얼마를 청구할까?

예컨대 아랍에미리트에서 영공비행 요금(Overflight Charges)은 항공기 중량에 따라 미화 130~235달러이다. 에미리트 비행정보구역(Flight Information Region, FIR) 내에서 국내선을 운항하는 경우 항공기 크기에 상관없이 왕복 1회당 미화 10달러의 고정 요금이 부과된다.

착륙 수수료가 가장 높은 공항은 어디일까?

연간 조사에 따르면, 토론토의 피어슨 국제공항은 세계에서 가장 비싼 비행기 착륙 장소로 부상했다. 예컨대 보잉 747 여객기가 2005년 피어슨 공항에 착륙하는 데 10,986달러가 들었다고 항공운송연구협회(Air Transport Research Society)가 2006년 보고서에 밝혔다.

JFK의 착륙료는 얼마일까?

100달러 추가 요금이 적용되는 오후 3시에서 10시 사이에 착륙하지 않는 한, 2017년 10월을 기준으로 착륙에 25달러가 소요된다. 주차 8시간 단위당 45달러, 연료 10갤런 이상 구매 시 시설비 33.60달러가 면제된다.

여 TPG(Texas Pacific Group)에 제공한 연료비 추정치이다. 이 금액은 2019년 1월부터 5월까지 평균으로 집계한 것이다.

- 로스앤젤레스 인터내셔널 공항에서 도쿄 나리타 공항까지 : 이 태평양 횡단 노선은 제트 연료를 약 9,500갤런 사용한다. 추정 연료비는 19,190달러나 된다.
- 뉴욕 JFK 공항에서 로스앤젤레스 인터내셔널 공항까지 : 인기 있는 이 대륙 횡단 비행은 추정 연료비 10,757달러에 제트 연료를 약 5,325갤런 사용한다. 뉴욕으로 돌아오는 예상 연료비는 1만 252달러에 약 5,075갤런으로, 제트 연료를 약간 덜 사용한다.
- 시카고 오헤어, 마이애미 인터내셔널행 : 남쪽으로 향하는 항공편은 약 2,350갤런으로 운항되며, 비용은 4,747달러 정도 소요된다. 북쪽으로 돌아갈 때에는 약 3,565갤런을 사용하여 예상 비용이 7,201달러로 치솟는다.
- 덴버 국제공항부터 샌프란시스코 국제공항까지 : 두 도시를 운항하는 항공기 기종이 다양해서 연료량과 연료비도 상당히 큰 차이가 난다. 평균적으로 항공기는 약 3,500갤런의 제트 연료를 주입하여 약 7,070달러의 비용이 든다. 그러나 연료비는 저가의 4,040달러에서 고가의 14,140달러까지 다양하다.

상식 **지금은 사라졌지만, B747은 이륙 시 얼마나 많은 연료를 소모할까?**

보잉 웹사이트에 따르면, B747은 킬로미터당 약 12리터를 연소한다. 이 기종은 최대 568명을 태우고 최대 238,840리터의 연료를 운반할 수 있다.

항공사의 연료비 책정

운전자라면 누구나 가장 저렴한 유가를 찾으려고 한다. 그러나 미국 항공사의 경우, 항공기에 연료를 채우는 것이 그렇게 간단하지 않다. 미국 항공사들은 연간 170억 갤런의 제트 연료를 소모하는데, 이는 항공기 및 엔진 제조업체가 더 많은 거리를 비행하더라도 연료 효율이 더 높은 장비를 고안하여 수년간 유지됐다. 그러나 지난 몇 년 동안 유가가 등락을 거듭하여, 2019년 상반기에는 평균 배럴당 66달러였지만 2016년 1월에는 약 30달러의 최저치를 기록했다.

연료 가격과 티켓 가격

자연 재해부터 정치적 격변에 이르기까지 석유 공급의 차질은 항공사에서 지출하는 연료비에 영향을 줄 수 있다. 휘발유 가격에 영향을 미치는 요소가 항공유(제트 연료) 가격에도 동일하게 영향을 미친다. 항공유 가격의 변동은 항공권 가격에 영향을 미칠 수 있지만, 반드시 즉각적인 것은 아니다. 그리고 유가의 단일 변동과 항공권 가격의 특정 변동 사이에는 직접적인 연관성이 없다. 연료 가격이 급등하면 항공사가 항공권 가격을 인상하는 데 2~4개월이 걸린다. 연료 가격 하락과 항공권 가격 인하 사이에 6개월이라는 시차가 발생한다. 미국의 항공사들은 국내선에 유류 할증료를 부과할 수 없지만, 국제선에는 가격 등락에 따라 유류 할증료를 부과한다.

좋은 거래처 발굴

많은 항공사들이 가격 변동을 상쇄하기 위해 유가가 급등할 때 일종의 보험으로 판매자와 구속력이 없는 계약, 즉 '콜옵션'[3]을 체결한다. 과거에 사우스웨스트와 같은 일부 항공사들은 연료 구매를 헤지(위험회피)하여 가격이 낮을 때 장기 요율을 확보했다. 그러나 이 전략은 가격이 떨어지고 항공사가 더 높은 가격을 고수하는 경우에 역효과를 낼 수 있다.

상식 제트 연료(Jet Fuel)를 넣어도 되는 차량은??

최신 자동차에 납이 함유된 Avgas(Aviation Gasoline, 항공유)를 급유하면 촉매변환기와 같은 부품이 손상된다. 반대로 Jet-A는 가스 엔진에서 작동하지 않는다. 가솔린 자동차에 디젤 연료를 넣는 것과 같아서 작동하지 않는다.

디젤 차에 제트 연료를 사용해도 될까?

제트 연료(변종도 있지만, Jet-A로 알려진 매우 일반적인 연료)는 일반 구형 디젤 연료에 가깝다. 등유, 디젤 차나 트럭에서 제대로 작동할 수도 있지만, 윤활유 첨가제를 첨가하는 것이 좋다.

3 콜옵션(Call Options)은 특정 날짜에 약정한 가격으로 자산을 매입할 수 있는 옵션이다.

3.2 비항공 수익

1 비항공 수익을 결정하는 주요 요인

항공사들은 항공사 경기호황 주기의 예측 불가능성에 대처하기 위해 점차 비항공 수익을 더 중시하는 쪽으로 이행하고 있다. 비항공 수익에 영향을 주는 주요 결정요인으로는 세 가지를 들 수 있다.

공항 규모

대형 공항은 소형 공항보다 전문 소매상점, 식당 같은 다양한 시설을 더 많이 지원하므로 결과적으로 공항 소매점에서 비항공 수익이 더 많이 발생한다.

공항 승객의 유형

국제선 승객은 다른 유형의 항공편 승객보다 더 많이 소비한다(공항 비즈니스). 휴가 여행자는 탑승 대기시간이 45분 이상일 때 비즈니스 여행자보다 더 많은 돈을 쓴다. 그러나 탑승 대기시간이 45분 미만일 때는 그 반대이다. 공항에서 보내는 시간은 승객 유형과 비항공 수익에 주요한 영향을 미친다.

공항 내 소매상점 및 식당의 위치

대부분의 승객은 체크인 및 보안검색 과정을 마친 후에 쇼핑을 선호한다. 따라서 공항 위치는 공항 상점 및 음식점 운영자에게 경쟁우위의 원천이 된다.

공항 수익 모델과 그 결정요인에 대해 알아보았으니, 이번에는 승객 경험을 개선해야 하는 중요한 이유에 초점을 맞춰보자.

2 승객 경험을 개선하는 이유

더 많은 수익 창출

고객이 불행한 상점보다 행복한 상점에서 더 많은 돈을 쓴다는 것은 기본적인 경제학이다. 공항도 마찬가지이다. 실제로 한 연구에 따르면, 행복한 승객들은 공항 소매점에서 구매하는 데 평균 20.55달러를 쓰는데, 이는 공항 소매점과 음식점에서 단지 14.12달러만 소비하는 심술궂은 사람들보다 45%를 더 많이 지출하는 것이다.

고객 참여 개선을 위한 잠재적 전략

세계 최고의 공항들 중 일부는 승객들의 경험을 향상시키기 위해 지오로케이션(Geo-location) 서비스를 비롯해 모바일 앱, 소셜 미디어, 지능형 기술로 눈을 돌리고 있다.

- 고객 관계 및 충성도 : 항공사의 고객 관계 관리(Customer Relationship Management, CRM) 이니셔티브는 일반적으로 상용 고객 우대 프로그램과 다양한 항공 클래스의 상향 및 교차 판매 기능에 초점을 둔다. 승객 터치포인트와 관련하여 전반적인 엔드-투-엔드 고객여정(end-to-end Travel, E2E)을 관리하고 개선하려는 시도는 거의 없다. 공항은 예약부터 공항을 오가는 여행, 여행 끝까지 여행자에게 통합된 고부가가치의 경험을 쌓을 수 있는 중요한 기회를 제공한다. 공항/항공사의 역할과 서비스 모델이 진화하면서 승객들은 맞춤 서비스에 대한 기대치가 높아졌다. 이는 항공사의 지출만이 아니라 공항과 항공사의 복합적인 지출에 기반을 둔 보상 시스템과 연계되어야 한다. 우수한 통합 승객 경험은 항공사와 공항 모두에게 주요한 차별화 요소가 되어 호소력을 높이고 선택의 여지가 있으면 충성도를 향상시킨다.
- 지리적 위치 서비스를 통한 고객 참여 : 공항은 효과적으로 공항 비즈니스 영역 바로 앞에 서있는 승객들을 전자 상거래 유입 경로로 유도할 수 있다. 매핑 앱(Mapping Apps)은 고객이 시간을 낭비하지 않고 원하는 상점을 직접 찾을 수 있어서 유용하다. 매핑 앱에 클릭과 컬렉션을 추가하면 간단한 내비게이션은 승객들에게 강력한 쇼핑 환경(예 : 히스로 맵)으로 바뀔 수 있다.
- 부가가치 서비스 : 예를 들면, 아이들과 함께 여행하는 것이 스트레스를 동반할 수 있지만, 전용 가족 보호구역에서부터 어린이 구역과 포터(짐꾼)에 이르기까지 공항은 승객의 휴가를 최상의 출발점으로 만들 수 있다. 기타 부가가치 서비스에는 무료 무선 인터넷 접속 서비스, 무료 주차, 개인 지원 등이 있다.

운영 효율성을 위한 재사용 가능성

우수한 운영 효율성은 경쟁 우위를 선점하며, 비용 절감, 유연성 증대, 고객 반응 향상으로 이어진다. 전략적으로 계획되고 배치되면 기술 인에이블러(Technology Enablers)는 재사용될 수 있다. 예를 들어 탐색, 클릭과 수집을 하며 매핑 앱을 사용하는 고객을 생각해보자. 서비스 플랫폼은 공항에서 두 가지 이상의 목적으로, 이를 테면 터미널에서 인터넷 접속 지점의 모니터링과 같은 자산 모니터링에 사용될 수 있다. 또는 소매 부동산 임대 및 상품 조합을 관리하고 추적하는 하나의 통합 시스템으로도 사용될 수 있다. 마지막으로, 동일한 플랫폼을 SaaS 모델[4]을 통해 항공사에 배포할 수도 있다.

결론적으로, 공항은 비용을 절감하거나 효율성을 높이기 위해 커넥팅(연결) 기술에 지속적으로 투자하고, 새로운 수익원을 창출하고, 기존 고객과의 관계를 공고히 하고, 신규 고객에 대한 접근을 확대하고, 완전히 새로운 '정보화'된 비즈니스를 창출할 필요가 있다.

3 비항공 수입원

다시 비항공 수익 문제로 돌아가보자. 'ACI 국제-북미 컨세션 벤치마킹 조사'에 따르면, 비항공 수입은 2013년에 거의 82억 달러에 이르렀는데, 이는 전체 운영 수입의 45%에 해당한다. 승객 한 명당 공항은 수입원이 다양한 비항공 수입에서 8달러 14센트를 획득했다. 이 수익의 흐름을 좀 더 자세히 살펴보자.

주차, 육상운송 및 렌터카

ACI의 컨세션 벤치마킹 조사에 따르면, 공항 주차료와 지상교통비는 2013년 전체 비항공 수입의 41%인 34억 달러에 달했다. 지상교통 수단은 택시, 리무진, 셔틀버스, 항공사 승객을 수송하는 버스 등이다. 렌터카 관련 수수료는 19.8%로 미국 공항의 비항공 수입 중 둘째로 큰 부분을 차지해 총 16억 달러에 달했다.

컨세션과 소매업(Retail)

소매 판매와 컨세션 판매를 통한 수익 창출에서 공항에 유리하게 작용하는 두 가지 주요 요인이 있다.

---

4 SaaS(Software as a Service)를 사용하면 사용자는 인터넷을 통해 클라우드 기반 앱에 연결하여 앱을 사용할 수 있다. 가령 메일, 일정 및 오피스 툴(예 : Microsoft Office 365)이다. Outlook, Hotmail 같은 웹 기반 메일 서비스를 사용했다면 이미 SaaS를 경험해본 것이다. 이 서비스를 사용하면 일반적으로 웹 브라우저에서 인터넷을 통해 계정에 로그인한다. 메일 소프트웨어는 서비스 공급자 네트워크에 있고 사용자의 메시지도 서비스 공급자 네트워크에 저장된다. 사용자는 컴퓨터 또는 인터넷에 연결된 장치에서 웹 브라우저를 통해 메일과 저장된 메시지에 접근할 수 있다.

- 국제공항협회(ACI) 조사에 따르면, 항공 승객은 일반적으로 소비력이 크다. 2013년의 경우, 전국의 가계소득 평균치는 5만 2천 달러를 약간 상회했지만 승객의 소득 평균은 7만 5천 달러에서 9만 달러 사이였다.
- 2001년 9월 11일 테러 공격 이후 보안조치가 강화되어 승객들은 공항터미널에서 더 많은 시간을 보내고, 일찍 도착하여 시간 안에 적절한 항공편을 확보할 수 있게 됐다.

공항은 점점 더 많은 식음료 선택권을 행사하면서, 전국 프랜차이즈 업체들을 넘어 지역 식당과 판매업체들로까지 자사의 제품을 확대하고 있다. 2013년에 미국 공항들은 식음료 판매로 5억 8700만 달러를 벌었는데, 이는 비항공 수입의 약 7.2%에 해당한다.

한편 공항 소매점은 초콜릿 바 및 잡지를 취급하던 데서 디자이너 의류와 현지 상품을 취급하면서 터미널을 '여행 메가스토어'로 탈바꿈시키고 있다. 게다가 스마트폰, 앱, 기타 모바일 기술의 보급으로 소매업체와 컨세션업체가 지역별 맞춤형으로 상품을 만들 수 있게 됐다.

연구 및 분석 회사인 Veritics의 2015년 보고서에 따르면, 전 세계적으로 공항 소매 판매는 승객 교통량 증가와 경기 상승에 힘입어 지속적으로 성장할 것으로 예상된다. 국제공항 리테일링 보고서에 따르면, 더 많은 의류 소매상들이 공항에 입점하는 등 미용 상품과 패션 부문은 가장 강력한 성장세를 보일 것으로 전망된다. 국제공항협회(ACI)의 컨세션 벤치마킹 조사에 의하면, 자동 판매점도 북미 공항의 53%에 입점하는 추세이다. 2013년 총 매출액이 평균 약 17,000달러였던 이 자동 판매점들은 여행객들에게 개인 전자제품, 화장품, 기타 소비재에 대한 24시간 접근을 제공한다. 이러한 '고급 자판기'를 통해 공항들은 일반 상점에 비해 터무니없이 작은 장소에서 수입을 창출할 수 있게 됐다.

상업 개발, 광고 등

사무용 건물, 기업 및 산업 단지, 철도 및 교통 인프라, 소매 센터, 호텔 및 물류 허브는 모두 비항공 수입원을 증대시킬 수 있는 공항 자산의 잠재적 상업 프로젝트들이다. 공항도 내외부의 공간을 이용해서 수익을 창출한다. 또한 스폰서 공간, 특별 이벤트 및 브랜드 구역은 공항 분위기와 승객 경험을 향상시키는 동시에 운영 수입을 창출할 수 있다.

ACI가 2013년 보고서에서 지적했듯이, 전 세계 공항은 인프라 사업자에서 정교한 비즈니스 중심 서비스 사업자로 발전했다. 비항공 수익원으로 창출되는 수입이 공항의 재무를 좌우하는 경우가 많다.

3.3 영업 외 수익

수익은 기업이 상품을 팔거나 고객에게 서비스를 제공하여 얻는 금액이다. 예컨대 소매업자의 수익에는 상품 판매가 포함되며, 로펌의 수익에는 고객에게 법률 서비스를 제공함으로써 얻는 수임료가 포함되며, 은행의 수익에는 대출자에게 대출해주어 얻는 이자가 포함된다.

적립식 회계방식에 의하면, 세입이 발생한 기간(현금이 수취된 기간이 아님)에 대해서는 세입이 손익계산서에 보고된다. 즉 현금을 받기 전, 현금을 받은 후 또는 현금을 받는 동시에 수익이 발생할 수 있다. 따라서 수익은 현금영수증과는 다르다.

수익은 흔히 영업 수익(Operating Revenue)과 영업 외 수익(Non-operating Revenue)의 두 가지 범주로 분류된다. 영업 수익은 회사의 주요 활동에 속한다. 예컨대 소매업체의 영업 수익에는 상품 판매, 연장 보증 판매 및 수리 수입이 있다. 반면에 영업 외 수익은 회사의 부수적인 활동과 관련된다. 가령 소매업자의 영업 외 수익에는 투자로 벌어들인 이자와 임대료가 포함된다.

공항의 영업 외 수입은 공항 운영과 거의 무관한 수익금을 말한다. 예를 들어 저축예금에 대한 이자를 생각해보자. 공항이 문을 닫더라도(허리케인이나 그 외 사건으로 인해), 공항이 투자한 저축계좌로 수익을 올릴 것이다. 일반적으로 비영업 수입은 공항이 벌어들인 전체 수익에서 작은 부분을 차지한다.

3.4 혁신적인 수익원

전통적인 수익원이 공항 수입의 주된 원천이지만 많은 공항들은 혁신적인 수익원을 탐색하기 시작했다. 이러한 옵션들 중 일부는 사실 지출이 필요한 것으로 보일 수 있겠지만, 수익 증대를 위해 설계된 것이다.

- 공항 주차 : 주차 대행 서비스, 고객 충성도 프로그램, 월간 주차요금, 웹 기반 주차 시스템, 자동 결제 옵션
- 렌터카 : 옵션 요금, 터미널 임대료, 토지 임대료, 고객 시설 요금, 통합 렌터카 시설비
- 터미널 컨세션 : 브랜드 상품 및 식음료, 고급 식당, 매점, 셀프 서비스 신문가 판대
- 광고 프로그램 : 터치스크린 디렉터리, 제트 브리지 및 비행장 광고, Wi-Fi 애플리케이션
- 천연 자원/농업 활동 : 석유 시추, 채굴, 농업 활동

4. 수익구조 사례 : 인천국제공항공사

인천국제공항공사의 수익구조를 보면, 본업인 항공 수익보다 부업인 비항공 수익이 두 배 가까이 많다. 인천국제공항공사는 2011년 이후 최근 5년간 공항 이용료, 착륙료 등 항공 수익은 연평균 6,050억 원으로, 총수익의 36.8%에 그쳤다. 반면 상업시설 사용료 등 비항공 수익은 연평균 1조 430억 원으로 무려 63.2%에 달했다.

- 항공 수익 : 착륙료, 정류료, 조명료 등 운항 수익 + 국제 · 국내 여객 공항 이용료, 환승여객 공항 이용료 등의 여객 수익으로 구성
- 비항공 수익 : 면세점 등 상업시설 사용료, 주차장 사용료 등 상업 수익 + 토지 임대료, 건물 임대료, 체크인 카운터 사용료 등 임대/유틸리티 수익으로 구성

세계 공항의 항공 수익과 비항공 수익 비율[5]

공항	수익 구분	연도				
		2011	2012	2013	2014	2015
프라포트 공항	항공 수익	60%	60%	59%	63%	64%
	비항공 수익	40%	40%	41%	37%	36%
암스테르담 공항	항공 수익	57%	57%	57%	58%	57%
	비항공 수익	43%	43%	43%	42%	43%
히스로 공항	항공 수익	56%	58%	61%	63%	61%
	비항공 수익	44%	42%	39%	37%	39%
인천국제공항	항공 수익	36%	37%	37%	38%	36%
	비항공 수익	64%	63%	63%	62%	64%

인천국제공항의 2015년 수익을 보면, 항공 수익은 총수익 1조 8,785억 원 중 단 36.5%인 6,854억 원이고, 비항공 수익은 1조 1,931억 원으로 63.5%나 된다. 특히 2015년에는 면세점 신규 사업자 입찰로 9,286억 원의 상업시설 사용료 수익이 발생했는데, 이는 총수익의 49.4%를 차지한다. 또한 2014년 대비 임대료 수익만 1,438억 원이 늘어난 셈이다.

이에 비해, 항공 수익은 2014년에 대비해 소폭 증가하여 490억 원에 그쳤다. 그리고 환승여객 공항 이용료는 오히려 감소했다. '허브공항'의 척도라 할 수 있는 환승률도 2013년 18.7%로 정점을 찍은 후 지속적으로 떨어져 2016년 7월에는 12.8%까지 추락했다. 네덜란드 암스테르담 스히폴 공항은 항공 수익이 57%, 영국 히스로 공항은 61%를 차지해 인천국제공항과 대조를 이룬다.

5 출처 : 인천국제공항공사. https://www.airport.kr/co/ko/index.do

최근 5년간 인천공항의 환승률 추이[6]

연도	총 국제여객	환승객 수	환승률
2011	3,450만 명	566만 명	16.3%
2012	3,870만 명	685만 명	17.7%
2013	4,130만 명	771만 명	18.7%
2014	4,540만 명	725만 명	16.0%
2015	4,920만 명	741만 명	15.1%
2016.7	3,280만 명	420만 명	12.8%

따라서 인천국제공항공사는 항공 수익보다 비항공 수익에 치중한 셈이므로, '세계 최고 공항'이나 '글로벌 리딩 공항'에 걸맞은 수익구조라고 보기 어렵다.

6 출처 : 인천국제공항공사, 임종성 의원실 가공.

배보다 배꼽? 인천공항 '비항공 수익' 점점 커진다

인천국제공항공사가 2017년 2조 4,308억 원으로 사상 최대 매출을 달성했으나 항공 수익보다 비항공 수익에 편중된 수익구조는 오히려 심화된 것으로 추정된다. 2017년 기준 인천공항공사의 항공 수익은 33.6%인 반면 비항공 수익은 66.4%에 달했다. 전체 수익의 3분의 2를 비항공 수익에서 거뒀다. 한국면세뉴스 집계 결과, 이 수치는 2018년 상반기를 기준으로 32.9% 대 67.1%로 오히려 심화된 것으로 나타났다. 이런 기조는 하반기에도 이어졌을 것으로 예측된다.

2014년 62.1%에서 계속 증가 추세

인천국제공항공사가 공개한 2018년 주요 재무 실적에 따르면 운항 및 여객 수익 증가, 상업 수익 증가 등에 힘입어 전년 대비 약 8.5% 증가한 2조 6,376억 원의 매출을 달성했다. 항공 수익과 비항공 수익의 비율 등 세부 내용은 아직 집계되지 않았다고 공사 관계자는 밝혔다.

2018년 상반기 매출이 1조 3,352억 원(경영공시 자료)임을 감안하면 하반기 매출은 1조 3,024억 원으로 상반기보다 다소 감소했지만 엇비슷한 수준이다. 상반기와 하반기의 별다른 수익구조 변동요인이 없다는 점을 감안하면 비항공 수익 편중 추세는 하반기에도 이어졌을 것으로 추산된다.

연도별 인천국제공항 수익 및 비율(2013~2018)

(단위 : 억 원, 비율은 %)

구분	2013		2014		2015		2016		2017		2018(상반기)	
	수익	비율	수익	비율	수익	비율	수익	비율	수익	비율	수익	비율
항공 수익	5,879	36.7	6,364	37.9	6,853	36.5	7,685	35.2	8,164	33.6	4,400	32.9
비항공 수익	10,150	63.3	10,434	62.1	11,932	63.5	14,175	64.8	16,144	66.4	8,952	67.1
총수익	16,029	100.0	16,798	100.0	18,785	100.0	21,860	100.0	24,308	100.0	13,352	100.1

출처 : 인천국제공항공사, 윤호중 의원실 가공.

눈에 띄는 대목은 비항공 수익 비중이 오히려 계속 늘고 있다는 점이다. 2013년

63.3%이던 비항공 수익은 2014년 62.1%로 다소 줄었지만 그 후로 해마다 상승 추세를 보이고 있다.

인천공항이 허브공항으로서 경쟁력을 강화하려면 해외 주요 허브공항처럼 항공 수익이 더 높은 비중을 차지해야 한다는 일각의 지적에 오히려 반대되는 현상이다. 비항공 수익은 상업시설 사용료, 광고료, 주차장 사용료, 건물 토지 임대료 등이며 이 중 '상업시설 사용료'는 면세점, 은행, 식음료 매장 등의 임대료이다.

2016년 1조 4,175억 원에서 2017년엔 1,969억 원(1.6%)이 증가해 무려 1조 6,144억 원에 달했다. 같은 기간 면세점 상업시설 사용료가 18.3%나 증가해 공사 수익 확대의 효자노릇을 했다.

해외 주요 공항 수익구조(2015년)

구분	독일 프라포트 공항	네덜란드 암스테르담 공항	영국 히스로 공항	평균
항공 수익	64%	57%	61%	61.67%
비항공 수익	36%	43%	39%	39.33%

출처 : 인천국제공항공사, 윤호중 의원실 가공.

유럽 주요 공항(영국 히스로 공항)은 항공 수익 비중이 60%

이 때문에 면세점 업계를 중심으로 공항 상업시설 임대료가 과도하다는 원성을 듣고 있다. 2017년 사드사태 때 중국 노선 여객이 30%씩 감소해도 임대료 조정이 전무해 면세점 업계의 큰 반발을 사기도 했다.

공항 환경 변화 대비해 수익편중은 개선 필요

인천공항공사는 크게 연연하지 않는 모습이다. 실제로 공사의 2018년 수입계획(경영공시 자료)에 따르면 항공 수익은 8,431억 원으로 계획된 데 비해 비항공 수익은 1조 9,228억 원으로, 30% 대 70%에 달했다. 계획된 수치보다는 수익구조 편중이 심하지 않았다고 볼 수 있다.

이에 대해 인천공항 관계자는 "비항공 수익으로 신규취항 항공사에 인센티브를 주는 등 항공 네트워크 확장을 통한 경쟁력 강화에 투자하고 있다"면서 '선순환 효과'가 있음을 강조했다. 해외 공항과의 비교에 대해시는 "공항마다 처한 입장이 다르다. 특히 구미지역 공항과 아시아 공항은 지리 · 문화적으로 크게 달라 단순 비교하기 어렵다"는 입장을 밝혔다.

그러나 한 면세점 업계 관계자는 "과다한 임대료에 못 견뎌 지난해 롯데와 삼익이 인천공항에서 끝내 철수했지만 인천공항은 또다시 사상 최대 매출을 올렸다니 아이러니"라며 "앞으로 상업시설 임대료가 이전만 못할 때를 대비해서라도 공항은 지금과 같은 수익 편중을 꼭 개선해야 할 필요가 있다"고 지적했다.

출처 : 한국면세뉴스 2019.01.10.

CHAPTER

12

공항과 상업

1. 공항의 수익

1.1 상업전략의 개발

공항의 상업전략으로는 크게 두 가지를 들 수 있다. 하나는 공항의 계획과 설계에 방점을 두는 전략이다. 공항이 승객의 취급과 처리를 간소화하여 신속하게 업무를 수행할 수 있도록 하는 전통적인 공항 모델이다. 이 모델에서는 공항 청사 내에서 승객에게 필요한 공간 부족으로 불편을 야기하거나 상업 활동을 하고자 하는 욕구에 상당한 제약을 받을 수 있으므로 공간 배분을 최대화할 수 있는 전략을 선택한다. 이는 기존의 공항 공간이 협소한 경우 공항 수익을 최대화하려는 노력이 제한받게 되므로 최선의 수익을 이끌어내려는 것이다.

다른 하나는 상업적 공항 모델을 완성하는 것으로, 공항에서의 적절한 활동을 통해 공항의 수입을 최대화하는 전략이다. 이는 공항을 통한 승객과 화물의 이동이 신속하게 이루어지도록 하면서 항공교통과 직접 관련이 없는 판매업이나 오락시설 같은 활동으로 상업적 수익을 극대화하는 전략이다.

1.2 목표 집단의 욕구 충족을 위한 상업 활동

전통적 공항 모델과 상업적 공항 모델의 사례는 유럽에서 정부당국이 운영하는 그리스 아테네 공항과 공항공단이 운영하는 독일의 프랑크푸르트 공항에서 찾을 수 있다. 아테네 공항이 승객의 기본적인 욕구만을 충족시키는 전통적인 공항 모델이라면, 프랑크푸르트 공항은 청사 주변의 토지를 포함하여 미사용 중인 면적을 활용하려는 생각의 전환을 하고, 승객과 화물운송업자를 포함하여 여러 개의 목표 집단을 설정하여 시설과 서비스를 제공함으로써 상업 수익을 창출한다.

목표 집단 중 승객 다음으로 중요한 집단은 공항 근무자들이다. 이들의 소비행태에서는 시내의 중심가까지 일부러 가서 쇼핑을 하기보다는 휴식시간을 이용하여 정상적인 쇼핑을 할 수 있는 편의성이 우선된다. 한편 상점보다 공항의 연계망을 이용할 수 있는 지역사업 분야는 사무실, 회의실 등을 필요로 하는 부류인데, 이들은 토지, 창고, 격납고, 사무실 청사 등을 필요로 하여 상당한 임대소득을 올릴 수 있는 수익의 원천이 된다. 이외에도 항공사, 항공사 승무원, 환송객, 지역주민, 관광 목적의 방문객이 주요 고객이 된다. 따라서 이러한 목표 집단의 니즈를 면밀히 분석하여

Pit Stock / Shutterstock.com

LariBat / Shutterstock.com

시장을 세분화하고 공항 수익 창출의 원동력으로 이끌어야 공항 수익을 향상시킬 수 있다.

공항의 수익을 최대화할 수 있는 착륙료, 주기료, 보안료, 소음부담금, 환경세, 공항 이용료 등의 항공 관련 수익이 전 세계적으로 감소 추세에 있으므로, 공항의 비항공 관련 수익 증가에 노력을 기울일 필요가 있다. 이는 대규모 공항에서 공항 총 수익의 약 30%를 바로 이러한 추가 수익원인 면세점 판매, 구내 영업료(컨세션) 등 리테일(Retailing) 사업에서 얻기 때문이다.

1.3 상업 협정

공항은 수백 에이커의 토지를 소유하며, 수많은 여타 서비스를 제공하는 수십 명의 세입자를 수용한다. 공항은 이러한 세입업체들이 공항 소유의 토지에서 운영되어 수익을 얻기 때문에 공항 재산에 관련된 세입자(임차인) 관련 기대치, 부채, 임대료, 기타 약관들을 명확히 하고자 계약을 체결한다. 공항 비즈니스를 비롯한 비즈니스 세계에서 구두 합의와 이해만으로는 충분하지 않다. 서면 합의는 둘 이상의 당사자 간의 합의와 이해를 명시하기 위해 사용되는 공식적인 관행이다. 공항 기반 판매업자, 세입자 및 기타 업체와의 협정이 일반적이기는 하지만, 공항은 거의 군사기지나 지역사회 단체와 같은 공항 외부 단체들과도 협약을 체결할 수 있다. 본질적으로, 임대 계약과 운영 협정은 공항의 운영과 개발에 해가 되는 용도부터 공항을 보호하고 공항 재산을 운영하는 회사에서 수익을 얻기 위한 다양한 목적으로 존재하는 것이다.

각 계약은 임차인/공급업체 및 계약의 고유한 목적에 따라 다르다. 공항 임대 계약은 일반적으로 상업 공항 운영자/세입자와 비상업적인 운영자/세입자의 두 종류의 공항 이용자를 위해 고안됐다. 본질적으로 상업 운영자/세입자는 이익을 위해 상품이나 서비스를 제공하는 개인이나 단체이다. 반면에 비상업적인 세입자는 영리를 목적으로 공항을 사용하지 않는 개인이나 단체이다. 실제로 계약은 매우 단순할 수 있으며, 계약서는 한 페이지를 넘지 않는다. 그러나 일반적으로 계약은 다소 복잡하여 10~20페이지 또는 그 이상인 경우도 없지 않다. 계약은 그 목적과 분량에 관계없이 일반적으로 다음과 같은 몇 가지 공통 요소가 있다.

- 세입자가 사용할 수 있는 부동산에 관한 구체적인 정보
- 공공시설 및 기타 비용에 대한 책임
- 임대차 준수를 위한 부동산 검사를 허용하는 조건
- 임대(리스)가 종료될 수 있는 조건
- 계약 재무조건
- 계약(약정) 만료일
- 시간 경과에 따라 또는 중대 변경이 발생할 경우 요율을 재검토하고 조정할 수 있도록 하는 단계적 확대(Escalation) 조항

1.4 항공 협정

상업 공항의 가장 일반적인 계약 중 하나는 항공사 계약이다. 항공사는 일반적으로 공항에서 운영 계약과 임대 계약 두 가지 계약의 당사자가 된다. 먼저 항공사는 공항 착륙 허가를 얻기 위해 항공사 운영 계약을 체결하게 된다. 이 계약은 일주일에 2회 운항하는 항공사와 매일 운항하는 항공사를 구분하기 위한 노력의 일환으로, 항공료, 징수할 여객시설 이용료, 수익 제출 절차 및 마감일, 공항 이용시간 또는 계절적으로나 일상적으로 운영되는 공항에서는 공항이 서명 및 비서명 조건을 개발했다.

서명 항공사들은 공항과 정기간 계약을 체결하고, 그 결과로 착륙료 인하 등의 혜택을 받는다. 예컨대 미국 올랜도 국제공항의 경우 서명 항공사로 분류되려면, 항공사가 적어도 한 개의 특별 게이트와 관련 임원진이 충분하다고 간주하는 터미널의 다른 공간을 최소 5,000평방피트 임대해야 한다.

비서명 항공사들은 제한적 또는 계절적 서비스를 운영하며, 일반적으로 서명 계약을 체결하지 않기 때문에 공항시설 이용 시 약간 높은 착륙료와 이용할 때마다 수수료(사용료)를 지불해야 한다. 미국 플로리다 주의 올랜도 국제공항의 비서명 항공사에는 공항에 정기 서비스를 제공하는 항공사, 공항 공용시설에서 운항하는 항공사, 운항지원사업자(Fixed Base Operator, FBO)의 시설에서 운항하는 항공사, 일반적으로 터미널 시설 이외의 시설을 이용하는 화물운송업자 등이 포함된다.

다수이자율(Majority-in-Interest, MII) 조항은 공항이 서명 공항에 제공하는 통제 정도를 나타낸 것인데, 이 항공사는 자본 지출을 승인하거나 반대할 수 있도록 하고, 수수료, 요금 및 요금을 포함한 예산에 투입할 수도 있다. MII 조항은 보상 접근법이 있는 공항보다 잔여 비용이 더 많은 공항에서 더 흔하다. 서명 항공사는 일반적으로 대부분의 이익을 차지한다.

항공사 운영 계약 약정의 대표적인 구성요소는 다음과 같다.

- 정의
- 기간
- 항공사 권리
- 공항의 정비(유지보수), 운영, 사용 및 상태

- 항공요금과 기타 요금
- 기타 수수료
- 규칙과 규정
- 배상(보상) 및 보험
- 세금
- 채무불이행
- 금지된 용도
- (연방)정부 보조금 및 비차별적 지원금
- 기타

상업 공항의 또 다른 일반적인 계약은 항공사가 점유한 토지나 시설에 대한 항공 임대 계약이다. 토지 임대는 정비 격납고, 예약 콜센터 또는 공항 토지를 점유한 기타 시설에 사용된다. 공항은 일반적으로 세입자에게 토지를 판매하지 않으므로, 세입자가 공항에 시설을 갖출 필요가 있는 경우 공항 소유 토지를 점유하는 항공사와 관련된 정확한 이용 약관을 명시하기 위해 토지 임대 계약을 체결한다. 토지 임차는 대개 토지의 점유량에 따라 1에이커당 또는 1,000평방피트 기준으로 이루어진다. 공항 소유 건물(일반적으로 터미널)에서 공간을 차지하는 수하물 보상 공간, 수하물 보상 사무실, 발권 카운터 공간, 게이트 공간, 운영 사무실 및 항공사 사무실에 시설(설비) 임대료가 사용된다. 편의를 위한 임대차 계약은 일반적으로 평방피트 단위로 이루어지며, 월 임대료는 평방피트당 가격과 항공사가 점유하는 평방피트당 가격에 근거한다.

또한 공항은 일반적인 두 가지 요율 결정 방법 중 하나를 선택해야 한다. 항공사 협정 및 항공사가 평가되는 요금은 잔여 비용 기준 또는 보상 기준에 따라 개발될 수 있다. 이 두 가지 방법론은 항공사가 책임을 받아들이고, 자본 프로젝트 및 예산에 대한 권한을 소유하며, 평가 요율과 요금(착륙료 등)을 받는 방식에 따라 다르다. 공항에서 사용 중인 특정 방법이 수입과 밀접하게 연관되지만, 이 방법은 항공사와의 계약에도 집중한다. 구체적으로, 잔여 비용 접근법에서는 항공사가 다른 사용자에게 할당되지 않았거나 비항공 수익원이 아닌 공항 운영비용을 지불하는 데 동의함으로써 상당한 재정적 위험을 집단적으로 부담해야 한다.

본질적으로, 공항은 항공사를 제외한 모든 출처의 수익을 측정하고, '손익분기'

가치평가 방법의 종류

가치평가의 방법에는 시장 접근법, 수익 접근법, 비용 접근법, 보상 접근법 등 다양한 방법이 있다. 어느 방법을 적용하는가는 평가목적, 대상기술, 평가상황 등에 따라 결정될 수 있다. 물론 평가결과의 합리성과 객관성을 담보하기 위해서는 단일평가 접근법보다는 복수평가 접근법을 사용하는 것이 좋다.

- 시장 접근법(Market Approach) : 대상기술과 동일하거나 유사한 기술을 시장에서 실제 거래된 가치에 근거하여 비교 · 분석하여 상대적 가치를 산정하는 방법이다. 시장 기능을 이용한 적정 가격 도출, 거래에 의한 실제 유통이 가능한 가격을 산출할 수 있다는 장점과 유사 사례 발굴이 어렵다는 단점이 있다.
- 비용(원가) 접근법(Cost Approach) : 대상기술을 개발하는 데 투입된 비용을 기초로 기술의 가치를 산정하거나 동일한 경제적 효익을 지닌 기술을 개발하거나 구입하는 원가를 추정하여 가치를 산정하는 방법이다. 개별 기술 산출을 위한 투입비용 도출, 측정 비교가 용이하다는 장점이 있다.
- 수익(소득) 접근법(Income Approach) : 대상기술의 경제적 수명기간 동안 기술사업화로 인해 발생할 미래 경제적 이익에 적정 할인율을 적용하여 현재 가치로 환산하는 방법이다. 변수 추정에 주관성이 개입되고 자의성 및 오차 가능성이 높다는 단점이 있다.

참고 : 기술가치평가 실무가이드(2014–산업통상자원부).

에 필요한 금액은 착륙료(또는 기타) 형태로 항공사에 청구한다. 잔여 비용 접근법은 공항이 식음료 컨세션, 자동 주차 등과 같은 자본 개발에 대한 통제권을 항공사에 이양하는 등 비항공 수입원(수익)을 많이 보유하지 않는 덜 혼잡한 소규모 공항들 사이에서 인기가 있다. 본질적으로, 항공사들은 자사에 더 높은 착륙료를 초래하는 어떤 지출에도 거부권을 가진다.

반면에, 보상 접근법에서는 항공사들이 이용하는 시설과 서비스의 실제 비용에 근거하여 요금과 임대료를 부과하는 공항 운영의 주요한 재정적 위험을 공항이 감수해야 한다. 이 방법을 사용하면 공항은 평형을 깨는 것이 보장되지 않는 반면 상당한 수익을 창출할 수 있다. 따라서 이 접근법은 비항공 수익(수입원)을 가진 대규모 공항에서 인기가 많다.

1.5 컨세션 협정

공항에는 음식, 음료 또는 제품(서적, 소매용품 등)을 제공하는 세입자들이 있다. 이 세입자들은 영업권 소유자(Concessionaires, 영업권자)로 간주된다. 공항 소유 시설(터미널 건물 등) 내 공간을 점유하고 공항 소유 재산으로 수익을 올리는 양허업자(사업 시행자)들과는 양허 협정이 체결된다.

이 협정(계약)은 영업권자가 점유할 수 있는 지역과 공항에 지불해야 하는 수익의 비율과 이러한 지불을 이행해야 하는 절차와 기한을 명시한다. 공항에서 사업을 할 수 있는 특권에 대해 사업 시행자가 공항에 특권 요금을 지불하는 경우가 종종 있다. 영업권자가 수익을 내지 못하더라도, 공항은 영업권자가 점유한 공간에 대해 특권 요금과 임대료를 여전히 지불받는다.

컨세션 협정의 기간과 범위는 다양하지만 주요 요소는 다음과 같다.

- 약속
- 기간
- 임대료, 수수료, 신고, 기록, 감사
- 허용 가능한 용도
- 운용 기준
- 불이익을 받은 기업

- 건설 및 자본투자
- 유지보수, 유틸리티, 수리
- 현금예금 및 보증채권
- 보험과 보상
- 이유 없는 종료
- 채무불이행과 구제책
- 과제와 대차대조표
- 일반 조항

1.6 상업적 개발

공항은 수백 혹은 수천 에이커의 땅을 소유하기도 한다. 공항은 이 땅을 놀리지 않고 운용하기로 결정할 수도 있다. 공항 용지를 적절하게 개발하기 위해, FAA는 다음 사항을 권장한다.

- 활용 가능한 토지에 대한 접근 및 공공시설을 개선하기 위한 서비스 계획을 개발한다.
- 상업적 개발에 필요한 인프라 개선 자금 지원 전략을 수립한다.
- 공항 마케팅은 토지 개발과 공항 재산 임대 등에 도움이 될 수 있다.
- 지역사회 경제 개발 기관 및/또는 상공 회의소와 좋은 관계를 구축한다.

많은 소규모 공항들(상업용 항공 서비스의 유무에 관계없이)은 토지 개발 및/또는 상업용 서비스를 통해 재정적 자립을 보장해왔다. 이런 점에서 일부 공항은 다른 공항들보다 더 성공했지만, 상업 활동을 위한 공항 부지의 사용을 장려하는 것은 다양한 이해관계자들에게 여러 가지 이점을 제공한다.

첫째, 공항의 추가 수입을 창출할 것이다. 둘째, 더 많은 항공 서비스를 이용 가능하게 함으로써 공항 이용자들이 혜택을 볼 수 있다. 셋째, 공항에 사업을 추가로 유치하면 지역사회의 일자리와 세수가 발생할 것이다.

공항은 상업적 개발을 촉진하기 전에 토지의 용도를 염두에 두어야 한다. 토지 용도는 종종 공항 마스터플랜에 명시된다. 예를 들어, 유도로에 인접한 토지는 종종

FBO, 기업 격납고, 항공기 정비 격납고 또는 민간 항공기 격납고로 가장 잘 사용된다. 유도로 및 경사로에 가깝지 않은 공항의 토지는 비즈니스/사무용 공원, 골프 코스 또는 산업용 건물 부지로 적합할 수 있다.

공항에는 주택 개량 상점이나 소매점을 세울 수백 에이커의 부지가 있을 수도 있다. 고카트(Go-cart) 트랙이나 미니어처 골프 코스는 또 다른 대안이 된다. 상업 활동으로 공항을 효과적으로 개발하려면 공항 직원이 고정된 틀을 깨고 창의적으로 생각해야 한다. 공항은 땅을 거의 팔지 않을 것임을 인정한다. 오히려 공항은 상업용 개발업자가 공항 소유지에 시설을 짓거나 정기적으로 토지 임대료를 지불하면서 시설을 짓는 데 동의할 수 있는 장기적인 토지 이용에 들어갈 것이다.

기억해야 할 중요한 고려사항 하나는 공항에서의 상업적 개발이 지역사회의 상업적 발전과 경쟁할 수 있다는 것이다. 예를 들어, 공항이 공항 소유지에 비즈니스/사무용 공원을 개발한다면, 이 공원은 지역사회에서 임대나 판매가 가능한 다른 상업 공간과 경쟁하게 될 것이다. 특히 첫 세입자가 등록하기 전에 수백만 달러를 투자하여 시설을 짓는다면 부동산 개발에 위험이 따른다. 공항 부지 개발에 상당한 금액을 투자한 공항의 사례가 여럿 있는데, 그 시설들은 오늘날 비어 있는 상태이다.

이러한 위험을 피하기 위해 공항은 개발을 위해 토지를 이용할 수 있도록 해야 하지만, 미래의 세입자들은 그들이 선택한 시설을 짓기 위해 돈을 지불해야 하고, 그 시설에 의해 점유된 토지에 대한 토지 임대 계약을 체결해야 한다. 예컨대, 몇 년 후(가령 30~50년), 그 시설은 공항으로 귀속될 수 있다. 결국 세입자가 공항을 떠나 다른 곳으로 이주해도 임차인은 그 건물을 가지고 갈 수 없다.

공항은 일반적으로 부동산 취득세(Real Estate Taxes)를 지불하지 않는다는 것에도 주목해야 한다. 그러나 부동산세는 일반적으로 평가되며, 장기 토지 임대차 계약에서 에어사이드 사용자가 건설한 격납고 및 기타 개선 항목들에 대해서는 반드시 납부해야 한다.

1 항공 분야

공항의 항공(Aeronautical) 개발에는 공항 이용자(항공기 소유자 및 운영자)에게 혜택을 주는 시설과 서비스가 포함된다. 가장 일반적인 형태의 항공 개발은 FBO를 포함한다. 공항에는 하나의 FBO만 있을 수 있다. 하나의 FBO가 성공하기에 충분한 활동(수요)만 공항에 있다면 독점권으로 간주되지 않기 때문이다. 그러나 많은 공항에는 하나 이상의 FBO가 있다. 공항에 FBO를 두는 것은 공항 형태의 수익과 사용자가 원하는 항공 서비스의 형태로 두 공항을 발전시키는 상업적 개발 형태이다.

FBO 외에 다른 항공 형태의 상업적 개발이 고려될 수 있다. 여기에는 항공기 정비(유지보수) 시설, 항공기 페인트 상점, 항전(항공전자) 상점, 항공기 격납고, 비행학교 등이 포함될 수 있으며, 공항은 공항 이용자들에게 이익이 되는 공항 운영과 호환관계에 있는 공항 재산(소유물)의 사업이나 용도를 고려해야 한다.

2 비항공 분야

공항은 비항공 형태의 상업적 개발(활동), 즉 직접적인 항공은 아니지만 여전히 이익을 창출하는 사업 및 활동을 고려할 수 있다. 그러나 공항의 항공 및 비항공 이용 간에 균형이 필요하다. 특히 비항공 이용은 공항의 항공 이용을 방해해서는 안 된다. 공항은 해당 부동산의 사용이 향후 공항 개발을 위태롭게 하지 않으며 비행 위험을 초래하거나 일으키지 않도록 보장해야 한다.

공항이 비항공 활동의 장소가 아닌 것처럼 보일지라도, 많은 공항들은 비항공 활동의 형태를 띠고 이 활동으로 상당한 수익을 창출한다. 많은 공항들이 공항을 사용할 필요 없이 다양한 사업과 개발자들이 요구할 수 있는 주요 부동산을 보유한다고 생각해보자. 예컨대 음식, 음료, 소매업 허가는 공항에서 매우 일반적이며, 비항공 활동의 형태를 띤다.

공항터미널에 있는 식당을 생각해보자. 이곳의 레스토랑은 지역사회의 중심가에 위치한 같은 레스토랑보다 항공 활동에 더 많이 관여하지 않는다. 구두닦이, 장난감 가게, 그리고 공항 시설 중 하나인 우편 시설들을 고려해보라. 이것들은 모두 비항공 활동의 형태이기는 하지만 공항에서는 매우 현실적인 장소들이다.

이러한 비항공 활동의 사례는 공항터미널 내에 위치한다. 일반적으로 터미널 건물 밖의 공항 재산을 사용하는 것은 본질적으로 항공적인 것이다. 그러나 공항 재산에 골프장, 지역 우편물 분류 시설, 고카트(Go-cart) 트랙 또는 주택 보수 설비가 포함된 공항들이 있다. 공항 재산의 가장 일반적인 비항공적 용도 중 하나는 농업 활동이다. 이 활동이 공항 수익을 창출할 수도 있겠지만, 고려해야 할 몇 가지 요소들이 있다.

- 농작물의 위치와 높이
- 야생동물 유치
- 농기구
- 손해(배상)액
- 임대료와 약관

다음의 비항공 형태의 상업적 개발은 공항에 상당한 수익을 가져올 수 있다. 이용이 혁신적일수록 공항 수익이 높아지기도 한다.

- 블루베리 농장 : 조지아 주 최대 블루베리 농장이 공항에 위치한다.
- 태양광 전지판 : 샌프란시스코, 롱비치, 덴버 등의 공항은 공항 재산에 태양 에너지 '농장' 건설을 허용한다.
- 풍력 터빈 : 보스턴 로건(Logan) 국제공항에는 공항 재산에 6피트 높이의 풍력 터빈 20대가 있다.
- 골프 코스 : 댈러스-포트워스(DFW) 국제공항은 공항 재산으로 10홀 골프장 두 곳을 보유한다.

2. 공항의 수익 사례

많은 공항들은 비항공 수익(항공 외 수익)의 상당 부분을 창출하기 위해 사업 시행자에게 의존한다. 여기서는 공항 컨세션의 주요 특징을 알아보겠다. 이를 위해 먼저 공항 운영 수익원을 자세히 살펴본다. 컨세션 수입에 영향을 미치는 요인을 개략적으로 설명하고, 이어서 성공적인 컨세션과 다양한 계약 조건을 상세하게 검토한다. 마지막으로 세입자 또는 임차인과 공항 당국 간 계약의 다양한 구성요소와 관련하여 두브로브니크 공항의 사례를 분석한다. 조사는 2007년 12월 크로아티아의 두브로브니크 공항에서 공항 법무 상담원과의 인터뷰로 수집한 자료를 토대로 한다.

2.1 공항의 수익구조

전통적으로 공항의 상업적 활용 문제는 항공 운항의 필요성에 대한 지엽적 관심사였다. 공항 당국의 목적은 승객들을 최대한 신속하고 효율적으로 처리하는 것이었다. 그러나 두 가지 다른 접근방식, 즉 공항이 한 목적지와 다른 목적지 간의 효율적인 승객 이동을 보장하기 위해 존재한다는 전통적인 견해와 경제적 변화, 상업적 기회의 광범위한 틀 안에서 공항을 보는 대안적 접근방식을 강조할 필요가 있다. 이러한 강조의 변화는 산업에 영향을 미치는 가장 중요한 현안 중 하나이다.

이른바 '상업 중심 공항 접근법'은 공항이 '다중 서비스 제공 업체'로 표현되는 보다 정교한 시장 주체로 진화하고 있음을 시사한다. 공항의 개발과 유지에 필요한 자본은 항공료와 비항공 또는 상업 수입의 두 가지 원천에서 발생한다. 항공요금은 공항 운영자가 시설 이용에 대해 항공사에 부과하고 여기에는 착륙료, 에이프런 비용, 승객 탑승료 등이 포함된다.

공항 운영 수익원[1]

항공 수익	비항공 수익
• 착륙료 • 여객수수료 • 주기료 • 취급수수료(공항 운영자가 제공 시) • 기타 항공료(항공교통관제, 조명, 탑승교 등)	• 컨세션 • 임대 • 직판(공항 운영자가 점포, 케이터링 등 기타 서비스 제공 시) • 주차(공항 운영자가 제공 시) • 충전(가스, 물, 전기 등) • 기타 비항공 수익(컨설팅, 방문객 및 비즈니스 서비스, 부동산 개발 등)

지난 20년 동안 유럽 공항들은 서비스 상품만이 아니라 소매점도 크게 확장함에 따라, 상업적 수입이 항공 수익보다 더 빠른 속도로 증가하는 추세를 보였다.

2.2 수익증대 요인

원래 컨세션이 공항 당국이 운영 소유자 또는 관리자에게 공항에서 상업 활동을 하는 것에 대한 대가로 비용을 청구하는 것이라면, 임차나 임대는 특정 구역 또는 특

---

1 출처 : Graham, A.(2007), Managing Airports-An international perspective, Elsevier Ltd., Butterworth-Heinemann, 56.

정 부동산을 점유할 수 있는 권한, 곧 점유권에 대한 비용 청구를 뜻한다. 그러나 일반적으로 컨세션은 공항에서 상품과 서비스를 판매하는 모든 상업 활동을 부여하고, 때로는 컨세션(Concession), 렌트(Rent), 임대(Lease) 등의 의미로 무차별적으로 사용되기도 한다.

현재 전 세계 대부분의 공항들은 더 많은 컨세션 수입을 창출하기 위해 노력하고 있다. 따라서 모든 공항들이 컨세션 수행의 주요 결정 요인을 염두에 두는 것은 매우 중요하다. 주요 결정 요인에는 다음 사항이 포함된다.

- 공항에서 처리하는 교통 총량
- 소매 및 기타 상업용으로 할당된 공간의 총면적
- 여객 교통 및 승객의 구매 행동 특성
- 컨세션의 운영 및 관리
- 계약금, 임대료 등의 특성
- 마케팅 전략
- 가격결정 전략

실제로, 많은 공항들은 항공 운영을 상호 보조하기 위해 컨세션 수입을 사용한다. 이 현상에 대한 일반적인 설명은 공항이 항공요금 인상에 대한 항공사의 반대나 관련 정부가 그러한 인상을 억제하거나 제한하기 때문에 공항이 항공요금에 대한 제약에 직면한 것처럼 보인다는 것이다.

2.3 영업권자의 선택과 계약조건

앞서 언급했듯이, 컨세션 수입은 터미널과 공항 내에서 발생하는 비항공 관련 상업 활동에서 발생하는 수익이다. 판매 사업에서는 다양한 종류의 쇼핑 판매, 은행 및 케이터링 운영 또는 임대, 터미널 컨세션, 주차 및 임대 등이 가장 중요하다. 많은 공항들에서 컨세션 활동에 의한 수입 비율은 항공 사업보다 훨씬 더 높다.

일반적으로 영업권자(Concessionaire)는 일정한 임대료를 지불한다. 영업권자가 미리 정해진 수익이나 매출 수준에 도달하면 공항에 추가 수입을 지불한다. 일반적으로 공항이 소매업 진출을 장려하기 위해 고안한 일부 계약은 전적으로 영업 수익/

매출액에 기초한다. 이러한 계약은 위치, 사업 성격, 예상 매출, 신규 아울렛의 유무에 따라, 한 공항 내에서도 아울렛마다 다를 수 있다.

성공적인 컨세션 절차는 다음과 같이 요약된다.

- 포트폴리오 전략을 개발한다.
- 각 컨세션에 대한 시장전략을 정의한다.
- 공간 및 위치 요구사항을 결정한다.
- 공항을 잠재적 영업권자들에게 적극적으로 마케팅한다.
- 계약서 설계 개념과 스펙(사양)을 준비한다.
- 입찰/협상/선정의 과정을 거친다.
- 영업권자들의 성과를 모니터링 및 검토한다.
- 개량(개선) 및 재개발에 대해 영업권자들과 협력한다.

평균 항공요금과 마찬가지로, 승객 1인당 평균 컨세션 수입도 물량과 함께 감소한다. 출발 승객 1인당 컨세션 수입은 허브공항이라면 더 낮다. 아마도 렌터카나 주차 서비스를 이용하지 않는 연결 승객(Connecting Passenger)[2]의 비율이 높기 때문일 것이다. 연결 승객의 집중도가 높은 공항들은 승객 1인당 컨세션 수입을 더 적게 거두는데, 아마도 수직적 관계가 그러한 수익의 더 큰 부분을 차지하기 때문일 것이다.

각 영업권자의 계약 기간과 각 재정 여건의 기간은 공항과 소매점에 따라 다르다. 터미널의 각기 다른 부분에 대해 임대료를 명시하는 것은 드문 일이며, 국내 시장에서의 대다수 컨세션 계약과 달리 계약 기간 동안 임대료 검토는 흔하지 않다. 계약 기간은 여러 기준에 따라 다르다. 가장 중요한 기준은 소매업체에게 요구되는 투자 수준이다. 소매업자에게 낮은 수준의 투자가 필요한 경우 계약은 종종 단기간에 이루어지고, 상당한 수준의 투자가 필요한 경우에는 최소 5년 계약이 고려된다.

다음에는 크로아티아의 두브로브니크 공항(Dubrovnik Airport) 사례를 통해 세입자 또는 임차인과 공항 당국 간 계약의 다양한 구성요소를 살펴본다.

---

2 연결 승객이란 공항의 항공편에서 내린 직후 다른 항공기에 탑승한 승객이란 뜻이다. 예컨대 한국에서 시작하여 호주에서 끝나는 단일 항공사 연결(단일 경로)은 동일 항공사의 항공편을 포함하는 반면, 인터라인 또는 오프라인 연결은 두 개의 다른 항공사의 항공편을 포함한다.

2.4 사례 : 크로아티아의 두브로브니크 공항

두브로브니크 공항은 두브로브니크 시 중심에서 약 20km 떨어진 곳에 위치한다. 이 공항은 2차 공항으로 2007년에 전세기와 저비용 항공 서비스가 1,143,168명의 승객을 처리했다. 총 승객 수는 1,100만 명으로 2007년 크로아티아에 있는 10개 국제공항 중 3위를 차지했다. 주요 항공사는 국적 항공사인 크로아티아 항공이다. 크로아티아의 여타 공항들뿐 아니라, 두브로브니크 공항은 국가가 55%를 소유하며, 나머지 45%는 지방 당국에 여러 수준으로 분할되어 있다.

두브로브니크 공항은 상업수입의 극대화에 초점을 맞춘 조직 사례라고 할 수 있다. 상무부 산하에는 다양한 분야의 직원들과 여타 부서들이 있다. 사무실 공간, 화물 구역, 창고, 소매 서비스(광고, 렌터카, 은행)에서 임대를 담당한다. 이들의 업무에는 몇 가지 중요한 특징들이 있다. 상거래 및 음식 제공 관리자는 소매 영업을 담당하고, 일반 서비스 부서는 공항 홍보와 마케팅에 집중한다. 모든 상업 활동이 상무부의 보호하에 있는 것은 아니지만, 부처 간, 특히 상무부와 일반 서비스 부서 간에는 긴밀한 관계가 있다.

2006년 11월부터 12월까지 실시된 조사는 저가형 모델 활동과 관련해 공항 관리자의 평가를 분석하는 쪽으로 방향을 잡았지만, 조사 대상 공항 관리자들이 승객과 항공사를 모두 고객으로 인식하고 승객을 공항의 동등한 파트너로 보는 점도 부각

Jason Wells / Loop Images / Universal Images Group via Getty Images

시켰다. 공항 관리자들이 터미널에서 소비하는 승객들에게 점점 더 초점을 맞추고 있는 것은 분명하다.

다음 표의 주요 정보 출처는 2007년 12월 두브로브니크 공항의 법률 서비스 고문과 함께 실시한 인터뷰이다. 공항 법률고문에 따르면, 공항 컨세션을 위해 체결된 계약의 구성요소와 관련해 주로 컨세션 목적과 시설 위치에 따라 상무부가 각기 다른 전략을 시행해왔다.

두브로브니크 공항 컨세션 계약 전략

계약의 구성요소	특징
계약 유형 – 컨세션 비용	• 고정 • 총 연매출 비율 • 최저 보증률과 연간 총매출액의 비율을 혼용 • 도착/출발/국내선/국제선/총 탑승객 수
계약 기간	1~5년
재계약 유형	• 기존 사업자 우선 • 공개 및 경쟁 입찰
재계약 기간	• 이전 계약 기간과 동일 • 이전 계약 기간보다 더 짧음 • 이전 계약 기간보다 더 긺

그런데 문제는 공항의 소유 구조의 영향을 크게 받았기 때문에 특정 유형의 비즈니스 리스(예컨대, 사무실, 사무실 건물, 차고 및 주차장)에 대한 특별 규칙을 설정하는 크로아티아 법을 준수해야 했다는 것이다. 공개 및 경쟁 입찰절차는 위의 경우 법정절차로서 공개 입찰은 발급을 받아야 한다. 초기 수수료는 대개 가입자(입찰자)가 제공해야 하는 최소 수수료로 정해진다. 예컨대 포스터, 라이트박스 광고 등 임대차 계약의 경우 크로아티아 의무법에 따라 임대차 계약을 규제한다.

계약 유형에 대해서는 앞의 표에서 언급한 4가지 접근방식을 이용한다. 공항 측은 최저 보증률과 연간 총매출액 비율을 모두 적용하여 두 금액을 비교한 뒤에 더 높은 금액을 요청한다.

계약 기간은 일반적으로 면세점과 식음료 상점은 3~10년, 소매점 및 편의점은 5년으로 알려졌다. 공항 법률 서비스 고문은 계약 기간, 즉 주차 계약, 렌터카 및 여행사의 경우 1년, 사무실 임대차, 음식과 음료 및 소매업의 경우 3~5년 등 일부 세

부사항을 표시했다.

계약 기간이 얼마가 되든지 간에, 공항이 컨세션 수입의 극대화를 목표로 하는 경우, 만료일에 자동으로 갱신되는 계약은 없다. 재계약 유형과 관련하여 기존 사업자에게 특별한 우선권이 주어지는 것은 지적할 가치가 있다. 크로아티아 리스법에 따르면, 리스 제공자(임대인)는 계약 만료 60일 전에 기존 임대인에게 계약 갱신을 제공할 의무가 있으며, 리스 제공자가 공항에 모든 빚을 청산했다는 전제하에 다른 조건으로 계약을 갱신할 의무가 있다. 이 규정(조항)은 예컨대 외부 주차 임대차에는 적용되지 않는 등 크로아티아 법에서 사업 리스(임대)로 기술된 시설에만 해당한다고 공항의 고문은 강조했다.

마지막으로, 재계약하는 경우에 새 계약 기간은 기존 계약 기간과 동일하거나 현행 계약 기간보다 더 짧거나 길 수 있다. 결론적으로 공항 컨세션 내에서 계약 전략의 성과는 상업적 수익 창출에 결정적으로 중요하다.

정리하면, 공항 컨세션에 대한 다음과 같은 인식은 항공운송산업에서 일어나는 광범위한 개발과 분리될 수 없다.

- 공항의 상업 활동에 초점을 맞추는 것이 중요하다. 이 활동은 공항의 총매출에서 매우 높은 비율을 차지할 수 있기 때문에 가치가 있다. 이는 많은 공항들에서 항공 운항보다는 상업 활동에 의한 수입의 비율이 훨씬 더 높기 때문에 합리적이고 중요하다.
- 일반적으로 상업 활동이 수익에서 차지하는 역할과 특히 컨세션을 고려하면, 공항 컨세션의 계약 전략은 매우 중요하다.
- 대다수 공항들은 어떤 형태로든 컨세션 계약을 체결하고 있으며, 이 방법에 의한 수익 창출은 가장 널리 인정되는 상업적 계약의 한 형태로 간주된다. 공항 경영진은 영업권자들의 수수료 수입이 컨세션을 위해 체결한 계약상의 합의를 통해 전도유망한 분야라는 사실을 인식할 필요가 있다. 결과적으로 사업 시행자(컨세션업자) 선정 절차는 공항의 상업 수입에 상당한 영향을 미친다.

3. 공항의 상업 활동 : 공항도 브랜드 개발 시대

고객이 공항에서 경험하는 모든 것의 총합이 바로 공항 브랜드이다. 즉, 고객이 '공항' 하면 떠올리는 모든 것(로고, 캐치프레이즈, 광고 등)을 넘어 무형의 서비스로 인해 마음 속 깊이 자리 잡은 '감동, 편안, 편리' 같은 것이 모두 공항 브랜드인 것이다. 공항은 오랫동안 공공성이 강한 부문으로 인정되어 특별한 브랜드 전략 없이 인간과 상품의 이동성에 대한 기본 욕구를 충족시키는 것으로 만족해왔다. 그래서 무형의 서비스는 고사하고 기본적인 이동성만 오랫동안 제공해왔다.

그러나 1980년대 초반부터 시작된 항공운송산업의 자유화, 이에 따른 공항의 민영화가 미국과 유럽을 중심으로 진행되면서 공항을 둘러싼 환경이 급격히 변화했다. 이러한 변화 속에서 각국의 주요 공항들은 공항 내의 각종 상업시설을 확대하여 경쟁에 따른 공항 부문의 수입을 보전하기 시작했다.

공항의 운영 수입 중 상업시설의 비중이 커지면서 공항 출국장뿐 아니라 입국장에도 상업시설을 설치하는 공항이 꾸준히 증가하고 있다. 이로써 공항은 해당 도시 내에서 고부가가치 상업 및 소비 활동의 중요한 장소로 부각되고 있다. 공항의 상업시설 개발은 공항의 마케팅 영역의 확대를 불러왔고 공항의 자체 브랜드에 대한 관심도 불러일으키기 시작했다. 이에 공항 마케팅 담당 부서의 직원들은 소비자 만족도를 높여 공항 브랜드 가치를 높이기 위한 상업시설의 입주업체 유치, 품질평가, 품질향상과 지역사회를 위한 전략 등을 제시하는 일에 주력하고 있다.

Apple, Hugo Boss를 비롯해 고급 상품을 제공하는 Haagen-Dazs, Barilla 등 다수의 기업은 대리 경험(Vicarious Participation)이라는 전략을 중심으로 상품을 실제 느끼고 경험할 수 있는 공간을 창출하고 있다. 이러한 제조사들은 공항에서 어렵지 않게 고급 고객들을 집약적으로 접할 수 있다. 이에 따라 상업시설의 입주업체들과 함께하는 협력적 브랜딩 전략도 점차 증가하고 있다.

Haagen-Dazs는 유럽 각 도시의 주요 거리에 즉석 상점(Parlors) 개설, 오페라 공연장 고객에게 무료 아이스크림 제공 등과 같이 소비자를 직접 만나고 체험하게 하는 전략을 구사하고 있다. Body Shop은 고객이 판매장을 방문하면 자사의 브랜드를 철저히 파악한 직원이 상품을 설명하고 고객이 직접 체험하도록 하여 이를 경험한 소비자의 구전(Word of Mouth)으로 브랜드를 형성했다. Hugo Boss와 Swatch는 자사 상품의 이미지를 잘 전달하는 스포츠나 문화 행사를 후원하여 브랜드의 인식을 제고했다.

공항 내 상업시설의 등장과 발전은 이동에 대한 소비 욕구와 함께 '쇼핑'이라는 새로운 소비 욕구를 창출해냈다. 이동과 소비의 욕구를 동시에 추구할 수 있는 장으로

서의 공항은 자족적으로 도시 기능을 할 수 있다는 가능성을 갖게 됐고 공항을 둘러싼 아래와 같은 환경 변화는 이동, 소비 욕구 외에 휴식, 문화 창조라는 새로운 지평을 개척하고 있다.

주요 환경 변화는 다음과 같다.

- 세계화의 진전이다. 이로 인해 국경을 초월한 경제 활동 지역이 증가하고 있다.
- 지식을 기반으로 한 비즈니스가 증가하고 있다.
- 세계화로 인해 한국, 중국, 일본 등 동북아시아 지역의 역할이 변화하고 있다.
- 한 · 중 · 일 삼국 간의 교역량이 급증함에 따라 이 지역 간 이동에서 항공운송의 역할이 커지면서 공항 간 경쟁이 격화되고 있다.
- 공항 운영이 민간 전문회사에 의한 운영으로 점차 바뀌고 있다.[3]

이러한 환경 변화로 공항의 브랜드 가치에 대한 인식이 제고되고 있다. 국경을 초월한 지식기반 상품과 서비스, 인간의 이동이 증가함에 따라 주목받게 된 것이 공항의 역할 변화이다. 공항은 한 국가에 종속되어 서비스를 제공하던 시절에서 인접국가의 지역까지 서비스 제공 대상을 확대하고 독자적인 친환경적 고부가가치 공간을 제공할 필요가 있다. 예를 들어 스타벅스는 커피라는 눈에 보이는 상품을 판매하지만, 비즈니스맨과 학생 등에게 몰입할 수 있는 고부가가치 공간, 재충전과 개인 휴식을 취할 수 있는 공간을 제공한다.

따라서 공항에서는 여행 서비스와 함께 각종 편의시설을 제공하여 몰입 혹은 재충전, 개인 휴식을 취할 수 있도록 고부가가치 공간을 제공하고 있다. 고객 유인을 위한 스타벅스의 브랜딩 전략을 살펴보면, 브랜드를 통해 연상할 수 있는 독특한 인상과 이미지를 형성한다(김영한/임희정, 2003). 즉, 공항을 통해 연상할 수 이미지를 만들어내는 것이다. 지적 노마드[4]는 이동을 통해 새로운 만남을 시도하고 새로운 만남에서 창조적 지식이 나온다. 그는 새로운 만남의 첫 장소를 공항으로 본다. 즉, 공항은 해당 지역의 문화를 대표하는 첫 번째 공간인 것이다.

---

3 예를 들어 Aeroport de Paris, Vinci, Veolia, SNC Lavallin 등이 있다.

4 노마드(Nomade)는 디지털 기기를 들고 다니며 시공간의 제약을 받지 않고 자유롭게 사는 사람들로, 제한된 가치와 삶의 방식에 매달리지 않고 끊임없이 자신을 바꾸어 가는 유목민이다.

대부분의 공항 이름에는 도시명이 포함된다. 즉, 공항의 브랜드 가치는 도시의 브랜드 가치와 연결된다. 가령 취리히 공항은 자사의 브랜드를 명확히 정의한다. 세계와 알프스 지역의 관문으로서 '스위스다움, 세심함, 과단성'을 중심으로 브랜드 차별화를 시도하고 있다. 스위스다움에서는 연결의 편리성, 고품질 서비스, 최신의 상업시설과 식당 등의 편의시설 제공으로 스위스 국내와 전 세계의 연결 항공편을 깔끔한 공항에서 안전하게 제공하는 것을 가치로 삼는다. 세심함은 고객의 의견을 경청하여 여행기간 동안 편안함을 느낄 수 있도록 배려하는 것으로 정의한다. 과단성을 통해서는 알프스가 인근에 있는 지리적 특성을 살려 '용기와 결의'를 바탕으로 한 기업가 정신을 활용하고자 하는 것이다. 이로써 스위스 취리히 공항은 스위스가 지닌 일반적 이미지와 동일시하는 브랜드 전략을 활용하고 있다.

벨기에 브뤼셀 국제공항은 'Brüssel Airport'라는 브랜드로 '유럽, 효율성, 환영'의 캐치프레이즈를 내건다. 유럽 수도의 관문으로서 유럽 각지에서 비즈니스, 문화, 스포츠를 즐길 수 있도록 주요 도시 및 중소도시가 효율적이고 친화적으로 연결됨을 강조한다.

인천국제공항의 브랜드는 정부에 의한 과감하고 선제적인 투자와 공항 종사자들의 성실함과 근면함으로 구축된 세계 최우수 공항으로 자리 매김을 하고 있다. 그러나 한국과 인천 시와 연계된 이미지에 의한 무형의 가치 창출은 여전히 부족한 상태이다. 인천국제공항은 과거의 벤치마킹 모델이었던 싱가포르와 홍콩 공항으로부터

Markus Mainka / Shutterstock.com

이미 추격의 대상이 됐다. 중국의 주요 공항들은 한국인 환승 승객을 유치하기 위해 노력하고, 일본의 주요 공항들도 잃어버린 경쟁력을 회복해 나가고 있다. 이러한 경쟁 상황을 슬기롭게 극복하기 위해서는 인천공항에 문화적 브랜드 가치를 구축하고 이를 위해 인천의 문화적 역량을 동원할 필요가 있다.

4. 컨세션 상업 활동

4.1 개념

컨세션은 공항이나 병원 등 다중이용시설에 다수의 식음료 브랜드를 유치하여 운영 · 관리하는 사업이다. 유동인구가 많아 안정적으로 영업할 수 있는데다 홍보효과까지 기대할 수 있는 장점이 있다. 그렇다면 컨세션 사업 대상지로 공항이 인기 있는 이유는 무엇일까? 유동인구가 풍부하고 국제적으로 브랜드 인지도를 높이는 교두보가 되기 때문이다. 2016년도에 약 4,500만 명이 인천공항을 이용했고, 그중 외국인 이용객 비율은 36%에 이른다. 그러므로 인천국제공항이 면세사업만이 아니라 대형 외식업체의 각축장이 되는 것은 당연하다.

4.2 인천공항 식당가

1 비빔밥에서 이슬람 음식까지

인천공항 식당가에서 단연 눈에 띄는 것은 한식 브랜드 간판이다. CJ푸드빌은 비빔밥 매장인 '비비고'와 계절 한식 판매점 '계절밥상'을 결합한 '비비고-계절밥상'을 수시로 음악행사가 열리는 중앙 공연장 옆에 배치했다. 이 음식점의 일일 테이블 회전수는 20~25회나 된다고 한다. 1층 입국장 중앙에 개점한 한식 면 전문점 '제일면제소'에서는 테이크아웃 주먹밥도 판다. CJ푸드빌은 한식 브랜드와 더불어 뚜레쥬르, 투썸 커피 등 자체 개발 브랜드까지 모두 12개의 국내 토종 브랜드로 포트폴리오를 구성했다.

여객터미널 면세구역과 탑승동에 선보인 식당가에 '푸드 엠파이어 고메이 다이닝&키친'을 개점한 아워홈도 대표 메뉴가 한식이다. 아워홈은 다섯 사업자 중 가장 넓은 4,036m^2(약 1,221평) 공간을 확보하고 18가지 브랜드를 들여왔다. 한식 '반주',

'손수반상'이 중심이다. 총매출 중 한식이 차지하는 비율이 70%를 육박하며 비빔밥 메뉴만 월 3만 그릇 넘게 팔린다. 여기에 중국 음식점 '싱카이'와 이탈리안 '모짜루나', 멕시칸 '타코벨'은 물론 최근에는 할랄 푸드를 파는 '니맛'도 개점을 했다. 할랄 인증은 무슬림들이 먹거나 사용할 수 있도록 율법에 따라 도살, 처리, 가공된 식품과 공산품에만 부여된다. 풀무원 계열 외식업체 ECMD는 여객터미널 4층에 한식 문화의 거리를 콘셉트로 한 한식 면 전문점 '풍경마루'를 개점했다.

2 청담동 맛집 디저트에서 떡볶이까지

인천공항에서는 서울 청담동처럼 미식가들이 찾는 지역에서 검증된 디저트부터 국내 어느 길거리에서나 볼 수 있는 떡볶이까지 맛볼 수 있다. 아모제푸드는 인천공항 4층 전문식당가에 '고메 디저트'와 'K-스트리트 푸드'를 개점했다. 퓨전 오므라이스 전문점 '오므토 토마토 다이닝'까지 합쳐 '아모제 고메 라운지'라고 이름을 붙였다. 고메 디저트는 청담동과 홍대에서 인기를 끌고 있는 8개 브랜드를 모았다. 이외에 유기농 베이커리 전문점과 단팥빵 전문점, 궁중떡도 있다. K-스트리트 푸드에는 대한민국 대표 길거리 음식들이 모였다. 순대, 떡볶이, 김밥, 라면은 물론 전통시장처럼 닭을 통째로 튀겨주는 '추억의 통닭' 메뉴까지 등장했다.

2007년부터 2기 사업자로서 식음료 매장을 운영했던 SPC 그룹은 '파리바게뜨', '파리크라상', '베스킨라빈스' 같은 기존 브랜드를 중심으로 매장의 위치를 바꿨다. 기존 입국장과 출국장에서 대부분 에어사이드(환승 및 탑승 면세지역)로 이동한 것이다. 이 회사는 외국인 관광객을 위해 한국어 외에도 영어, 중국어, 일본어로 된 메뉴를 준비하고 판매사원들에게 외국어 교육을 실시했다. 예컨대 에어사이드 3층 구역

Sort is / Shutterstock.com

Leonard Zhukovsky / Shutterstock.com

은 연간 4,500만 명에 이르는 출입국 여행객과 환승객 700만 명 정도가 이용하기 때문에 브랜드 노출 효과가 크다. 기내에서 간단히 먹을 간식이나 선물을 사는 중국인들도 상당히 많다. 이 회사는 서양식 레스토랑 '라그릴리아', 커피매장 '커피앳웍스'를 새로 선보이면서 모두 40개의 브랜드를 내걸었다.

3 사업성과 글로벌 홍보 효과

인천공항 식음료 사업권을 따낸 다섯 업체의 한 해 임대료는 470억 원이다. 2기 사업자들의 전년도 임대료(242억 원)보다 두 배가량 많은 셈이다. 하지만 입주업체들에겐 양보하기 싫은 지역이다. 유동인구가 많아서 임대료가 비싸더라도 충분히 수익을 낼 수 있다는 판단 때문이다.

업계에서는 이런 식음료 영업을 컨세션 사업이라 부르는데, 이는 공항이나 놀이공원, 리조트와 같은 다중이용시설 안에서 식음료 서비스를 제공하는 영업 형태를 뜻한다. 외식업체의 입장에서 보면 2~3년 단위로 임대를 갱신해야 하는 일반 외식매장과 달리 장기간 운영권을 보장받는다.

언제나 소비자로 북적이는 안정적인 시장에서 영업 수익도 안정적으로 거둬들인다. 아모제푸드는 롯데 월드몰에 위치한 국내 최대 프리미엄 푸드 테마파크 '왕궁'을 비롯해 15곳에서 컨세션 사업을 진행하고 있다. 풀무원 ECMD는 2006년 이 사업에 진출해 리조트, 호텔, 고속도로 휴게소를 중심으로 37곳에서 매장을 운영하고 있다. SPC는 공항과 고속도로 휴게소 위주로 확장 중이며, 매년 8~10%의 성장을 이어갈 것으로 예상된다.

수익과 직결되는 이런 효과 말고도 업체들이 인천공항에서 노리는 것은 브랜드 노출 효과이다. 특히 해외 진출에 발 빠르게 움직이고 있거나 준비하고 있는 곳일수록 여기에 더 큰 기대를 건다. CJ푸드빌은 2004년 미국 뚜레쥬르를 시작으로 비비고, 투썸, 빕스 브랜드로 10개 나라에 240여 개 매장을 열었다. 중국에만 100개가 넘는다. 이 회사는 2기 사업기간 동안에는 인천공항 지하 1층 교통센터 주변에서 푸드코트 하나를 운영했다. 하지만 근래에는 1층 입국장과 3층 출국장에 총 24개 매장을 차렸다. 중국에 135개 매장을 비롯해 해외에 195개의 매장을 진출시킨 SPC 관계자의 말을 빌리면, 인천공항 컨세션 사업은 매출도 중요하지만 글로벌 공항이라는 특성상 해외 사업 확대를 위한 브랜드 홍보 목적으로도 매우 중요하다.

4.3 사례 : 해외 공항의 식당가

인천국제공항에도 컨세션 시설이 적지 않지만, 면세점을 제외하면 종류와 수준이 그리 만족할 정도는 아니다. 이용하는 사람도 입 · 출국을 앞둔 여행객이 대부분이어서 일반 시민이 쇼핑이나 식사를 하러 공항을 찾는 일은 거의 없다. 현재 인천국제공항 컨세션은 식음료의 경우 CJ푸드시스템과 두산이 사업권을 받아 운영하고 있다. 반면에 가까운 홍콩과 싱가포르만 해도 공항은 여행객은 물론이고 일반 시민들도 즐겨 찾는 복합 쇼핑몰이다. 시설도 다양하거니와 수준도 시내 웬만한 쇼핑몰에 뒤지지 않는다. 세계 최고 컨세션 수준을 자랑하는 홍콩 첵랍콕 공항과 싱가포르 창이 공항을 살펴보자.

1 홍콩 첵랍콕 공항

2016년 2월에 개항한 이곳은 공항이라기보다는 쇼핑몰을 떠올리게 한다. 더구나 미래에 4개의 오피스 타워와 5성급 호텔, 마카오와 홍콩을 잇는 페리터미널 등이 제2터미널 근처에 들어서면 '스카이시티(Skycity)'라는 복합 상업지구가 된다.

스카이시티의 핵심은 쇼핑몰인 스카이플라자로 공항 컨세션의 정수를 보여주는 시설이기도 하다. 35,000m²에 달하는 스카이플라자는 한마디로 '원스톱 공항 테마 쇼핑몰'이다. 110여 개의 일반 매장과 20여 개의 식음료 매장, 그리고 아이맥스 영화관과 게임센터 등 각종 엔터테인먼트 시설이 3, 5, 6의 세 개 층에 빼곡히 들어차 있다.

3층은 식품과 의류 매장이 주류를 이룬다. 5층에는 투미, 아디다스, 샤넬, 망고,

Sorbis / Shutterstock.com

JoeyCheung / Shutterstock.com

갤빈클라인 등 고급 브랜드가 출국을 앞둔 쇼핑객들을 맞는다. 6층은 고급 푸드코트로, 중식, 양식, 일식 등 다양한 전 세계 요리를 맛볼 수 있다. 특히 소수 업체에 일괄적으로 공항 식당 운영권을 부여하는 인천공항과 달리 컨세션 업체들이 점포별로 입점해서 매장 간 경쟁이 치열하다. 식당 간 경쟁을 하다 보니 맛이나 서비스 질이 올라갈 수밖에 없다. 흔히 공항 음식은 비싸고 맛이 떨어진다는 통념과 정반대이다.

2 싱가포르 창이 공항

2019년 어느 오후, 평일 오후인데도 싱가포르 창이 공항 제2 터미널은 사람들로 북적댔다. 공항 이용객뿐만 아니라 공항 쇼핑시설과 식당을 찾아온 인근 주민들 때문이었다.

창이 공항이 다른 나라 공항과 뚜렷하게 다른 점은 시내 근접성이다. 창이 공항에서 지하철인 MRT를 이용하면 25분 내에 싱가포르 시내에 도착할 수 있다. 때문에 공항 역시 시내에 있는 대형 쇼핑몰의 하나로 기능한다. 실제로 창이 공항에는 시내에서 볼 수 있는 크리스털제이드 등 유명 패밀리 레스토랑과 커피빈, 스타벅스, 와슨스 그리고 다양한 패션 브랜드들이 이곳저곳에 자리 잡고 있다.

창이 공항이 공항 이용객이 아닌 일반 소비자의 발길을 끄는 또 다른 비결은 다양성이다. 사케스시, 수호타이 익스프레스, 파스타프레스 카다 살바토레 등 시내에서 볼 수 있는 유명 음식점을 공항 안에 유치했다. 업체로서는 자사 브랜드의 질을 유지할 뿐만 아니라 바로 옆에서 다른 업체와 경쟁해야 하기 때문에 음식은 물론 서비스 질에도 신경을 쓰지 않을 수가 없다. 창이 공항도 홍콩 첵랍콕 공항과 마찬가지로 한 업체와 일괄계약을 맺는 것이 아니라 매장별로 입점업체를 선정한다.

Hafizzuddin / Shutterstock.com

Sorbis / Shutterstock.com

CHAPTER

13

공항과 도시

1. 공항과 도시의 관계

공항은 도시와 마찬가지로 정적인 공간이 아니라 동적인 공간이다. 공항이 형태와 기능에서 부단히 진화하기 때문이다. 역사적으로 공항은 활주로, 관제탑, 터미널, 정비소 및 항공기, 승객, 화물 등을 직접 서비스하는 기타 시설을 포함하여 항공기가 운항하는 장소로 인식됐다. 그러나 이러한 전통적 인식은 '에어포트 시티(Airport City)'로 알려진 보다 광범위하고 포괄적인 개념으로 바뀌었는데, 바로 이 개념이 많은 공항들이 앞으로 나아갈 이정표가 됐다.

에어포트 시티 모델은 주요 공항들이 핵심 항공 인프라와 서비스 외에 상당한 비항공 시설, 서비스, 수익원을 개발했다는 사실에 토대를 둔다. 동시에 공항 경계를 훨씬 넘어 상업적 범위와 경제적 영향을 확장하고 있다.

공항은 시간이 지나면서 신속성, 민첩성, 연결성을 제공하는 글로벌 생산 시스템의 핵심 요소로 발전해왔다. 고객 주문에 대응하는 속도를 높이기 위해, 물류기업만이 아니라 많은 창고 및 유통 기업이 공항 인근에 위치한다. 그리고 제조사들은 최근 제조 장소와 운송 장소 간의 거리를 좁히기 위해 점점 더 공항 가까이로 이동하고 있다.

이러한 연결 추세는 '도시공항'을 '공항도시'로 바꾼 '에어로트로폴리스(Aerotropolis)'라는 새로운 형태의 공항 중심 상업 개발로 이어졌다. 현재의 추세는 공항을 세계무역기구(WTO)의 핵심 목표인 사업 입지, 도시 경제 성장, 세계 경제 통합의 21세기 동인으로 자리매김하고 있다.

에어로트로폴리스는 전통적인 도시와 마찬가지로 외곽으로 영역을 넓히는 중심핵으로 구성되어 있다. 그러나 전통적인 도시와 달리, 핵심은 공항과 모든 인근 개발 지원이며, 차례로 공항 산업의 지원을 받는다.

에어로트로폴리스는 지역 경제 발전의 강력한 엔진으로, 전 세계 고객들에게 자사의 제품을 공급하기 위해 주력하는 항공 관련 사업들을 유치한다. 이들 업체는 시간에 민감한 제조 및 유통 시설, 호텔 및 엔터테인먼트 시설, 리테일링, 컨벤션 및 전시 단지, 생태관광 산업 등이다.

공항은 한 나라의 경제에 절대적으로 중요한 기여를 한다. 공항 설계에서 일반적으로 구현되는 주요 특징으로는 자연광 증가, 에너지 절약형 조명, 재활용 프로그램, 친환경 소재, 효율적인 유틸리티 시스템을 들 수 있다. 그러나 공항은 이와 같은 환경적 우려 외에, 주변 지역사회에 영향을 미치는 사회적, 경제적 영향과 기회도 고려한다.

미국 연방항공청(FAA)에 따르면, 지속가능한 공항의 특징은 다음과 같다.

- 환경에 미치는 영향이 감소한다.
- 높고 안정적인 경제 성장의 유지를 도모한다.
- 지역사회의 요구와 가치에 부합하는 방식으로 조직의 목표가 성취되도록 하는 광범위한 활동인 '사회적 진보'를 달성하도록 돕는다.

2. 공항 공간의 변화

2.1 공항의 대형화 및 첨단화

공항은 지구촌 사람들이 드나드는 통로이자 관문이다. 화물도 이곳을 통해 전 세계로 향한다. 그래서 다양성이 풍부하여 하나의 '작은 정부'가 움직이는 곳이라고도 한다.

오늘날의 공항은 세계 어디든 과거의 공항과는 딴판이다. 시설 규모가 커지고, 서비스와 운영은 첨단을 걷는다. 기술의 발달로 항공기도 대형화하거나 첨단화하고 있다. 그러다 보니 공항시설도 이에 걸맞게 '규모의 경쟁', '첨단의 전쟁'에 나서고 있다. 하지만 이것만으로는 치열한 '무한경쟁시대'에 살아남을 수 없다. 차별화가 필요하다.

에어로트로폴리스는 에어포트(공항)와 메트로폴리스(도시)의 합성어로, 공항을 갖춘 도시가 글로벌 수요를 끌어들여 미래 도시로 성장할 수 있다는 의미가 담겼다. 이제 공항은 단순한 교통수단을 넘어선다. 공항 주변의 도시와 함께 성장과 번영을 이끌어야 한다. 전 세계인이 함께 어울릴 수 있는 복합 공간을 만들어야 한다.

물론 공항 자체도 하나의 산업이 될 필요가 있고, 인천공항이 추구하는 바도 그것이다. 그러나 지향점이 '에어로트로폴리스'인 것이다. 이를 위한 인천공항공사의 보폭도 빨라졌다. 민간투자자 유치에 적극적이며, 인천공항 주변지역을 아우르는 '항공수요 창출형 공항복합도시'를 향해 달리고 있다.

2.2 공항의 허브화

항공기 또는 항공운송산업의 발달과 함께, 세계의 각 공항 및 주변도시는 그 위상을 달리해왔다. 최근에 건설된 주요 공항에서 볼 수 있듯이, 공항의 건설은 단순히 활주로와 터미널을 건설하는 것 외에 그 배후단지 건설도 매우 중요해졌다. 과거에는 도시의 보조 기능으로 공항을 건설했다면, 현재는 공항이 도시의 발전에 핵심 기능을 하며 정보와 이용의 신속성을 통한 경제 활동의 수단으로 인식된다. 이를 위해서도 공항과 도시의 긴밀성이 강조되고 있다. 따라서 21세기에 건설될 새로운 공항은 도시와 통합될 필요가 있다.

또한 시가지에서 떨어진 기존 공항은 그 기능을 최적화하기 위해 도시의 각종 시설들을 유인함으로써 도시화를 형성하고 있다. 공항을 품은 도시의 재개발은 무엇보다도 공항을 중심으로 이뤄져 각종 도시 기능과 시설이 공항을 중심으로 효율적으로 재배치되고 있다. 이런 배경에서 출현한 것이 공항도시이다. 도시와 공항의 관계는, 도시 근처에 공항이 있는 것이 아니라 공항 주변에 도시가 있는 또는 공항 안에 도시가 있는 것이 기본 구조가 되고 있다. '공항도시'는 공항과 도시의 관계에서 다음의 두 가지 개념을 아우른다.

첫째, 기본적으로 그 도시의 산업, 경제, 문화 등 방면에서 공항이 완수할 역할이 매우 높다. 항만도시가 주로 물자의 움직임을 중심으로 하는 거리의 이미지를 나타낸다면, 공항도시는 물자와 사람 모두의 움직임이 활발한 거리의 이미지를 띤다. 둘째, 도시 구조의 정중앙에 공항이 입지하여 공항 자체가 시가지화된다. 도시 안에 공항이 있기보다 오히려 종래의 도시가 기능하던 일상생활, 교류 등의 시설을 공항 안에 두루 갖춘 도시이다.

따라서 공항도시를 도시 구조, 도시 공간의 측면에서 보면, 공항부지 내에 도시 기능이 집중하는 경우는 물론이고, 기존 도시와 공항의 물리적 거리가 조금 떨어져 있더라도, 양자의 경제적, 사회적 거리가 가깝다면 공항도시라고 칭한다.

그러나 모든 공항 주변의 모든 도시가 이러한 완전한 공항도시가 되는 것은 아니다. 도시 기능의 전부가 공항 주변으로 이전되는 것은 있을 수 없으며, 경우에 따라서는 공항에서 멀어짐으로써 가치가 높아지는 창조적 도시 기능도 있다. 현실에서는 도시와 공항의 관계도 다양하게 전개될 것이다. 이미 거대한 집적을 달성하고 있는 대도시에서는 그 도심에 새롭게 공항을 조성하거나, 기존 공항의 기능 확대를 도모하기가 매우 곤란할 것이다. 오히려 현재의 공항 정비 형태가 그러하듯이, 시가지에 가까운 공항이 폐지되고 새롭게 정비되는 공항은 시가지에서 더 멀어지는 경우가 많을 것이다.

그러나 이러한 경우에도 이전된 공항을 뒤쫓아 도시 기능이 이전되거나, 공항 주변 개발이 추진되는 등 도시 내에서 지역적 구조 변화가 동시에 일어나게 된다. 이를테면 시카고에서는 오헤어 공항이 정비되면서 공항 주변의 활성화와 반대로 모태도시인 시가지가 쇠퇴하기 시작하여 그 재생이 새로운 과제가 됐다. 공항이 갖는 환경과의 대응 등 이상적인 형태로 공항을 갖고 있는 도시를 만드는 것은 말만큼 쉽지는 아닐 것이다. 다만 강조해야 할 것은 앞으로 발전할 도시 또는 지역의 중심으로 역할을 수행할 공항 기능의 확대 없이는 도시 발전에 한계가 있다는 점이다. 또한 허브공항을 지향하는 공항은 공항도시의 기능을 할 때 그 역할 수행이 원활할 것이다.

3. 공항복합도시와 에어로트로폴리스

공항도시는 공항(터미널, 계류장, 활주로 등)과 항공화물, 물류, 사무실, 소매점, 호텔과 같은 공항 내 비즈니스를 포함하는 대형 공항의 '울타리 내부' 지역이다. 공항도시는 주요 공항들을 중심으로 진화하는 새로운 도시 형태인 에어로트로폴리스의 중심이다. 'Airport City'와 'Aerotropolis'의 개념은 이러한 개념과 관련된 컨설팅 회사의 최고경영자(CEO)이기도 한 존 D. 카사르다(John D. Kasarda)의 작품에 그 뿌리를 두고 있다.

공항복합도시 관련 개념들의 차이

구분	Airport City	Aerotropolis	Airport Corridor
개념	공항과 부동산의 종합적 개발	공항 근처에 분리된 부동산 개발	부동산과 도로/철도 기반시설의 종합적 개발
위치	공항 중심부	공항 주변(반경 2km 이내)	공항과 도시 사이
개발주체	공항공사	개인 개발업자	기반시설 개발업자
규모	지역권	지역권	도시권

3.1 공항복합도시

공항(복합)도시 모델은 공항이 새로운 비항공 상업시설, 서비스 등에 의한 다양한 수익원을 개발하면서 전통적인 항공 서비스 제공 이상의 기능을 할 수 있다는 생각에 근거한 것이다.

공항은 보통 인근 주민들의 환경 완충 역할을 하는 수백, 수천 헥타르의 미개발 토지에 형성되어 토지 보유는 부동산 기회를 제공할 수 있다. 사무용 블록, 호텔, 컨벤션 센터, 의료시설, 자유무역 지역, 심지어 엔터테인먼트와 테마 파크도 건설되어 공항 운영자의 새로운 수익원을 창출하고 공항 자체의 권리로 비즈니스나 관광의 목적지가 될 수 있다.

2011년, 타임지는 이와 같은 공항도시를 '세계를 변화시킬 10가지 아이디어'의 하나로 선정했다. 존 카사르다는 'Global Airport City'라는 제목의 작품 「The Way Forward」에서 이용 가능한 토지 및 지상 교통 인프라에 기반을 둔 공항도시 운영자들에 대한 자신의 견해를 피력했다.

- 전통적인 항공 기능을 제공하는 것 외에 비항공 수익원 창출
- 저렴하고 접근하기 쉬운 토지에 대한 상업 부문 추구
- 공항의 승객 증가와 화물 수송
- 토지 사업 개발의 촉매와 자석으로 기능

가장 일반적인 에어사이드와 랜드사이드, 공항도시의 상업 활동을 하려면 면세점과 항공사 라운지, 식당, 음식점, 전문 소매점, 공장 및 기타 식품 서비스, 문화 및 유흥업소, 호텔, 은행과 환전소, 기업체와 단지, 컨벤션과 전시 공간을 갖춰야 한다. 레저, 레크리에이션 및 헬스장, 물류와 유통, 부패물과 저온저장, 자유무역구역과 관세자유지역 등도 포함한다.

공항도시는 전 세계의 주요 공항들에서 볼 수 있는데, 일부 오래된 공항들이 사용되지 않는 대규모 공항부지에 재개발되거나 확장되고 있다. 아시아의 일부 신공항도 공항도시나 항공광장으로 계획되고 있다. 북아메리카, 남아메리카, 아프리카는 모두 적극적으로 공항도시와 에어로트로폴리스를 개발하고 있다.

3.2 에어로트로폴리스

에어로트로폴리스는 상업 중심 역할을 하는 공항을 중심으로 배치, 기반시설, 경제가 집중되는 대도시의 하위지역이다. 도심 상업 중심부와, 이곳으로 출퇴근 가능한 교외지역을 아우르는 전통적인 대도시와 형태가 비슷하다. 이 용어는 뉴욕 상업 예술가 니콜라스 데 산티스(Nicholas De Santis)가 처음 사용한 것으로, 1939년 11월호 「포퓰러 사이언스(Popular Science)」에 이 도시의 초고층 건물 옥상 공항 그림이 소개됐다. 이 용어는 공항 주도 경제 개발에 관한 이전의 연구를 바탕으로 2000년에 항공산업 연구원 존 카사르드다에 의해 용도가 변경됐다.

카사르다(2013)에 따르면, 공항은 20세기의 고속도로, 19세기의 철도, 18세기의 항만과 같은 방식으로 21세기 비즈니스 위치 및 도시 개발의 동인으로 진화해왔다. 에어로트로폴리스의 엔진은 공항과 공항의 항공노선으로 원거리 공급자들, 고객들, 전 세계의 기업 파트너들과 빠르게 연결할 수 있다. 일부 에어로트로폴리스 사업체들은 가까이 위치한 공급업체들보다 멀리 떨어진 전 세계의 공급업체나 고객들에게 더 많이 의존한다. 경제가 점점 더 세계화되고 상품과 서비스 무역을 위한 항공 무역에 의존하게 됨에 따라, 사람과 상품의 장거리 이동을 가능케 하는 속도감과 민첩성을 가진 항공은 기업과 장소에 대한 경쟁 우위를 창출한다. 에어로트로폴리스 모델에서는 '속도 경제'가 규모의 경제 및 범위의 경제만큼이나 경쟁력에서 두드러지며, 개발의 주요 지표로서 연결시간과 비용이 공간과 거리를 대체한다. 이 모델에서는 어디까지가 아니라, 멀리 떨어진 기업과 장소가 얼마나 빨리 연결될 수 있는지를 보여준다.

에어로트로폴리스는 항공 의존형 사업과 이들을 지원하는 상업시설, 매년 공항을 통과하는 수많은 항공 여행객을 망라한다. 공항 연계 사업에는 시간에 민감한 제조, 물류 및 전자 상거래 이행이 포함된다. 고가의 생선류 및 바이오 메이드, 소매, 스포츠 및 엔터테인먼트 단지, 호텔, 컨퍼런스, 무역 및 전시 센터, 자주 항공여행을 하거나 국제 상거래에 종사하는 사업가를 위한 사무실 등이 있다. 기업 단지(비즈니스 파크), 물류 단지, 산업 단지, 유통 센터, 정보 기술 단지 및 도매 상품 마트가 밀집한 구역은 공항 주변과 운송 통로를 따라 위치한다.

공항 주변에 항공 중심 기업과 상업 서비스 제공업체가 밀집함에 따라 공항 주변은 항공여행객과 지역주민이 함께 일하고, 쇼핑하고, 만나고, 지식을 교류하고, 사

Aerotropolis는 City Airport인가, Airport City인가?

'Aerotropolis'는 공항에 고정된 도시 환경이다. 지난 몇 년 동안, 그 인기는 전 세계적으로 빠르게 상승하고 있다. 대부분의 도시들이 역사적으로 강, 항구 또는 무역의 교차지점에서 계획된 반면, 에어로트로폴리스는 공항을 중심으로 설계됐다. 이것이 가능한가? 지속가능한가? 공항 주변에 도시가 계획될 수 있는가, 아니면 공항이 항상 도시 주변에 설계될 것인가?

'Aerotropolis'라는 용어는 미국 노스캐롤라이나 대학(University of North Carolina)의 존 카사르다 교수가 최근에 만들었지만, 그 개념은 예전부터 있었다. 가장 눈에 띄는 것은 1980년대 중반 이후 두바이 개발이 걸프에어의 노선을 인수하면서 항공사인 에미리트 항공이 취항한 것과 일치한다는 점이다. 두바이와 에미리트 항공의 병행 발전은 항공사와 공항이 도시 전체의 번영과 세계적 인지에 대한 도시 전체의 책임을 확고히 한 에어로시티의 성장을 뒷받침한다.

제트 엔진 덕분에 두바이는 황무지에서 지구 인구의 절반을 위한 완벽한 허브로 탈바꿈할 수 있었다. 25년 전 처음부터 이곳을 건설한 외국 노동력을 수입하면서 세금을 내지 않는, 국가의 전략무대로 여겨졌다. 두바이는 항공사를 이용해 인도 기업가와 영국계 은행가, 콘도를 구매하기 위해 돈다발을 들고 오는 러시아인 등 세계 각지에서 유입된 인구를 줄기차게 끌어들인 덕분에 인종적 거주지역과 게이트 커뮤니티가 생겨났다.

다른 많은 도시들도 에어로트로폴리스로 진출했다. 아부다비는 두바이의 선례를 따라 2003년 칙령을 통해 자국 항공사를 만들고 510억 달러어치의 항공기를 공급했다. 그리고 국영 카타르 항공의 본거지인 도하 국제공항(IATA : DOH)은 1993년부터 확장하여 현재 연간 1,570만 명의 승객을 수용할 수 있다. 또 말레이시아 공항 홀딩스 베르하드(Holdings Berhad)는 물리적으로 또는 은유적으로 쿠알라룸푸르 국제공항(IATA : KUL)을 모든 라이프스타일의 핵심에 위치시키는 'Indulge Till You Fly' 캠페인을 발표했다. 이 캠페인은 공항 주변에 위치한 레저시설과 지역사회 편의시설로 구성된 라이프스타일 구역 전체를 공항의 핵심 기반시설로 두고 있다.

업하고, 먹고, 자는, 공항에서 15분 이상 떨어지지 않아서 접대가 오가는 도심 목적지가 되고 있다.

일부 에어로시티는 계획 부재와 병목현상, 기타 비효율성을 야기하는 유기적인 시장 세력에 대응하여 자연발생적으로 생겨났다. 도시계획과 지속가능성의 원칙은 성공적인 에어로시티를 만드는 데 필수적이다. 공항 관리, 공항 주변 지역사회 및 도시와 지역 공무원을 지역 비즈니스 및 경제 개발 지도자들과 연계하는 거버넌스 단체는 경제적 효율을 높이고 매력적이고 지속가능한 개발을 달성하기 위해 에어로트로폴리스 계획을 실행할 필요가 있다.

그러나 비판도 많다. 하나는 석유가 비교적 저렴하고 미래에도 널리 보급될지, 아니면 석유 생산 침체가 에어로트로폴리스에 부정적 영향을 미칠지에 대한 문제이다. 다른 하나는 에어로트로폴리스 모델이 항공편으로 이동하는 물품의 수와 종류를 과대평가한다는 비난이다. 전자제품과 같은 많은 종류의 고부가가치 제품들은 항공편으로 이동하는 경향이 있지만, 자동차나 곡물과 같이 크기와 부피가 더 큰 품목은 그렇지 못하다. 이를 지적하는 사람들은 항만과 공항, 철도시설 간의 관계를 좀 더 깊이 있게 연구해야 한다고 제안한다. 에어로트로폴리스에 대한 또 다른 비판은 영향을 받은 사람들과 지역사회를 제외한 농지와 산림의 손실, 앞으로 수십 년간 고탄소 기반시설의 폐쇄 등이다.

4. 인천국제공항과 에어포트시티

인천국제공항 지구는 인천광역시에서 외국인들의 기업투자 활동과 경제활동, 투자활동에 차별화, 특성화된 특혜와 세제혜택 기회를 주는 경제자유구역(Free Economic Zone)이다. 지구로 지정된 규모는 공항을 포함하여 송도, 영종, 청라 국제도시를 아울러 총 132.9km^2이다.[1]

1 영종 하늘도시

동북아 허브공항 인천국제공항의 배후지역으로, 주거, 상업, 비즈니스 활동에 필요

1 출처 : 인천경제자유구역청. www.ifez.go.kr

한 요소를 갖춘 복합도시 개발지역이다. 인천광역시 중구 운서, 운남, 운북, 중산동 일대의 인천 경제자유구역으로, 인천의 경제 발전과 복합형 미래도시 건설을 위한 곳이다. 인천 경제자유구역 중 98.4km²로 면적이 가장 넓다.

2 영종 복합리조트

영종 4대 복합리조트 사업은 미단시티, 한상드림아일랜드, 인스파이어 IR, 파라다이스시티, 리포 & 시저스 복합리조트 사업이다. 그중 영종 파라다이스시티는 2017년 4월에 1차로 개장한 대규모 복합리조트로, 호텔, 테마파크, 스파, 쇼핑센터, 엔터테인먼트, 카지노 시설을 갖추고 있다. 2017년 하반기에 인천국제공항 제2 여객터미널을 개항하여 국내외 관광객을 수용할 수 있는 시설을 구비하고 휴양과 위락, 주거가 집적화된 관광복합도시의 규모를 갖추었다. 파라다이스시티는 향후 50년간 78만 명의 고용 창출이 가능하며, 8조 2,000억 원의 생산을 유발하고, 3조 2,500억 원의 부가가치를 얻을 것으로 전망된다.

Stock for you / Shutterstock.com

3 미단시티

영종지구 북동쪽에 위치한다. 인천 시와 국토교통부가 공동으로 2020년에 제3 연륙교를 착공하고 세계적인 카지노 복합리조트를 건설하는 중이다. 도시 규모는 약 82만 평이고, 개발기간은 2006~2025년, 사업비는 약 8,500억 원대이다.

미단시티는 공항과 공항 주변지역을 연계하여 다양한 시너지 창출이 가능한 지역이자 지구이다. 국내선 여객기의 관문인 김포공항도 인접하고, 인천항의 접근성도 좋아서 경제물류의 거점을 확보할 수 있는 이점을 갖춘 곳이다.

4 영종 항공 클러스터(Aviation Cluster)

인천국제공항을 중심으로 주변 공항과 연계하여 인공지능 기술력을 바탕으로 항공 MRO(Maintenance Repair & Overhaul) 산업 및 항공훈련센터가 조성됐다. 또한 항공기 제조사인 미국 보잉사와 대한항공이 합작하여 아시아 최대 규모의 운항훈련센터를 건립했다.

보잉 운항훈련센터

이 센터에서는 연간 3,500명의 조종사가 훈련을 받을 수 있으며, 다른 항공사의 위탁훈련도 가능하다. 건축, 구조, 기계, 전기, 소방 분야에 걸쳐 완성됐다. 항공수요가 증가하는 시점에 동북아 지역의 차세대 조종사 육성을 위한 주요 시설이다. 향후 20년간 55만 명 이상의 조종사가 필요한 만큼 운항항공 교육센터로서 의의가 크다.

P&W 항공엔진 정비센터

항공엔진 정비센터 ETC(Engine Test Cell)가 2016년 6월 8일 인천 경제자유구역영종지구 운북동에서 문을 열었다. 항공산업 클러스터로의 성장 가능성이 크고 항공기 엔진 MRO 전문업의 성장도 기대할 수 있게 됐다. 공항을 중심으로 하는 공항복합도시에서는 다양한 공항 이용객 및 환승객, 공항 종사자 등 많은 유동인구는 물론이고 공항 주변지역이 다양한 욕구의 이용객들에게 체계적, 전략적으로 대처하고 자발적으로 대처할 수 있는 쾌적하고 편리한 지역으로 탈바꿈해야 한다는 뜻이다. 에어포트시티는 공항 입지와 주변의 교통망을 이용하여 다양한 일자리를 창출하고 공항 경제 활동에 영향을 미치므로 포괄적으로 개발해야 하는 것으로 변화되고 있다.

5. 해외의 공항(복합)도시 유형

해외에서 허브공항으로 공항도시와 공항복합도시를 개발한 대표적인 공항이 일본 나리타 공항과 네덜란드 스히폴 공항이다. 이들 공항은 주변지역을 활용하여 비항공 수익 창출과 지역경제를 활성화시키고 있다.

일본 나리타 공항은 공항도시로서의 개발 전략이 초기에 이해당사자들 간의 갈등으로 원활하게 추진되지는 못했다. 다수의 공업단지가 무질서하게 조성되면서 공항복합도시 형태로 발전하는 진통을 겪었다. 나리타 공항은 최근에야 지자체 간의 협의를 통해 나리타 국제공항도시의 기본 구상 및 계획을 수립하여 도시기반 정비와 산업 진흥, 관광 및 지역 문화 진흥, 국제 교류 등 통합된 공항도시로 면모를 갖췄다.

반면에 네덜란드의 스히폴 공항은 정부, 암스테르담 시, 그리고 운영 회사인 스히폴그룹의 협력을 통해 공항과 주변 도시, 암스테르담 시를 아우르는 공항도시 개발을 추진했다. 스히폴그룹은 공항 주변지역을 개발하면서 공항과 지역 간 시너지를 추구하는 공항도시를 건설했다. 스히폴 공항은 향후에 지역 거버넌스와 사회 통합에 있어서도 일정한 역할을 하는 대규모 공항도시로 구축하는 중이다.

5.1 공항복합도시

지금까지 공항복합도시의 필요성에 대한 다양한 근거들이 제시됐는데, 그 근거들을 정리하면 다음과 같다.

- 과거에 항만, 철도, 고속도로를 중심으로 도시가 발달하던 시대를 거쳐 글로벌 시대인 21세기에는 공항을 중심으로 도시가 발달하는 공항 시대로 이행하고 있다.
- 세계적으로 크게 늘어나는 공항 수요 증가에 대응하고 허브공항 기능을 선점하기 위해 공항 물류, 교통기능뿐 아니라 공항의 장점을 부각시킨 공항 주변 활용에 대한 관심이 증대됐다.
- 비항공 수익 모델로 공항시설 확충과 고객 서비스 개선을 위한 재원 확보와 더불어 다양한 매력을 가진 시설을 제공함으로써 고객 만족과 국가 및 지역경제

파급효과 유발이 가능하다.

- 이런 공항 수요를 기반으로 국가경제 성장의 원동력이 될 첨단 고부가가치 산업 유치를 위한 공항 간의 경쟁이 심화되고 있으며, 특히 동아시아 지역의 경쟁은 더욱 치열하여 공항복합도시 건설의 필요성이 야기됐다.
- 대다수 공항들은 공항 지역이 국가경제의 견인차 역할을 할 중요한 지점임을 인식하고, 공항 주변에 물류, 관광, 컨벤션, 상업, 첨단산업 기능을 갖춘 공항복합도시 개발을 추진 중이다.

5.2 국제공항 연계 공항복합도시 및 복합리조트

1 유럽

안정기에 도달한 유럽은 공항 개발보다는 기존 공항의 시설 확충에 관심을 집중한다. 또한 공항 및 주변지역 계획 시 지역사회에 미치는 환경문제를 최소화하면서 질 높은 서비스가 제공되도록 이용자 중심으로 시설을 계획하여 지역 전반의 성장 촉진을 목표로 한다.

스히폴 공항

유럽에서 네덜란드가 물류대국으로 성장한 것은 스히폴 공항이 견인차 역할을 했기 때문이다. 스히폴 공항은 암스테르담 서남쪽 20km에 위치한 유럽의 대표적인 허브공항이다. 스히폴 공항 중앙을 가로질러 암스테르담 도심과 연결되는 고속도로는 유럽 각 지역과 연결되어 철도와 함께 항공화물의 60% 정도를 운송한다. 공항 내 물류단지인 '카고 월드 스히폴'은 화물운송 작업, 세관 업무, 보관, 유통 등 화물 관련 서비스로 항공 물류계의 최고의 서비스를 자랑한다. 스히폴 공항이 자랑하는 또 다른 경쟁력은 공항 주변지역에 개발된 비즈니스 단지이다. 이곳에는 현재 IBM, 마이크로소프트, 세계무역센터(World Trade Center), 힐튼 호텔 등 세계적 기업들의 유럽 본부나 연구소, 물류시설 등이 다수 자리 잡고 있다.

약 200만 평에 달하는 광활한 대지에 첨단 비즈니스 파크를 건설했다. 스히폴 그룹은 공항 주변지역의 개발을 위해 2개의 자회사를 설립하여 개발을 추진했다. SRE(Schiphol Real Estate)는 공항 중심지역의 공항 개발 업무를 맡고, 스히폴 지역 개발공사 SADC(Schipol Airport Development Company)는 공항 외곽지역 개발과

Aerovista Luchtfotografie / Shutterstock.com

AVenZo - Ludo de Rooij / Shutterstock.com

공항 전반의 소유 및 개발을 담당했다. SADC와 지방정부의 효율적인 개발 및 협력을 위해 할레머이어(Haarlemmermeer) 지방정부가 25%, 암스테르담 시가 25%, 북네덜란드가 25%, 스히폴그룹이 25%의 지분을 보유하고 있다.[2]

스히폴 공항의 중점 개발 사업은 '비즈니스 시설의 개발'로, 네덜란드 항만, 항공 등을 중심으로 유럽의 교통허브로서 유럽에서 가장 효율적인 운송 및 비즈니스 항공교통의 허브를 구축하기 위해 노력하고 있다. 그 결과 1,899여 개의 외국 비즈니스와 관련된 회사들이 암스테르담 지역에 입주했으며, 이중 250개 회사는 유럽지역 비즈니스 본부로 활동하고 있다.

---

2 참고 : Schiphol Group, 2012. www.schiphol.nl/SchipholGroup

개발지역은 공항지역으로 스히폴 비즈니스 시티(Business City Schiphol)와 공항 외곽지역에 5개의 비즈니스 파크 권역을 계획하여 IT, 광학, 의료기기, 바이오, 자동차, 항공 등과 관련된 부품 조립, 가공을 담당하는 기업 본부가 있고, 외국인의 정주환경 조성을 위해 외국인학교, 쇼핑센터, 레저시설 등도 함께 개발을 추진했다.

스히폴 공항은 미래 비전으로 공항으로부터 암스테르담 도심지역으로 이어지는 주변지역을 'Airport Corridor'로 지정하여 다양한 추가 비즈니스 시설의 개발을 목표로 하고 있다. 2016년 9월, 네덜란드 정부는 2050년까지 100% 순환경제 달성 목표를 발표했다. 스히폴 공항에서 5km 떨어진 지역에 세계 최초 대규모의 '순환경제 허브/밸리(Circular Economy Trade Opportunities)'를 구축 중이다.[3] 구축되는 허브 밸리는 네덜란드 경제가 순환경제로 전환하는 원동력이 될 것이다. 스히폴 공항은 '공항복합도시 및 공항기반도시'의 구축 사례로, 세계 주요 항공 개발 사업의 모범 사례로 알려져 있다.

2 미국

국가기관 등 국가 자산의 대다수가 대도시 지역에 입지하고, 100대 대도시가 미국 영토의 12%를 차지하며 미국 GDP의 3/4을 차지한다. 새로운 국가 도시정책은 도시를 경제 번영을 위한 국가 전략의 중심으로 인식하는 관점으로 이동하고 있다. 도시와 대도시 지역은 국가 자산의 원천이며, 경기 회복과 장기적 번영, 환경적 지속가능성, 상향 이동성과 관련하여, 국가 비전과 경제지표를 향상시킬 수 있는 대상이다. 미국 도시정책의 목표는 경쟁력 강화, 즉 새로운 기술혁신과 기업가 마인드를 진작시키고, 인적 인프라에 대한 투자를 인정하고, 물리적 · 기술적 · 기능적 측면에서 양질의 일자리와 소득을 높이고, 국제 경제흐름에서 미국을 고취시키는 것을 목표로 한다. 유지가능성 확보, 에너지 효율적이고 친환경적으로 개발하며, 많은 에너

---

3 참고 : 허탁, 순환경제시대의 폐기물관리, 순환경제시대 – 폐기물 문제 해결 어떻게 할 것인가?, 한국환경한림원 제15차 환경정책심포지엄, 2019.10.31.
순환경제는 신규로 투입되는 천연자원의 양과 폐기물되는 물질의 양이 최소화되고 경제계 내에서 순환되는 물질의 양이 극대화된 경제체계를 말한다. 자원을 채굴한 후 사용하고 버리는 경제를 선형경제(Linear Economy)라고 한다면, 현재의 경제시스템은 재활용하되 몇 번의 재활용 후 자원을 폐기하는 재활용경제(Recycling Economy)에 해당한다. 재활용경제는 여전히 선형경제의 한계를 벗어나지 못한 단계이다. 순환경제는 기존의 재활용 혹은 자원순환 사회와 유사한 개념이지만 실질적 변화를 추구한다는 점에서 차이가 있다.

지에 의존하지 않는 방법으로 근린 및 도시 지역을 연결하는 것을 목표로 한다.

통합성 강화로 기회를 다양화하고 중산층을 지속적으로 유지하며 교육 · 소득 · 재산상의 인종 · 민족 간 차별을 줄이는 것을 목표로 한다. 미국 도시정책의 기본원칙은 공공 · 민간 · 비영리 부문 간 협력을 지원하고, 연방 · 대도시 · 도시적 파트너십이 형성될 수 있도록 정책 개발을 통합적이고, 다중관할적(Multi-jurisdictional)이며, 협력적이고 유연한 방식으로 하도록 요구함에 따라 다양한 프로그램 요소와 자원을 결합하기 위해 모든 관계기관을 연동한다. 유연성에 차이가 있는 지역은 우선순위를 고려하여 대처할 수 있도록 한다.

미국의 도시정책은 도시민과 근린 지역주민을 중심으로 하는 대도시 정책인 만큼 틀에 얽매이지 않고 융통성 있게 실행된다. 과정도 중요하지만 모든 주체가 협력관계를 맺고 결과에 책임을 지도록 한다. 국가도시 아젠다는 다양한 증거를 기반으로 자원을 배분하고, 책임성과 투명성을 권장하며, 목표와 성과를 설정하고, 그것을 달성하는 지역의 리더에게 포상하는 제도이다. 규모에 효과적인 계획을 입안 · 채택하여 공간 내 차별적 도시정책(광역, 도시, 근린 공간 단위별 도시정책)으로 지역의 혁신정책을 추진하여 대도시권에서 핵심 산업 클러스터의 질적인 경제성장, 혁신적인 일자리를 창출하고 주민의 복지를 향상시키는 것이다. 모든 대도시권에는 대기업, 소상공인, 공급자, 연구기관 등으로 대표되는 특수한 클러스터가 존재하는데, 이러한 관계기관의 장들로 구성된 대표들이 지역의 기술과 자본을 토대로 정확한 계획과 경제적 목표를 수립하여 달성시킨다. 각각의 주 연방은 서로 통합적 지역 개발계획을 건립하여 제공하며, 인프라를 지속적으로 개발하여 실행되도록 한다.

미국의 도시정책은 인구가 밀집되고 경제적 인프라가 집중된 도시 및 대도시를 국가 경쟁력의 핵심으로 삼고, 도시 제반정책을 백악관 차원에서 추진하며, 중심에서 일원화하기보다는 다원화하여 각 연방정부의 자원과 조직을 집중적으로 연결시켜 운용한다. 또한 국가가 가진 자원과 조직을 연계하고, 연방지역이 책임을 질 수 있도록 가능한 목표를 계획하고, 좀 더 다양하며 능률적이고 계속적으로 국가 도시정책을 추진할 수 있는 여건을 조성하는 역할을 명확히 제시한다.

항공 수요 증가에 대비하여 미국 내 100대 공항 중 60여 공항은 시설의 신설 · 확장을 계획하고 있으며 지역의 부도심으로 공항 관련 기능과 업무 기능을 담당하고 있다.

- 댈러스 국제공항 : 공항을 활용하여 다국적 기업을 유치하기 위해 댈러스 국제공항의 남동쪽 Las Colinas에 주거, 레저, 생산이 복합된 대규모 비즈니스 복합난시 개발
- 덴버 공항 : 기존 스태폴턴 공항의 활용방안으로 공항복합도시를 조성하여 R&D, 교육, 주거, 복합레저 기능 도입. Gateway 지역에는 주거, 상업 및 공항 관련 산업, Commerce City 지역에는 대학교, 컨벤션, 의료센터(Medical Center) 및 비즈니스 기능 유치
- 디트로이트 공항 : 메트로 공항과 윌로우 공항 사이에 Wayne Country Aeropolis를 건설하고 국제상업, 주거 및 산업시설을 유치하여 지역 경제성장과 고용 창출
- 라스베이거스 공항 : 도박과 환락의 도시에서 1980년대 후반 여러 차례에 걸친 세계적 컨벤션 유치를 통해 비즈니스 타운으로 변신, 엔터테인먼트 도시로 확고한 위상 구축

3 아시아

아시아에 건설 중인 대부분의 신공항들은 공항 허브화를 목적으로 하며 공항 개발에 따른 파급효과를 흡수하고 공항 기능을 지원하기 위해 주변에 물류단지, 산업단지, 관광 · 레저단지와 상업 · 업무시설 등 복합기능을 집중적으로 배치하고 있다.

- 홍콩 첵랍콕 공항 : 공항 인접지역에 업무지원 단지 Sky City를 개발하여 경제, 무역, 관광산업의 진흥 유도와 항공 수요 증대를 통한 대중국 관문 역할 강화 및 공항허브 입지 구축
- 중국 베이징 수도 국제공항 : Capital Airport City에 국제상업, 주거시설과 공항복합타운, 자유무역지대 기능을 도입하여 베이징 올림픽에 대비한 물류허브 및 환승체계 구축
- 싱가포르 창이 공항 : 아시아, 유럽, 오세아니아를 연결하는 공항 중심지의 역할을 극대화하고자 Changi Point 등 배후도시를 건설하여 상업 및 항공 관련 산업단지 조성. 센토사 섬의 경우 각각 특화된 5개 테마지역을 설정하여 관광객 유치에 주력

- 두바이 공항 : 세계 최대 규모의 항공 관련 산업과 금융 서비스, 관광시설 조성을 목표로 건설. 자유무역지대, 골프장, 의료, 오피스 빌딩, 메가몰 등과 관광객을 유인할 수 있는 다양한 관광 · 레저 자원을 인공적으로 조성
- 마카오 공항 : 주변의 타이파 및 코로네 섬 사이를 매립한 코타이 지역에 대규모 복합리조트를 건설하고 카지노, 호텔, 컨벤션, 비즈니스, 쇼핑센터 등 다양한 기능 유치
- 말레이시아 쿠알라룸푸르 공항의 겐팅 하일랜드(Genting Highland), 일본 간사이 공항의 태평양 도시(Pacific City) 등 건설

CHAPTER

14

공항과 건축

1. 공항 건축의 미학

알랭 드 보통은『여행의 기술』의 출발 편에서 공항에 대한 미묘한 감정을 이렇게 묘사한다.

> "여행은 생각의 산파다. 움직이는 비행기나 배나 기차보다 내적인 대화를 더 쉽게 이끌어내는 장소는 찾기 힘들다."(46쪽)
>
> "집에서 우울할 때면 기차나 공항버스를 타고 히스로 공항으로 가서, 2번 터미널에 있는 전망대나 북쪽 활주로 변에 있는 르네상스 호텔의 꼭대기 층에서 비행기가 끊임없이 뜨고 내리는 것을 보며 마음을 달래곤 했다."(54쪽)

그는 여행에서 가장 행복한 순간은 목적지로 떠나기 직전 공항에서 느낀다고 말한다. 우리에게 가장 즐거운 여행은 출발 전 설렘을 품은 상상 속 여행일지도 모르겠다. 상상 속 여행에서는 불편한 언어도, 달라진 식수와 음식도, 계획과 예산을 맞추려 머리를 쥐어뜯을 일도 없다. 여행에 대한 욕망은 '떠남' 그 자체이기 때문이다.

우리의 '떠남'을 안내하는 그곳, 공항은 도대체 어떤 공간일까. 공항이 주는 감성의 이면에는 일차적으로 건축이 있다. 단순히 거대하고 기능적인 건축물을 넘어 우리가 스쳐 지나가는 수많은 건축적인 장치들이 여행길을 더욱 즐겁게 한다.

공항은 '규모의 건축'이다. 공항은 우리가 어렵지 않게 찾아볼 수 있는 건축물 중 규모가 가장 큰 '수평적 공간'을 창출한다. 수많은 여행객들이 저마다의 방향으로 부단히 움직이는 공항에서 자유로운 움직임을 위해 기둥의 수를 줄이는 것은 구조 설계의 핵심이다. 외부 환경으로부터 안전한 공간을 기둥 없이 만들다 보니 독특한 형태의 골조가 지붕을 지탱하는, 일상적인 공간에서는 찾아보기 어려운 모습이 연출된다. 이런 비일상적 공간에서 만나는 낯선 풍경은 여행의 감성과 맞물려서 떠나는 날의 기대를 배가시킨다.

공항은 '단위의 건축'이다. 모듈, 즉 단위는 동일한 기능을 수행하는 최소 규격을 의미한다. 문자나 숫자로 된 번호판을 나눠 달고 줄지어 선 카운터와 게이트는 그 단위들이 반복되면서 모두에게 동일한 동선과 공간을 제공한다. 물론 거대 공간에서 효율적인 수속을 위한 최적의 시스템이기도 하지만, 라운지를 거닐 때 느껴지는 반복적인 리듬과 틈틈이 발견되는 타인의 여행 순간은 질서의 미학을 목도하는 느낌이다.

또한 공항은 '재료의 건축'이다. 출발을 위한 탁 트인 공간은 실내를 풍부한 빛과 환한 색으로 채색한다. 또한 표면이 매끈하게 치리된 석재로 마감된 바닥은 캐리어 바퀴가 미끄러지듯 나아가기에 안성맞춤이다. 내구성을 확보하고 동시에 여행객의 발걸음을 경쾌하게 만드는 건축 요소이다. 한편 아쉬움을 안고 기나긴 비행을 마친 이들을 위해 도착 라운지는 대개 부드러운 카펫과 따뜻한 목재로 마감처리되어 있다. 여행은 돌아옴을 전제로 하는 것이기에 귀국의 피로를 어루만지기 위한 공간의 배려인 셈이다.

건축과 건설은 다르다. 건설이 물리적, 경제적 차원이라면, 건축은 사람과 행위의 차원이다. 작게는 지역, 크게는 국가 간을 넘나드는 방문자들에게 공항이란 공간은 그 나라의 건축적 정체성, 즉 사람을 담아내는 공간에 대한 태도를 상징하는 것이라 해도 지나치지 않는다. 아마도 여행을 다녀온 공항을 찬찬히 살펴본 기억을 오롯이 간직하고 있는 여행객은 많지 않을 것이다. 단순히 '크다'거나 '멋지다'는 생각으로 지나쳤던 공항이란 공간에서 한 번쯤 눈앞에 펼쳐진 건축의 미학에 마음을 던져보는 것도 또 다른 여행의 즐거움이다.

2. 공항의 미래는 건축이다

공항은 최고의 여행지이자 테마파크이다. 각 나라마다 그 느낌과 시설, 표정이 다르기도 하지만 무선 인터넷, 레스토랑, 명품점, 영화관, 마사지 센터 등 휴식과 즐거움을 향유할 모든 것을 구비하고 있기 때문이다. 공항은 그 자체로 최고의 '전시품'이기도 하다. 수많은 사람들의 노력과 창의력이 융합되어 최고의 볼거리를 탄생시키는 것이다. 그런 공항의 건축 미학을 열심히 관찰하고 음미하는 것은 색다른 즐거움과 재미가 된다. 그 도시, 그 나라의 감각과 규모, 위상을 입체적으로 보여주기 때문이다. 더욱이 최근의 공항은 최고의 건축가와 자본이 만나 거대한 예술로 발전하고 있다.

1920~1930년대 민간 공항 건물이 처음으로 생겨난 시절, 단순히 '비행기 집'에 불과했던 공항은 21세기를 맞아 화려하고 역동적인 일종의 '시티'로 빠르게 진화했다.

항공기 지연? 한 번쯤 경험했겠지만, 지연을 즐기는 사람은 없을 것이다. 환승 실패, 악천후로 인한 항공편 취소 및 장비 문제는 여행의 피로를 가중시킨다. 하지만 공항에서의 경험이 썩 나쁘시 않다는 느낌을 갖게 해주는 공항도 있다. 근래에 공항 디자인이 실용적이고 혁신적일 수 있으며, 승객들의 여행 경험을 향상시킬 수 있음을 유명 건축가들이 입증하고 있기 때문이다.

자타가 공인하는 아름다운 국제공항이 국내에도 있다. 바로 미국의 세계적인 공항 건축가 커티스 W. 펜트레스(Curtis W. Fentress, 1947~)가 설계하고 디자인한 인천국제공항이다. 2001년에 개항한 이후 세계 최고의 공항 순위에서 상위권을 놓친 적이 없다. 미래의 우주 정거장처럼 보이는 건축 내부에는 찜질방, 아이스 스케이트 링크, 영화관, 쇼핑몰, 무료 샤워장 등 다양하고 별난 시설들이 고객을 기다리고 있다. 편리성과 효율성을 넘어 한국 문화의 진수를 체험할 수 있다. 공항 내부의 한국 문화 박물관에는 반만년 역사를 자랑하는 한국의 유물들이 전시되어 여행객들이 전통 문화와 역사를 보고 느낄 수 있다.

일반 여행자의 발길이 찾지 않는 아프리카의 도시나 오래된 이미지를 벗고 싶어하는 유럽 도시들이 원대한 공항 건축 프로젝트를 세웠고, 이른바 잘나가는 유명 건축가들이 도시의 개성을 진보적이고 구조적인 디자인으로 표현해 가시화하고 있다.

2.1 요르단의 퀸알리아 국제공항(Queen Alia International Airport)

영국 출신의 세계적인 건축가 노먼 포스터(Norman Robert Foster, 1935~)의 작품이다. 노먼 포스터가 창립한 건축설계회사 포스터 앤드 파트너스(Foster+Partners)의 작품 중 특히 눈에 띄는 대영박물관, 런던 시청, 베를린 국회의사당, 영국 건축왕실협회에서 스털링 상을 수상한 30 세인트 메리 액스(30 St. Mary Axe) 등 유리와 철제 구조가 돋보이는 건축물 외에 베이징과 암만을 비롯해 런던 스탠스테드 국제공항, 홍콩 첵랍콕 국제공항 등 공항 건축에서도 두각을 보였다. 그 나라의 전통 색감이나 상징적 구조물을 획기적이고 미래적인 디자인으로 재탄생시키는 탁월한 능력이 독보적이다. 특히 2008년에는 베이징 국제공항 제3 터미널에 용을 형상화한 황금 지붕을 디자인해 전 세계의 찬사를 받았다.

8년간의 개축작업을 마치고 새로 선보인 퀸알리아 국제공항(IATA : AMM, ICAO : OJAI, 2 활주로 08R/26L, 3,660m, 콘크리트; 08L/26R, 3,660m, 아스팔트)도 베두인족[1]의 텐트와 야자수의 유기적인 형태를 결합하여 디자인한 지붕이 눈길

1 베두인족(Bedouin)은 요르단 남부 고대 도시 페트라에 모여 살던 중동의 유목민이다.

Noppy2016 / Shutterstock.com

을 끈다. 또한 21세기 건축의 화두인 친환경 건축에도 많은 노력을 기울였다. 지붕에 태양열 패널을 설치해 자체 에너지를 생산할 뿐 아니라 빗물을 모아 사용하고, 자연 채광을 활용하는 디자인으로 실내조명과 온도를 유지한다. '중동의 싱가포르'라 불리는 요르단의 신공항이 이곳으로 향하는 여행자층을 한층 넓히고 있다.

2.2 독일의 베를린-브란덴부르크 공항(Berlin Brandenburg Airport)

2020년 11월 8일에 공식적으로 전면 개항한 이 공항(IATA : BER-ICAO : EDDB; 활주로 07L/25R, 3,600m, 아스팔트; 07R/25L, 4,000m, 콘크리트)은 1991년 베를린이 통일 독일의 수도로 확정된 이후 계획됐다. 기존 쇠네펠트 공항의 남쪽에 부지를 확보하여 건설된 신공항이다. 원래 2011년 10월에 개항할 예정이었지만, 잦은 설계 변경과 부실 공사 · 집행 · 관리, 부패 및 그에 따라 기하급수적으로 늘어난 건설비용 부담 등으로 여러 차례 개항이 연기됐다.

2007년 12월에 쇠네펠트 공항에 있던 2개의 활주로 중 북쪽 활주로가 폐쇄되고 2008년 5월에 아우토반 A113호선이 이를 가로질러 연결됐다. 쇠네펠트 공항의 남쪽 활주로는 2007년 10월에 3,000m에서 3,600m로 개선 · 연장됐고, 베를린 브란덴부

peter jesche / Shutterstock.com

Mario Hagen / Shutterstock.com

르크 공항이 개항하면서 공항의 북쪽 활주로(07L/25R)로 쓰이고 있다. 공항의 남쪽에 위치한 길이 4,000m의 활주로(07R/25L)는 이미 2012년 5월 31일에 포장을 완료했지만, 개항이 연기된 탓에 그동안 이용하지 못한 상태였다.

공식적으로 전면 개항하면서 기존 베를린-테겔 공항은 2020년 11월 8일에 운영을 종료함과 더불어 새로운 베를린 브란덴부르크 공항이 이를 대체하게 됐다. 동시에 루프트한자 독일항공, 오스트리아 항공, 스위스 항공의 베를린 출발 항공편들도 11월 8일부터 정규 운항을 시작했다. 참고로 제5 터미널은 2020년 10월 25일 과거의 베를린 쇠네펠트 공항을 편입하여 먼저 개항했고, 제1, 2 터미널은 2020년 10월 31일에 개항했다.

함부르크 공항, 베를린 올림픽 스타디움 등을 설계한 GMP 폰 게르칸(GMP von

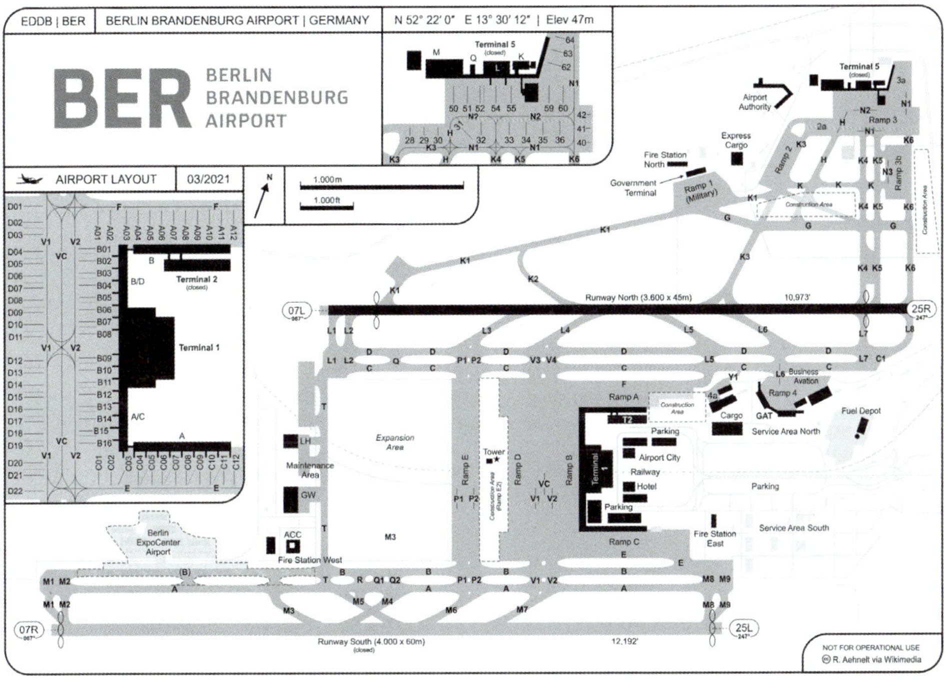

© CellarDoor85 (Robert Aehnelt), CC BY-SA 3.0 <https://creativecommons.org/licenses/by-sa/3.0>, via Wikimedia Commons

독일 베를린 브란덴부르크 공항

Gerkan)과 독일의 또 다른 유명 건축가 그룹 JSK 아키텍텐(JSK Architekten)이 베를린 쇠네펠트 공항을 개조하는 신공항 건축을 맡았다. 이들은 화려한 모습보다는 모더니즘 건축의 모태가 된 바우하우스 양식으로 군더더기 없는 형태와 기능성이 강조된 터미널을 구상했다. 2006년 10월에 공사를 시작한 이후 2007년 12월에는 터미널 부지의 중앙부에 31m 높이의 전망대인 BBI 인포타워(Flughafen-Infotower)를 설치해 오픈했다. 시계 반대 방향으로 각도가 비틀린 디자인의 구조적이고 미래적인 모습이 눈에 띄는데, 타워 최상층으로 올라가면 신공항의 전체를 조망할 수 있다. 밤에는 오색찬란한 조명이 건물 전면을 밝혀 베를린의 밤을 멋지게 장식한다.

typo-graphics / iStock / Getty Images Plus

EQRoy / Shutterstock.com

2.3 카타르의 하마드 국제공항(Hamad International Airport)

이 공항(IATA : DOH, ICAO : OTHH; 활주로 16R/34L, 4,250m, 아스팔트; 16L/34R, 4,850m, 아스팔트)은 도하에서 동쪽으로 약 5km 떨어진 곳에 위치한다. 이 공항은 기존에 사용하던 도하 국제공항을 대체한 것으로, 2009년에 착공하여 2014년 4월 1일에 개항했다. 세계 주요 공항들 중 프랑스 파리 샤를드골 공항 다음으로 규모가 크다.

중동의 허브로 도약하고자 하는 카타르의 노력은 현재 사용 중인 공항의 동쪽에 건설한 대규모의 최첨단 신공항만 봐도 어렵지 않게 짐작할 수 있다. 총 12조 달러에 이르는 이 대형 프로젝트의 임무는 미국 최대의 건축설계회사이자 세계 4위 규모의 인테리어 디자인회사인 HOK(1955년 창립)에 주어졌다. 5,000만 명의 승객, 200만 톤의 화물, 32만 대의 항공기 유치를 목표로 하는 이곳은 현대적으로 재해석한 중동식 디자인을 입고 출현했다.

외관만 봐도 독특한 화려함을 선보인다. 마치 푸른 왕관을 쓰고 밤하늘을 밝히는 듯한 관제탑이 눈길을 사로잡는다. 80m에 이르는 관제탑 전면을 번쩍이는 유리로

gnoparus / Shutterstock.com

Philip Lange / Shutterstock.com

Leonid Andronov / Shutterstock.com

Imran Khan's Photography / Shutterstock.com

1. 출발 홀   2. 체크인 카운터   3. 관제탑   4. 에미리 터미널

설계하여 낮에는 뜨거운 태양빛으로, 밤에는 자체 발광 조명으로 빛나서 멀리서 봐도 그 존재감은 단연 압도적이다. 터미널은 부드러운 물결 모양 지붕과 아라비아 만을 떠도는 우아한 범선 구조로 설계했는데, 상공에서 바라보면 현대적이고 구조적인 느낌을 준다. 압권은 각국의 VVIP를 위한 에미리 터미널(Emiri)이다. 3,600평에 이르는 2층 높이의 터미널에는 프라이빗 스위트, 비즈니스 센터를 갖추었다. 바깥을 내다보면 바로 눈앞에 아름다운 바다가 펼쳐져서 공항이 아닌 특급 리조트를 찾은 기분을 들게 한다.

2.4 베이징의 서우두 국제공항(Beijing Capital International Airport)

세계에서 가장 바쁜 국제공항(IATA : PEK, ICAO : ZBAA) 중 하나로, 1958년에 개항했다. 보통은 베이징 공항(北京機場) 혹은 서우두 공항(首都機場)이라고 한다. 3본의 활주로(18L/36R, 3800－60m, 아스팔트; 18R/36L, 3200＋50m, 아스팔트; 01/19, 3800＋60, 콘크리트)가 있다.

중국국제항공의 메인 허브공항이고, 중국해남항공과 중국남방항공의 지역 허브이기도 하다. 중국동방항공의 메인 허브는 상하이 푸둥 국제공항이다.

제1 터미널은 제2 터미널과 이어져 있으며, 중국해남항공 계열사들(중국해남항공, 톈진 항공, 그랜드 차이나 항공, 베이징 캐피털 항공, 럭키 항공 다섯 개 항공사)의 전용 국내선 터미널이다. 국제선을 타려면 제2 터미널까지 이동해야 한다.

제2 터미널은 제2 공항이라고도 한다. 제1 터미널과 달리, 국제선과 국내선(중국남방항공, 중국동방항공, 상하이항공)이 전부 취항한다. 스카이팀 전용 터미널이므로 대한항공도 이 터미널에 취항한다. 스카이팀 외에 일부 저가 항공사도 취항하고 있다.

제3 터미널(제3 공항이라고도 함)은 2008 베이징 올림픽 개막에 맞춰 개장했다. 제1, 제2 터미널보다 면적이 더 넓다. 두바이 국제공항의 제3 터미널에 이은 세계 2위 규모의 공항터미널이다. 남쪽 끝에서 북쪽 끝까지의 거리가 2.9km, 규모는

TonyV3112 / Shutterstock.com

93만m^2에 이른다. 제3 터미널은 3C, 3D, 3E 터미널로 나뉜다. A와 B가 없는 이유는 제1, 제2 터미널이 있기 때문이다. 3C 터미널은 국내선용, 3E 터미널은 국제선용이다. 3D 터미널은 베이징 올림픽 전세편 전용 홀이었으나, 현재는 스타얼라이언스와 원월드의 전용 터미널이 됐다. 당연히 한국의 아시아나항공 노선을 타면 대개는 제3 터미널로 오게 된다.

건축적으로도 훌륭하다. 설계는 영국의 건축설계회사인 포스터 앤 파트너스에서 담당했다. 가장 인상적인 곳은 지붕이다. 황금빛 알루미늄 합금 금속판으로 만든 채광창 300여 개가 균일한 간격으로 설치되어 뾰족한 삼각형 비늘 수백 개를 등에 달고 웅크린 용을 보는 듯하다. 친환경 디자인 콘셉트를 적용한 것도 인상적이다. 지붕과 천장의 모든 채광창을 남동쪽으로 내서 태양열 에너지 활용을 극대화했다. 지붕을 떠받들고 있는 건물 외부의 축은 모두 붉은색인데, 이는 자금성의 붉은 담벼락을 모티브로 삼은 것이다.

공항 설계를 지휘한 사람은 영국의 유명한 건축가 노먼 포스터이다. 런던 본사에서 그가 보내준 소개 자료에는 이렇게 기록되어 있다. "2003년 중순, 건축 설계 공개입찰 경쟁에서 이겼다는 소식을 들었다. 즉각 38명의 스태프를 구성해 구체적인 설계 작업에 들어갔다. 2,500장이 넘는 도면을 그린 끝에 지금의 건축물이 탄생했다. 이 공항은 세상에서 가장 클 뿐 아니라 가장 진보한 건물이다."

2.5 뉴욕의 JFK 국제공항(John F. Kennedy International Airport)

뉴욕 JFK 공항(IATA : JFK, ICAO : KJFK, FAA LID : JFK; 4본의 활주로 4L/22R, 3,682m, 콘크리트; 4R/22L, 2,560m, 아스팔트; 13L/31R, 3,048m, 아스팔트; 13R/31L, 4,423m, 콘크리트)은 도시 뉴욕과 뉴욕 주 최대의 국제공항이자, 국제선을 기준으로 미국 최대의 공항이다. 1943년에 착공하여 1948년 7월 31일에 개항했다. 대한항공은 매일 2회, 아시아나항공은 매일 1회 인천–JFK 노선을 운항하며, 두 항공사 모두 이 공항으로 가는 노선에 에어버스 A380–800을 투입한다.

제1 터미널은 첫 개장 시 이스턴 항공이 지어서 사용했다. 에어프랑스, 일본항공, 대한항공, 루프트한자가 컨소시엄을 만들어 1995년에 옛 건물을 헐고 1998년에 새 건물을 지어 재개장했다. 제4 터미널이 개장하기 전까지는 JFK에서 유일하게 A380이 들어올 수 있는 터미널이었다. 대한항공이 이용하는 터미널이기도 하다.

제2 터미널은 1962년에 노스웨스트 항공, 노스이스트 항공, 브래니프 항공이 지어서 사용하던 건물이다. 현재는 델타 항공이 국내선 전용 터미널로 사용하고 있다. 델타 항공의 국제선 및 LA, 샌프란시스코 대륙횡단 노선은 제4 터미널을 이용한다.

제4 터미널은 JFK의 터미널 중 가장 크다. 2013년 5월에 개장했고, 현재 델타 항공, 아시아나항공, 중국국제항공, 싱가포르 항공, 남아프리카 항공, 에미리트 항공,

에티하드 항공, 엘알항공, 중화항공, 웨스트젯 등 여러 항공사가 취항하고 있다. 델타 항공 대륙 횡단/국제선 허브 터미널이며, 그 밖에 여러 항공사의 국제선 여객기가 이 너비닐에서 발착한다. 현재 JFK 공항에서 가장 많은 항공사를 수용하고 있다. 서쪽의 B구역은 델타 항공이, 동쪽의 A구역은 기타 항공사들이 사용하고 있다. 제1 터미널과 더불어 JFK 공항에서 A380을 수용할 수 있는 유일한 터미널이다. 중남미로 가는 관문이라 할 만큼 델타 항공의 대부분의 중남미행 국제선이 운항한다. 한국에서 중남미로 갈 때도 이곳에서 갈아타게 된다. 특히 대한항공의 델타 코드셰어일 경우 더욱 그렇다.

제5 터미널은 과거 트랜스 월드 항공이 사용했던 곳이라서 TWA 터미널로 불린다. 확장공사를 거쳐 2008년 재개장했고, 이후 현재까지 제트 블루가 허브 터미널로 사용 중이다. 합리적 구조와 조각 같은 유연한 곡선 형태를 잘 결합한 우아함으로 명성이 자자하다. 1962년에 완공된 오래된 건물임에도 불구하고 20세기의 가장 뛰어난 건축물 중 하나로 꼽힐 만큼 건축사적으로 유명한 곳이다.

외관은 마치 독수리가 날개를 활짝 편 듯한 모습이다. 정면에서 보면 앞으로 뾰족하게 나온 부리가 있고 그 옆에는 거대한 '날개'가 달렸다. 뉴요커들은 "금방이라도 날개를 펴고 날아오를 듯하다"며 건물 디자인에 열광했다. 내부 역시 외부와 절묘한

EQRoy / Shutterstock.com

조화를 이룬다. 계단과 손잡이, 난간, 천장 등 거의 모든 구조물의 모양이 곡선이라 둥글둥글, 몽실몽실한 구름 안에 있는 듯한 느낌이다. 언뜻 자하 하디드의 '웨이브'가 연상되기도 한다. 1962년에 건축되어 여러 차례의 보수공사와 개축을 거쳤지만 여전히 근사한 디자인이 벌써 60여 년 전의 것이라니 놀랍고 흥미롭기만 하다.

건축은 핀란드 출신의 세계적인 건축가이자 디자이너인 에로 사리넨(Eero Saarinen, 1910~1961)이 맡았다. 튤립 체어, 의류, 식기류 등 전방위적으로 탁월한 감각을 과시했던 그는 살아생전에 이렇게 말했다. "만약 예기치 못한 상황으로 공사가 중단된다 하더라도 이 건물은 아름다운 폐허로 남을 것이다. 나는 TWA 터미널을 설계하며 여행의 즐거움, 비행의 흥분을 고스란히 담고 싶었다."

제7 터미널은 영국 항공 소유로, 일부 원월드 회원사들과 스타얼라이언스 회원사들이 사용하고 있다.

제8 터미널은 아메리칸 항공 소유의 크고 아름다운 터미널이다. 제7 터미널에 들어가지 못한 핀에어, 로얄 요르단 항공, 란 항공(현재는 라탐 항공)이 함께 사용한다.

2.6 덴마크의 코펜하겐 공항(Copenhagen Airport)

3본의 활주로(04L/22R, 3,600m, 아스팔트; 04R/22L, 3,300m, 아스팔트; 12/30, 2,800m, 아스팔트/콘크리트)가 있고, 덴마크 코펜하겐에 근접해 있다. 카스트룹(Kastrup)의 소도시에 위치하여 카스트룹 공항(Kastrup Airport, IATA : CPH, ICAO : EKCH)으로 불렸다. 이는 코펜하겐 교외에 있는 로스킬레 공항(Københavns Lufthavn, Roskilde)과 구별하기 위한 명칭이기도 하다. 유럽의 허브공항 중 하나로, 북유럽 최대 공항이다. 스톡홀름 알란다 공항과 오슬로 가르데르모엔 공항과 함께 스칸디나비아 항공의 거점 공항이다.

1925년 4월 20일에 개항한, 세계 최초의 민간 공항 중 하나이기도 하다. 1960년 복합 터미널을 신축했고, 1975년 제3 활주로를 신설했다. 1989년 새 국내선 터미널, 1999년 제3 터미널이 건설됐고, 국제선 터미널도 증축됐다. 제1 터미널에서 국내선이 출발했지만, 2015년 3월 29일부터 모든 출발은 제2, 3 터미널에서 한다. 2010년에 문을 연 터미널 'CPH Go'는 저비용 항공사 전용이다. 탑승동 C(Pier C)는 2015년 12월부터 두바이행 아랍에미리트 에어버스 380을 위해 또 다른 제트브리지로 확장

Christian Heinz / Shutterstock.com

joyfull / Shutterstock.com

fotoliza / Shutterstock.com

했다.

덴마크 코펜하겐 공항 수하물 코너의 회전 벨트 옆에는 동화 작가 안데르센과 그의 동화 속 주인공 오리로 꾸민 작은 '이야기 판'이 있다. 덴마크 코펜하겐 공항은 센스와 아이디어가 넘치는 건축으로 유명한데, 1998년에 신축한 제3 터미널이 대표적이다. 이곳의 외관은 학 주둥이처럼 길쭉하다. '주둥이'의 한가운데로 길게 채광창을 설치해 흰색 줄무늬를 포인트로 넣은 듯한 모습이다. 내부 역시 센스 있다. 2층 복도에는 난간에 팔을 기대고 1층 풍경을 내려다보는 여성의 뒷모습을 형상화한 조형물이 기분을 좋게 한다. 모두 덴마크 건축 회사인 빌헬름 라우리첸(Vilhelm Lauritzen)의 아이디어이다.

3. 공항의 건축미학 : 공항 여객터미널의 의미와 기능

오늘날 전 세계에는 하루에도 수천만 명이 비행기를 통해 국가와 국가를 자유롭게 여행한다. 이러한 과정에서 사람들이 필연적으로 통과하는 곳이 바로 공항이다. 공항은 한 나라의 관문으로서 방문객이 제일 먼저 접하기 때문에 그 나라에 대한 첫인상을 결정짓는 상징적 공간이기도 하다. 이러한 까닭에 공항은 단순히 비행기를 타고 내리는 터미널의 개념을 넘어 그 나라에 대한 이미지를 좌우한다고 해도 과언이 아니다. 이것이 오늘날 공항이 호텔, 편의시설, 쇼핑 및 유흥시설 등과 결합해 마치 거대한 하나의 도시처럼 변모하는 이유이기도 하다. 공항이야말로 변하지 않는 건축의 본질을 추구하면서 새로운 기술과 가치를 담아야 하는 건축의 총화라고 할 수 있다.

Chung Sung-Jun / Getty Images

앞쪽의 사진은 2018년 1월 18일에 문을 연 인천공항 제2 터미널(T2)이다. 봉황을 형상화한 최첨단 건축설계 기술의 집약체이다. 제2 터미널의 전체적인 디자인은 전설 속 존재인 '봉황'을 모티브로 한다. 외관을 보면 봉황의 날개가 양쪽에서 건물을 감싸고 있는 형상인데, 이는 동북아 허브공항으로 비상하는 인천국제공항의 비전을 적절하게 표현한 것이다.

채광창을 곳곳에 배치하고 층고를 제1 터미널보다 4m 높여 전체적으로 개방감을 더했다. 건축물의 지하 1층부터 지상 3층까지를 터서 거대한 공연장 '그레이트홀'을 마련했다. 이곳은 개항 후 다양한 문화공연이 펼쳐지는 장소이다.

각종 친환경 건축 기술도 적용되어 제2 터미널의 지붕에는 태양광 발전 설비가 설치됐다. 지붕 면적이 서울 월드컵경기장의 3배 수준인 16만 2,957m²에 달한다. 지붕과 인근 유휴지에 조성된 태양광 발전 단지 등에서 연간 5,106MWh 규모의 에너지가 생산된다.

공항은 이제 단순히 비행기를 타고 내리는 공간을 넘어섰다. 작은 갤러리의 역할뿐 아니라 때로는 리조트, 나아가 휴양지 같은 공간을 담기도 한다. 작가 알랭 드 보통은『여행의 기술』에서 암스테르담 스히폴 공항을 여행하고,『공항에서 일주일을』을 집필하면서 히스로 공항 제5 터미널을 여행한다. 공항이 단순히 터미널로서의 기능적 장소를 넘어 수많은 사람의 '순간'과 '낭만'이 공존하는 곳임을 찾아낸다. "화성인에게 가장 쉽게 지구의 현대 문명을 보여주려면 공항으로 가야 한다"는 말도 덧붙였다. 그만큼 공항은 첨단이 집약된 곳이다.

모든 사람이 여행을 위해 공항을 찾지는 않는다. 그러나 공항이라고 하면 여행이 가장 먼저 떠오르는 것도 사실이다. 여행은 스스로 낯설고 새로운 것을 찾아가는 과정이다. 낯선 것에 가장 많이 열려 있고, 새로운 것을 포용할 자세가 되어 있다. 그래서 낯설수록, 새로울수록 더 많은 가치를 둔다. 공항은 그런 사람들이 가장 먼저 찾는 곳이다. 그러니 여행지처럼 영감을 더하고 새로움을 더해야 한다. 인천공항 제2 터미널은 곳곳에 수많은 작품을 배치했다. 공항에 들어서면 거대한 키네틱 아트(움직이는 예술)가 맞이하고 곡선으로 이어진 천장은 유영하는 구름 같은 자유로움을 느끼게 한다.

인천국제공항은 가장 현대적인 국제공항이면서 가장 아름다운 공항으로 꼽힌다. 이 공항이 가진 기하학적 구조가 이를 한눈에 보여준다. 인천국제공항은 초대형 구조물의 형태인 '박스형'을 극복한 가장 모범적 작품으로 손꼽힌다. 그래서 공항에서

A G Baxter / Shutterstock.com

Mont592 / Shutterstock.com

LegoCamera / Shutterstock.com

caleb cho / Shutterstock.com

는 어떤 각도로 보더라도 직선 형식을 찾아보기가 어렵다. 직선들이 곡선이나 곡면과 결합된다는 것이다.

인천국제공항은 건설 당시 공법상으로도 큰 관심을 받았다. 삼성물산이 건설한 1~2차 탑승동에 적용된 '슬라이딩' 공법이 바로 그것이다. 거대한 돔을 만들어내기 위해 삼성물산은 여러 개의 트러스(유선형 입체 구조체)를 각각 제작한 후, 레일로 옮겨 조립, 완성한 것이다. 이 거대한 구조물이 쌓아 올려진 것이 아니라 마치 열차가 레일을 이동해 결합하듯이 조합하여 완성된 것이다.

지나치게 하이테크 감각을 강조하다 보면 빠지기 쉬운 함정이 바로 식상한 건축물의 '차가움'이다. 한국을 찾는 외국인들이 제일 먼저 차가운 인상을 받게 된다면 세련됨이 무슨 의미가 있을까. 이처럼 차갑게 느껴질 수 있는 철골 하이테크 구조물인 인천국제공항의 단점을 장점으로 승화시킨 것이 바로 '빛'이다.

사방으로 열린 이 구조물은 태양광으로 인해 항상 밝음과 따뜻함을 느끼게 해준다. 실제로 전체 에너지 사용량의 10%를 태양광과 지열시스템을 통해 얻는다. 이처럼 열과 빛 등 자연 에너지를 효과적으로 이용하는 '패시브 디자인' 기법이 이 구조물에 투영됐다.

공항 내부에는 빛이 쏟아진다. 외부와의 단절이 아닌 외부와의 소통을 만들어내는 실내는 자연광이 풍부하다. 동쪽에서 시작된 일출은 공항을 따라 움직여 서쪽으로 지는 일몰까지 담아낸다. 창틀마저 최소화해 풍경과의 소통을 방해하지 않는다. 환승하는 고객들이 지치지 않게 환승구역에는 키가 큰 나무들로 숲의 정취를 더한다. 티켓만 스캔하면 탑승구와 위치를 찾아주는 지도와 로봇이 편리함과 첨단을 경험하게 해준다. 그리고 광고는 이렇게 매력적인 공간을 영상으로 미리 여행하게 한다.

화가들은 자신의 작품으로 새로운 공간을 만나게 하고, 건축가들은 새로운 건축 자체로 공간을 만나게 한다. 인천공항 제2 터미널은 유명 화가처럼 작품을 통해 새로운 공간을 만나게 하고 있다. 11년 연속 세계 공항 서비스 1위로 평가될 만큼 우수한 제1 터미널에 예술과 첨단을 더한 제2 터미널은 한국을 찾는 외국인들에게 대한민국의 첫인상이 되고 있다. 인천공항은 공항이자 하나의 갤러리, 하나의 여행지가 되고 있다.

4. 사례 : 건축가와 공항

이처럼 나라의 대표 관문이자 또 다른 국경이라고 할 수 있는 공항은 그 나라의 첫 인상을 심어주는 역할을 한다. 그래서 아무리 경제가 어렵더라도 대표 공항만큼은 아름답게 건설하는 것이 일반적이다. 전 세계의 수많은 공항들이 유명한 건축가에 의해 설계되고 건설되는 이유이다. 그중에서 유명한 공항 건축가를 꼽으라면 이 사람들이 빠질 수 없다.

4.1 폴 앤드류(Paul Andreu)와 샤를드골 공항

1966년에 파리북공항(Aeroport de Paris Nord)이라는 이름으로 공항 건설이 시작됐는데, 그 설계를 맡은 인물이 바로 프랑스 건축가 폴 앤드류이다. 불과 그의 나이 29세 때 일이었다.

그는 1974년 샤를드골 공항으로 오픈된 이 공항의 제1 터미널을 설계 · 완성했다. 이 터미널은 당시까지 전 세계 어느 공항에서도 볼 수 없었던 디자인으로 설계됐다. 10층의 둥근 원통 모양 빌딩을 중심으로 위성 건물(탑승동)이 7개 있는, 독특하면서도 아름다운 터미널이었다. 당시에 일반적이었던 건물 형태의 터미널 개념을 바꾸어버린 이 건축물에 많은 사람들은 아방가르드(Avant-garde, 파격, 전위예술)라는 의미를 부여하기도 했다.

그는 이후 수십 년에 걸쳐 파리 샤를드골 공항의 다른 여객터미널을 비롯해 각종 건축물(관제탑, 호텔, 역사 등)을 설계하며 건설업계를 이끌었다. 그는 지금까지 전 세계 약 30개 공항을 설계하고 건설을 주도했다. 대표적인 공항으로는 아랍에미리트의 아부다비 공항, 방글라데시 다카 공항, 인도네시아 수카르노 공항, 이집트 카이로 공항, 프랑스 니스 공항, 브루나이 공항, 이탈리아 토리노 공항, 일본 간사이 공항, 프랑스 파리 오를리 공항, 필리핀 마닐라 니노이 공항, 일본 히로시마 공항, 중국 상하이 푸둥 공항 등 헤아리기 힘들 정도로 많은 공항과 터미널 등을 설계하고 완성했다. 공항 외에 베이징의 국가대극원(국립극장), 오사카의 해양박물관, 파리의 올림픽 스타디움, 광조우의 체육관과 광동과학센터 등도 그의 작품이다. 폴 앤드류는 전 세계 공항 설계, 건축에서 이 사람을 빼놓고는 설명하기 어려울 정도로 지대한 영향력을 보여준 건축가라 할 수 있다.

Andrea Izzotti / Shutterstock.com

AWP76 / Shutterstock.com

Autobahn / Shutterstock.com

anaglic / Shutterstock.com

기차역과 함께 교통수단으로 각광받는 공공건물은 공항이다. 기차역이 땅의 연계를 상징한다면 공항은 하늘의 연계를 의미한다. 그런가 하면 공항은 지구상에서 가장 거대한 건물이자 구조물이다. 따라서 공항은 단순한 도시 기반시설을 넘어 한 나라와 도시의 힘과 기술력을 상징한다. 이러한 관점에서 파리의 '샤를드골 공항'은 유럽 건축 역사상 한 획을 긋는 작품이라 할 수 있다.

프랑스 건축가 폴 앤드류(Paul Andreu)가 디자인해 1974년에 개항한 샤를드골 공항(제1 터미널)은 파리 시내에서 북동쪽으로 약 30km 떨어진 로와시의 대평원에 자리잡고 있다. 전체 공항 면적이 무려 900만 평으로 이는 파리 면적의 약 30%에 해당한다.

파리는 미래에 파리가 감당해야 할 관광객 수요를 위해 이처럼 넓은 부지를 선정했다. 전체적인 모습은 한가운데에 10층 규모의 원형 타워가 위치하고 부챗살 모양으로 디자인된 7개의 위성 건물이 주변을 감싼다. 이러한 디자인은 건축 당시 대부분의 주요 공항이 마치 공장과 같은 박스형 혹은 단일 구조로 이루어진 것과 비교해 그야말로 파격적이었다. 이로 인해 비행기를 타고 하늘에서 내려다보면 마치 우주 정거장과 같은 느낌을 갖게 한다. 중앙의 원형 터미널과 위성 건물은 지하로 연결되고 위성 건물에서 항공기로는 타랍(비행기에 오르기 위한 계단)이 없이 다리로 직접 연결된다. 지금은 이러한 방식이 보편화됐지만 당시로서는 파격적인 시도였다.

한편 1999년에는 현대적인 모습의 제2 터미널이 완공되어 지속적으로 확장, 발전하는 샤를드골 공항의 모습을 확인할 수 있다. 개항(1974년)한 지 50여 년이 지났지만, 샤를드골 공항은 아름다움과 기능을 조화시킨 공항으로써 여전히 세계 최고로 평가받는다. 샤를드골 공항은 비행기를 타고 파리에 첫걸음을 내딛은 방문객들에게 파리의 정체성과 이미지를 드러내기에 부족함이 없다.

4.2 리처드 로저스(Richard George Rogers)와 바라하스 공항

마드리드 시내의 북동쪽에 있는 바라하스에 위치하여 보통 바라하스 국제공항으로 불린다. 스페인 제1의 공항이며, 바르셀로나 엘 프라트 국제공항과 함께 스페인의 관문 역할을 하는 공항이다. 1931년에 개항했고, 이베리아 항공과 에어 에우로파 등 여러 스페인 항공사들의 허브이다. 한국은 대한항공이 단독 노선을 갖고 있다. 한국에서 유럽 대륙을 직항으로 가는 가장 먼 곳이다. 2018년 1월 18일부터 인천국제공

Anton_Ivanov / Shutterstock.com

BearFotos / Shutterstock.com

항 제2 터미널에서 도착 및 출발한다.

샤를드골 공항은 공항이 더 이상 비행기가 뜨고 내리는 장소만이 아님을 보여준다. 비행기가 인류 생활의 혁신적 변화를 가져오긴 했지만, 공장을 방불케 하는 거대한 규모와 흉한 모습, 대기오염과 소음 등은 편리함의 이면에 있는 어두운 단면이다. 20세기 후반부터 분야를 막론하고 가장 중요한 화두로 등장한 것이 지속가능한 디자인과 환경보호에 대한 인식인데, 이는 공항 디자인에도 영향을 미쳤다. 이런 관점에서 보면, 마드리드 바라하스 공항[4개의 터미널, 4개의 활주로(18L/36R–18R/36, 14L/32R – 14R/32L)]은 21세기형 공항의 전형이라 할 수 있다.

건축가 리처드 로저스가 디자인해 2005년에 완공된 바라하스 공항은 마드리드 시내에서 북동쪽으로 약 15km 떨어져 있다. 본래 이곳은 1933년부터 운항을 시작한 유서 깊은 공항이었으나, 마드리드가 파리의 샤를드골 공항을 능가하는 국제 허브 도시로 발돋움하기 위한 야심찬 의도로 새롭게 건설한 것이다.

설계 현상공모를 통해 당선된 로저스 디자인에 대한 심사위원들의 평가는 한결같았다. 아름다움과 기능이 완벽하게 조화롭다는 평가였다. 나뭇가지 모양으로 이루어진 강철구조체가 마치 파도가 넘실대는 듯한 유연한 모습의 지붕을 떠받치는데, 이는 기존의 공항이 지닌 경직된 이미지를 없애기에 충분하다. 또한 이 지지대는 단계적으로 색을 다르게 칠해서 보다 풍요로운 공간감을 자아낸다.

로저스의 디자인은 내부 공간에서 더욱 진가를 드러낸다. 물결치는 모습의 천장은 대나무로 이루어졌는데, 마치 거대한 수공예품을 연상시킬 뿐만 아니라 기존의 공항 건물 내부에서 느끼는 차가운 이미지와는 전혀 다르다. 중간에 위치한 원형의 천장을 통해 스며드는 빛은 대나무가 주는 따스한 느낌을 배가시킨다.

바라하스 공항은 21세기가 추구하는 친환경적이고 인간적인 디자인을 대형 구조물을 통해 실현했다. 20세기에 샤를드골 공항이 성취한 업적을 고스란히 계승하면서 21세기형 공항의 새로운 전형을 보인 대표적인 사례라고 할 수 있다.

4.3 에로 사리넨(Eero Saarinen)과 뭄바이 국제공항 제2 터미널

공항은 많은 건축가들에게 도전의 대상이자 영감의 대상이 되는 건축 공간이다. 공항에 간다는 것은 지금 있는 익숙한 곳을 떠나 다른 낯선 장소를 경험하기 위해 준비한다는 뜻이다. 공항은 세계 사람들이 모이고 떠날 채비를 하는 공간이고, 새로운 장소에 도착하면 처음 만나게 되는 극적인 장소가 되기도 한다.

따라서 세계적으로 건축 실험의 장이 되는 이유는 아마도 공항이 지닐 수밖에 없는 장소의 정체성을 표현할 좋은 기회가 되기 때문일 것이다. 또한 규모가 큰데다가 구조적으로는 최소한의 기둥을 사용하여 또는 기둥처럼 장벽 없이 최대한의 넓고 유연한 공간을 제공해야 하는 까닭에 많은 건축가들에게 열렬한 도전의 대상이 되어 왔다. 좋은 사례로 1962년에 건립된 에로 사리넨이 디자인한 TWA Flight Center를 보면 그 당시 콘크리트를 사용했기에 직선이라고는 찾아볼 수 없는, 외부와 내부의 공간이 마치 어떤 유기생명체처럼 살아 움직이는 공간을 창출해냈다. 우리나라의 새로운 관문으로 떠오른 인천국제공항을 디자인한 미국의 건축가 펜트레스는 한

Markus Mainka / Shutterstock.com

EQRoy / Shutterstock.com

Chansak Joe / Shutterstock.com

Tukaram.Karve / Shutterstock.com

국 전통 기와집의 우아한 처마 선을 공항의 미래주의적 표현에 접목했다고 이야기한다.

위의 사진은 다양한 역사적 배경과 스케일을 가지고 중국 다음으로 세계 2위의 인구를 자랑하는 인도의 뭄바이 국제공항 제2 터미널이다. 인도는 다양한 종교와 사상에 따른 갈등으로 중국만큼 빠른 경제성장률을 보이지는 못하지만, 자국 내의 다양성 문화를 존중하고 민주주의를 원칙으로 하며 경제적, 문화적으로 잠재력이 무궁

무진한 나라이다. 이 공항의 제2 터미널은 미국에 거점을 둔 국제기업인 SOM이 설계했고, 2014년에 완공됐다.

제2 터미널은 인도에서 가장 붐비는 공항 중 하나로, 410,000m²에 달하는 면적을 신축했으며, 매년 40만 명의 승객을 수용한다. 또한 국내선과 국제선을 통합하고 이를 하나의 거대한 공간으로 모아서 이동거리를 최소화하고 공간의 효율성을 높이도록 설계됐다.

뭄바이 국제공항 터미널 디자인의 핵심 개념은 파빌리온인데, 이는 우리의 '정자'에 비견될 만하다. 이는 전통적인 인도 건축의 유형을 따온 것이기도 한데, 출·도착을 알린다는 뜻에서 그 나라의 관문을 상징적으로 나타내기 위해 홀로 의연히 솟아 있는 입면을 볼 수 있다.

새로운 터미널이 완성되기까지는 기존의 공항을 운영해야 했기 때문에 기존의 평면 규칙을 존중한 채 연속적·단계적으로 지을 수 있도록 모듈형 설계가 평면에 적용됐다. X 형태로 확장되는 모듈 평면은 전체 건축물의 둘레를 최대화하면서 공간의 중심부를 제공하는 동시에 중심에서 최단거리 보행이 가능하다. 또한 상업 공간이나 수하물 처리 공간 등으로 이동할 때 공간 연계형 방식이 언제나 일관성을 갖도록 했다.

이 공항 건축의 가장 중요한 성과는 거대한 규모의 지붕을 단순한 트러스 구조를 사용하여 4m 정도의 두께가 되도록 설계한 것이다. 즉, 70,000m²의 면적을 남북방향으로 64m, 동서방향으로 34m 간격으로 신축 이음장치(Expansion Joint) 없이 30개의 기둥으로 지탱한 것이다. 이것은 64×34m의 공간이 수직장벽 없이 연속적으로 덮인다는 뜻이다. 공항에 들어서는 입구부분은 40m의 캔틸레버로 되어 있어서 마치 거대한 파빌리온의 시작을 알리는 느낌이다.

또 다른 기술적 성과는 세계 최대이자 최장(전체 길이 1km, 높이 15m) 케이블로 지탱되는 유리벽(Cable Stayed Wall System)이다. 11,000m²에 달하는 면적을 커튼월로 덮기 위해 구조적이고 디테일한 시공 방식 등에서 창의성을 발휘했다. 이는 인도 공항의 특정한 규율로 인해 마중 나오는 사람들이 공항 내부로 접근할 수 없다는 점을 고려하여 터미널의 앞부분을 완전히 투명하게 하여 실질적으로 가시거리를 확장하면서도 내부와 외부의 경계를 흐리게 하여 건축학적 개념인 파빌리온의 실현에도 결정적 역할을 한다.

4.4 커티스 펜트레스(Curtis Fentress)와 덴버 국제공항

공항을 설계한 수많은 건축가들 중 최고는 누구일까? 그 대답은 의외로 간단하다. 미국 건축가 커티스 펜트레스라고 한다. 덴버 국제공항(1995년), 인천국제공항(2001), 시애틀 타코마 국제공항(2005), 캘리포니아 산호세 국제공항(2010), 로스앤젤레스 국제공항(2013)에 이르기까지 공항 설계에서는 그를 능가할 건축가가 없다.

로마 시대 건축가인 비트루비우스(Marcus Pollio Vitruvius)[2]는 그의 저서 『건축 10서(The Ten Books of Architecture)』에서 건축이 지녀야 하는 3대 원칙으로 '견고함,

2 그리스 건축 양식을 도리스, 이오니아, 코린토스 양식으로 분류했다. 그의 『건축 10서』는 1414년 피렌체에서 재발견되어 르네상스 건축가들에게 큰 영향을 미쳤다. 레오나르도 다빈치는 그의 영향을 받아 유명한 비트루비우스 해부도를 그렸다.

Angel DiBilio / Shutterstock.com

편리함, 아름다움'을 제시했다. 건축 기술과 재료가 혁명적으로 발전한 오늘날까지도 비트루비우스의 단순 명쾌한 원칙은 변하지 않는 진리로 여겨진다. 공항은 그가 말한 건축물의 견고함, 편리함, 아름다움의 조화가 매우 돋보이는 건축물 중 하나이다.

"건물은 건축가의 자서전이 아니다(A building is not the autobiography of an architect)." 펜트레스가 한 이 말은 그의 건축이 추구하는 지향점을 일축한 것이다. 펜트레스가 건축에서 가장 중요하게 생각하는 가치는 건물을 사용하는 '사람'이다. 그다음으로 건축은 한 도시를 상징하는 건축적, 공간적 매력을 지녀야 한다. 이는 비트루비우스가 주장한 건축의 3대 원칙과 일맥상통한다. 공항 건축의 대가로서 그의 명성을 드높인 덴버 국제공항에는 펜트레스의 건축 이념이 그대로 녹아들어 있다.

콜로라도 주에 자리한 이 공항은 미국에서 가장 큰 공항으로, 멀리 로키산맥의 화려한 설경을 배경으로 자리 잡았다. 따라서 펜트레스는 로키산맥과 형태가 어우러지는 텐트형 구조로 공항의 전체 외관을 디자인했다. '장력막(Tensile Membrane)'이라 불리는 이 지붕은 좌우로 당기는 힘으로 형태를 유지하는 구조이다. 이런 디자인은 고스란히 내부 공간의 특성으로 연결된다. 빛을 적절히 투과하는 지붕은 인공조명이 필요 없을 정도로 밝고 아늑한 공간을 연출함으로써 낯선 곳에 대한 긴장감으

로 자칫 경직될 수 있는 이용객들에게 편안함을 선사한다.

이뿐만이 아니다. 공항 전체에 태양열 집열판을 활용해 전력을 공급함으로써 대형 공항으로서는 높은 수준의 에너지 효율을 자랑하는 친환경 건물로도 명성이 높다. 비행기의 이착륙이 늘어나는 초저녁 무렵이 되면 덴버 국제공항의 아름다움은 극대화된다. 그렇게 덴버 국제공항은 등장과 동시에 덴버를 상징하는 랜드마크로 단숨에 자리매김했다.

펜트레스의 작품 중 가장 최근에 완공된 로스앤젤레스 국제공항 역시 덴버 국제공항과 유사한 방식으로 접근했다. 위의 사진에서 볼 수 있듯이 공항의 주된 형태를 이루는 우아한 지붕 선에서 연속되는 리듬이 느껴지는데, 태평양 해변의 물결치는 파도에서 영감을 얻었다고 한다. 또한 산타모니카 산 방향으로 디자인한 거대한 커튼월은 자연을 한껏 내부로 받아들이는 역할을 한다. 자연을 최대한 활용하고, 주변 환경과의 조화를 우선시하는 펜트레스의 철학이 녹아든 걸작이다.

4.5 인천국제공항 '아트포트(Artport)'

'아트포트'(ART+PORT)를 내세운 인천국제공항 제2 여객터미널(2018년 1월 18일 개항)에는 청사를 빛내는 예술작품들이 가득하다. 인천공항의 아트포트 프로젝트는 조각가 자비에 베이앙(Xavier Veilhan), 지니 서(Jinnie Seo), 율리어스 포프(Julius Popp), 김병주 등 4인의 국내외 작가의 작품들로 이루어져 있다. 공항은 다른 시간과 공간을 이어주는 연결의 장소라는 의미에서 인천공항을 통해 떠나고 돌아오는 승객들이 작품들에 담긴 역동성을 각자의 의미로 바라보고 느낄 수 있기를 바라는 메시지를 담고 있다.

예컨대 조각가 자비에 베이앙의 '그레이트 모빌'은 출국을 앞둔 여객들이 처음으로 중앙출입구로 들어서면 마주하게 되는 3층 출국장에 있는데, 아트포트의 첫 랜드마크 기능을 한다고 볼 수 있다. '작품의 영혼이 관람객과 소통한다'는 사실을 중시하는 그는 주변에서 발견하는 다양한 뉴테크놀로지와 재료를 통해 자신만의 미적 언어를 구현해낸다는 평가를 받는다. 높이 18.5m에 이르는 거대한 모빌은 광활한 출국장을 종횡으로 연결한다. 인천공항에서는 시간과 역동성을 녹여낸 베이앙의 작품이 아트포트의 랜드마크 기능을 한껏 발휘하고 있다.

베이앙은 자신의 작품 '그레이트 모빌'에 대해 "공기 움직임에 따라 느린 속도로 자연스럽게 움직임을 전달하는 작품"이라며 "이 움직임을 통해 여행자들이 시적인 경험"을 하게 하려는 의도를 투사했다고 했다. 또한 "이 작품은 규모가 매우 크다. 그래서 특히 겸손해야 한다고 생각했다"며 "많은 사람이 지나며 볼 것이기에, 시각적으로 눈에 띄지만 동시에 소박해야 한다는 점에서 무엇보다 균형을 염두에 두었다"라고도 했다.

LegoCamera / Shutterstock.com

Chongbum Thomas Park / Shutterstock.com

강희라의 '헬로우'도 천 개에 달하는 한글 오브제로 구성되어 공항을 분주히 오가는 사람들의 눈길을 사로잡는다.

출국심사를 마치고 탑승게이트로 이동하는 3층 면세구역에는 총 1km의 통로를 따라 설치미술가인 지니 서의 '윙스 오브 비전(Wings of Vision)'을 곳곳에 줄지어 배치했다. 일출부터 일몰까지 빛의 흐름을 반영한 이미지를 19개 기둥에 입힌 파사드 아트이다. 지니 서는 "구름의 교향곡을 통로에 펼쳐놓고 싶었다"고 말했다. 동측 통로는 신선한 아침의 구름을, 서측 통로는 일몰 구름의 따뜻한 빛을 나타낸다. 천장의 LED 곡면 스크린에는 동서양의 명화들을 소재로 한 디지털 아트 작품이 흘러간다. 면세구역 중앙에는 거대한 구로 된 오순미의 '꿈꾸는 공간'이 놓였다.

입국 승객들이 한국에서 처음 만나는 공간인 동편 수하물 수취구역의 서편에도 작품이 들어섰다. 이곳에서 입국 여객들은 수하물을 기다리며 독일 작가인 율리어스 포프의 설치작품 '비트 폴(BIT. FALL)'과 김병주의 '앰비규어스 월(Ambiguous Wall)'을 감상할 수 있다. 비트 폴은 9개국 언어로 나오는 문자 폭포 자체만으로도 하릴없이 짐을 기다리는 입국 승객의 무료함을 달래주기에 충분하다.

포프의 설치작품 '비트 폴'은 폭포수처럼 위에서 아래로 떨어지는 수많은 물방울로 만들어진 단어를 보여준다. '좌르르 좌르르' 소리를 내며 떨어지는 '물글씨'가 입국장에 도착한 여객들의 눈과 귀를 환기시킬 것으로 기대를 모은다. 물글씨는 작가가 고안한 통계 알고리듬 프로그램으로 선택되는데, 이 프로그램은 실시간으로 인

Bandersnatch / Shutterstock.com

지니 서의 '윙스 오브 비전'

Javier Badosa / Shutterstock.com

Sagase48 / Shutterstock.com

Chongbum Thomas Park / Shutterstock.com

터넷과 연결돼 뉴스피드(Newsfeed)에 게재된 단어의 노출 빈도수를 측정하고, 각 단어의 중요도에 따라 전시장에서 보일 단어들을 선정한다.

포프의 작품 맞은편에 설치된 김병주의 '앰비규어스 월(Ambiguous Wall)'에는 광화문, 옛 서울역사, 독립문 등 서울을 상징하는 건축물들이 등장한다. 작가는 직선을 조합하여 건축물의 내·외부 형상을 스테인리스 스틸의 선만으로 표현했다. 한국을 처음 방문한 사람들에게는 새로운 도시에 대한 흥미로움을, 타국을 여행하고 돌아온 한국인에게는 익숙함과 편안함을 안겨준다.

CHAPTER

15

공항의 문화

1. 문화 공간으로서의 공항

1.1 대합실에서 예술관으로

"보내는 아쉬움에 가슴 아픈 사람도
만나는 설레임에 마음 부푼 사람도
먼 하늘 바라보는 사람들의 마음은 같겠지
인생의 뒤안길 같은 이별과 상봉의 공항 대합실"

1990년에 발매된 어느 대중가수의 노래 '공항 대합실'의 첫 소절이다. 당시만 하더라도 공항, 좁게는 교통기관 건물의 내부를 '터미널' 또는 '맞이방'으로 부르며 많은 사람들이 앉아서 기다리거나 맞이할 수 있도록 의자, 탁자, TV 등이 구비된, 이별과 상봉의 대합실이란 범주를 넘어서지 못했다.

그런데 그 대합실이 오늘날에는 어떤 모습으로 변신했을까? 이별과 상봉의 공간을 넘어 공연과 예술을 즐기는 문화공간으로 탈바꿈했다. 우리의 인천국제공항을 보자. 제1, 제2 여객터미널을 꼼꼼히 둘러본 여행객이라면 첨단과 예술이 어우러진 멋진 도시공간을 여행하고 있다는 착각을 일으키기에 충분하다. 제2 여객터미널 3층 출국장에 들어서면 우리를 반기는 설치예술이 높이 18.5m의 거대한 '그레이트 모빌'이다. 프랑스 조각가 자비에 베이앙의 작품으로 작품명처럼 거대한 모빌이다. 공기의 흐름에 따라, 빛에 따라, 보는 위치에 따라 조금씩 움직이며 모습을 달리하는 작품이다.

과거의 공항 주변은 어땠을까. 대개는 주거단지도 거의 없는 황량한 공간이었다. 그러나 현재의 인천공항은 바로 이웃에 '파라다이스시티'라는 복합리조트를 품고 있다. 우리가 생각하는 리조트가 아니다. 호텔, 컨벤션, 카지노 같은 시설만 있는 곳이 아니라 세계 유명 예술가들의 작품을 담은, 예술과 오락을 아우른 '아트테인먼트(Art-tainment)' 리조트 공간이다. 제프 쿤스, 데이미언 허스트, 구사마 야요이, 알레산드로 멘디니, 애니시 커푸어, 카우스 같은 세계적인 미술계의 거장들과 김호득, 이용백, 최정화 등 한국 대표 작가들의 예술작품 2,700여 점이 10만 평 규모의 공간에 상설 전시되고 있다. 한 거장의 작품을 감상하고 걸어가다 보면 또 다른 거장의 작품이 등장하는 식이다. 파라다이스시티는 전문 미술 지식과 현장 경험을 겸비한 인재로 구성된 별도의 아트 팀도 두고 있다. 파라다이스시티 정문에는 최정화 작가가 만든 거대한 왕관 형태의 작품 '골든 크라운'이 자리를 지키고 있다.

우리네 공항만 이렇게 변신했을까? 아니다. 미국 샌프란시스코 국제공항은 공항 전역에서 예술 작품을 전시한다. 공항을 교육적으로 재미있고 환경적으로 유익한 문화공간으로 보았기 때문이다. 샌프란시스코 공항 박물관과 터미널 갤러리에서는 수많은 전시회가 열리며 샌프란시스코 예술 위원회가 터미널 갤러리를 지원한다. 국제 터미널에는 항공 도서관과 항공 박물관[1]도 있다. 공항터미널에 전시된 상설 예술 작품들을 전시 기획하는 곳은 샌프란시스코 예술 위원회이다.

이처럼 공항과 그 주변지역까지도 바뀌고 있다. 공항은 이제 출·입국 기능을 전담하던 공간을 넘어 여행객들이 머물고, 경험하고, 새로운 것을 발견하는 문화예술 체험을 위한 공간으로 확장되고 있다.

그렇다면 세계의 공항들이 이처럼 예술과 문화의 공간으로 변신하는 이유는 무엇일까? 영국의 작가 알랭 드 보통은 "만약 화성인에게 우리 현대 문명을 분명하게 보여줄 수 있는 장소를 하나 골라야 한다면 그곳은 공항뿐일 것"이라고 했다. 공항이야말로 현대 문명의 상상력을 펴는 중심에 있다는 뜻이다. 그에게 비친 공항은 현대 문명 기술이 집약된 장소, 이별과 상봉에서 경험하는 인간의 감정이 녹아 있는 공간, 아름다운 미적 감각을 품은 공간이다.

또 다른 요인도 있다. 오늘날 세계의 주요 공항들은 '허브공항'의 위상을 공고히 하고자 치열하게 경쟁도 해야 한다. 허브공항이라면 '경유지'로서 창의적이고 매력적인 서비스를 제공하는 것도 한층 중요해진 까닭이다. 공항을 경유(Transit)하거나 환승(Transfer)하는 여행객들은 서너 시간을 공항에서 머문다. 면세 쇼핑 이상의 서비스, 즉 휴식과 레저에 대한 기대치가 갈수록 중요해지는 이유이기도 하다. 더불어 호텔도 단순한 숙박 기능을 넘어 즐기는 공간, 즉 그 공간 안에서 부대시설과 각종 서비스 및 체험활동 등 다양한 엔터테인먼트를 즐기는 '스테이테인먼트(Stay+tainment)'의 기능이 중시되고 있다. 그런 점에서 예술 작품은 방문객에게 휴식과 힐링을 제공하는 핵심 콘텐츠의 기능을 할 수 있다.

---

1 공식 명칭은 'The San Francisco Airport Commission Aviation Library and Louis A. Turpen Aviation Museum'이다.

1.2 공항은 문화 경쟁의 각축장

인천국제공항은 ACI의 공항 서비스 평가에서 10년 연속 1위를 지켰다. 동북아시아의 허브공항을 목표로 안전, 신속, 편리 등의 부문에서 거의 무결점 운영을 이룩한 셈이다. 그렇지만 세상은 편의성, 만족스러운 서비스에만 머물지 않는다. 먹고 마시고 쉴 수 있는 다양한 편의시설을 갖추었다고 좋은 공간이 될 수는 없다는 뜻이다. 오랫동안 머물며 즐기고 싶은 공간이 될 필요도 있는 것이다. 프랑스 사회학자 피에르 부르디외는 네 가지 자본 개념(경제자본, 사회자본, 문화자본, 상징자본) 중 화폐가치로 산정할 수 없는 '문화자본(Cultural Capital)'의 중요성을 역설한다. 제품 및 서비스의 기능을 중시하는 '1.0시장'에서, 정보화 기술을 바탕으로 한 '2.0시장', 더 나아가 감성적 · 영성적 가치를 중시하는 '3.0시장'으로 이행함을 강조한 것이다. 오늘날은 상품을 파는 시대가 아닌 '문화'를 즐기는 시대가 된 것이다.

여행객은 새로운 문화를 체험할 마음의 준비를 갖춘 사람들이다. 그러므로 여행객을 맨 먼저 맞이하는 공항은 그 나라의 문화를 보고 느낄 수 있게 하는 가장 중요한 공간일 수 있다. 이러한 공간으로 새롭게 탈바꿈한 대표적인 사례가 미국 로스앤젤레스 국제공항의 톰 브래들리 국제터미널이다. 만남과 이별로 북새통을 이루던 공간을 타파하고 탑승객 친화적인 안전하고 편리한 비행을 위한 업무 공간과 다양한 쇼핑을 지원하는 쇼핑 공간을 갖춘 문화 공항으로 재탄생한 것이다.

레스토랑, 쇼핑구역, 라운지, 어린이 놀이터를 갖춘 그레이트 홀, 대형 여객기 9대의 동시 계류가 가능한 9개의 게이트를 포함해 총 18개의 게이트로 구성된 이 건축물은 로스앤젤레스로 밀려드는 태평양의 파도를 형상화한 독특한 건축 외형으로 완성됐다. 이렇게 독특한 외형은 직사광선을 차단하면서 내부 공간에 균일한 간접 광선을 유도하는 효율적인 기능을 도모하기 위함이다. 여기에서 멀리 보이는 산타모니카 산맥의 드라마틱한 풍경은 이곳을 이용하는 탑승객에게 주는 또 다른 선물이다. 최첨단 미디어를 활용한 공간 조성과 압도적인 영상미를 자랑하는 영상 콘텐츠 타워는 이미 세계의 관계자들이 답사할 정도로 수준 높은 곳이다. 기하학적으로 배치된 대형 스크린 아래에 명품매장들이 보이는 곳은 라스베이거스의 어느 호텔 쇼핑몰에 온 듯한 착각을 일으킨다.

일본 도쿄 하네다 공항은 제3 터미널의 4층에 에도시대 도쿄의 거리풍경을 재현한 상점가를 조성하여 마치 과거에 온 듯한 착각을 불러일으키는 '에도코지'라는 문

Thiago B Trevisan / Shutterstock.com

Sean Pavone / Shutterstock.com

glen photo / Shutterstock.com

Martin Valigursky / Shutterstock.com

화 공간을 조성했다. 4층에는 옛 여행의 출발점을 재현한 '하네다 니혼바시'가 있다. 무사가 일본을 다스리던 에도시대(1603~1868) 때 사람들이 여행을 시작하던 곳이 '니혼바시'였는데, 그 다리를 재현한 것이 '하네다 니혼바시'이다. 이처럼 세계의 공항들은 '문화'를 앞세워 도시 브랜드를 확보하기 위해 '유별난' 마케팅을 펼친다. 시설 · 서비스 중심에서 새로운 공간 창출에 의한 문화 공항을 창조하는 것이다.

2. 문화 공항의 탄생

세계와 연결되는 문화는 계속 확장되고 문화와 문화를 이어주는 길은 더욱 단축됐다. 지속적으로 퍼져나가는 문화를 품고 우리는 과거와는 딴판으로 빠르고 편리하게 나라와 나라를 이동한다. 우리는 다른 나라로 이동하기에 앞서 공항이라는 공간부터 들르게 된다. 공항은 새로운 나라, 즉 문화와의 연결을 기대하게 만드는 특별한 공간이다. 이러한 공항은 이제 단순한 이동의 목적이 아니라 문화를 체험하고 문화를 통해 힐링하는 공간으로 그 콘텐츠를 다양화하며 발전해 나가고 있다.

2.1 심리적 힐링 공간

샌프란시스코 공항은 근래에 세계 최초로 요가를 즐길 수 있는 공간을 마련했다. 잦은 출장으로 따로 시간을 내서 운동하기가 어려운 사람들이나 운동 마니아들을 겨냥하여 그들이 자투리 시간을 효율적으로 사용하여 생활 리듬을 지속할 수 있도록 다양한 운동시설을 겸비한 공항 서비스들이 제공되고 있다.

그런데 왜 하필 요가를 택한 것일까? 요가는 단순히 운동을 한다는 의미를 넘어 보딩 전에 시끄러운 공항을 잠시 벗어나 조용한 곳에 머물며 명상을 통해 긴장을 해소하기에 최적화된 정신운동이라고 할 수 있다. 실외 테라스와 연결된 공원 같은 이 휴식 공간은 숲 속에서 휴식하듯 자연 속의 편안한 느낌을 극대화한 공항 속 문화 공간이다. 이곳 벽면에는 프로젝트를 이용하여 나비가 날아다니는 화면이 비치도록 했다. 이에 더해 자전거 벨소리, 동물 울음소리, 아이들 놀이소리 등 생활 속의 평화로운 순간을 상기시키는 음향도 함께 재생된다. 이렇게 영상과 음향, 촉감을 이용하여 공항 속의 숲이라는 새로운 느낌의 자연 공간을 창출함으로써 현대의 공항은 첨단공법이 적용된 공학적 건축 공간으로서의 미적 가치를 넘어 심리적 힐링도 고려한 휴식 공간으로 거듭나고 있다.

2.2 새로운 산학 체험 공간

싱가포르 폴리테크닉 대학(Singapore Polytechnic, SP)은 2011년 학생들에게 학교수업과 산업현장의 연결성, 곧 산학협동을 활성화하기 위해 창이 공항에 자체 패션 레이블인 '버브 애비뉴(Verve Avenue)' 매장을 오픈했다. 이 트렌디한 부티크는 이 대학 학생들이 전폭적으로 관리 · 운영하고 있다. 이 매장은 패션 감각이 뛰어난 길거리 의상이 주 판매 품목이며, 보석, 벨트, 모자, 핸드백 등 다양한 액세서리도 디스플레이한다. 모든 품목은 엄격히 선별하여 젊은 층의 취향에 맞춘 것들로 스펠(SPELL, Singapore Polytechnic Entrepreneurship Living Lab)의 자체 패션 레이블인 버브 애비뉴에서 판매한다.

이처럼 독특한 '살아있는 실험실'은 폴리테크닉 대학의 기업가 정신의 일부로 캠퍼스에서 벗어나 실제 산업현장에 뛰어들어 마케팅과 매장운영 등 경영도 배울 기회를 가짐으로써 이론(교육)과 실무(판매)의 격차를 좁히는 역할을 한다. 더불어 공항 방문객에게 싱가포르의 열린 교육과 학생들을 위한 디테일한 수업방식을 효과적으로 알릴 기회가 된다는 점에서 수준 높은 교육을 홍보하는 셈이다.

2.3 신생 서비스 공간

네덜란드 항공사 KLM은 근래에 페이스북 같은 소셜 네트워크 사이트를 이용하여 승객의 프로필을 기반으로 직업, 취미, 외모까지 고려하여 옆좌석에 앉게 될 동석자를 선정해주는 서비스를 도입했다. 'Meet and Seat Service'라는 이름하에 비행 중 장시간 밀폐된 공간에서 함께 하게 될 동석자를 승객이 스스로 선택할 수 있게 한 것이다. 이러한 서비스는 로맨틱한 의미에서 연인을 만들 시간이 되기도 하고, 다른 한편으로 비즈니스 차원에서 효율적으로 소셜 네트워킹을 넓히는 기회가 될 것이다. 이는 현대의 디지털 사회 구조에서 온라인과 오프라인이 유기적으로 돌아가며 사람들 간의 관계를 이어주는 현실적이고 현명한 방법으로 이용된 사례라고 할 수 있다. 또한 승객의 심신을 안정시킬 색다른 방법의 서비스를 구현했다고도 할 수 있다.

3. 문화를 접목한 공항 사례

공항이 무엇보다 우선적으로 고려해야 할 것은 안정성에 대한 고객의 신뢰일 것이다. 비행 전에 심신을 편하게 해줄 시설은 승객을 배려한 안정성에 기초한 고객 만족 서비스를 구현하는 것이다. 앞에서 살펴본 사례들에서 엿볼 수 있듯이, 시간을 효율적으로 소비할 수 있는 공간 창출, 국가를 브랜드화할 수 있는 문화 체험, 차별화된 기내 서비스 등의 지속적인 서비스 창출은 한마디로 승객의 심신 안정을 위한 서비스라고 할 수 있기 때문이다. 이처럼 승객의 신뢰를 보장하는 서비스는 곧 브랜드 이미지 마케팅으로 이어질 수 있다.

공항은 혁신적으로 발전하고 있는 핫스팟 중 하나로서 고객 만족을 위해 다양한 시도를 두려워하지 않는다. 그런 점에서 공항은 다양하고 독특한 아이디어들이 구현되는 열린 공간인 셈이다. 공항 또한 다른 공간과는 차별화된 독특한 정체성을 가진 공간임에 틀림없다. 나라와 나라를 이어주는 마지막 걸음이자 첫걸음을 떼는 곳이기 때문이다. 그래서 공항 당국은 승객의 편의를 위한 시설 설치에 그 어떤 공간들보다 더 큰 관심을 쏟고 투자하는 것이다.

하지만 그저 보여주기 식 편의시설이 아니라 항공기의 안정성을 증명할 수 있는 보다 열린 공간을 마련하는 것이 중요하다. 예컨대 항공기에 대해 알 수 있는 미니 박물관을 설치하여 각 항공기의 특징에 대한 정보를 제공한다면(예, 김포국제공항), 그 후광효과로 자연스레 항공사와 공항의 안정성을 설명하는 적절한 방법도 얻게 될 것이다. 이처럼 공항이 지닌 본질적 특징을 잘 이용한다면 더욱 매력적인 공간으로 발전시킬 수 있을 것이다.

이와 같이 오늘날 공항은 더 이상 기다리고 보내기만 하는 공간이 아니다. 비행기를 타러 가는 것이 아까워질 정도로 공항에서 누릴 수 있는 매력적인 시설도 많아졌다. 문화거리, 박물관, 놀이시설, 치과, 수영장은 그 일부일 뿐이다. 다음에서 전 세계 공항의 이색적인 시설들을 살펴보자.

3.1 인천국제공항 : 한국문화거리[2]

인천국제공항에는 한국문화거리가 조성되어 있다. 그동안 인천국제공항에 가면 탑승수속을 하고, 입국장에 들어가기 바빠 이런 곳이 있었는지도 몰랐다. 한국문화거리는 인천국제공항 여객터미널 4층 중심부에 위치한다. 입국장 안의 구역이 아니기

2 참고 : 인천국제공항. https://www.airport.kr/ap/ko/index.do

Sorbis / Shutterstock.com

에 누구라도 이용할 수 있다.

한국문화거리의 입구에는 정자가 있다. 만경정이다. 만경정은 '만 가지 풍경을 보는 곳'이란 뜻을 담고 있다. 창덕궁의 태극정과 애련정의 모양을 바탕으로 만들어졌다. 만경정을 지나 안쪽으로 들어가면 한국의 전통 대문이 나온다. 좌우로 연결된 담장이나 행랑채보다 더 높이 솟아 있어서 '솟을삼문'이라고 부른다. 세 부분으로 나뉜 출입문이 특징적이다. 입구부터 우리의 고유 문화와 정취가 느껴진다.

전시장 안쪽으로는 식음료와 기념품 상점이 모여 있다. 이 업체들의 실내 인테리어도 한국의 전통양식을 활용했다. 전통 식당 외에 카페와 베이커리, 떡집 등이 있어서 간단히 요기하거나 한국의 맛을 즐기기에도 좋다. 안쪽으로 더 들어가면 비선루가 있다. 비선루는 말 그대로 '날아다니는 신선을 보는 누각'이란 뜻이다. 궁남지 포룡정, 밀양 영남루, 진주 촉석루 등의 모양을 바탕으로 만들어졌는데, 인천국제공항의 전망대 역할도 한다. 이처럼 한국문화거리는 한국을 방문하는 외국인들에게는 한국의 첫인상이 될 수도 있다.

1 밀레니엄홀 문화공연

밀레니엄홀은 여객터미널 일반지역 1층 중앙에 위치한다. 365일 문화와 예술로 가득한 인천국제공항은 공항을 방문하는 사람들을 위해 재미와 감동이 있는 다음과 같은 문화공연을 매일 마련하고 있다(정기공연 기간에는 진행하지 않음).

클래식 작은 음악회

세미클래식부터 가요, 영화, 드라마의 OST까지 다양한 장르의 곡들을 현대적 감각으로 재편곡한 크로스오버 공연을 한다. 장소는 여객터미널 면세지역 3층 중앙 소무대이다.

정기공연

여객터미널 일반지역 1층 중앙 밀레니엄홀에서 연중 4회 시즌별로 특별한 주제에 따라 볼거리 풍성한 정기공연이 진행된다. 클래식 오케스트라, 전통 공연, 세계 각국의 거장들과 K-POP 스타들의 무대까지 고품격 문화 예술 공연을 즐길 수 있다.

2 한국전통문화센터

한국을 방문하거나 환승하는 외국인 관광객에게 한국 고유의 전통문화를 홍보하는 곳이다. 연간 50만 명 이상이 방문하는 공항 내 인기명소로, 여객터미널 면세지역 3층, 탑승동 3층에 있다.

- 공예체험 및 복식체험은 외국인 여객만 이용(무료) 가능
- 복식체험은 탑승동관에서만 가능(여객터미널 출발 승객 방문 불가)
- 문화상품은 여객터미널 동 · 서관에서만 판매(탑승동 출발 승객 방문 가능)

공예체험

한지, 단청, 나전, 민화 등 전통 공예품을 직접 만들어볼 수 있다.

복식체험

다양한 전통복식과 소품을 착용하고 기념사진을 촬영할 수 있다. 외국인 여객만 이용(무료) 가능하고, 복식체험은 탑승동관에서만 가능하다(여객터미널 출발 승객은 방문 불가).

국악공연

해금, 장구, 피리, 판소리 등 한국 고유의 음악을 감상할 수 있다. 공연시간은 공항 사정에 따라 바뀌기도 한다.

Anatolii Lyzun / Shutterstock.com

Jon Chica / Shutterstock.com

EQRoy / Shutterstock.com

Anatolii Lyzun / Shutterstock.com

문화상품 판매

중요 무형문화재 보유자들이 제작한 작품 및 문화상품을 구매할 수 있다. 문화상품은 여객터미널 동 · 서관에서만 판매한다(탑승동 출발 승객 방문 가능).

왕가의 산책

조선시대 왕과 왕비를 비롯한 궁중 왕실의 일상을 재연하는 행사이다. 궁중복식과 의장물을 착용한 출연진과 함께 기념사진을 촬영할 수 있는 포토타임도 주어진다. 주로 여객터미널 면세지역 3층(한국전통문화센터 동 · 서관 사이)에서 공연한다.

3 한국문화거리

여객터미널 4층 중앙 지역에 위치한 '한국문화거리' 공간 내에는 한국 전통 문화를 대표하는 기와집과 정자 등 전통가옥이 들어서 색다르게 전통 문화를 즐길 수 있다. '한국문화거리'의 첫 관문인 바깥마당은 여객터미널 전체 전경을 한눈에 감상할 수 있는 장소로, 정자와 휴게 공간이 마련되어 한가롭고 여유 있는 휴식을 만끽할 수 있다. 대문 안쪽의 사랑마당에는 한국의 자연과 문화를 직접 느낄 수 있는 인터랙디브 디지털 체험관이 조성되어 흥미로운 경험을 제공한다. 들마당에서는 한국식 조경을 감상할 수 있으며, 안마당의 누각과 회랑 공간에서는 인천공항을 통해 출입국하는 비행기와 계류장을 한눈에 조망할 수 있어 여행의 기대와 설렘을 더해준다.

문화체험관

여객터미널 4층 중앙에서는 다채로운 즐길 거리를 제공한다. 전통떡 카페, 카페테리아, 레스토랑 등의 식음료점들도 입점하여 간단한 간식 및 식사를 즐길 수 있고, 전통공예 기념품관에서 다양한 상품을 구매할 수 있다.

캐릭터와 함께하는 궁궐여행

국산 캐릭터와 경복궁의 아름다움을 접목하고 디지털 체험마당을 조성하여 보다 쉽고 재미있게 우리나라 궁궐을 소개하는 테마 공간(경복궁의 정치 및 생활 공간, 후운 및 디지털 체험, 디스플레이 등)이다. 여객터미널 면세지역 4층 환승편의지역 동측에 위치한다.

한옥의 미

여객터미널 면세지역 4층 환승편의지역 서측에 위치한다. 한옥이 지닌 사계절의 특성을 드러내면서 자연의 재료(나무, 흙, 돌, 한지 등)를 사용하여 자연미, 소박미, 고전미와 오방색의 아름다움을 느낄 수 있다.

한국문화박물관 전경

인천국제공항은 국립중앙박물관과 공동으로 공항을 이용하는 국민과 외국인에게 우리나라 문화예술의 우수성을 홍보하기 위해 한국문화박물관을 운영하고 있다. 한국문화박물관은 인천국제공항 2단계 그랜드 오픈으로 새롭게 문을 연 곳으로, 탑승동(4층)에 위치한다. 이곳에는 5천년 유구한 역사 속에 살아 숨쉬는 우리 민족의 찬란한 유물들이 전시되어 관람객들에게 우리나라의 전통문화와 역사를 감상할 수 있는 기회를 제공한다.

주요 전시 주제로는 '궁중문화, 전통미술, 전통음악, 인쇄문화'가 선정됐다. '궁중문화' 주제 전시에서는 조선왕조 시대의 생활과 복식, 궁궐 안팎의 생활 모습을 비롯한 여러 유교 관련 문화재를 선보이고, '전통미술' 주제 전시에서는 불교문화를 대표하는 석탑, 범종 등을 전시한다. '인쇄문화'를 주제로 한 전시에서는 세계 최초의 목판 인쇄본인 무구정광대다라니경을 비롯해 직지심경과 용비어천가 그리고 한글 활자본인 월인천강지곡 등 우리 역사 속 자랑거리인 국보급 문화재를 만날 수 있다. 또한 '전통음악' 코너를 통해 누구나 쉽게 한국 전통음악을 체험할 수 있다.

4 입국장 문화의 거리

여객터미널 입국장 네 곳의 여객 동선을 따라 조성된 입국장 문화의 거리에서는 한국의 자연, 관광명소, 반만년 역사의 찬란한 문화를 주제로 한 우수한 사진 및 미디어 영상물과 더불어 장인 정신이 살아있는 전통공예 목제가구, 한국의 삶과 문화를 엿볼 수 있는 조형물을 감상할 수 있다.

유물전시

여객터미널 3층 동편과 서편 엔틀러에 출국 여객들이 탑승을 기다리며 한국의 역사를 느낄 수 있도록 다양한 유물들을 전시한다. 대한민국의 찬란한 역사를 간직한 국보급 문화재들을 가까이에서 감상할 수 있다.

3.2 해외 공항 사례

1 아쿠아리움, 밴쿠버 공항

밴쿠버로 여행을 간다면 공항 중심에 위치한 114,000리터 규모의 아쿠아리움을 구경해보자. 무지갯빛의 불가사리, 말미잘, 늑대장어, 자이언트 켈프 등 5,000종이 넘는 캐나다의 해양 생물들을 볼 수 있다. 또한 국제 터미널에는 해파리들만 별도로 모아놓은 아쿠아리움이 있다. 해파리 전문가가 밴쿠버 아쿠아리움에서 직접 기른 희귀한 태평양 바다 쐐기 해파리도 볼 수 있다.

Michael Warwick / Shutterstock.com

2 테라피 독, 마이애미 국제공항

비행기를 타는 데 막연한 불안감을 느끼는 항공여행객이라면 마이애미 국제공항에서 테라피 독(Therapy Dog)과 함께 시간을 보내며 편안한 시간을 보낼 수 있다. 공항 내 필요한 훈련과 여행객들을 돕는 방법에 관한 교육을 이수한 애완견들은 2012년부터 탑승객들에게 즐거움을 주고 있다. 자원봉사자들은 보안 패스와 'Pet Me'라고 쓰인 조끼를 입은 테라피 독과 함께 공항 안을 돌아다니며 여행자들과 교감한다. 케이시는 마이애미 국제공항의 첫 테라피 독인데, 너무나 유명해져서 웹사이트와 이메일 주소까지 만들어졌다.

3 거대 공룡 화석, 시카고 오헤어 국제공항

고생물학자를 꿈꾸는 아이들이라면 시카고 오헤어 국제공항에서 눈을 반짝거리며 열광할 것이 있다. 섬유유리로 만든 72피트(약 2,200cm) 높이의 거대한 공룡 뼈이다. 이것은 시카고 필드 박물관에서 일하던 고생물학자 엘머 릭스가 1900년에 발굴한 브라키오사우르스 화석의 모형이다. 수년간 필드 자연사 박물관의 1층 로비에 전시됐다가 티라노사우르스 모형으로 교체되면서 1999년 공항에 기증됐다.

© N i c o l a,CC BY 2.0 <https://creativecommons.org / licenses / by / 2.0>, via Wikimedia Commons

Sorbis / Shutterstock.com

4 진 디스틸러리, 런던 게트윅 공항

2016년 봄에 세계 최초로 공항 내에 진 디스틸러리가 개장했다. 17세기 영국의 유명한 본초학자였던 니콜라스 칼페퍼의 이름을 딴 '니콜라스 칼페퍼 바 앤 레스토랑'에는 한 번에 12리터를 제조할 수 있는 진 증류기가 있다. 증류기로 직접 제조한 니콜라스 칼페퍼 런던 드라이진과 진을 활용한 다양한 칵테일, 잉글리시 블랙퍼스트와 진으로 절인 훈제 연어 같은 식사 메뉴를 제공한다. 마음 놓고 먹고 마시다가는 비행기를 놓칠지도 모른다.

5 실내 슬라이드, 싱가포르 창이 국제공항

싱가포르 창이 공항 제3 터미널에는 3개의 층을 이어주는 12m 높이의 거대한 튜브 미끄럼틀 SLIDE@t3가 있다. 아이들(키 130cm 이상)은 물론 어른들도 즐길 수 있는데, 초당 6m 이동이 가능하다. 공항 내에서 10SGD 이상을 지불한 내역의 영수증을 제시하면 된다. 이외에도 싱가포르 창이 공항에는 특색 있는 시설이 많다. 영화관, 선인장 정원, 버터플라이 가든, 옥상 수영장, 레스토랑, 24시간 헬스장 등 다양한 시설들은 휴양지의 럭셔리 리조트 시설과 비교해도 뒤지지 않는다.

DerekTeo / Shutterstock.com

Tang Yan Song / Shutterstock.com

6 산소 테라피, 캘거리 국제공항

만약 캘거리 국제공항에서 환승을 위해 장시간 기다려야 한다면, OraOxygen Wellness Spa에 가서 15분짜리 프로그램을 받아보자. 작은 플라스틱 튜브를 통해 산소가 코로 주입되는데, 테라피스트는 오랜 비행으로 누적된 피로를 푸는 데 효과적이라고 한다. 또한 산소는 에너지 수준과 면역력을 높여준다고 하니 한결 나아진 컨디션으로 휴가를 시작할 수 있겠다.

7 비어가든, 뮌헨 국제공항

옥토버페스트가 열리는 도시 뮌헨의 국제공항에는 세계에서 유일하게 공항직영 양조장 '에어브로이'가 있다. 직접 제조한 맥주는 공항 내에 있는 대규모 실내 및 야외 비어가든에서 주문이 들어오는 대로 바로 제공된다. 에어브로이의 야외 비어가든은 유럽 내 지붕을 갖춘 비어가든 중 가장 큰 규모로 600명의 인원을 수용할 수 있다. 비어가든에는 옥토버페스트 전문 밴드 Oompah Band가 연주하는 음악이 흘러나오고 '던들'을 입은 웨이트리스가 슈바이네학센, 비프 굴라쉬 등 독일 전통음식들을 서빙한다. 옥토버페스트에는 한정판 맥주를 만들어 선보이기 때문에 공항을 이용하는 외국인들은 물론 현지인들에게도 인기 만점이다.

8 치과, 상파울루 과룰류스 국제공항

여행을 떠나기 전에 치아 상태를 걱정하는 일은 없겠지만 브라질의 상파울루 과룰류스 국제공항의 제2 터미널에는 여행 전 구강검진을 받고 싶은 탑승객들을 위해 치

NOOR RADYA BINTI MD RADZI / Shutterstock.com

NOOR RADYA BINTI MD RADZI / Shutterstock.com

과가 입점해 있다. 탑승객들은 탑승하기 전에 미백을 하거나 스케일링을 받을 수 있다. 치과는 공항과 안 어울려 보이지만 의외로 여행객들이 많이 찾는데, 특히 미국인 여행객들에게 인기라고 한다. 미국의 치과 진료비보다 훨씬 더 저렴하다.

9 레이크스 미술관 분관, 암스테르담 스히폴 국제공항

암스테르담의 스히폴 국제공항에는 작은 미술관이 숨겨져 있다. 작다고 해서 무시할 수는 없다. 세계적 국립미술관인 레이크스 미술관(Rijksmuseum) 분관이기 때문이다. 8점에서 10점의 회화가 1년 내내 전시되고, 그 외 작품들은 테마에 따라 바뀐다. 반 고흐, 램브란트 등 위대한 거장들의 작품들을 무료로 감상할 수 있다.

참고문헌

1장 참고문헌(선별)

- Conrady, Roland(2012), Luftverkehr: Betriebswirtschaftliches Lehr und Handbuch., Oldenbourg Wissenschaftsverlag.
- Maurer, Peter(2006), Luftverkehrsmanagement: Basiswissen, De Gruyter Oldenbourg.
- Schulz, Axel/Baumann, Susanne/Wiedenmann, Simone(2010), Flughafen Management. De Gruyter Oldenbourg.
- http://www.airport.co.kr [한국공항공사]
- https://namu.wiki/w/%EA%B3%B5%ED%95%AD [공항 세계 기록]
- https://www.airport.kr/co/ko/index.do [인천국제공항공사]

2장 참고문헌

- 김동환(2015), 문화와 교통이 공존하는 인천공항철도, 철도저널 18(2), 29-32.
- https://www.arex.or.kr/ [공항철도]
- https://en.wikipedia.org/wiki/Personal_rapid_transit [PRT]
- https://namu.wiki/w/PRT [PRT]
- http://www.heathrowairport.com [히스로 공항]
- http://www.molit.go.kr [국토교통부]

3장 참고문헌

- Gordon, Aastair(2008), Naked Airport: A Cultural History of the World's Most Revolutionary Structure. University Of Chicago Press.
- http://www.molit.go.kr/portal.do [국토교통부]
- https://en.wikipedia.org/wiki/Airport [공항]
- https://www.wikipedia.org/

4장 참고문헌

- 김일영/김기웅(2011), 인천국제공항의 글로벌 경쟁력에 관한 연구–세계 주요공항과의 경쟁력 비교분석을 중심으로, 항공진흥 57, 41-67.
- ACI Europe. The Ownership of Europe's Airports 2016. https://www.aeroport.fr/
- https://www.airport.kr/co/ko/index.do [인천국제공항공사]
- www.wikipedia.com

5장 참고문헌(선별)

- 박정근(2013), 공항 규모별 여객터미널 평면형태 유형에 관한 사례연구. 대한건축학회연합논문집 15(6), 83-92.
- de Belobota, P./Reynolds, T.(2013), Airport Systems: Planing, Design and Management, New York: The McGrow Hill Education LLC.
- Multiairport Capacity Management: Genetic Algorithm With Receding Horizon. 254-263, Volume 8, Number 2, April 2007, Xiao-Bing Hu, Wen-Hua Chen, Ezequiel A. Di Paolo 자료: Fig. 3. Arrival–departure scheme of a three-airport system, pp 256.
- https://en.wikipedia.org/wiki/Airport_terminal [공항 터미널]

6장 참고문헌

- 김광호(2013), 항공테러 방지를 위한 공항보안 개선대책 연구, 한국항공운항학회 21(4), 90-105.
- 김용욱(2004), 항공보안검색의 발전과정과 운영실태에 관한 연구, 경호경비연구 7, 57-91.
- 이주형(2012), 미래 공항보안 검색 방향에 관한 고찰 : 국제기구 및 해외사례를 중심으로, 항공진흥 58, 115-134.
- 유문기, 김종성, 조용훈(2020), 항공보안검색론, 대왕사.
- 장재수(2009), 항공교통관제분야 안전관리시스템(SMS) 이행현황 및 향후 발전방향, 항공진흥 52, 44-61.
- https://magazine.hankyung.com/job-joy/article/202103118262d [항공보안검색요원]
- http://www.hani.co.kr/arti/society/schooling/730509.html#csidxbdaeb824584a5c6a7308c46e4355872 [한겨레 사설]
- https://www.airport.co.kr/www/index.do [한국공항공사]
- https://www.airport.kr/co/ko/index.do [인천국제공항공사]

7장 참고문헌

- 국토교통부(2013), 항공교통관제절차, 국토교통부 고시 제2013–100호.
- http://www.molit.go.kr/iatcro/intro.do [인천항공교통관제소]
- http://www.molit.go.kr/iatcro/USR/WPGE0201/m_16188/DTL.jsp [항공교통관제시설]
- http://www.molit.go.kr/sroa/USR/WPGE0201/m_35744/DTL.jsp [항공교통관제]
- https://www.airport.co.kr/acc [KAC 항로시설본부]
- https://www.airportal.go.kr/knowledge/practician/pra/Lcjig004.html [항공정보포털시스템]
- https://www.airport.co.kr/acc/cms/frCon/index.do?MENU_ID=60 [한국공항공사]
- https://www.law.go.kr/ [비행장시설설치기준]
- https://www.slideshare.net/elfuchs/navaids-presentation [항법관제시설]

8장 참고문헌

- 국토교통부(2013), 공항 환경관리 기준, 국토교통부 고시 제2013-765호.
- 유광의, 강윤주(2015), 항공환경과 기후변화, 백산출판사.
- https://www.wikipedia.org/

9장 참고문헌

- 국토교통부, 국토해양부, 한국교통연구원(2010), 항공물류 중장기 발전전략 수립을 위한 연구, 행정안전부 동향/연구 보고서.
- 김용정(2014), 한국의 동북아시아 항공물류 허브화를 위한 발전전략 연구, 한국항공경영학회 12(1).
- 박용화(2001), 인천국제공항 경쟁력 강화 방안, 교통개발연구원 연구총서.
- 박현철(2003), 국제공항의 허브화 전략, 서울대학교 대학원 박사학위 논문.
- 인천국제공항공사(2011), 사회책임경영보고서, 인천국제공항공사.
- Hall, Rachel(2015), The Transparent Traveler: The Performance and Culture of Airport Security, Duke University Press Books.
- Thomas-Emberson, Steve(2007), Airport Interiors: Design for Business, Academy Press.
- http://en.wikipedia.org/wiki/Airline_alliance [항공사 동맹]
- https://www.gminsights.com/industry-analysis/aircraft-ground-handling-system-market [항공기 지상조업]

10장 참고문헌

- Graham, Anne(2013), Managing Airports 4th Edition: An International Perspective, Routledge.
- Halpern, Nigel, Graham, Anne(2013), Airport Marketing. Routledge.
- Kramer, T. et al.(2010), Airport Revenue Diversification. Washington Transportation Research Board.
- Maniriho, E. A.(2016), Strategic Airport Planning and Marketing, Notion Press, Inc.
- Maniriho, E. A.(2018), Strategic Airport Planning and Marketing, Editions Universitaires Europeennes.
- Prather, K. A.(2009), Our Current Understanding of the Impact of Aerosols on Climate Change, Chemsuschem 2(5), 377-379.

11장 참고문헌

- 김영일, 김기웅(2011), 인천국제공항의 글로벌 경쟁력에 관한 연구: 세계 주요공항과의 경쟁력 비교분석을 중심으로, 항공진흥 57, 41-67.
- 매킨지(2009), 인천국제공항공사 경영진단 및 경영구조 개선용역 보고서.

- 이재구, 홍석진, 임춘우(2009), 아시아 주요공항의 효율성 분석: DEA와 초효율성 분석을 중심으로, 한국항공 경영학회지 7(3), 3–12.
- Bijan Vasigh, B., Fleming, K., Humphreys, B.(2015), Foundations of Airline Finance: Methodology and Practice, Second Edition, London: Routledge.
- Gillen D., Lall A.(1997), Developing Measures of Airport Productivity and Performance: An Application of Data Envelopment Analysis, Transportation Research E 33, 261-273.
- Graham, A., Morrell, P.(2016), Airport Finance and Investment in the Global Economy, London: Routledge.
- Morrell, P.(2007), Airline Finance, Third Edition, Ashgate.
- https://www.euroga.org/forums [EuroGA]

✈ 12장 참고문헌

- 김기홍(2015), 항공서비스경영, 청람.
- 김영한, 임희정(2003), 스타벅스 감성마케팅, 넥서스.
- 전형욱(2012), 공항터미널의 활성화에 관한 연구, 항공대.
- Graham, A.(2018), Managing Airports, An International Perspective, Fifth Edition, Routledge.
- Halpern, N., Graham, A.(2013), Airport Marketing, Routledge.
- Price, J., Forrest, J.(2016), Practical Airport Operations, Safety, and Emergency Management: Protocols for Today and the Future, Butterworth-Heinemann.
- https://www.airport.kr/co/ko/index.do [인천국제공항공사]

✈ 13장 참고문헌

- 김백수(2013), 인천공항 공항복합도시 개발사업 활성화에 관한 연구, 한국항공대학교 항공경영학과 석사학위 논문, 2013.
- 김창희(2014), 창이 공항, 첵랍콕 공항, 그리고 인천공항의 메커니즘 분석, 항공진흥 62, 71–85.
- 허탁(2019), 순환경제시대의 폐기물관리, 순환경제시대–폐기물 문제 해결 어떻게 할 것인가?, 한국환경한림원 제15차 환경정책심포지엄(10월 31일).
- Ashford, Norman J., Mumayiz, S., Wright, Paul H.(2011), Airport Engineering, Planning, Design, and Development of 21st Century Airports, Fourth Edition, New Jersey.
- Bednarek, Janet R.(2016), Airports, Cities, and the Jet Age: US Airports Since 1945, Macmillan.
- Kasarda, John D.(2013), Aerotropolis: Business Mobility and Urban Competitiveness in the 21st Century. In Benesch, Klaus (Ed.), Cultures and Mobility (pp. 9-20), Heidelberg, Germany: Universitatsverlag Winter.
- Kasarda, John D., Lindsay, G.(2010), AEROTROPOLIS, The Way We'll Live Next, Allen Lane.

- http://airportguide.com/airport_ids_paper.html [에어포트]
- http://www.iudc.co.kr/ [인천도시개발공사]
- https://en.wikipedia.org/wiki/Aerotropolis [에어로트로폴리스]
- www.schiphol.nl/SchipholGroup [스히폴 그룹]

✈ 14장 참고문헌

- 박정근(2010), 공항 여객터미널 규모와 평면구성 요소에 관한 연구, 건국대 박사학위 논문.
- 박정근(2013), 공항규모별 여객터미널 평면형태 유형에 관한 사례연구, 대한건축학회지회연합회 논문집 15(6) (통권 58호), 83–92.
- http://news.mk.co.kr/newsRead.php?no=139331&year=2018 [매일경제 뉴스]
- https://www.archdaily.com/search/projects/categories/airport [ArchDaily 공항 건축]
- https://www.bbc.com/culture/article/20140513-the-10-most-beautiful-airports [BBC 세계에서 가장 아름다운 공항 10곳]

✈ 15장 참고문헌

- http://news.donga.com/WEEKLY/rss/3/home/13/1498779/1? [동아일보]
- https://www.airport.kr/ap/ko/index.do [인천국제공항]
- https://www.google.com

저자 약력

이성만

독일 트리어대학교 독어학 박사(Dr. Phil)
한국텍스트언어학회 회장(2009~2010)
한국독어독문학교육학회(2011~2012)
한국연구재단 인문학단 전문위원(2012~2014)
현, 배재대학교 명예교수

역 · 저서 및 논문

텍스트언어학의 이해(1998), (K. Brinker, Linguistische Text Analyse 번역), 역락
텍스트언어학의 이해(2004), 박이정
미디어언어의 텍스트 화용론(2012), 경진
역사를 품은 발칸 유럽(2017), 신아사
독일의 재발견(2019), 신아사
공항과 문화 간 커뮤니케이션(2019), 대왕사
아시아의 공항과 문화: 문화 간 커뮤니케이션의 새로운 이해(2020), 신아사
유럽의 공항과 매너: 문화 간 커뮤니케이션의 재조명(2022), 신아사

라미진

경기대학교 경영학 박사
한국항공대학교 박사수료
한국항공대학교 석사졸업
현, 한국항공우주의학협회 편집이사/한국항공우주인적요인학회 이사
 한국기업경영학회 이사/한국인사관리학회 이사
 배재대학교 조교수

저서

New 항공객실업무론(2020), 한올출판사
유럽의 공항과 매너: 문화 간 커뮤니케이션의 재조명(2022), 신아사